SQL
Cookbook

SQL 쿡북

| 표지 설명 |

표지 동물은 별무늬 아가마 또는 거친꼬리바위 아가마(학명: *Stellagama Stellio*)라는 도마뱀입니다. 이집트, 터키, 그리스 및 지중해 주변 국가에서 볼 수 있으며, 건조한 기후 혹은 반건조 기후의 바위가 많은 산악 및 해안 지역에서 서식합니다. 주행성이며 바위, 나무, 건물 및 은신처가 될 수 있는 여러 서식지에서 종종 발견됩니다.

한 번에 3~12개의 알을 낳으며 길이는 약 30~35cm까지 자랍니다. 이 종은 강한 다리가 특징이며, 다른 많은 도마뱀과 마찬가지로 기분이나 주변 온도에 따라 색을 바꿀 수 있습니다. 수컷과 암컷 모두 몸통의 등과 옆구리에 다채로운 반점이 있는 회색 또는 갈색을 띱니다. 다만 다른 도마뱀들과 달리, 꼬리를 한 번 잃어버리면 재생할 수 없습니다.

겁이 많고 변덕스럽긴 하지만, 대부분 인간에게 공격적이지 않고 어릴 때부터 기르면 꽤 온순하여 보통 반려동물로 기릅니다. 곤충과 잎이 무성한 여러 채소를 먹습니다. 테라리움이 아주 크다면 몇 마리를 함께 수용할 수 있지만, 싸움을 막기 위해 수컷은 서로 떨어뜨려 놓아야 합니다.

IUCN은 아가마를 우려 종으로 분류하지 않으며 개체 수는 안정적입니다. 오라일리 표지에 싣는 많은 동물은 멸종 위기에 처해 있습니다. 이들 모두는 세계에 중요합니다.

SQL 쿡북
모든 SQL 사용자를 위한 쿼리 완벽 가이드

초판 1쇄 발행 2022년 1월 20일

지은이 앤서니 몰리나로, 로버트 더그래프 / **옮긴이** 송희정 / **펴낸이** 김태헌
펴낸곳 한빛미디어(주) / **주소** 서울시 서대문구 연희로2길 62 한빛미디어(주) IT출판부
전화 02-325-5544 / **팩스** 02-336-7124
등록 1999년 6월 24일 제25100-2017-000058호 / **ISBN** 979-11-6224-512-5　93000

총괄 전정아 / **책임편집** 서현 / **기획** 안정민 / **편집** 박지영
디자인 표지 윤혜원 내지 박정화 / **전산편집** 김민정
영업 김형진, 김진불, 조유미 / **마케팅** 박상용, 송경석, 한종진, 이행은, 고광일, 성화정 / **제작** 박성우, 김정우

이 책에 대한 의견이나 오탈자 및 잘못된 내용에 대한 수정 정보는 한빛미디어(주)의 홈페이지나 아래 이메일로 알려주십시오. 잘못된 책은 구입하신 서점에서 교환해드립니다. 책값은 뒤표지에 표시되어 있습니다.

한빛미디어 홈페이지 www.hanbit.co.kr / **이메일** ask@hanbit.co.kr

지금 하지 않으면 할 수 없는 일이 있습니다.
책으로 펴내고 싶은 아이디어나 원고를 메일(writer@hanbit.co.kr)로 보내주세요.
한빛미디어(주)는 여러분의 소중한 경험과 지식을 기다리고 있습니다.

SQL
Cookbook
SQL 쿡북

O'REILLY® IB 한빛미디어
Hanbit Media, Inc.

지은이 · 옮긴이 소개

지은이 **앤서니 몰리나로** Anthony Molinaro

미국 제약회사인 존슨앤드존슨Johnson & Johnson의 데이터 과학자입니다. 현재 자회사인 얀센Jansen R&D 내 관찰 건강 데이터 분석 OHDA 그룹의 매니저입니다. 주요 연구 분야는 비모수적 방법, 시계열 분석, 대규모 데이터베이스 특성화 및 변환입니다. 오픈 사이언스 OHDSI 커뮤니티 회원이기도 합니다. 뉴욕시립대학교 헌터 칼리지CUNY Hunter College에서 수학 학사, 응용수학 및 통계학 석사 학위를 받았습니다. 아내 조지아와 두 딸 키키, 코니와 함께 뉴욕에 살고 있습니다.

지은이 **로버트 더그래프** Robert de Graaf

공학을 전공했으며 졸업한 뒤 제조업계에 종사했습니다. 기술자로 일하는 동안 실제 문제를 해결하는 통계학의 힘에 매력을 느끼고, 데이터 과학의 효용성에 관한 관심이 높아질 무렵 통계학 석사 학위를 수료했습니다. 2013년부터 세계 최대의 선박 위험 관리 및 평가기관인 라이트십RightShip에서 수석 데이터 과학자로 근무했습니다. 『Managing Your Data Science Projects』(Apress, 2019)의 저자입니다.

옮긴이 **송희정** heejeong.song@gmail.com

대우정보시스템 벤처포트 전자상거래 사업부에서 자바 웹 개발자로 근무했습니다. 이후 기술연구소로 옮겨 기술 전략팀을 거친 뒤, 전사 표준 프레임워크 개발, 보급 및 JavaEE 기술 컨설팅을 수행했습니다. 오라클에서 미들웨어 엔지니어로 활동하다가 2012년 이후 오라클 교육사업본부에서 교육 컨설턴트로서 기업체 대상의 전문가 양성 과정 개발과 DT 기술 역량 확보 및 내재화 관련 컨설팅을 했습니다.

옮긴이의 글

영어 공부를 시작할 때 ABC를 배우듯, IT업계에 발을 디디는 순간 가장 먼저 배우는 언어가 바로 SQL이 아닐까 합니다.

누구나 기본적인 SQL 구문은 알지만, 다양한 기법을 제대로 활용하는 사람은 많지 않습니다. 필요한 데이터와 연산을 전적으로 SQL로 해결하던 C/S 환경에서 멀티 티어^{multi tier} 아키텍처로 바뀌면서, SQL에서의 많은 작업이 비즈니스 티어^{business tier}로 옮겨갔기 때문입니다.

하지만 여전히 SQL은 데이터베이스를 활용하는 모든 곳에서 필수 기술입니다. 특히 최근 몇 년간 모든 업계에서 화두처럼 떠오른 디지털 트랜스포메이션^{digital transformation}의 영향으로 현업 실무자들도 SQL을 익히는 추세입니다. 이러한 가운데 IT 업계뿐 아니라 마케팅, 서비스 기획, HR 등 데이터 추출 및 분석이 필요한 곳에서라면 어디에서나 SQL에 대한 깊이 있는 이해가 요구됩니다. 부디 이 책을 통해 그러한 갈증이 조금이라도 해소되길 바랍니다.

이 책은 기본적인 쿼리문부터 시작해 메타 데이터, 문자열/날짜/숫자 조작 및 리포팅에 필요한 다양한 기법에 이르기까지 SQL의 모든 것이 총망라했다고 봐도 과언이 아닙니다. 개인적으로 과거 개발자 시절 쿼리를 작성하면서 고민했던 문제와 해법을 이 책의 곳곳에서 재발견하는 소소한 재미로 즐겁게 번역했습니다. 저처럼 많은 고민을 하고 있을 현업 개발자들이 이 책을 통해 많은 팁과 노하우를 얻게 되리라 기대합니다.

번역하면 할수록 조심스러워지고, 여전히 미흡한 부분이 많았습니다. 잘 마무리할 수 있도록 매끄럽게 다듬어 주시고, 제가 놓치는 부분이 없도록 날카로운 리뷰로 도와주신 안정민 님과 박지영 님께 감사드립니다.

저의 가장 오랜 벗이자 영원한 멘토이신 송주헌 님, 유영애 님에게도 무한한 존경과 사랑을 전하며, 언제나 아낌없는 격려를 보내주는 이동혁 님, 이미르 님에게도 감사의 말을 전합니다.

마지막으로 IT업계에서 일하며 20여 년이 넘는 기간 동안 만났던 수많은 IT 개발자 분들, 그리고 쿼리 한 줄에도 숱한 밤을 지새우며 열정을 불태웠던 나의 선배님들께 이 책을 바칩니다.

이 책에 대하여

SQL은 데이터 전문가의 언어이지만, 오늘날 인기 있는 다른 솔루션들보다 관심을 끌 만한 소재는 아닙니다. 결과적으로 보자면 SQL은 널리 쓰이지만, 대부분의 사람은 단순한 쿼리만을 사용합니다. 간단한 SQL만으로도 원하는 것을 충분히 구현할 수 있다고 믿기 때문입니다.

이 책은 SQL이 사용자의 도구 상자를 확장하여 얼마나 많은 작업을 수행할 수 있는지 보여줍니다. 이 책을 마칠 무렵이면 통계 분석에서 SQL을 어떻게 활용하는지 알게 될 것입니다. 구체적으로는 비즈니스 인텔리전스 도구와 유사한 방식으로 리포팅하고, 텍스트 데이터와 연결하고, 날짜 데이터를 정교하게 분석하는 등의 작업을 수행하는 SQL을 살펴볼 수 있습니다. 실제로 이 책의 원서 1판은 폭넓은 주제와 친근한 스타일 등 많은 장점에 힘입어 SQL 기본을 익힌 뒤에 읽기 적합한 'SQL 보조 도서'로 널리 선택되었습니다.

그러나 1970년대부터 이어져 내려온 SQL과 같이 성숙된 기술에서조차 컴퓨팅은 빠르게 변화하고 있습니다. 이번 2판[1]에서는 언어의 새로운 특징을 다루지는 않습니다. 하지만 초판 출간 당시만 해도 참신하고 일부 데이터베이스에만 있던 기능들이 이제는 안정화되고 표준화되었다는 것이 중요한 변화입니다. 결국 우리가 표준 해법을 개발할 수 있는 범위는 이전보다 훨씬 더 넓어졌습니다.

특히 주목해야 할 두 가지 핵심 예제가 있습니다. 첫 번째, 재귀 CTE를 포함한 공통 테이블 표현식Common Table Expression (CTE) 초판 출간 당시만 해도 2개의 데이터베이스 제품에서만 사용할 수 있었지만, 지금은 5개의 데이터베이스에서 사용할 수 있습니다. 이들은 SQL의 몇 가지 실질적인 한계를 해결하고자 도입되었으며, 그중 일부는 이 책의 레시피recipes에서 직접 확인할 수 있습니다. 이 책의 재귀 CTE에 관한 새로운 부록은 그 중요성을 강조하고 관련성을 설명합니다.

두 번째, 윈도우 함수도 초판 출간 당시에는 새로운 기능이어서 모든 데이터베이스에서 사용할 수 없었습니다. 그들을 설명할 특별한 부록이 필요할 정도로 새로운 내용이었습니다. 그러나 이제 윈도우 함수는 이 책의 모든 예제에서 구현되며, 우리가 알고 있는 주요 SQL 구현에도 포

---

1 옮긴이_ 이 책의 원서 초판은 2005년 출간되었고, 2020년에는 2판이 새롭게 출간되었습니다. 국내에는 2판만 처음으로 번역해 소개합니다.

함됩니다. 윈도우 함수 및 CTE를 무시하는 데이터베이스가 아예 없다고 보장할 수는 없지만, 우리가 아는 수많은 데이터베이스에서 대부분 지원합니다.

쿼리 표준화 외에도 6장과 7장에 새로운 내용을 추가했습니다. 7장에서는 중위절대편차median absolute deviation와 벤포드의 법칙Benford's law에 관한 참조를 통해 새로운 데이터 분석 응용 프로그램을 제공합니다. 6장에서는 텍스트 소리별로 데이터를 매칭하는 데 도움이 될 새로운 레시피를 소개하며, 정규 표현식 내용도 기존 14장에서 6장으로 옮겼습니다.

대상 독자

이 책의 대상 독자는 기본 표준 쿼리에서 더 나아가려는 SQL 사용자로, 적어도 SQL 기본 문법을 알아야 합니다. 예를 들어 앨런 볼리외Alan Beauriu의 『러닝 SQL』(한빛미디어, 2021)을 읽어본 독자 등이 주요 대상입니다. 이상적으로는 아직 다듬어지지 않은 데이터에서 실질적인 문제에 관한 답을 내놓아야 하는 사람들을 위한 책입니다.

데이터 엔지니어, 데이터 과학자, 데이터 시각화 전문가, BI 사용자 등을 포함한 모든 SQL 사용자를 위해 이 책을 썼습니다. 이들 중 일부는 데이터베이스에 직접 액세스하는 일이 아예 없거나 거의 없지만, 데이터 시각화나 BI 또는 통계 도구를 사용하여 데이터를 쿼리하고 가져옵니다. 이 책은 실제적인 문제를 해결하는 실용적인 쿼리에 중점을 두고 설명하며, 이러한 요소들을 직접적으로 뒷받침하는 약간의 이론도 곁들입니다.

이 책에서 다루지 않는 내용

이 책은 SQL을 사용하여 데이터를 이해하는 실용서입니다. 특정 레시피나 기술을 설명할 때를 제외하고는 데이터베이스의 이론적 측면, 데이터베이스 설계 또는 SQL 이면의 이론을 다루지 않습니다. 또한 XML 및 JSON과 같은 데이터 유형을 처리하는 데이터베이스 확장에 관해서도 다루지 않습니다.

플랫폼과 버전

SQL은 늘 변화하며, 벤더들은 끊임없이 새로운 기능을 제품에 도입합니다. 따라서 이 책에서 사용한 다양한 플랫폼의 버전을 미리 알아야 합니다.

- DB2 11.5
- Oracle Database 19c
- PostgreSQL 12
- SQL Server 2017
- MySQL 8.0

사용 테이블

이 책의 대부분의 예제는 EMP와 DEPT라는 두 개의 테이블을 사용합니다. EMP 테이블은 숫자, 문자열 및 날짜 필드만으로 이루어진 간단한 14개 행 테이블입니다. DEPT 테이블은 숫자 및 문자열 필드만으로 이루어진 단순한 4개 행 테이블입니다. 이러한 예제 테이블은 고전적인 수많은 데이터베이스 도서에 등장하며, 부서와 사원 간 다대일 관계는 잘 알려져 있습니다.

이 책의 (극소수를 제외한) 대부분의 해법은 이들 테이블에서 실행합니다. 일부 도서처럼 실제 환경에서 구현할 가능성이 없는 해법을 설정하려고 예제 데이터를 수정하는 부분은 없습니다.

EMP와 DEPT의 구성은 각각 다음과 같습니다.

```
select * from emp;

EMPNO ENAME  JOB       MGR HIREDATE     SAL COMM  DEPTNO
----- ------ --------- --- ----------- ---- ----- ------
 7369 SMITH  CLERK    7902 17-DEC-2005  800            20
 7499 ALLEN  SALESMAN 7698 20-FEB-2006 1600   300      30
 7521 WARD   SALESMAN 7698 22-FEB-2006 1250   500      30
```

```
7566 JONES   MANAGER   7839 02-APR-2006 2975           20
7654 MARTIN  SALESMAN  7698 28-SEP-2006 1250 1400      30
7698 BLAKE   MANAGER   7839 01-MAY-2006 2850           30
7782 CLARK   MANAGER   7839 09-JUN-2006 2450           10
7788 SCOTT   ANALYST   7566 09-DEC-2007 3000           20
7839 KING    PRESIDENT      17-NOV-2006 5000           10
7844 TURNER  SALESMAN  7698 08-SEP-2006 1500        0  30
7876 ADAMS   CLERK     7788 12-JAN-2008 1100           20
7900 JAMES   CLERK     7698 03-DEC-2006  950           30
7902 FORD    ANALYST   7566 03-DEC-2006 3000           20
7934 MILLER  CLERK     7782 23-JAN-2007 1300           10

select * from dept;

DEPTNO DNAME          LOC
------ -------------- ---------
    10 ACCOUNTING     NEW YORK
    20 RESEARCH       DALLAS
    30 SALES          CHICAGO
    40 OPERATIONS     BOSTON
```

또한 4개의 피벗 테이블인 T1, T10, T100 및 T500을 사용합니다. 이 테이블들은 쉽게 피벗하기 위해서만 존재하므로 별도로 명명하지 않겠습니다. 각 피벗 테이블의 'T' 뒤에 오는 숫자는 각 테이블의 행 수를 1부터 나타냅니다. 예를 들어 T1 및 T10에 대한 값은 다음과 같습니다. 이러한 피벗 테이블은 쉽게 쿼리하고자 일련의 행을 만들 때 유용합니다.

```
select id from t1;

        ID
----------
         1
```

```
select id from t10;

        ID
----------
         1
         2
         3
         4
         5
         6
         7
         8
         9
        10
```

이와 별도로 일부 벤더는 부분적인 **SELECT** 문을 허용합니다. 예를 들어 **FROM** 절 없이 **SELECT** 문을 사용할 수 있습니다. 이 책에서는 명확성을 위해 부분적인 쿼리를 사용하는 대신 단일 행을 가진 테이블인 **T1**을 사용하기도 합니다. Oracle의 **DUAL** 테이블과 유사한 사용 방식으로서, **T1** 테이블을 사용하여 우리가 살펴볼 모든 구현에 대해 표준화된 방식으로 같은 작업을 수행합니다.

그 외 테이블은 특정 레시피와 장에 따라 다르며 필요할 때마다 본문에서 소개할 것입니다.

이 책에서 다루는 모든 SQL 구문은 한빛미디어 홈페이지(*www.hanbit.co.kr/src/10512*)에서 내려받을 수 있습니다. 목차에 따라 적절히 활용하되, 각자 사용하는 데이터베이스 벤더에 따라 쓰이는 구문이 서로 다를 수 있으니 이 책의 설명을 숙지하면서 각자의 환경에 맞게 활용하세요.

사용 규칙

이 책에서는 많은 활자 및 코딩 규칙을 사용합니다. 이들 활자와 코딩 규칙을 이해하면 본문을 더 빠르게 이해할 수 있습니다. 특히 코딩 규칙은 이 책의 각 레시피에 대해 반복할 수 없으므로 매우 중요합니다. 대신 여기서 중요한 규칙을 나열하겠습니다.

활자 규칙

이 책에서 사용하는 활자 규칙은 다음과 같습니다.

- **대문자**
  텍스트 내의 SQL 키워드를 나타낼 때 사용합니다.

- **소문자**
  코드 예제의 모든 쿼리에 사용합니다. C나 자바와 같은 다른 언어들은 대부분의 키워드에 대문자보다 읽기 쉬운 소문자를 사용합니다. 따라서 모든 쿼리는 소문자로 씁니다.

코딩 규칙

SQL 문에서 키워드와 사용자 지정 식별자 모두에 항상 소문자를 사용합니다. 예를 들면 다음과 같습니다.

```
select empno, ename
  from emp;
```

여러분의 코딩 스타일은 다를 수도 있습니다. 예를 들어 많은 사람이 대문자 SQL 키워드를 선호합니다. 상황에 따라 원하는 코딩 스타일을 사용하거나 또는 프로젝트에서 정해진 코딩 스타일을 사용합니다.

코드 예제에서는 소문자를 사용하지만, 문장 내에서는 SQL 키워드 및 식별자에 대해 대문자를 사용합니다. 이들 항목을 일반적인 설명문이 아닌 다른 항목으로서 구분하려는 것입니다. 예를 들어 '앞의 쿼리는 EMP 테이블에 대한 SELECT 문을 나타냅니다'와 같이 씁니다.

이 책에서는 5개 벤더의 데이터베이스를 다루지만, 모든 출력 결과에 대해 하나의 형식을 사용하기로 했습니다.

```
EMPNO ENAME
----- ------
 7369 SMITH
 7499 ALLEN

 ...
```

많은 해법에서 인라인 뷰inline view 또는 **FROM** 절의 서브쿼리를 사용합니다. ANSI SQL 표준에서는 이러한 뷰에 테이블 별칭을 지정해야 합니다(Oracle은 이러한 별칭을 지정하지 않고도 사용할 수 있는 유일한 벤더입니다). 따라서 X 및 Y와 같은 별칭을 사용하여 인라인 뷰에서 결과셋result set을 식별합니다.

```
select job, sal
  from (select job, max(sal) sal
          from emp
          group by job) x;
```

마지막 닫힘 괄호 뒤에 문자 X가 표시됩니다. 이 문자 X는 FROM 절의 하위 쿼리에 의해 반환되는 '테이블 이름'이 됩니다. 열 별칭은 자체 문서화 코드를 작성하는 데 중요한 도구이지만, 인라인 뷰의 별칭(이 책의 대부분의 레시피)은 단순한 형식일 뿐입니다. 일반적으로 X, Y, Z, TMP1, TMP2와 같은 사소한 이름을 지정합니다. 더 잘 이해할 수 있는 더 나은 별칭이 있다면 해당 별칭을 사용합니다.

레시피의 '해법solution' 절에 있는 SQL에는 보통 번호를 매깁니다. 예를 들면 다음과 같습니다.

```
1  select ename
2    from emp
3   where deptno = 10
```

여기서 맨 앞의 숫자는 구문의 일부가 아닙니다. '설명' 부분에서 번호로 쿼리의 일부를 참조할 때 사용하려는 용도입니다.

감사의 말

2판 출간을 위해 많은 훌륭한 분이 도와주셨습니다. 오라일리^{O'Reilly}의 제스 하버만^{Jess Haberman}, 버지니아 윌슨^{Virginia Wilson}, 케이트 갤러웨이^{Kate Galloway} 및 게리 오브라이언^{Gary O'Brien}에게 감사드립니다. 끊임없이 궁지에서 벗어나게 해준 니콜라스 애덤스^{Nicholas Adams}에게 감사드립니다. 기술 검토를 해 주신 앨런 볼리외^{Alan Beaulieu}, 스콧 헤인즈^{Scott Haines} 및 토머스 닐드^{Thomas Nield}에게도 감사의 말을 전합니다.

마지막으로, 한동안 저를 집필 작업에 빼앗긴 나의 가족인 클레어^{Clare}, 마야^{Maya}, 레다^{Leda}에게 감사를 전합니다.

로버트 더그래프

이 책은 많은 분의 지원이 없었다면 존재하지 않았을 것입니다. 어머니 코니^{Connie}에게 감사드립니다. 이 책을 어머니께 헌정합니다. 그분의 노력과 희생이 없었다면 지금의 나는 없었을 것입니다. 어머니, 모든 것에 감사합니다. 형과 저를 위해 해 주신 모든 것에 감사하고 또 감사합니다. 어머니를 저희 어머니로 삼는 축복을 받았습니다.

나의 형 조^{Joe}, 글쓰기를 쉬려고 볼티모어에서 집으로 돌아올 때마다, 우리가 일하지 않을 때 얼마나 좋은 일들이 있는지, 그리고 인생에서 더 중요한 것으로 돌아가려면 어떻게 글쓰기를 끝내야 하는지를 상기시켜 주었습니다. 당신은 좋은 사람이고, 당신을 존경합니다. 저는 당신이 매우 자랑스럽고 당신을 내 형이라고 부를 수 있어 자랑스럽습니다.

멋진 약혼녀 조지아^{Georgia}, 그대의 지원이 없었다면 600쪽 넘는 이 책을 완성하지 못했을 것입니다. 당신은 날마다 이 경험을 공유하고 함께했습니다. 저만큼 당신에게도 힘들었다는 것을 알고 있습니다. 제가 온종일 일하고 밤새도록 글을 쓰는 것을 잘 견뎌줬습니다. 당신의 이해와 지지에 영원히 고마워할 것입니다. 감사합니다. 사랑합니다.

미래의 가족 여러분, 장모님과 장인어른인 키키^{Kiki}와 조지^{George}, 이 모든 과정을 응원해 주셔서 감사합니다. 여러분은 제가 휴식을 취하고 방문할 때마다 항상 편안하게 해 주셨고 조지아와 제가 항상 잘 먹도록 해 주셨습니다. 처제인 애나Anna와 캐시Kathy가 항상 집에 와서 함께 어울려 주었기에 조지아와 저는 책과 볼티모어에서 벗어나 필요한 휴식을 충분히 취할 수 있었습니다

나의 편집자, 조너선 제닉Jonathan Gennick이 없었다면 이 책은 존재하지 않을 것입니다. 조너선, 당신은 이 책에 대한 엄청난 공로를 인정받을 자격이 있습니다. 편집자가 일반적으로 하는 일 그 이상을 뛰어넘었기에 감사드릴 만합니다. 레시피 제공부터 수많은 보완까지, 그리고 마감일이 다가오고 있음에도 유머를 잃지 않는 점까지, 당신이 없었더라면 저는 이 책을 완성할 수 없었을 것입니다. 당신을 편집자로 모시게 된 것에 감사하며, 제게 기회를 주신 것에 감사드립니다. 경험이 풍부한 DBA이자 저작자로서, 기술 수준 및 전문 지식을 갖춘 당신과 작업하게 되어 기뻤습니다.

편집 업무를 그만두고 다시 데이터베이스 관리자로 일할 수 있는 편집자가 많지는 않겠지만, 조너선이라면 가능합니다. 편집자로서도 제가 표현하기 어렵지만 하고 싶은 말들을 잘 알고 있었기에, 데이터베이스 관리자가 되면 확실한 우위를 확보할 수 있을 것입니다. 오라일리는 당신을 사원으로 모시게 되어 운이 좋았습니다. 저는 당신을 편집자로 모시게 되어 행운이었습니다.

『Transact-SQL Cookbook』(O'reilly, 2002)의 앨릭스 스페틱Alex Spetic과 조너선 제닉에게 감사를 표합니다. 아이작 뉴턴은 이런 유명한 말을 했습니다. "내가 남들보다 조금 더 멀리 보았다면, 그것은 거인들의 어깨 위에 서 있었기 때문입니다". 해당 도서의 감사의 말에서 앨릭스 스페틱은 이 유명한 인용문을 썼습니다. 저는 모든 SQL 책에 이 문구가 필요하다고 생각합니다. 저도 그 말을 여기 인용하겠습니다.

저는 이 책이 조 셀코Joe Celko, 데이비드 로젠시테인David Rozenshtein, 아나톨리 아브라모비치Anatoly Abramovich, 유진 버거Eugine Berger, 이직 벤간Itzik Ben-Gan, 리처드 스노드그래스Richard Snodgrass 등 저명한 작가들의 역작을 보완하기를 바랍니다. 저는 그들의 작품을 공부하며 숱한 밤을 지새웠고, 그들의 책을 통해 제가 아는 거의 모든 것을 배웠습니다. 이 글을 쓰면서 그들의 비밀을 발견하는

데 매일 밤을 지새우는 동안, 그들은 자신의 지식을 일관되고 읽기 쉬운 형태로 만들고자 열흘 밤씩 보냈으리라 확신합니다. SQL 커뮤니티에 무언가 이바지할 수 있게 되어 영광입니다.

훌륭한 책을 쓴『Mastering Oracle SQL』(O'reilly, 2004)의 산제이 미쉬라Sanjay Mishra에게 감사를 전하며 저와 조너선에게 연락해주신 데 대해 감사드립니다. 산제이가 아니었다면 조너선을 만나지도 못했고 이 책을 쓰지도 않았을 것입니다. 단순한 이메일이 삶을 어떻게 바꿀 수 있는지 놀라울 따름입니다. 특히 집합이나 SQL 관련 문제를 어떻게 생각하고 문제를 풀어야 하는지 확실히 이해하게 해준『The Essence of SQL』(SQL Forum Press, 1997)의 데이비드 로젠시테인에게 감사를 표합니다. 또한 데이비드 로젠시테인, 아나톨리 아브라모비치, 유진 버거가 쓴『Optimizing Transact-SQL』(SQL Forum Press, 1997)에 감사드립니다. 해당 도서에서 오늘날 제가 사용하는 많은 고급 SQL 기술을 배웠습니다.

훌륭한 인재가 포진한 와이어리스 제너레이션Wireless Generation의 모든 팀에 감사를 표합니다. 이 책을 완성할 수 있도록 시간을 내어 검토, 비평 또는 조언을 해 주신 모든 분께 큰 감사를 드립니다. 제시 데이비스Jesse Davis, 조엘 패터슨Joel Patterson, 필립 지Philip Zee, 케빈 마셜Kevin Marshall, 더그 대니얼스Doug Daniels, 오티스 고스포드네티치Otis Gospodnetic, 켄 건Ken Gunn, 존 스튜어트John Stewart, 짐 에이브럼슨Jim Abramson, 아담 메이어Adam Mayer, 수잔 라우Susan Lau, 알렉시스 르쿼크Alexis Le-Quoc, 폴 포이어Paul Feuer가 있습니다. 제 작업물을 세심하게 검토하고 윈도우 함수 새로고침에 대해 매우 유용한 피드백을 주신 매기 호Maggie Ho에게 감사드립니다. 척 밴뷰런Chuck Van Buren과 질리언 구텐베르크Gillian Gutenberg가 달리기에 관해 훌륭한 조언을 해 주신 것도 감사드리고 싶습니다. 이른 아침마다 운동으로 정신이 맑아지고 긴장을 풀 수 있었습니다. 그렇게 이 책에서 조금이나마 벗어나는 시간이 없었다면 집필을 끝낼 수 없었을 것입니다. 오랜 작업 끝에 유니언 스퀘어의 하트랜드 양조장으로 가서 맥주와 버거를 사러 가던 그 밤에 다양한 SQL 기술에 대한 나의 끊임없는 수다를 참아준 스티브 강Steve Kang과 채드 레빈슨Chad Levinson에게 감사드립니다. 애런 보이드Aaron Boyd의 많은 지원과 친절한 말, 그리고 가장 중요했던 좋은 조언에 감사드리고 싶습니다. 애런은 정직하고, 열심히 일하며, 매우 솔직한 사람입니다. 애런과 같은 사람 덕분에 회사는 발전합니다. 올리비에 포멜Olivier Pomel의 지원과 책 집필에 대한 도움, 특히 행에서 구분된 목록을 만드는 DB2 솔루션에 감사드리고 싶습니다. 올리비에는 테스트할 DB2 시스템도 없이 솔루션을 제공했습니다! 저는 그에게 WITH 절이 어떻게 작용하는지 설명했고, 몇 분 뒤에 그는 이 책에서 볼 수 있는 해법을 생각해냈습니다.

조나 해리스Jonah Harris와 데이비드 로젠시테인 또한 원고에 대한 유용한 기술 검토 피드백을 제공했습니다. 아룬 마라테Arun Marathe, 누노 핀토 도 사우토Nuno Pinto do Souto, 앤드류 오드완Andrew Odewahn은 이 책의 구성 단계에서 레시피의 개요와 선택에 큰 역할을 했습니다. 여러분 모두 정말 감사합니다.

오라일리를 위해 작성한 MODEL 절에 대한 글을 검토하고 궁극적으로 그 절의 작동 방식을 더 잘 이해하게 해준 오라클의 존 하이두John Haydu와 MODEL 절 개발팀에게 감사를 표합니다. TO_BASE 함수를 SQL 전용 해법에 적용할 수 있게 해준 오라클의 톰 키테Tom Kyte에게 감사드립니다. 마이크로소프트의 브루노 드누이트Bruno Denuit는 SQL 서버 2005에 도입된 윈도우 함수의 기능에 관한 질문에 답해주었습니다. PostgreSQL의 사이먼 리그스Simon Riggs는 PostgreSQL의 새로운 SQL 기능에 관한 최신 정보를 제공했습니다(사이먼, 덕분에 피벗 테이블보다 더 우아한 해법을 위해 만들어진 듯한 GENERATE_SERIES 함수와 같은 몇 가지 새로운 SQL 기능을 통합할 수 있었습니다).

마지막으로 케이 영Kay Young에게 감사의 말을 전합니다. 당신은 하는 일에 재능이 있고 열정적이며, 당신 같은 사람과 함께 일할 수 있다는 것은 설레는 일입니다. 이 책에서 볼 수 있는 많은 레시피는 케이와 함께 작업하고 와이어리스 제너레이션에서 일상적인 문제에 대한 SQL 솔루션을 제안하면서부터 나온 것입니다. 이 모든 과정에서 받은 모든 도움에 감사드립니다. 조언에서부터 문법 수정, 코드에 이르기까지, 이 책을 쓰는 과정에서 당신은 필수적인 역할을 했습니다. 함께 일해서 즐거웠고, 와이어리스 제너레이션은 당신이 있기에 더 나은 회사가 될 것입니다.

앤서니 몰리나로

CONTENTS

CHAPTER 1 레코드 검색

CHAPTER 2 쿼리 결과 정렬

CONTENTS

CHAPTER 3 REST 다중 테이블 작업

CHAPTER 4 삽입, 갱신, 삭제

CHAPTER 5 메타 데이터 쿼리

CONTENTS

CHAPTER 6 문자열 작업

CHAPTER 7 숫자 작업

CHAPTER **8** 날짜 산술

CONTENTS

CONTENTS

CHAPTER 13 계층적 쿼리

CHAPTER 14 기타 다양한 기법

레코드 검색

1장에서는 기본 **SELECT** 문을 중점적으로 다룹니다. 여기서 다루는 많은 주제가 더 어려운 레시피에도 등장할 뿐만 아니라 일상적인 SQL에서도 발견되므로 기본 사항을 확실히 이해해야 합니다.

1.1 테이블의 모든 행과 열 검색하기

문제 테이블의 모든 데이터를 보려고 합니다.

해법 대상 테이블에 대해 별표(*) 문자를 사용하여 **SELECT**를 실행합니다.

```
1 select *
2   from emp
```

설명 별표(*) 문자는 SQL에서 특별한 의미를 가집니다. 이 옵션을 사용하면 지정한 테이블의 모든 열이 반환됩니다. **WHERE** 절을 지정하지 않았으므로 모든 행이 반환됩니다. 대체 해법은 각 열을 개별적으로 나열하는 것입니다.

```
select empno,ename,job,sal,mgr,hiredate,comm,deptno
  from emp
```

대화형으로 즉석에서 실행하는 쿼리에서는 SELECT *를 사용하는 편이 더 쉽습니다. 그러나 프로그램 코드를 작성할 때는 각 열을 개별 지정하는 게 좋습니다. 성능은 같지만, 쿼리에서 어떤 열을 반환하는지 명확하게 알 수 있습니다. 마찬가지로 이러한 쿼리는 자신이 아닌 (쿼리 테이블의 모든 열을 알 수도 있고 모를 수도 있는) 다른 사용자가 이해하기 쉽습니다. 쿼리가 코드 안에 있고, 프로그램이 예상과 다른 열 집합을 쿼리에서 가져올 때도 SELECT * 문제가 발생할 수 있습니다. 이때 적어도 모든 열을 지정했을 때와 하나 이상의 열이 빠져 있을 때 오류가 발생한다면, 해당 오류는 그 누락된 열을 통해 추적할 수 있습니다.

1.2 테이블에서 행의 하위 집합 검색하기

문제 테이블에서 특정 조건을 충족하는 행만 보려고 합니다.

해법 WHERE 절로 가져올 행을 지정합니다. 예를 들어 부서 번호(deptno)가 10에 속한 모든 사원을 보려면 다음과 같이 쿼리를 실행합니다.

```
1 select *
2   from emp
3 where deptno = 10
```

설명 WHERE 절을 사용하면 관심 있는 행만 검색할 수 있습니다. WHERE 절의 식이 해당 행에 대해 참이면 해당 행이 반환됩니다.

대부분의 벤더는 =, <, >, <=, >=, !, <>와 같은 일반 연산자를 지원합니다. 한편 여러 조건을 만족하는 행을 가져오길 원한다면 다음 레시피와 같이 AND, OR 및 괄호를 지정하여 수행할 수 있습니다.

1.3 여러 조건을 충족하는 행 찾기

문제 여러 조건을 충족하는 행을 반환하려고 합니다.

해법 OR 및 AND 절과 함께 WHERE 절을 사용합니다. 예를 들어 부서 번호 10의 모든 사원, 커미션을 받는 사원, 최대 2,000달러를 받는 부서 번호 20의 사원을 찾으려면 다음과 같이 쿼리를 실행합니다.

```
1 select *
2   from emp
3 where deptno = 10
4     or comm is not null
5     or sal <= 2000 and deptno=20
```

설명 AND, OR 및 괄호 조합을 사용하여 여러 조건을 만족하는 행을 반환할 수 있습니다. 방금 살펴본 해법 예제에서 WHERE 절은 다음과 같은 행을 찾습니다.

- DEPTNO가 10입니다.
- COMM이 NULL이 아닙니다.
- DEPTNO가 20인 사원 중 급여가 2,000달러 이하입니다.

괄호가 있으면 괄호 안의 조건을 함께 평가합니다. 예를 들어 다음과 같이 쿼리를 괄호로 작성하면 결과셋이 어떻게 바뀔지 생각해봅시다.

```
select *
 from emp
where ( deptno = 10
       or comm is not null
       or sal <= 2000
      )
  and deptno=20


EMPNO ENAME  JOB    MGR   HIREDATE      SAL       COMM  DEPTNO
----- ------ ------ ----- ----------- ----- ---------- ------
 7369 SMITH  CLERK  7902  17-DEC-1980   800              20
 7876 ADAMS  CLERK  7788  12-JAN-1983  1100              20
```

1.4 테이블에서 열의 하위 집합 검색하기

문제 테이블에서 모든 열이 아닌, 특정 열의 값을 보려고 합니다.

해법 관심 있는 열을 지정합니다. 예를 들어 사원명, 부서 번호 및 급여만 보려면 다음과 같이 쿼리를 실행합니다.

```
1 select ename,deptno,sal
2   from emp
```

설명 SELECT 절에 열을 지정하면 불필요한 데이터가 반환되지 않습니다. 이는 불필요한 데이터 검색에 드는 시간 낭비를 방지하므로, 네트워크를 통해 데이터를 검색할 때 특히 중요할 수 있습니다.

1.5 열에 의미 있는 이름 지정하기

문제 쿼리에서 반환된 열의 이름을 더 알아보기 쉽고 이해하기 쉽게 변경하려고 합니다. 각 사원의 급여 및 커미션을 반환하는 다음 쿼리를 살펴봅시다.

```
1 select sal,comm
2   from emp
```

여기서 **SAL**이란 무엇일까요? Sale을 짧게 줄인 단어일까요? 아니면 누군가의 이름일까요? **COMM**이란 무엇일까요? 통신communication을 뜻할까요? 이때 결과에 더 유의미한 레이블을 지정하려고 합니다.

해법 쿼리 결과의 이름을 변경하려면 **원래 이름 AS 새로운 이름** 형식으로 **AS** 키워드를 사용합니다. 일부 데이터베이스에는 **AS**를 쓸 필요가 없지만 모두 용인합니다.

```
1 select sal as salary, comm as commission
2   from emp

SALARY   COMMISSION
-------  ----------
    800
   1600         300
   1250         500
   2975
   1250        1400
   2850
   2450
   3000
   5000
   1500           0
   1100
    950
   3000
   1300
```

설명 AS 키워드를 사용하여 쿼리에서 반환된 열에 새 이름을 지정하는 것을 해당 열의 **별칭 지정**aliasing이라고 하며, 사용자가 지정한 새 이름을 **별칭**aliase이라고 합니다. 좋은 별칭을 만들면 쿼리와 그 결과를 다른 사람이 이해하는 데 큰 도움이 될 수 있습니다.

1.6 WHERE 절에서 별칭이 지정된 열 참조하기

문제 더 의미 있는 열 이름을 제공하고자 결과셋에 별칭을 적용하고 WHERE 절을 사용하여 일부 행을 제외하려고 합니다. 하지만 WHERE 절에서 별칭 이름을 참조하려다가 실패합니다.

```
select sal as salary, comm as commission
  from emp
 where salary < 5000
```

해법 쿼리를 인라인 뷰로 감싸서 별칭이 지정된 열을 참조할 수 있습니다.

```
1 select *
2   from (
3 select sal as salary, comm as commission
4   from emp
5      ) x
6 where salary < 5000
```

설명 이 간단한 예에서는 인라인 뷰를 피하고 WHERE 절에서 직접 COMM 또는 SAL을 참조하여 같은 결과를 얻을 수도 있습니다. 이 해법은 WHERE 절에서 다음 중 하나를 참조하려고 할 때 해야 할 작업이기도 합니다.

- 집계 함수
- 스칼라 서브쿼리
- 윈도우 함수
- 별칭

별칭이 있는 쿼리를 인라인 뷰에 배치하면 외부 쿼리^{outer query}에서 별칭 열을 참조할 수 있습니다. 이렇게 하는 이유는 무엇일까요? WHERE 절은 SELECT 절을 시행하기 전에 판단되므로 '문제' 쿼리의 WHERE 절을 평가할 때는 아직 SALARY와 COMMISSION이 존재하지 않습니다. 따라서 이러한 별칭은 WHERE 절 처리가 완료될 때까지 적용할 수 없습니다. 그러나 FROM 절은 WHERE보다 먼저 평가됩니다. 원래 쿼리를 FROM 절에 배치하면 해당 쿼리의 결과가 가장 바깥쪽 WHERE 절 이전에 생성되고 가장 바깥쪽 WHERE 절이 별칭 이름을 '확인'합니다. 이 기법은 테이블의 열 이름이 이해하기 쉽도록 적절히 지정되지 않은 경우에 특히 유용합니다.

> **TIP_** 이 해법의 인라인 뷰는 별칭 X입니다. 모든 데이터베이스가 명시적으로 별칭 지정을 위해 인라인 뷰가 필요한 것은 아니지만, 일부 데이터베이스에서는 별칭 지정이 필요합니다. 모든 데이터베이스에서는 별칭 지정을 모두 허용합니다.

1.7 열 값 이어 붙이기

문제 여러 열의 값을 하나의 열로 반환하려고 합니다. 예를 들어 EMP 테이블에 대한 쿼리에서 다음과 같은 결과셋을 생성하려고 합니다.

```
CLARK WORKS AS A MANAGER
KING WORKS AS A PRESIDENT
MILLER WORKS AS A CLERK
```

그러나 이 결과셋을 생성하는 데 필요한 데이터는 EMP 테이블의 ENAME과 JOB이라는 두 개의 서로 다른 열에서 가져옵니다.

```
select ename, job
  from emp
 where deptno = 10

ENAME      JOB
---------- ---------
CLARK      MANAGER
KING       PRESIDENT
MILLER     CLERK
```

해법 DBMS에서 제공하는 내장 함수^built-in function를 사용하여 여러 열 값을 연결합니다.

DB2, Oracle, PostgreSQL

이들 데이터베이스는 이중 수직선(||)을 연결 연산자로 사용합니다.

```
1 select ename||' WORKS AS A '||job as msg
2   from emp
3  where deptno=10
```

MySQL

이 데이터베이스는 CONCAT이라는 함수를 지원합니다.

```
1 select concat(ename, ' WORKS AS A ',job) as msg
2   from emp
3  where deptno=10
```

SQL Server

+ 연산자를 사용하여 연결합니다.

```
1 select ename + ' WORKS AS A ' + job as msg
2   from emp
3  where deptno=10
```

설명 CONCAT 함수를 사용하여 여러 열 값을 연결합니다. ||는 DB2, Oracle 및 PostgreSQL 에서 CONCAT 함수를 위한 단축 기호입니다. +는 SQL Server의 단축 기호입니다.

1.8 SELECT 문에서 조건식 사용하기

문제 SELECT 문의 값에 대해 IF-ELSE 연산을 수행하려 합니다. 예를 들어 사원이 2,000달러 이하의 급여를 받는다면 'UNDERPAID' 메시지가 반환되고, 4,000달러 이상의 급여를 받는 다면 'OVERPAID' 메시지가 반환됩니다. 이들 범위 사이의 급여는 'OK'가 반환되도록 결과셋 을 생성하려고 합니다. 즉, 결과셋은 다음과 같아야 합니다.

```
ENAME           SAL STATUS
---------- ---------- ---------
SMITH           800 UNDERPAID
ALLEN          1600 UNDERPAID
WARD           1250 UNDERPAID
JONES          2975 OK
MARTIN         1250 UNDERPAID
BLAKE          2850 OK
CLARK          2450 OK
SCOTT          3000 OK
```

```
KING            5000  OVERPAID
TURNER          1500  UNDERPAID
ADAMS           1100  UNDERPAID
JAMES            950  UNDERPAID
FORD            3000  OK
MILLER          1300  UNDERPAID
```

해법 CASE 식을 사용하여 SELECT 문에서 조건식을 직접 수행합니다.

```
1 select ename,sal,
2       case when sal <= 2000 then 'UNDERPAID'
3            when sal >= 4000 then 'OVERPAID'
4            else 'OK'
5       end as status
6   from emp
```

설명 CASE 식을 사용하면 쿼리로 반환된 값에 대한 조건식을 수행할 수 있습니다. CASE 식에 별칭을 제공하여 더 읽기 쉬운 결과셋을 반환할 수 있습니다. 해법에서는 CASE 식의 결과에 지정된 별칭 STATUS를 볼 수 있습니다. ELSE 절은 선택 사항입니다. ELSE 절을 생략하면 CASE 식은 조건에 부합하지 않는 행에 대해 NULL을 반환합니다.

1.9 반환되는 행 수 제한하기

문제 쿼리에서 반환되는 행 수를 제한하려고 합니다. 순서는 상관없으며 몇 개의 행이든 가능합니다.

해법 데이터베이스에서 제공하는 내장 함수를 사용하여 반환되는 행 수를 제어합니다.

DB2
FETCH FIRST 절을 사용합니다.

```
1 select *
2   from emp fetch first 5 rows only
```

MySQL과 PostgreSQL

LIMIT를 사용하여 같은 작업을 수행합니다.

```
1 select *
2   from emp limit 5
```

Oracle

WHERE 절에서 ROWNUM으로 반환되는 행 수를 제한합니다.

```
1 select *
2   from emp
3  where rownum <= 5
```

SQL Server

TOP 키워드를 사용하여 반환되는 행 수를 제한합니다.

```
1 select top 5 *
2   from emp
```

설명 많은 벤더는 FETCH FIRST 및 LIMIT과 같은 절을 제공하여 쿼리에서 반환할 행 수를 지정할 수 있습니다. 다만 Oracle에서 사용하는 ROWNUM이라는 함수는 반환되는 각 행에 대해 숫자를 반환한다는 점에서 다릅니다(1에서 시작하는 증갓값입니다).

다음은 ROWNUM <= 5를 사용하여 처음 5개의 행을 반환할 때 발생하는 작동입니다.

1. Oracle이 쿼리를 실행합니다.
2. Oracle은 첫 번째 행을 가져오고, 첫 번째 행이라고 부릅니다.
3. 5행을 지났습니까? 아니라면 Oracle은 번호가 5 이하인 기준을 충족하므로 행을 반환합니다. 맞는다면 Oracle은 행을 반환하지 않습니다.

4. Oracle은 다음 행을 가져와서 행 번호를 매깁니다(2, 3, 4 등).

5. 단계 3으로 이동합니다.

이 프로세스에서 알 수 있듯이 각 행을 가져온 뒤에 Oracle에서의 **ROWNUM** 값이 할당됩니다. 이것이 중요한 핵심 포인트입니다. 대부분의 Oracle 개발자는 **ROWNUM = 5**를 지정하여 쿼리에서 다섯 번째 행만 반환하려고 합니다.

ROWNUM과 함께 동등 조건을 사용하는 것은 좋지 않습니다. 다음은 **ROWNUM = 5**를 사용하여 다섯 번째 행을 반환하려고 할 때 발생하는 작동입니다.

1. Oracle이 쿼리를 실행합니다.

2. Oracle은 첫 번째 행을 가져오고, 첫 번째 행이라고 부릅니다.

3. 5행에 도달했습니까? 아니라면 Oracle은 기준을 충족하지 않으므로 행을 삭제합니다. 맞는다면 Oracle은 행을 반환합니다. 그러나 대답은 결코 '예'가 될 수 없습니다!

4. Oracle은 다음 행을 가져와서 이를 첫 번째 행이라고 부릅니다. 쿼리에서 반환되는 첫 번째 행은 1로 번호가 지정되어야 하기 때문입니다.

5. 단계 3으로 이동합니다.

이 프로세스를 자세히 살펴보면 **ROWNUM = 5**를 사용하여 다섯 번째 행을 반환하는 데 실패한 원인을 알 수 있습니다. 1행부터 4행까지 먼저 반환하지 않으면 다섯 번째 행을 가질 수 없습니다!

ROWNUM = 1이 실제로 첫 번째 행을 반환하는 작업을 수행한다는 것을 알 수 있습니다. 이는 지금까지의 설명과 모순되는 것처럼 보일 수 있습니다. **ROWNUM = 1**이 첫 번째 행을 반환하는 이유는, 테이블에 행이 있는지를 확인하려면 Oracle은 적어도 한 번 이상 가져오려고 시도하기 때문입니다. 앞의 과정을 주의 깊게 읽고, 5를 1로 바꾸면 (한 개의 행을 반환하는 경우) **ROWNUM = 1**을 조건으로 지정해도 무방한 것을 이해할 수 있습니다.

1.10 테이블에서 n개의 무작위 레코드 반환하기

문제 테이블에서 특정 개수의 무작위 레코드를 반환하려고 합니다. 연속 실행 시 각기 다른 5개 행 집합을 생성하도록 다음 구문을 수정하려고 합니다.

```
select ename, job
  from emp
```

해법 임의의 값을 반환하고자 DBMS에서 지원하는 내장 함수를 사용합니다. ORDER BY 절에서 이 함수를 사용하여 행을 무작위 정렬합니다. 그런 다음 이전 레시피의 기법을 사용하여 무작위로 정렬된 행에서 반환할 개수를 제한합니다.

DB2

내장 함수 RAND를 ORDER BY 및 FETCH와 함께 사용합니다.

```
1 select ename,job
2   from emp
3  order by rand() fetch first 5 rows only
```

MySQL

내장된 RAND 함수를 LIMIT 및 ORDER BY와 함께 사용합니다.

```
1 select ename,job
2   from emp
3  order by rand() limit 5
```

PostgreSQL

내장된 RANDOM 함수를 LIMIT 및 ORDER BY와 함께 사용합니다.

```
1 select ename,job
```

```
2   from emp
3   order by random() limit 5
```

Oracle

내장된 패키지 DBMS_RANDOM에 있는 함수 VALUE를 ORDER BY 및 내장 함수 ROWNUM과 함께 사용합니다.

```
1 select *
2   from (
3 select ename, job
4    from emp
6   order by dbms_random.value()
7         )
8   where rownum <= 5
```

SQL Server

내장 함수 NEWID를 TOP 및 ORDER BY와 함께 사용하여 무작위 결과셋을 반환합니다.

```
1 select top 5 ename,job
2   from emp
3   order by newid()
```

설명 ORDER BY 절은 함수의 반환값을 받아 결과셋의 순서를 변경하는 데 사용할 수 있습니다. 이들 해법은 모두 ORDER BY 절의 함수가 실행된 후 반환할 행 수를 제한합니다. Oracle을 사용하지 않는다면, 각자 사용하는 데이터베이스의 내부에서 어떤 일이 일어나고 있는지 (개념적으로) 보여주는 Oracle 해법을 살펴보는 것이 도움이 될 수 있습니다.

ORDER BY 절의 함수와 숫자 상수^{numeric constant} 사용을 혼동하지 않도록 주의합니다. ORDER BY 절에 숫자 상수를 지정한다는 것은 SELECT 목록의 순서 위치 중에 그 수에 해당하는 열에 따라 정렬하도록 요청한다는 의미입니다. 한편 ORDER BY 절에 함수를 지정하면 각 행에 대해 계산한 함수의 결과에 따라 정렬이 수행됩니다.

1.11 null 값 찾기

문제 특정 열에 대해 값이 null인 모든 행을 찾고자 합니다.

해법 값이 null인지 여부를 확인하려면 IS NULL을 사용합니다.

```
1 select *
2   from emp
3 where comm is null
```

설명 null은 그 자신을 포함하여 다른 무엇과도 비교할 수 없습니다. 따라서 열이 null인지 여부를 테스트할 때 = 또는 != 를 사용할 수 없습니다. 행에 null 값이 있는지 확인하려면 IS NULL을 사용해야 합니다. 또는 IS NOT NULL을 사용하여 주어진 열에서 null이 없는 행을 찾을 수도 있습니다.

1.12 null을 실젯값으로 변환하기

문제 null이 포함된 행에서 해당 null 대신 null이 아닌 값을 반환하려고 합니다.

해법 COALESCE 함수를 사용하여 null을 실젯값으로 대체합니다.

```
1 select coalesce(comm,0)
2   from emp
```

설명 COALESCE 함수는 하나 이상의 값을 인수argument로 사용합니다. 이 함수는 목록에서 첫 번째 null이 아닌 값을 반환합니다. 해법에서 COMM 값은 COMM이 null이 아닐 때마다 반환됩니다. 그렇지 않으면 0이 반환됩니다.

null로 작업할 때는 DBMS에서 제공하는 내장 함수를 활용하는 게 가장 좋습니다. 대부분의 경우 여러 함수가 이 작업에서도 동일하게 작동합니다. COALESCE는 모든 DBMS에서 작동하며 CASE 또한 모든 DBMS에 사용할 수 있습니다.

```
select case
        when comm is not null then comm
        else 0
        end
   from emp
```

CASE를 사용하여 null을 값으로 변환할 수 있지만, COALESCE를 사용하는 편이 훨씬 쉽고 간결합니다.

1.13 패턴 검색하기

문제 특정 부분 문자열 또는 패턴과 일치하는 행을 반환하려고 합니다. 다음 쿼리와 결과셋을 살펴봅시다.

```
select ename, job
  from emp
 where deptno in (10,20)

ENAME       JOB
----------  ----------
SMITH       CLERK
JONES       MANAGER
CLARK       MANAGER
SCOTT       ANALYST
KING        PRESIDENT
ADAMS       CLERK
FORD        ANALYST
MILLER      CLERK
```

부서 10과 20의 사원들 중 다음과 같이 이름에 'I'가 있거나 직급명이 'ER'로 끝나는 사원만 반환하려고 합니다.

```
ENAME       JOB
----------  ----------
SMITH       CLERK
JONES       MANAGER
CLARK       MANAGER
KING        PRESIDENT
MILLER      CLERK
```

해법 LIKE 연산자를 SQL 와일드카드 문자 중 하나인 백분율(%) 연산자와 함께 사용합니다.

```
1 select ename, job
2   from emp
3  where deptno in (10,20)
4    and (ename like '%I%' or job like '%ER')
```

설명 백분율(%) 연산자는 LIKE 패턴 일치 연산에 쓰일 때 모든 문자 시퀀스와 일치합니다. 대부분의 SQL 구현에서는 하나의 문자를 의미하는 밑줄(_) 연산자도 제공합니다. 검색 패턴 'I'를 % 연산자로 둘러싸면 (모든 위치에서) 'I'가 포함된 모든 문자열을 반환합니다. 검색 패턴을 %로 묶지 않으면 연산자가 배치되는 위치에 따라 쿼리 결과가 달라집니다. 예를 들어 'ER'로 끝나는 직함을 찾으려면 % 연산자를 'ER' 앞에 붙입니다. 'ER'로 시작하는 모든 직책을 검색해야 할 때는 'ER' 다음에 % 연산자를 추가합니다.

1.14 마치며

이들 레시피는 단순할 수도 있지만, 기본이기도 합니다. 정보 검색은 데이터베이스 쿼리의 핵심입니다. 즉, 이들 레시피가 책 전반에 걸쳐 논의되는 모든 주제의 핵심이라는 의미입니다.

CHAPTER 2

쿼리 결과 정렬

2장에서는 쿼리 결과의 형태를 사용자에게 맞게 지정하는 데 중점을 두고 설명합니다. 결과셋의 구성을 제어하는 원리를 이해하면 더 읽기 쉽고 의미 있는 데이터를 제공할 수 있습니다.

2.1 지정한 순서대로 쿼리 결과 반환하기

문제 부서 10에 속한 사원명, 직책 및 급여를 (최저에서 최고) 급여 순서로 표시하려고 합니다. 반환하려는 결과셋은 다음과 같습니다.

```
ENAME      JOB            SAL
---------  ---------  ----------
MILLER     CLERK          1300
CLARK      MANAGER        2450
KING       PRESIDENT      5000
```

해법 ORDER BY 절을 사용합니다.

```
1 select ename,job,sal
2   from emp
```

```
3  where deptno = 10
4  order by sal asc
```

설명 ORDER BY 절에서는 결과셋의 행을 정렬할 수 있습니다. 해법은 SAL 기준으로 행을 오름차순으로 정렬합니다. 기본적으로 ORDER BY는 오름차순으로 정렬되므로 ASC의 명시는 선택사항입니다. 반대로 내림차순으로 정렬하고자 할 때는 DESC를 지정합니다.

```
select ename,job,sal
  from emp
 where deptno = 10
 order by sal desc

ENAME        JOB             SAL
----------   ----------   ----------
KING         PRESIDENT       5000
CLARK        MANAGER         2450
MILLER       CLERK           1300
```

정렬할 열의 이름 대신 열을 나타내는 번호로 대체할 수도 있습니다. 번호는 1에서 시작하여 왼쪽에서 오른쪽 순서로 SELECT 항목과 매치됩니다. 예를 들면 다음과 같습니다.

```
select ename,job,sal
  from emp
 where deptno = 10
 order by 3 desc

ENAME        JOB             SAL
----------   ----------   ----------
KING         PRESIDENT       5000
CLARK        MANAGER         2450
MILLER       CLERK           1300
```

이 예제에서 ORDER BY 절의 숫자 3은 SELECT 목록의 세 번째 열인 SAL을 의미합니다.

2.2 다중 필드로 정렬하기

문제 먼저 EMP 테이블에서 DEPTNO 기준 오름차순으로 행을 정렬한 다음, 급여 내림차순으로 정렬하려고 합니다. 반환하려는 결과셋은 다음과 같습니다.

```
    EMPNO    DEPTNO       SAL  ENAME       JOB
---------- ---------- ---------- ----------  ---------
      7839        10      5000  KING        PRESIDENT
      7782        10      2450  CLARK       MANAGER
      7934        10      1300  MILLER      CLERK
      7788        20      3000  SCOTT       ANALYST
      7902        20      3000  FORD        ANALYST
      7566        20      2975  JONES       MANAGER
      7876        20      1100  ADAMS       CLERK
      7369        20       800  SMITH       CLERK
      7698        30      2850  BLAKE       MANAGER
      7499        30      1600  ALLEN       SALESMAN
      7844        30      1500  TURNER      SALESMAN
      7521        30      1250  WARD        SALESMAN
      7654        30      1250  MARTIN      SALESMAN
      7900        30       950  JAMES       CLERK
```

해법 ORDER BY 절에서 쉼표로 구분하여 정렬할 여러 열을 나열합니다.

```
1 select empno,deptno,sal,ename,job
2   from emp
3  order by deptno, sal desc
```

설명 ORDER BY의 우선순위는 왼쪽에서 오른쪽입니다. SELECT 목록에서 열의 숫자 위치를 사용하여 정렬할 경우 해당 숫자는 SELECT 목록의 항목 수보다 크지 않아야 합니다. 일반적으로 SELECT 목록에 없는 열로 정렬할 수도 있는데, 그렇게 하려면 열 이름을 명시적으로 지정해야 합니다. 하지만 쿼리에서 GROUP BY나 DISTNCT를 사용할 때는 SELECT 목록에 없는 열 기준으로 정렬할 수 없습니다.

2.3 부분 문자열로 정렬하기

문제 문자열의 특정 부분을 기준으로 쿼리 결과를 정렬하려고 합니다. 예를 들어 **EMP** 테이블에서 사원명과 직급을 반환하되 **JOB** 열의 마지막 두 문자를 기준으로 정렬하려고 합니다. 결과 셋은 다음과 같아야 합니다.

```
ENAME      JOB
---------- ---------
KING       PRESIDENT
SMITH      CLERK
ADAMS      CLERK
JAMES      CLERK
MILLER     CLERK
JONES      MANAGER
CLARK      MANAGER
BLAKE      MANAGER
ALLEN      SALESMAN
MARTIN     SALESMAN
WARD       SALESMAN
TURNER     SALESMAN
SCOTT      ANALYST
FORD       ANALYST
```

해법 이 해법은 DB2, MySQL, Oracle, PostgreSQL, SQL Server로 구분됩니다.

DB2, MySQL, Oracle, PostgreSQL

ORDER BY 절에서 SUBSTR 함수를 사용합니다.

```
select ename, job
  from emp
 order by substr(job,length(job)-1)
```

SQL Server

ORDER BY 절에서 SUBSTRING 함수를 사용합니다.

```
select ename,job
  from emp
 order by substring(job,len(job)-1,2)
```

설명 DBMS의 부분 문자열^{substring} 함수를 사용하면 문자열의 모든 부분을 기준으로 쉽게 정렬할 수 있습니다. 문자열의 마지막 두 문자를 기준으로 정렬하려면 문자열의 끝(즉, 문자열 길이)을 찾아 1을 뺍니다. 시작 위치는 문자열의 마지막에서 두 번째 문자입니다. 그런 다음 해당 시작 위치 이후의 모든 문자를 가져옵니다. SQL Server의 **SUBSTRING**은 문자 수를 지정하는 세 번째 매개변수^{parameter}가 필요하므로 **SUBSTR** 함수와 다릅니다. 이 예제에서는 2보다 크거나 같은 모든 숫자가 사용됩니다.

2.4 혼합 영숫자 데이터 정렬하기

문제 혼합 영숫자^{alphanumeric} 데이터가 있을 때 데이터의 숫자 또는 문자 부분을 기준으로 정렬하려고 합니다. **EMP** 테이블에서 만든 다음 뷰를 살펴봅시다.

```
create view V
as
  select ename||' '||deptno as data
    from emp

select * from V

DATA
-------------
SMITH 20
ALLEN 30
WARD 30
JONES 20
MARTIN 30
BLAKE 30
CLARK 10
SCOTT 20
```

```
KING 10
TURNER 30
ADAMS 20
JAMES 30
FORD 20
MILLER 10
```

DEPTNO 또는 ENAME 별로 결과를 정렬하려고 합니다. DEPTNO로 정렬하면 다음과 같은 결과셋이 생성됩니다.

```
DATA
----------
CLARK 10
KING 10
MILLER 10
SMITH 20
ADAMS 20
FORD 20
SCOTT 20
JONES 20
ALLEN 30
BLAKE 30
MARTIN 30
JAMES 30
TURNER 30
WARD 30
```

ENAME 별로 정렬하면 다음과 같은 결과셋이 생성됩니다.

```
DATA
---------
ADAMS 20
ALLEN 30
BLAKE 30
CLARK 10
FORD 20
JAMES 30
JONES 20
KING 10
MARTIN 30
MILLER 10
```

```
SCOTT 20
SMITH 20
TURNER 30
WARD 30
```

해법 이 해법은 Oracle, SQL Server, PostgreSQL, DB2, MySQL로 구분됩니다.

Oracle, SQL Server, PostgreSQL

REPLACE 및 TRANSLATE 함수를 사용하여 정렬할 문자열을 수정합니다.

```
/* DEPTNO로 정렬하기 */
1 select data
2   from V
3 order by replace(data,
4          replace(
5          translate(data,'0123456789','#########'),'#',''),'')

/* ENAME으로 정렬하기 */
1 select data
2   from V
3 order by replace(
4          translate(data,'0123456789','#########'),'#','')
```

DB2

암시적 유형 변환은 Oracle 또는 PostgreSQL보다 DB2에서 더 엄격하므로, 뷰 V가 유효하려면 DEPTNO를 CHAR로 캐스트해야 합니다. 뷰 V를 다시 만드는 대신 이 해법에서는 단순히 인라인 뷰를 사용합니다. 이 해법은 Oracle 및 PostgreSQL일 경우 같은 방식으로 REPLACE 및 TRANSLATE를 사용하지만, DB2에서는 TRANSLATE의 인수 순서가 약간 다릅니다.

```
/* DEPTNO로 정렬하기 */
1 select *
2   from (
3 select ename¦¦' '¦¦cast(deptno as char(2)) as data
4   from emp
5        ) v
6 order by replace(data,
```

```
7              replace(
8              translate(data,'##########','0123456789'),'#',''),'')
```

```
/* ENAME으로 정렬하기 */
1  select *
2    from (
3  select ename||' '||cast(deptno as char(2)) as data
4    from emp
5          ) v
6    order by replace(
7              translate(data,'##########','0123456789'),'#','')
```

MySQL

현재 플랫폼에서는 TRANSLATE 함수를 지원하지 않습니다. 따라서 이 문제에 대한 해법을 제공하지 않습니다.

설명 TRANSLATE 및 REPLACE 함수는 각 행에서 숫자나 문자를 제거하므로, 둘 중 하나를 기준으로 쉽게 정렬할 수 있습니다. ORDER BY에 전달된 값은 다음 쿼리 결과에 표시됩니다(세 벤더 모두 동일하게 적용할 수 있으므로 Oracle 해법을 예시로 들겠습니다. TRANSLATE에 전달된 매개변수의 순서만 DB2에서 달라집니다).

```
select data,
       replace(data,
       replace(
     translate(data,'0123456789','##########'),'#',''),'') nums,
       replace(
     translate(data,'0123456789','##########'),'#','') chars
  from V

DATA          NUMS   CHARS
-----------   ------ ----------
SMITH 20      20     SMITH
ALLEN 30      30     ALLEN
WARD 30       30     WARD
JONES 20      20     JONES
MARTIN 30     30     MARTIN
BLAKE 30      30     BLAKE
CLARK 10      10     CLARK
SCOTT 20      20     SCOTT
```

```
KING 10      10    KING
TURNER 30    30    TURNER
ADAMS 20     20    ADAMS
JAMES 30     30    JAMES
FORD 20      20    FORD
MILLER 10    10    MILLER
```

2.5 정렬할 때 null 처리하기

문제 EMP 테이블의 결과를 COMM 기준으로 정렬하려고 할 때, 필드가 null을 허용합니다. 이 때 null을 마지막에 정렬할지를 지정하는 방법이 필요합니다.

```
ENAME          SAL        COMM
----------  ----------  ----------
TURNER        1500          0
ALLEN         1600        300
WARD          1250        500
MARTIN        1250       1400
SMITH          800
JONES         2975
JAMES          950
MILLER        1300
FORD          3000
ADAMS         1100
BLAKE         2850
CLARK         2450
SCOTT         3000
KING          5000
```

혹은 제일 처음 정렬할 수 있는지도 말이죠.

```
ENAME          SAL        COMM
----------  ----------  ----------
SMITH          800
JONES         2975
```

```
CLARK      2450
BLAKE      2850
SCOTT      3000
KING       5000
JAMES       950
MILLER     1300
FORD       3000
ADAMS      1100
MARTIN     1250          1400
WARD       1250           500
ALLEN      1600           300
TURNER     1500             0
```

해법 원하는 데이터 형태와, 특정 RDBMS가 **NULL** 값을 정렬하는 방법에 따라 null 허용 열을 오름차순 또는 내림차순으로 정렬할 수 있습니다.

```
1 select ename,sal,comm
2   from emp
3  order by 3
```

```
1 select ename,sal,comm
2   from emp
3  order by 3 desc
```

이 해법은 null을 허용하는 열에 null이 아닌 값이 포함된 경우, 요청한 내용에 따라 오름차순 또는 내림차순으로 정렬되도록 합니다. 그 결과는 여러분의 생각과 같을 수도 있고 다를 수도 있습니다. 만약 null 값을 null이 아닌 값과 구분하여 정렬하려 할 때, 예를 들어 null이 아닌 값을 오름차순 또는 내림차순으로 정렬하고 모든 null 값을 마지막으로 정렬하려는 경우 CASE 식을 사용하여 열을 조건부로 정렬할 수 있습니다.

DB2, MySQL, PostgreSQL, SQL Server

값이 null일 때 **CASE** 식을 사용하여 플래그[flag]를 수행합니다. 즉, 두 개의 값을 지니는 플래그를 갖는 것입니다. 하나는 null을 나타내고 다른 하나는 null이 아닌 값을 나타냅니다. 일단 이 플래그 열을 **ORDER BY** 절에 추가합니다. 그러면 null이 아닌 값을 건드리지 않고 null 값을 처음에 정렬할지 또는 마지막으로 정렬할지 여부를 쉽게 제어할 수 있습니다.

```
/* NULL이 아닌 COMM을 우선 오름차순 정렬하고, 모든 NULL은 마지막에 나타냄 */
1  select ename,sal,comm
2    from (
3  select ename,sal,comm,
4         case when comm is null then 0 else 1 end as is_null
5    from emp
6         ) x
7    order by is_null desc,comm
```

ENAME	SAL	COMM
TURNER	1500	0
ALLEN	1600	300
WARD	1250	500
MARTIN	1250	1400
SMITH	800	
JONES	2975	
JAMES	950	
MILLER	1300	
FORD	3000	
ADAMS	1100	
BLAKE	2850	
CLARK	2450	
SCOTT	3000	
KING	5000	

```
/* NULL이 아닌 COMM을 우선 내림차순 정렬하고, 모든 NULL은 마지막에 나타냄 */
1  select ename,sal,comm
2    from (
3  select ename,sal,comm,
4         case when comm is null then 0 else 1 end as is_null
5    from emp
6         ) x
7    order by is_null desc,comm desc
```

ENAME	SAL	COMM
MARTIN	1250	1400
WARD	1250	500

```
ALLEN    1600        300
TURNER   1500          0
SMITH     800
JONES    2975
JAMES     950
MILLER   1300
FORD     3000
ADAMS    1100
BLAKE    2850
CLARK    2450
SCOTT    3000
KING     5000
```

```
/* NULL을 처음에 나타낸 후, NULL이 아닌 COMM은 오름차순 정렬 */
1 select ename,sal,comm
2   from (
3 select ename,sal,comm,
4        case when comm is null then 0 else 1 end as is_null
5   from emp
6        ) x
7  order by is_null,comm
```

```
ENAME    SAL    COMM
------  -----  ----------
SMITH     800
JONES    2975
CLARK    2450
BLAKE    2850
SCOTT    3000
KING     5000
JAMES     950
MILLER   1300
FORD     3000
ADAMS    1100
TURNER   1500          0
ALLEN    1600        300
WARD     1250        500
MARTIN   1250       1400
```

```
/* NULL을 처음에 나타낸 후, NULL이 아닌 COMM은 내림차순 정렬 */
1  select ename,sal,comm
2    from (
3  select ename,sal,comm,
4         case when comm is null then 0 else 1 end as is_null
5    from emp
6        ) x
7    order by is_null,comm desc
```

```
ENAME   SAL      COMM
------  -----  ----------
SMITH   800
JONES   2975
CLARK   2450
BLAKE   2850
SCOTT   3000
KING    5000
JAMES   950
MILLER  1300
FORD    3000
ADAMS   1100
MARTIN  1250     1400
WARD    1250      500
ALLEN   1600      300
TURNER  1500        0
```

Oracle

Oracle 사용자는 다른 플랫폼과 같이 이 해법을 사용할 수 있습니다. 또한 Oracle 전용 해법을 사용할 수도 있습니다. 다음과 같이 ORDER BY 절에서 NULLS FIRST 또는 NULLS LAST 확장을 활용하면, null이 아닌 값이 정렬되는 방식과 관계없이 null이 처음 또는 마지막에 정렬되도록 할 수 있습니다.

```
/* NULL이 아닌 COMM을 우선 오름차순 정렬하고, 모든 NULL은 마지막에 나타냄 */
1  select ename,sal,comm
2    from emp
3    order by comm nulls last
```

```
ENAME     SAL      COMM
------    -----   ----------
TURNER    1500           0
ALLEN     1600         300
WARD      1250         500
MARTIN    1250        1400
SMITH      800
JONES     2975
JAMES      950
MILLER    1300
FORD      3000
ADAMS     1100
BLAKE     2850
CLARK     2450
SCOTT     3000
KING      5000
```

/* NULL을 처음에 나타낸 후, NULL이 아닌 COMM은 오름차순 정렬 */
1 select ename,sal,comm
2   from emp
3 order by comm nulls first

```
ENAME     SAL      COMM
------    -----   ----------
SMITH      800
JONES     2975
CLARK     2450
BLAKE     2850
SCOTT     3000
KING      5000
JAMES      950
MILLER    1300
FORD      3000
ADAMS     1100
TURNER    1500           0
ALLEN     1600         300
WARD      1250         500
MARTIN    1250        1400
```

```
/* NULL을 처음에 나타낸 후, NULL이 아닌 COMM은 내림차순 정렬 */
1  select ename,sal,comm
2    from emp
3   order by comm desc nulls first
```

```
ENAME    SAL    COMM
------  -----  ----------
SMITH    800
JONES   2975
CLARK   2450
BLAKE   2850
SCOTT   3000
KING    5000
JAMES    950
MILLER  1300
FORD    3000
ADAMS   1100
MARTIN  1250       1400
WARD    1250        500
ALLEN   1600        300
TURNER  1500          0
```

설명 RDBMS가 (Oracle처럼) 같은 열에서 null이 아닌 값을 수정하지 않고도 null 값을 처음 또는 마지막으로 쉽게 정렬하는 방법을 제공하지 않는 한, 보조 열이 필요합니다.

> **TIP_** 이 책을 쓰는 시점 기준으로 DB2 사용자는 윈도우 함수에서 OVER 절의 하위 ORDER BY 절에서 NULLS FIRST 및 NULLS LAST를 사용할 수 있지만, 전체 결과셋에 대한 ORDER BY 절에서는 사용할 수 없습니다.

이 추가 열의 목적은 (테이블이 아닌 쿼리에서만) null 값을 식별하여 처음 또는 마지막으로 모두 정렬하는 것입니다. 다음 쿼리는 Oracle이 아닐 때를 위한 인라인 뷰 X에 대한 결과셋을 반환합니다.

```
select ename,sal,comm,
       case when comm is null then 0 else 1 end as is_null
  from emp
```

```
ENAME     SAL       COMM      IS_NULL
------    -----   ---------- ----------
SMITH     800                      0
ALLEN     1600      300            1
WARD      1250      500            1
JONES     2975                     0
MARTIN    1250      1400           1
BLAKE     2850                     0
CLARK     2450                     0
SCOTT     3000                     0
KING      5000                     0
TURNER    1500      0              1
ADAMS     1100                     0
JAMES     950                      0
FORD      3000                     0
MILLER    1300                     0
```

IS_NULL에서 반환된 값을 사용하면 COMM 정렬과 별개로 null을 처음 또는 마지막으로 쉽게 정렬할 수 있습니다.

2.6 데이터 종속 키 기준으로 정렬하기

문제 일부 조건식을 기반으로 정렬하려고 합니다. 예를 들어 JOB이 'SALESMAN'이면 COMM 기준으로 정렬하고, 그렇지 않으면 SAL 기준으로 정렬하고자 합니다. 반환하려는 결과셋은 다음과 같습니다.

```
ENAME          SAL JOB             COMM
---------- ---------- --------- ----------
TURNER        1500 SALESMAN         0
ALLEN         1600 SALESMAN       300
WARD          1250 SALESMAN       500
SMITH          800 CLERK
JAMES          950 CLERK
ADAMS         1100 CLERK
MILLER        1300 CLERK
```

```
MARTIN       1250  SALESMAN       1400
CLARK        2450  MANAGER
BLAKE        2850  MANAGER
JONES        2975  MANAGER
SCOTT        3000  ANALYST
FORD         3000  ANALYST
KING         5000  PRESIDENT
```

해법 ORDER BY 절에서 CASE 식을 사용합니다.

```
1 select ename,sal,job,comm
2   from emp
3 order by case when job = 'SALESMAN' then comm else sal end
```

설명 CASE 식을 사용하여 결과의 정렬 방식을 동적으로 변경할 수 있습니다. ORDER BY에 전달된 값은 다음과 같습니다.

```
select ename,sal,job,comm,
       case when job = 'SALESMAN' then comm else sal end as ordered
  from emp
 order by 5

ENAME         SAL JOB           COMM    ORDERED
---------- ---------- --------- ---------- ----------
TURNER       1500  SALESMAN         0          0
ALLEN        1600  SALESMAN       300        300
WARD1         250  SALESMAN       500        500
SMITH         800  CLERK                     800
JAMES         950  CLERK                     950
ADAMS        1100  CLERK                    1100
MILLER       1300  CLERK                    1300
MARTIN       1250  SALESMAN 1400            1400
CLARK2        450  MANAGER                  2450
BLAKE2        850  MANAGER                  2850
JONES2        975  MANAGER                  2975
SCOTT        3000  ANALYST                  3000
FORD         3000  ANALYST                  3000
KING         5000  PRESIDENT                5000
```

2.7 마치며

쿼리 결과를 정렬하는 것은 SQL 사용자의 핵심 기술 중 하나입니다. ORDER BY 절은 매우 강력할 수 있지만, 2장에서 살펴보았듯이 효과적으로 사용하려면 각 해법에서의 미묘한 차이를 이해해야 합니다. 이후 장에서 살펴볼 많은 레시피가 이와 연관되므로 사용법을 숙지해주세요.

CHAPTER 3

다중 테이블 작업

3장에서는 조인 및 집합 연산을 사용하여 여러 테이블의 데이터를 결합하는 방법을 소개합니다. 조인은 SQL의 기초이고 집합 연산도 중요합니다. 이 책의 후반부에 나오는 복잡한 쿼리를 이해하려면 지금부터 조인 및 집합 연산을 시작해야 합니다.

3.1 행 집합을 다른 행 위에 추가하기

문제 두 개 이상의 테이블에 저장된 데이터를 반환하고 한 결과셋을 다른 결과셋 위에 포개려고 합니다. 이들 테이블에 공통 키가 필요하지는 않지만, 해당 열의 데이터 유형은 같습니다. 예를 들어 **EMP** 테이블에 있는 부서 10의 사원명 및 부서 번호와 함께, **DEPT** 테이블에 있는 각 부서명 및 부서 번호를 표시하려고 합니다. 나타내려는 결과셋은 다음과 같습니다.

```
ENAME_AND_DNAME     DEPTNO
---------------     ----------
CLARK                       10
KING                        10
MILLER                      10
----------
ACCOUNTING                  10
RESEARCH                    20
```

| SALES | 30 |
| OPERATIONS | 40 |

해법 집합 연산 UNION ALL을 사용하여 여러 테이블의 행을 결합합니다.

```
1  select ename as ename_and_dname, deptno
2    from emp
3   where deptno = 10
4   union all
5  select '----------', null
6    from t1
7   union all
8  select dname, deptno
9    from dept
```

설명 UNION ALL은 여러 행 소스의 행들을 하나의 결과셋으로 결합합니다. 모든 집합 연산과 마찬가지로 모든 **SELECT** 목록의 항목은 숫자와 데이터 유형이 일치해야 합니다. 다음 쿼리는 모두 실패할 것입니다.

```
select deptno  |  select deptno, dname
  from dept    |    from dept
 union all     |   union all
select ename   |  select deptno
  from emp     |    from emp
```

유의할 점은 UNION ALL은 중복 항목이 있으면 이를 포함한다는 것입니다. 중복을 필터링하려면 UNION 연산자를 사용하세요. 예를 들어 **EMP.DEPTNO**와 **DEPT.DEPTNO** 사이의 **UNION**은 4개의 행만 반환합니다.

```
select deptno
  from emp
 union
select deptno
  from dept

   DEPTNO
 ---------
       10
```

```
20
30
40
```

UNION ALL 대신 UNION을 지정하면 중복을 제거하는 정렬 작업이 발생할 가능성이 높습니다. 대량의 결과셋으로 작업할 때는 이 점을 염두에 두어야 합니다. 이처럼 UNION을 사용하는 것은 UNION ALL의 출력에 DISTINCT를 적용하는 다음 쿼리와 거의 같습니다.

```
select distinct deptno
  from (
select deptno
  from emp
 union all
select deptno
  from dept
        )

  DEPTNO
---------
      10
      20
      30
      40
```

필수가 아니라면 쿼리에서 DISTINCT는 가능한 한 사용하지 않습니다. 이 원칙은 UNION에도 똑같이 적용됩니다. 꼭 필요한 경우가 아니면 UNION ALL 대신 사용하지 마세요. 예를 들어 이 책에서는 교육 목적으로 테이블 수를 제한했지만, 실제로 하나의 테이블을 쿼리하는 경우라면 단일 테이블을 쿼리하는 데 더 적합한 방법이 있을 수 있습니다.

3.2 연관된 여러 행 결합하기

문제 공통 열을 조인하거나 공통된 값을 공유하는 열을 조인하여 여러 테이블에서 행을 반환하려고 합니다. 예를 들어 부서 10의 모든 사원명과 각 사원의 부서 위치를 함께 표시하려고 하지만, 해당 데이터는 두 개의 별도 테이블에 저장되어 있습니다. 이때 기대하는 결과셋은 다음과 같습니다.

```
ENAME       LOC
----------  ----------
CLARK       NEW YORK
KING        NEW YORK
MILLER      NEW YORK
```

해법 EMP 테이블과 DEPT 테이블을 DEPTNO 기준으로 조인합니다.

```
1 select e.ename, d.loc
2   from emp e, dept d
3  where e.deptno = d.deptno
4    and e.deptno = 10
```

설명 해법은 조인의 한 가지로, 더 정확하게는 내부 조인inner join의 한 형태인 동등 조인equi-join 입니다. 조인이란 두 테이블의 행을 하나로 결합하는 작업입니다. 동등 조인은 조인 조건이 동등 조건에 기반을 두는 조인입니다(예: 한 부서 번호가 다른 부서 번호와 같은 경우). 내부 조인은 조인의 본래 형태로, 반환된 각 행에는 각 테이블의 데이터가 포함됩니다.

개념적으로, 조인의 결과셋은 다음과 같이 FROM 절에 나열된 테이블에서 데카르트 곱cartesian product(가능한 모든 행 조합)을 우선 생성하여 만들어집니다.

```
select e.ename, d.loc,
       e.deptno as emp_deptno,
       d.deptno as dept_deptno
  from emp e, dept d
 where e.deptno = 10

ENAME       LOC           EMP_DEPTNO  DEPT_DEPTNO
----------  ------------  ----------  -----------
CLARK       NEW YORK              10           10
KING        NEW YORK              10           10
MILLER      NEW YORK              10           10
CLARK       DALLAS                10           20
```

```
KING      DALLAS             10        20
MILLER    DALLAS             10        20
CLARK     CHICAGO            10        30
KING      CHICAGO            10        30
MILLER    CHICAGO            10        30
CLARK     BOSTON             10        40
KING      BOSTON             10        40
MILLER    BOSTON             10        40
```

EMP 테이블(부서 10)의 모든 사원이 DEPT 테이블의 모든 부서와 함께 반환됩니다. 그런 다음 e.deptno 및 d.deptno를 포함(조인)하는 WHERE 절의 식에서 결과셋을 제한하여 EMP.DEPTNO와 DEPT.DEPTNO가 같은 행만 반환되도록 합니다.

```
select e.ename, d.loc,
       e.deptno as emp_deptno,
       d.deptno as dept_deptno
  from emp e, dept d
 where e.deptno = d.deptno
   and e.deptno = 10

ENAME      LOC             EMP_DEPTNO   DEPT_DEPTNO
---------- --------------- ----------   -----------
CLARK      NEW YORK             10           10
KING       NEW YORK             10           10
MILLER     NEW YORK             10           10
```

대체 해법은 명시적 JOIN 절을 사용하는 것입니다(INNER 키워드는 선택 사항입니다).

```
select e.ename, d.loc
  from emp e inner join dept d
    on (e.deptno = d.deptno)
 where e.deptno = 10
```

WHERE 절 대신 FROM 절에 조인식을 사용하려면 JOIN 절을 사용하세요. 두 방법 모두 ANSI를 준수하며, 이 책의 모든 최신 버전 RDBMS에서 작동합니다.

3.3 두 테이블의 공통 행 찾기

문제 두 테이블 간에 공통 행을 찾으려 하지만, 조인할 수 있는 열이 여러 개입니다. 예를 들어 학습 목적으로 EMP 테이블에서 생성된 다음 뷰 V를 살펴봅시다.

```
create view V
as
select ename,job,sal
  from emp
 where job = 'CLERK'

select * from V

ENAME       JOB              SAL
----------  ----------  ----------
SMITH       CLERK            800
ADAMS       CLERK           1100
JAMES       CLERK            950
MILLER      CLERK           1300
```

이처럼 뷰 V는 사원(CLERK) 관련 정보를 반환하지만, 가능한 모든 EMP 열을 표시하지는 않습니다. 이때 뷰 V의 행과 일치하는 EMP 테이블의 모든 사원의 EMPNO, ENAME, JOB, SAL 및 DEPTNO를 반환하려고 합니다. 결과셋은 다음과 같습니다.

```
EMPNO  ENAME      JOB              SAL   DEPTNO
-----  ---------  ---------  ----------  --------
 7369  SMITH      CLERK            800        20
 7876  ADAMS      CLERK           1100        20
 7900  JAMES      CLERK            950        30
 7934  MILLER     CLERK           1300        10
```

해법 올바른 결과를 반환하는 데 필요한 모든 열의 테이블을 조인하세요. 또는 집합 연산 INTERSECT를 사용하여 조인을 수행하지 않고, 대신 두 테이블의 교차점(공통 행)을 반환합니다.

MySQL과 SQL Server

다중 조인 조건을 사용하여 EMP 테이블과 뷰 V를 조인합니다.

```
1 select e.empno,e.ename,e.job,e.sal,e.deptno
2   from emp e, V
3 where e.ename = v.ename
4   and e.job   = v.job
5   and e.sal   = v.sal
```

또는 JOIN 절을 통해 같은 조인을 수행할 수 있습니다.

```
1 select e.empno,e.ename,e.job,e.sal,e.deptno
2   from emp e join V
3     on (e.ename   = v.ename
4        and e.job  = v.job
5        and e.sal  = v.sal )
```

DB2, Oracle, PostgreSQL

MySQL 및 SQL Server 해법은 DB2, Oracle 및 PostgreSQL에서도 작동합니다. 뷰 V에서 값을 반환해야 할 때 이 방법을 사용합니다. 만약 뷰 V에서 열을 반환할 필요가 없다면 IN과 함께 집합 연산 INTERSECT를 사용할 수 있습니다.

```
1 select empno,ename,job,sal,deptno
2   from emp
3 where (ename,job,sal) in (
4   select ename,job,sal from emp
5 intersect
6   select ename,job,sal from V
7 )
```

설명 조인을 수행할 때 올바른 결과를 반환하려면 조인하기에 어떤 열이 적절할지를 고려해야 합니다. 특히 행이 일부 열에 대해서는 공통된 값을 갖지만, 그 외 열에서는 다른 값을 가질 수 있는 경우를 유의하세요.

집합 연산 INTERSECT는 두 행 소스에 공통된 행을 반환합니다. INTERSECT를 사용하는 경우

두 테이블에서 같은 데이터 유형을 가진 항목 수를 비교해야 합니다. 집합 연산으로 작업할 때 기본적으로 중복 행은 반환하지 않습니다.

3.4 한 테이블에서 다른 테이블에 존재하지 않는 값 검색하기

문제 일부 대상 테이블에는 존재하지 않는 값을 '소스 테이블'이라는 어떤 테이블에서 찾을 수 있습니다. 예를 들어 EMP 테이블에는 없는 DEPT 테이블의 부서 정보를 찾으려 합니다. 예제 데이터에서 DEPT 테이블의 DEPTNO 값이 40인 데이터는 EMP 테이블에는 없으므로 결과셋은 다음과 같아야 합니다.

```
    DEPTNO
----------
        40
```

해법 차집합^{set difference}을 수행하는 함수가 있다면 이 문제에 특히 유용합니다. DB2, PostgreSQL, SQL Server 및 Oracle은 모두 차집합 작업을 지원합니다. DBMS에서 이를 지원하지 않을 때는 MySQL에 표시된 서브쿼리를 사용합니다.

DB2, PostgreSQL, SQL Server
EXCEPT를 사용합니다.

```
1 select deptno from dept
2 except
3 select deptno from emp
```

Oracle
MINUS를 사용합니다.

```
1 select deptno from dept
2 minus
3 select deptno from emp
```

MySQL

서브쿼리를 사용하여 EMP 테이블의 모든 DEPTNO를 반환하고, 그 결과셋에 포함되지 않은 행에 대해 DEPT 테이블을 검색하는 외부 쿼리를 수행합니다.

```
1 select deptno
2   from dept
3 where deptno not in (select deptno from emp)
```

설명 이 설명은 DB2, PostgreSQL, SQL Server, Oracle, MySQL로 구분됩니다.

DB2, PostgreSQL, SQL Server

차집합 함수를 사용하면 이 작업을 쉽게 수행할 수 있습니다. EXCEPT 연산자는 첫 번째 결과 셋을 가져와서 두 번째 결과셋에 중복된 행을 모두 제거합니다. 그 연산은 뺄셈과 매우 흡사합니다.

EXCEPT를 비롯한 집합 연산자의 사용에는 제한이 있습니다. 비교할 데이터 유형 및 값 개수는 두 SELECT 목록에서 일치해야 합니다. 또한 EXCEPT는 중복 항목을 반환하지 않으며, NOT IN 을 사용하는 서브쿼리와 달리 null은 문제가 되지 않습니다(MySQL 설명 참조). EXCEPT 연산 자는 서브쿼리(EXCEPT 이후의 쿼리)에 없는 상위 쿼리(EXCEPT 이전의 쿼리)에서 행을 반환합니다.

Oracle

Oracle은 EXCEPT 연산자를 사용하는 해법과 동일합니다. 다만 Oracle은 EXCEPT 대신 차집합 연산자 MINUS를 호출합니다. 그 점을 제외하고는 이전 설명이 Oracle에도 적용됩니다.

MySQL

서브쿼리는 EMP 테이블에서 모든 DEPTNO를 반환합니다. 외부 쿼리는 서브쿼리에서 반환된 결과셋에 빠져 있거나 포함되지 않은 DEPT 테이블의 모든 DEPTNO를 반환합니다.

MySQL 해법을 사용할 때 고려할 사항은 중복 행 제거입니다. 다른 플랫폼에 쓰이는 EXCEPT 및 MINUS 기반 해법은 결과셋에서 중복 행을 제거하여 각 DEPTNO가 한 번만 나오도록 합니다. 물론 DEPTNO가 이 예제 데이터의 키 열인 만큼, 어쨌든 한 번만 나올 것입니다. DEPTNO가 키 필드가 아니라면 다음과 같이 DISTINCT를 사용하여 EMP에서 누락된 각 DEPTNO 값이 한 번만 나오도록 할 수 있습니다.

```
select distinct deptno
  from dept
 where deptno not in (select deptno from emp)
```

NOT IN을 사용할 때는 null에 유의하세요. 다음 NEW_DEPT 테이블을 살펴봅시다.

```
create table new_dept(deptno integer)
insert into new_deptvalues (10)
insert into new_dept values (50)
insert into new_dept values (null)
```

이때 DEPT 테이블에서 NEW_DEPT 테이블에 없는 DEPTNO를 찾고 NOT IN의 서브쿼리를 사용하려고 하면, 쿼리가 행을 반환하지 않습니다.

```
select *
  from dept
 where deptno not in (select deptno from new_dept)
```

DEPTNO가 20, 30, 40인 데이터는 NEW_DEPT 테이블에 없지만, 쿼리에서 반환되지 않았습니다. 어째서일까요? NEW_DEPT 테이블에 null 값이 있기 때문입니다. 서브쿼리는 DEPTNO가 10, 50, null인 3개 행을 반환합니다. IN과 NOT IN은 본질적으로 OR 연산이며, null 값이 논리적 OR 평가에 의해 처리되는 방식 때문에 다른 결과가 도출되었습니다.

이 점을 이해하기 위해 다음 진리표[truth table]를 검토합시다(T=참, F=거짓, N=null).

```
OR | T | F | N |
+----+---+---+----+
| T | T | T | T |
| F | T | F | N |
| N | T | N | N |
+----+---+---+----+


NOT |
+----+---+
| T | F |
| F | T |
| N | N |
+----+---+


AND | T | F | N |
+----+---+---+---+
| T | T | F | N |
| F | F | F | F |
| N | N | F | N |
+----+---+---+---+
```

이제 IN을 사용하는 예제와 OR을 사용하는 예제를 살펴봅시다.

```
select deptno
  from dept
 where deptno in ( 10,50,null )

DEPTNO
-------
    10

select deptno
  from dept
 where (deptno=10 or deptno=50 or deptno=null)

DEPTNO
-------
    10
```

DEPTNO가 10인 행만 반환된 이유는 무엇일까요? DEPT 테이블에는 4개의 DEPTNO(10, 20, 30, 40)가 있으며 각각은 서술어(deptno=10 or deptno=50 or deptno=null)에 대해 평가됩니다. 앞의 진리표에 따르면 각 DEPTNO(10, 20, 30, 40)에 대해 서술어는 다음을 도출합니다.

```
DEPTNO=10
(deptno=10 or deptno=50 or deptno=null)
= (10=10 or 10=50 or 10=null)
= (T or F or N)
= (T or N)
= (T)


DEPTNO=20
(deptno=10 or deptno=50 or deptno=null)
= (20=10 or 20=50 or 20=null)
= (F or F or N)
= (F or N)
= (N)


DEPTNO=30
(deptno=10 or deptno=50 or deptno=null)
= (30=10 or 30=50 or 30=null)
= (F or F or N)
= (F or N)
= (N)


DEPTNO=40
(deptno=10 or deptno=50 or deptno=null)
= (40=10 or 40=50 or 40=null)
= (F or F or N)
= (F or N)
= (N)
```

이제 IN 및 OR를 사용할 때 DEPTNO가 10인 행만 반환된 이유가 명확해졌습니다. 다음으로 NOT IN 및 NOT OR를 사용하는 같은 예를 살펴봅시다.

```
select deptno
  from dept
 where deptno not in ( 10,50,null )

( no rows )

select deptno
  from dept
 where not (deptno=10 or deptno=50 or deptno=null)

( no rows )
```

왜 아무 행도 반환되지 않았을까요? 진리표를 확인해봅시다.

```
DEPTNO=10
NOT (deptno=10 or deptno=50 or deptno=null)
= NOT (10=10 or 10=50 or 10=null)
= NOT (T or F or N)
= NOT (T or N)
= NOT (T)
= (F)

DEPTNO=20
NOT (deptno=10 or deptno=50 or deptno=null)
= NOT (20=10 or 20=50 or 20=null)
= NOT (F or F or N)
= NOT (F or N)
= NOT (N)
= (N)

DEPTNO=30
NOT (deptno=10 or deptno=50 or deptno=null)
= NOT (30=10 or 30=50 or 30=null)
= NOT (F or F or N)
= NOT (F or N)
= NOT (N)
= (N)

DEPTNO=40
NOT (deptno=10 or deptno=50 or deptno=null)
= NOT (40=10 or 40=50 or 40=null)
= NOT (F or F or N)
= NOT (F or N)
= NOT (N)
= (N)
```

SQL에서 'TRUE or NULL'은 TRUE이지만 'FALSE or NULL'은 NULL입니다! IN 술어를 사용할 때와 논리 OR 평가 및 null 값이 포함될 때 이 점을 염두에 두어야 합니다.

NOT IN 및 null 문제를 방지하려면 NOT EXISTS와 함께 서브쿼리를 사용하세요. 외부 쿼리의 행이 서브쿼리에서 참조되므로 **상관 서브쿼리**correlated subquery라는 용어를 사용합니다. 다음 예는 null 행의 영향을 받지 않는 대체 해법입니다('문제' 절의 원래 쿼리를 다시 살펴봅시다).

```
select d.deptno
  from dept d
 where not exists (
   select 1
     from emp e
    where d.deptno = e.deptno
)

DEPTNO
----------
40


select d.deptno
  from dept d
 where not exists (
   select 1
     from new_dept nd
    where d.deptno = nd.deptno
)

DEPTNO
----------
30
40
20
```

이 해법의 외부 쿼리는 개념적으로 DEPT 테이블의 각 행을 고려합니다. 각 DEPT 행에 대해 다음과 같은 일이 발생합니다.

1. EMP 테이블에 부서 번호가 있는지 확인하고자 서브쿼리가 실행됩니다. 두 테이블의 부서 번호를 모으는 조건 D.DEPTNO = E.DEPTNO에 유의하세요.

2. 서브쿼리가 결과를 반환하면 EXISTS (...)는 참(TRUE)으로 평가되고 NOT EXISTS (...)는 거짓(FALSE)으로 평가되며 외부 쿼리에서 고려 중인 행은 삭제됩니다.

3. 서브쿼리가 결과를 반환하지 않으면 NOT EXISTS (...)가 참(TRUE)으로 평가되고 외부 쿼리에서 고려 중인 행이 반환됩니다(EMP 테이블에 표시되지 않은 부서 데이터).

서브쿼리의 SELECT 목록에 있는 항목은 EXISTS/NOT EXISTS와 함께 상관 서브쿼리를 사용할 때 중요하지 않습니다. 따라서 SELECT 목록의 항목이 아닌 하위 쿼리의 조인에 초점을 맞추고자 null을 선택했습니다.

3.5 다른 테이블 행과 일치하지 않는 행 검색하기

문제 공통 키가 있는 두 테이블(EMP, DEPT)에서 다른 테이블과 일치하지 않는 한 테이블에 있는 행을 찾으려고 합니다. 예를 들어 사원이 없는 부서를 찾고자 합니다. 결과셋은 다음과 같아야 합니다.

```
    DEPTNO  DNAME          LOC
    ------  -------------  -------------
        40  OPERATIONS     BOSTON
```

사원별 근무 부서를 찾으려면 EMP 테이블에서 DEPT 테이블로 DEPTNO에 대한 동등 조인이 필요합니다. DEPTNO 열은 테이블 간 공통 값을 나타냅니다. 하지만 동등 조인은 사원이 없는 부서를 표시하지 않습니다. EMP와 DEPT를 동등 조인하면 조인 조건을 충족하는 모든 행을 반환하기 때문입니다. 우리는 조인 조건을 충족하지 않는 DEPT의 행만 원합니다.

앞에서 살펴본 레시피와는 미묘하게 다른 문제이지만, 언뜻 보기에는 같아 보일 수 있습니다. 차이점은 앞의 레시피는 EMP 테이블에 표시되지 않은 부서 번호 목록만 가져온다는 것입니다. 그러나 이 레시피를 사용하면 DEPT 테이블에서 다른 열을 쉽게 반환할 수 있으며 부서 번호만을 반환할 수도 있습니다.

해법 한 테이블의 모든 행을 포함하여, 공통 열과 일치하거나 일치하지 않을 수 있는 다른 행을 함께 반환합니다. 그런 다음 일치하는 것이 없는 행만 남겨둡니다.

DB2, MySQL, PostgreSQL, SQL Server

null에 대한 외부 조인outer join 및 필터를 사용합니다(OUTER라는 키워드는 선택 사항입니다).

```
1 select d.*
2   from dept d left outer join emp e
3     on (d.deptno = e.deptno)
4  where e.deptno is null
```

설명 이 해법은 외부 조인 후 일치하지 않는 행만 유지하는 방식으로 작동합니다. 이러한 종류의 작업을 안티 조인^{anti join}이라고도 합니다. 안티 조인이 어떻게 작동하는지 더 잘 이해하도록 먼저 null을 필터링하지 않은 결과셋을 살펴봅시다.

```
select e.ename, e.deptno as emp_deptno, d.*
  from dept d left join emp e
    on (d.deptno = e.deptno)

ENAME      EMP_DEPTNO   DEPTNO DNAME        LOC
---------- ----------   ---------- ------------ -------------
SMITH              20       20 RESEARCH     DALLAS
ALLEN              30       30 SALES        CHICAGO
WARD               30       30 SALES        CHICAGO
JONES              20       20 RESEARCH     DALLAS
MARTIN             30       30 SALES        CHICAGO
BLAKE              30       30 SALES        CHICAGO
CLARK              10       10 ACCOUNTING   NEW YORK
SCOTT              20       20 RESEARCH     DALLAS
KING               10       10 ACCOUNTING   NEW YORK
TURNER             30       30 SALES        CHICAGO
ADAMS              20       20 RESEARCH     DALLAS
JAMES              30       30 SALES        CHICAGO
FORD               20       20 RESEARCH     DALLAS
MILLER             10       10 ACCOUNTING   NEW YORK
                            40 OPERATIONS   BOSTON
```

마지막 행의 EMP.ENAME 및 EMP_DEPTNO 열에 null 값이 있습니다. 부서 40에 소속된 사원이 없기 때문입니다. 해법에서는 WHERE 절을 사용하여 EMP_DEPTNO가 null인 행만 남깁니다(따라서 EMP에서 일치하지 않는 DEPT의 행만 가집니다).

3.6 다른 조인을 방해하지 않고 쿼리에 조인 추가하기

문제 원하는 결과를 반환하는 쿼리가 있습니다. 추가 정보가 필요하지만, 정보를 가져오려고 할 때 원래 결과셋의 데이터가 손실됩니다. 예를 들어 모든 사원명(ENAME), 근무 부서의 위치

(LOC) 및 보너스를 받은 날짜(RECEIVED)를 반환하려고 합니다. 이 문제의 경우 EMP_BONUS 테이블에는 다음 데이터가 포함됩니다.

```
select * from emp_bonus

    EMPNO  RECEIVED     TYPE
---------- ----------- ----------
      7369  14-MAR-2005     1
      7900  14-MAR-2005     2
      7788  14-MAR-2005     3
```

시작하는 쿼리는 다음과 같습니다.

```
select e.ename, d.loc
  from emp e, dept d
 where e.deptno=d.deptno

  ENAME       LOC
---------- -------------
  SMITH       DALLAS
  ALLEN       CHICAGO
  WARD        CHICAGO
  JONES       DALLAS
  MARTIN      CHICAGO
  BLAKE       CHICAGO
  CLARK       NEW YORK
  SCOTT       DALLAS
  KING        NEW YORK
  TURNER      CHICAGO
  ADAMS       DALLAS
  JAMES       CHICAGO
  FORD        DALLAS
  MILLER      NEW YORK
```

이 결과에 사원별 보너스가 지급된 날짜를 추가하려고 할 때, EMP_BONUS 테이블과 조인하면 모든 사원이 보너스를 받는 것은 아니므로 원하는 수보다 적은 행을 반환합니다.

```
select e.ename, d.loc,eb.received
  from emp e, dept d, emp_bonus eb
 where e.deptno=d.deptno
   and e.empno=eb.empno
```

```
ENAME        LOC           RECEIVED
----------   -------------  -----------
SCOTT        DALLAS        14-MAR-2005
SMITH        DALLAS        14-MAR-2005
JAMES        CHICAGO       14-MAR-2005
```

여러분이 원하는 결과셋은 다음과 같을 것입니다.

```
ENAME        LOC           RECEIVED
----------   -------------  -----------
ALLEN        CHICAGO
WARD         CHICAGO
MARTIN       CHICAGO
JAMES        CHICAGO       14-MAR-2005
TURNER       CHICAGO
BLAKE        CHICAGO
SMITH        DALLAS        14-MAR-2005
FORD         DALLAS
ADAMS        DALLAS
JONES        DALLAS
SCOTT        DALLAS        14-MAR-2005
CLARK        NEW YORK
KING         NEW YORK
MILLER       NEW YORK
```

해법 외부 조인을 사용하여 원래 쿼리의 데이터의 손실 없이 추가 정보를 얻을 수 있습니다. 먼저 EMP 테이블을 DEPT 테이블에 조인하여 모든 사원과 그들이 일하는 부서의 위치를 파악한 다음, EMP_BONUS 테이블에 외부 조인하여 보너스 날짜가 있으면 이를 반환합니다. 다음은 DB2, MySQL, PostgreSQL 및 SQL 서버 구문입니다.

```
1 select e.ename, d.loc, eb.received
2   from emp e join dept d
3     on (e.deptno=d.deptno)
4   left join emp_bonus eb
5     on (e.empno=eb.empno)
6  order by 2
```

스칼라 서브쿼리(SELECT 목록에 있는 서브쿼리)를 사용하여 외부 조인을 흉내 낼 수도 있습니다.

```
1 select e.ename, d.loc,
2        (select eb.received from emp_bonus eb
3           where eb.empno=e.empno) as received
4   from emp e, dept d
5 where e.deptno=d.deptno
6 order by 2
```

스칼라 서브쿼리 해법은 모든 플랫폼에서 작동합니다.

설명 외부 조인은 한 테이블의 모든 행과 다른 테이블의 일치하는 행을 반환합니다. 이러한 조인의 다른 예는 이전 레시피를 참조하세요. 이 문제를 해결하려고 외부 조인을 사용한 이유는 그렇지 않으면 반환되는 행이 제거되지 않기 때문입니다. 쿼리는 외부 조인 없이 모든 행을 반환합니다. 또한 지급된 날짜가 있으면 그것도 반환합니다.

스칼라 서브쿼리를 사용하면 기본 쿼리에서 이미 잘 작동하는 조인을 수정할 필요가 없으므로 이러한 종류의 문제를 해결하는 편리한 방법이 될 수 있습니다. 스칼라 서브쿼리를 사용하면 현재 결과셋을 손상하지 않고 쿼리에 추가 데이터를 쉽게 더할 수 있습니다. 이때 스칼라(단일)값을 반환하는지 확인해야 합니다. **SELECT** 목록의 서브쿼리가 둘 이상의 행을 반환하면 오류가 발생합니다.

참조 SELECT 목록 서브쿼리에서 여러 행을 반환할 수 없는 문제의 해결 방법은 14.10절을 참조하세요.

3.7 두 테이블에 같은 데이터가 있는지 확인하기

문제 두 테이블 또는 뷰에 같은 데이터(카디널리티^{cardinality} 및 값)가 있는지 알고 싶습니다. 다음 뷰 V를 살펴봅시다.

```
create view V
as
select * from emp where deptno != 10
```

```
    union all
    select * from emp where ename = 'WARD'

    select * from V

  EMPNO ENAME       JOB       MGR  HIREDATE      SAL  COMM DEPTNO
  ----- ----------  --------- ---- -----------  ----- ----- ------
   7369 SMITH       CLERK     7902 17-DEC-2005   800           20
   7499 ALLEN       SALESMAN  7698 20-FEB-2006  1600   300     30
   7521 WARD        SALESMAN  7698 22-FEB-2006  1250   500     30
   7566 JONES       MANAGER   7839 02-APR-2006  2975           20
   7654 MARTIN      SALESMAN  7698 28-SEP-2006  1250  1400     30
   7698 BLAKE       MANAGER   7839 01-MAY-2006  2850           30
   7788 SCOTT       ANALYST   7566 09-DEC-2007  3000           20
   7844 TURNER      SALESMAN  7698 08-SEP-2006  1500     0     30
   7876 ADAMS       CLERK     7788 12-JAN-2008  1100           20
   7900 JAMES       CLERK     7698 03-DEC-2006   950           30
   7902 FORD        ANALYST   7566 03-DEC-2006  3000           20
   7521 WARD        SALESMAN  7698 22-FEB-2006  1250   500     30
```

이 뷰의 데이터가 EMP 테이블과 정확히 같은지를 확인하려고 합니다. 사원명이 워드(WARD)인 행이 복제되어, 다른 데이터뿐만 아니라 중복 데이터도 표시합니다. EMP 테이블의 행을 기준으로 보면, 차이는 부서 10의 사원 행 3개와 사원 워드에 대한 2개의 행입니다. 이때 다음과 같은 결과셋을 반환하려고 합니다.

```
  EMPNO ENAME       JOB       MGR  HIREDATE      SAL  COMM DEPTNO CNT
  ----- ----------  --------- ---- -----------  ----- ----- ------ ---
   7521 WARD        SALESMAN  7698 22-FEB-2006  1250   500     30   1
   7521 WARD        SALESMAN  7698 22-FEB-2006  1250   500     30   2
   7782 CLARK       MANAGER   7839 09-JUN-2006  2450           10   1
   7839 KING        PRESIDENT      17-NOV-2006  5000           10   1
   7934 MILLER      CLERK     7782 23-JAN-2007  1300           10   1
```

해법 DBMS에 따라 차집합 MINUS 또는 EXCEPT를 수행하는 함수는 테이블 비교 문제를 비교적 쉽게 해결할 수 있습니다. DBMS에서 이러한 기능을 제공하지 않을 때는 상관 서브쿼리를 사용할 수 있습니다.

DB2, PostgreSQL

집합 연산 EXCEPT와 UNION ALL을 사용하여 뷰 V에서 EMP 테이블과 다른 점을 찾고, EMP 테이블에서 뷰 V와 다른 점을 찾아서 조합합니다.

```
1  (
2  select empno,ename,job,mgr,hiredate,sal,comm,deptno,
3         count(*) as cnt
4    from V
5   group by empno,ename,job,mgr,hiredate,sal,comm,deptno
6  except
7  select empno,ename,job,mgr,hiredate,sal,comm,deptno,
8         count(*) as cnt
9    from emp
10  group by empno,ename,job,mgr,hiredate,sal,comm,deptno
11 )
12  union all
13 (
14 select empno,ename,job,mgr,hiredate,sal,comm,deptno,
15        count(*) as cnt
16   from emp
17  group by empno,ename,job,mgr,hiredate,sal,comm,deptno
18 except
19 select empno,ename,job,mgr,hiredate,sal,comm,deptno,
20        count(*) as cnt
21   from v
22  group by empno,ename,job,mgr,hiredate,sal,comm,deptno
23 )
```

Oracle

집합 연산 MINUS와 UNION ALL을 사용하여 뷰 V에서 EMP 테이블과 다른 점을 찾고, EMP 테이블에서 뷰 V와 다른 점을 찾아서 조합합니다.

```
1  (
2  select empno,ename,job,mgr,hiredate,sal,comm,deptno,
3         count(*) as cnt
4    from  V
5   group by empno,ename,job,mgr,hiredate,sal,comm,deptno
6    minus
7  select empno,ename,job,mgr,hiredate,sal,comm,deptno,
```

```
 8             count(*) as cnt
 9     from emp
10    group by empno,ename,job,mgr,hiredate,sal,comm,deptno
11    )
12      union all
13    (
14    select empno,ename,job,mgr,hiredate,sal,comm,deptno,
15            count(*) as cnt
16      from emp
17     group by empno,ename,job,mgr,hiredate,sal,comm,deptno
18     minus
19    select empno,ename,job,mgr,hiredate,sal,comm,deptno,
20            count(*) as cnt
21      from v
22     group by empno,ename,job,mgr,hiredate,sal,comm,deptno
23    )
```

MySQL, SQL Server

상관 서브쿼리 및 UNION ALL을 사용하여 뷰 V가 아닌 EMP 테이블의 행과 EMP 테이블이 아닌 뷰 V의 행을 찾습니다.

```
 1  select *
 2    from (
 3  select e.empno,e.ename,e.job,e.mgr,e.hiredate,
 4          e.sal,e.comm,e.deptno, count(*) as cnt
 5    from emp e
 6   group by empno,ename,job,mgr,hiredate,
 7            sal,comm,deptno
 8         ) e
 9   where not exists (
10  select null
11    from (
12  select v.empno,v.ename,v.job,v.mgr,v.hiredate,
13          v.sal,v.comm,v.deptno, count(*) as cnt
14    from v
15   group by empno,ename,job,mgr,hiredate,
16            sal,comm,deptno
17         ) v
18   where v.empno    = e.empno
19     and v.ename    = e.ename
20     and v.job      = e.job
```

```
21        and coalesce(v.mgr,0) = coalesce(e.mgr,0)
22        and v.hiredate  = e.hiredate
23        and v.sal       = e.sal
24        and v.deptno    = e.deptno
25        and v.cnt       = e.cnt
26        and coalesce(v.comm,0) = coalesce(e.comm,0)
27   )
28    union all
29   select *
30     from (
31   select v.empno,v.ename,v.job,v.mgr,v.hiredate,
32          v.sal,v.comm,v.deptno, count(*) as cnt
33     from v
34   group by empno,ename,job,mgr,hiredate,
35            sal,comm,deptno
36         ) v
37   where not exists (
38   select null
39     from (
40   select e.empno,e.ename,e.job,e.mgr,e.hiredate,
41          e.sal,e.comm,e.deptno, count(*) as cnt
42     from emp e
43   group by empno,ename,job,mgr,hiredate,
44            sal,comm,deptno
45         ) e
46   where v.empno       = e.empno
47     and v.ename       = e.ename
48     and v.job         = e.job
49     and coalesce(v.mgr,0) = coalesce(e.mgr,0)
50     and v.hiredate    = e.hiredate
51     and v.sal         = e.sal
52     and v.deptno      = e.deptno
53     and v.cnt         = e.cnt
54     and coalesce(v.comm,0) = coalesce(e.comm,0)
55   )
```

설명 기법은 다를지 몰라도 개념은 모든 해법에서 같습니다.

1. EMP 테이블의 행 가운데, 뷰 V에 존재하지 않는 행을 찾습니다.

2. EMP 테이블에 없는 뷰 V의 행과 1번 행을 결합(UNION ALL)합니다.

해당 테이블들이 동일하면 행은 반환되지 않습니다. 테이블이 다를 때는 차이를 유발하는 행을 반환합니다. 테이블을 비교할 때 간단한 첫 번째 단계로, 데이터 비교에 카디널리티를 포함하는 대신, 오로지 카디널리티로만 비교할 수 있습니다.

다음 쿼리는 간단한 예이며 모든 DBMS에서 작동합니다.

```
select count(*)
  from emp
 union
select count(*)
  from dept

COUNT(*)
--------
       4
      14
```

UNION은 중복 항목을 필터링하므로, 테이블의 카디널리티가 같으면 하나의 행만 반환됩니다. 이 예에서는 두 행이 반환되므로 테이블에 같은 행 집합이 포함되지 않았다는 것을 알 수 있습니다.

DB2, Oracle, PostgreSQL

MINUS와 EXCEPT는 같은 방식으로 작동합니다. 이 논의에서는 EXCEPT를 사용합니다. UNION ALL 이전과 이후의 쿼리는 비슷합니다. 따라서 해법의 작동 방식을 이해하려면 UNION ALL 이전에 쿼리를 실행하면 됩니다. 다음 결과셋은 '해법' 절 코드의 1~11행을 실행하면 생성됩니다.

```
(
  select empno,ename,job,mgr,hiredate,sal,comm,deptno,
         count(*) as cnt
    from V
   group by empno,ename,job,mgr,hiredate,sal,comm,deptno
  except
  select empno,ename,job,mgr,hiredate,sal,comm,deptno,
         count(*) as cnt
    from emp
   group by empno,ename,job,mgr,hiredate,sal,comm,deptno
)
```

EMPNO	ENAME	JOB	MGR	HIREDATE	SAL	COMM	DEPTNO	CNT
7521	WARD	SALESMAN	7698	22-FEB-2006	1250	500	30	2

결과셋은 뷰 V에서 찾은 행 중에 EMP 테이블에 없거나, EMP 테이블의 같은 행과 다른 카디널리티가 있는 행을 나타냅니다. 이 경우 사원 워드(WARD)에 대한 중복 행이 발견되어 반환됩니다. 결과셋이 생성되는 방식을 여전히 이해하기 어렵다면, EXCEPT 양쪽의 각 쿼리를 개별 실행합니다. 두 결과셋의 유일한 차이점은 뷰 V에서 반환된 사원 워드에 대한 CNT입니다.

UNION ALL 뒤의 쿼리 부분은 UNION ALL 앞의 쿼리와 반대입니다. 쿼리는 뷰 V에 없는 EMP 테이블의 행을 반환합니다.

```
(
  select empno,ename,job,mgr,hiredate,sal,comm,deptno,
         count(*) as cnt
    from emp
   group by empno,ename,job,mgr,hiredate,sal,comm,deptno
   minus
  select empno,ename,job,mgr,hiredate,sal,comm,deptno,
         count(*) as cnt
    from v
   group by empno,ename,job,mgr,hiredate,sal,comm,deptno
)
```

EMPNO	ENAME	JOB	MGR	HIREDATE	SAL	COMM	DEPTNO	CNT
7521	WARD	SALESMAN	7698	22-FEB-2006	1250	500	30	1
7782	CLARK	MANAGER	7839	09-JUN-2006	2450		10	1
7839	KING	PRESIDENT		17-NOV-2006	5000		10	1
7934	MILLER	CLERK	7782	23-JAN-2007	1300		10	1

그런 다음 UNION ALL에 의해 결과가 조합되어 최종 결과셋을 생성합니다.

MySQL, SQL Server

UNION ALL 전후의 쿼리는 유사합니다. 서브쿼리 기반 해법의 작동 방식을 이해하려면 UNION ALL 이전에 쿼리를 단독 실행하면 됩니다. 다음 쿼리는 '해법' 절의 1~27행에 나온 것입니다.

```
select *
  from (
select e.empno,e.ename,e.job,e.mgr,e.hiredate,
       e.sal,e.comm,e.deptno, count(*) as cnt
  from emp e
 group by empno,ename,job,mgr,hiredate,
          sal,comm,deptno
       ) e
 where not exists (
select null
  from (
select v.empno,v.ename,v.job,v.mgr,v.hiredate,
       v.sal,v.comm,v.deptno, count(*) as cnt
  from v
 group by empno,ename,job,mgr,hiredate,
          sal,comm,deptno
       ) v
 where v.empno     = e.empno
   and v.ename     = e.ename
   and v.job       = e.job
   and v.mgr       = e.mgr
   and v.hiredate  = e.hiredate
   and v.sal       = e.sal
   and v.deptno    = e.deptno
   and v.cnt       = e.cnt
   and coalesce(v.comm,0) = coalesce(e.comm,0)
)

EMPNO ENAME      JOB         MGR HIREDATE      SAL  COMM DEPTNO CNT
----- ---------- --------- ----- ----------- ----- ----- ------ ---
 7521 WARD       SALESMAN   7698 22-FEB-2006  1250   500     30  1
 7782 CLARK      MANAGER    7839 09-JUN-2006  2450           10  1
 7839 KING       PRESIDENT       17-NOV-2006  5000           10  1
 7934 MILLER     CLERK      7782 23-JAN-2007  1300           10  1
```

EMP 테이블과 뷰 V와의 비교가 아니라 인라인 뷰 E와 인라인 뷰 V 간 비교입니다. 각 행의 카디널리티가 발견되어 해당 행의 속성으로 반환됩니다. 각 행과 행의 발생 횟수를 비교하고 있습니다. 비교 작동 방식이 잘 이해되지 않는다면 서브쿼리를 독립적으로 실행해보세요.

다음 단계는 인라인 뷰 V에 존재하지 않는 모든 행(CNT 포함)을 인라인 뷰 E에서 찾는 것입니다. 비교는 상관 서브쿼리를 사용하고 NOT EXISTS를 사용합니다. 조인은 같은 행을 판단하고, 결과는 조인에 의해 반환된 행이 아닌 인라인 뷰 E의 모든 행이 될 것입니다. UNION ALL 이후의 쿼리는 반대로 수행됩니다. 인라인 뷰 E에 존재하지 않는 모든 행을 인라인 뷰 V에서 찾습니다.

```
select *
  from (
select v.empno,v.ename,v.job,v.mgr,v.hiredate,
       v.sal,v.comm,v.deptno, count(*) as cnt
  from v
 group by empno,ename,job,mgr,hiredate,
          sal,comm,deptno
       ) v
  where not exists (
select null
  from (
select e.empno,e.ename,e.job,e.mgr,e.hiredate,
          e.sal,e.comm,e.deptno, count(*) as cnt
   from emp e
  group by empno,ename,job,mgr,hiredate,
           sal,comm,deptno
       ) e
  where v.empno    = e.empno
    and v.ename    = e.ename
    and v.job      = e.job
    and v.mgr      = e.mgr
    and v.hiredate = e.hiredate
    and v.sal      = e.sal
    and v.deptno   = e.deptno
    and v.cnt      = e.cnt
    and coalesce(v.comm,0) = coalesce(e.comm,0)
)

EMPNO ENAME      JOB        MGR HIREDATE     SAL  COMM DEPTNO CNT
----- ---------- --------- ----- ----------- ----- ----- ------ ---
 7521 WARD       SALESMAN   7698 22-FEB-2006 1250   500     30   2
```

그런 다음 UNION ALL에 의해 결과가 조합되어 최종 결과셋을 생성합니다.

TIP_ 알레스 스페틱Ales Spetic과 조너선 제닉Jonathan Gennick은 저서 『Transact-SQL Cookbook』(O'Reilly, 2002)에서 대안을 제공합니다. 해당 원서의 2장에서 '같은 두 집합의 비교'를 참조하세요.

3.8 데카르트 곱 식별 및 방지하기

문제 부서 위치와 함께 부서 10의 각 사원명을 반환하려고 합니다. 다음 쿼리는 잘못된 데이터를 반환합니다.

```
select e.ename, d.loc
  from emp e, dept d
 where e.deptno = 10

ENAME       LOC
----------  -------------
CLARK       NEW YORK
CLARK       DALLAS
CLARK       CHICAGO
CLARK       BOSTON
KING        NEW YORK
KING        DALLAS
KING        CHICAGO
KING        BOSTON
MILLER      NEW YORK
MILLER      DALLAS
MILLER      CHICAGO
MILLER      BOSTON
```

올바른 결과셋은 다음과 같습니다.

```
ENAME       LOC
----------  ---------
CLARK       NEW YORK
KING        NEW YORK
MILLER      NEW YORK
```

해법 FROM 절의 테이블 간에 조인을 사용하여 올바른 결과셋을 반환합니다.

```
1 select e.ename, d.loc
2   from emp e, dept d
3  where e.deptno = 10
4    and d.deptno = e.deptno
```

설명 DEPT 테이블의 데이터를 보겠습니다.

```
select * from dept

   DEPTNO DNAME          LOC
---------- -------------- -------------
       10 ACCOUNTING      NEW YORK
       20 RESEARCH        DALLAS
       30 SALES           CHICAGO
       40 OPERATIONS      BOSTON
```

부서 10이 뉴욕에 있으므로, 뉴욕이 아닌 다른 지역의 사원 정보가 출력되면 잘못되었음을 알수 있습니다. 잘못된 쿼리에서 반환된 행 수는 FROM 절에 있는 두 테이블의 카디널리티 곱입니다. 원래 쿼리에서, 부서 10의 EMP에 대한 필터는 3개의 행을 생성합니다. DEPT에 대한 필터가 없으므로 DEPT의 4개 행이 모두 반환됩니다. 3에 4를 곱하면 12이므로 잘못된 쿼리는 총 12개의 행을 반환합니다. 데카르트 곱$^{cartesian\ product}$을 피하려면 일반적으로 n − 1 규칙을 적용합니다. 여기서 n은 FROM 절의 테이블 수를 나타내고 n − 1은 데카르트 곱을 피하는 데 필요한 최소 조인 수를 나타냅니다. 테이블 키와 조인 열에 따라 n − 1 개 이상의 조인이 필요할 수 있지만, 쿼리를 작성할 때 n − 1로 시작하는 것이 좋습니다.

> **TIP_** 제대로 사용하면 데카르트 곱이 유용할 수 있습니다. 데카르트 곱의 일반적인 용도에는 결과셋의 전치 또는 피벗(및 피벗 해제), 시퀀스 값 생성 및 루프 모방이 포함됩니다(마지막 두 가지는 재귀 CTE를 사용하여 수행할 수도 있습니다).

3.9 집계를 사용할 때 조인 수행하기

문제 집계를 수행하려는 쿼리에 여러 테이블이 관련되어 있습니다. 이때 조인 때문에 집계가 중단되지 않도록 하려고 합니다. 예를 들어 부서 10에 해당하는 사원의 급여 합계와 보너스 합계를 찾고자 합니다. 일부 사원은 보너스를 두 개 이상 받는데, EMP 테이블과 EMP_BONUS 테이블 간의 조인 때문에 집계 함수 SUM에서 잘못된 값이 반환됩니다. 이 문제에서는 EMP_BONUS

테이블에 다음 데이터가 포함됩니다.

```
select * from emp_bonus

EMPNO RECEIVED        TYPE
----- ----------- ----------
 7934 17-MAR-2005         1
 7934 15-FEB-2005         2
 7839 15-FEB-2005         3
 7782 15-FEB-2005         1
```

이제 부서 10의 모든 사원에 대한 급여 및 보너스를 반환하는 다음 쿼리를 살펴봅시다. EMP_
BONUS 테이블의 유형(TYPE) 열은 보너스 금액을 결정합니다. 유형 1 보너스는 사원 급여의
10%, 유형 2는 20%, 유형 3은 30%입니다.

```
select e.empno,
       e.ename,
       e.sal,
       e.deptno,
       e.sal*case when eb.type = 1 then .1
                  when eb.type = 2 then .2
                  else .3
              end as bonus
  from emp e, emp_bonus eb
 where e.empno  = eb.empno
   and e.deptno = 10

  EMPNO ENAME           SAL     DEPTNO      BONUS
------- ---------- ---------- ---------- ---------
   7934 MILLER           1300         10       130
   7934 MILLER           1300         10       260
   7839 KING             5000         10      1500
   7782 CLARK            2450         10       245
```

지금까지는 순조롭습니다. 그러나 보너스 금액을 합산하고자 EMP_BONUS 테이블에 조인하려
하면 문제가 발생합니다.

```
select deptno,
       sum(sal) as total_sal,
       sum(bonus) as total_bonus
  from (
select e.empno,
       e.ename,
       e.sal,
       e.deptno,
       e.sal*case when eb.type = 1 then .1
                  when eb.type = 2 then .2
                  else .3
              end as bonus
   from emp e, emp_bonus eb
  where e.empno  = eb.empno
    and e.deptno = 10
        ) x
 group by deptno

DEPTNO   TOTAL_SAL   TOTAL_BONUS
------   ---------   -----------
    10       10050          2135
```

TOTAL_BONUS는 맞지만 TOTAL_SAL은 올바르지 않습니다. 다음 쿼리에서 보듯이 부서 10의 모든 급여 합계는 8,750입니다.

```
select sum(sal)
  from emp
 where deptno=10

  SUM(SAL)
----------
      8750
```

TOTAL_SAL이 잘못된 이유는 무엇일까요? 조인에 의해 생성된 SAL 열의 중복 행 때문입니다. EMP 및 EMP_BONUS 테이블을 조인하는 다음 쿼리를 살펴봅시다.

```
select e.ename,
       e.sal
  from emp e, emp_bonus eb
 where e.empno  = eb.empno
   and e.deptno = 10
```

```
ENAME            SAL
----------    ----------
CLARK            2450
KING             5000
MILLER           1300
MILLER           1300
```

이제 TOTAL_SAL 값이 잘못된 이유를 쉽게 알 수 있습니다. 사원 밀러(MILLER)의 급여는 두 번 계산되었습니다. 우리가 정말로 원하는 최종 결과셋은 다음과 같습니다.

```
DEPTNO TOTAL_SAL TOTAL_BONUS
------ --------- -----------
    10      8750        2135
```

해법 조인에서 집계를 계산할 때는 주의해야 합니다. 조인 때문에 중복이 반환될 때는 보통 다음과 같은 두 가지 방법으로 집계 함수에 따른 오산을 방지할 수 있습니다. 첫 번째, 집계 함수에 대한 호출에서 DISTINCT 키워드를 사용하면 계산할 때 각 값의 고유한 인스턴스만 사용합니다. 두 번째, 조인하기 전에 먼저 (인라인 뷰에서) 집계를 수행하여 집계 함수에 의한 잘못된 계산을 피할 수 있습니다. 결합하기 전에 집계가 이미 계산되어 문제를 사전에 방지할 수 있기 때문입니다.

다음 해법은 DISTINCT를 사용합니다. 인라인 뷰를 사용하여 결합하기 전에 집계를 수행하는 방법은 3.9.3절에서 설명합니다.

MySQL, PostgreSQL

DISTINCT 급여의 합계만 수행합니다.

```
1 select deptno,
2        sum(distinct sal) as total_sal,
3        sum(bonus) as total_bonus
4   from (
5 select e.empno,
6        e.ename,
7        e.sal,
8        e.deptno,
9        e.sal*case when eb.type = 1 then .1
```

```
10                      when eb.type = 2 then .2
11                      else .3
12                  end as bonus
13   from emp e, emp_bonus eb
14   where e.empno = eb.empno
15    and e.deptno = 10
16        ) x
17   group by deptno
```

DB2, Oracle, SQL Server

이들 플랫폼은 이전 해법도 쓸 수 있지만, 대체 해법으로 윈도우 함수 **SUM OVER**의 사용도 지원합니다.

```
 1 select distinct deptno,total_sal,total_bonus
 2    from (
 3 select e.empno,
 4        e.ename,
 5        sum(distinct e.sal) over
 6        (partition by e.deptno) as total_sal,
 7         e.deptno,
 8        sum(e.sal*case when eb.type = 1 then .1
 9                       when eb.type = 2 then .2
10                       else .3 end) over
11        (partition by deptno) as total_bonus
12    from emp e, emp_bonus eb
13   where e.empno = eb.empno
14    and e.deptno = 10
15        ) x
```

설명 이 설명은 MySQL, PostgreSQL, DB2, Oracle, SQL Server로 구분됩니다.

MySQL과 PostgreSQL

3.9.1절의 두 번째 쿼리는 **EMP** 테이블과 **EMP_BONUS** 테이블을 조인하고 사원 밀러에 대해 두 행을 반환합니다. 그에 따라 (급여가 두 번 더해져) **EMP.SAL** 합계에 오류가 발생합니다. 해결책은 쿼리에서 반환된 고유한 **EMP.SAL** 값을 단순히 합산하는 것입니다.

다음 쿼리는 합산하는 열에 중복되는 값이 있을 때 필요한 대체 해법입니다. 부서 10의 모든 급여 합계가 먼저 계산되고 그 행을 EMP 테이블에 조인한 다음 EMP_BONUS 테이블에 조인합니다. 다음 쿼리는 모든 DBMS에서 작동합니다.

```
select d.deptno,
       d.total_sal,
       sum(e.sal*case when eb.type = 1 then .1
                      when eb.type = 2 then .2
                      else .3 end) as total_bonus
  from emp e,
       emp_bonus eb,
       (
select deptno, sum(sal) as total_sal
  from emp
 where deptno = 10
 group by deptno
       ) d
 where e.deptno = d.deptno
   and e.empno = eb.empno
 group by d.deptno,d.total_sal

  DEPTNO  TOTAL_SAL  TOTAL_BONUS
--------- ---------- ------------
     10      8750          2135
```

DB2, Oracle, SQL Server

이 대체 해법은 윈도우 함수 SUM OVER를 활용합니다. 다음 쿼리는 3.9.2절의 3~14행에서 가져왔으며 다음과 같은 결과셋을 반환합니다.

```
select e.empno,
       e.ename,
       sum(distinct e.sal) over
       (partition by e.deptno) as total_sal,
       e.deptno,
       sum(e.sal*case when eb.type = 1 then .1
                      when eb.type = 2 then .2
                      else .3 end) over
       (partition by deptno) as total_bonus
  from emp e, emp_bonus eb
 where e.empno  = eb.empno
   and e.deptno = 10
```

```
EMPNO ENAME         TOTAL_SAL   DEPTNO  TOTAL_BONUS
----- ----------    ----------  ------  -----------
 7934 MILLER              8750      10         2135
 7934 MILLER              8750      10         2135
 7782 CLARK               8750      10         2135
 7839 KING                8750      10         2135
```

윈도우 함수 SUM OVER는 두 번 호출되는데, 우선 정의된 파티션 또는 그룹에 대한 개별 급여의 합계를 계산합니다. 이때 파티션은 DEPTNO 10이며, DEPTNO 10의 개별 급여 합계는 8,750입니다. SUM OVER에 대한 다음 호출에서 정의된 같은 파티션에 대한 보너스 합계를 계산합니다. 최종 결과셋은 TOTAL_SAL, DEPTNO 및 TOTAL_BONUS에 대한 각각의 값을 사용하여 생성됩니다.

3.10 집계 시 외부 조인 수행하기

문제 3.9절과 같은 문제로 시작하되, 부서 10의 모든 사원에게 보너스가 주어지지 않도록 EMP_ BONUS 테이블을 수정합니다. EMP_BONUS 테이블과 부서 10의 모든 급여 합계와, 부서 10의 모든 사원에 대한 모든 보너스 합계를 찾는 쿼리를 알아봅시다.

```
select *
  from emp_bonus

    EMPNO RECEIVED       TYPE
---------- -----------  ----------
     7934 17-MAR-2005       1
     7934 15-FEB-2005       2

select deptno,
       sum(sal) as total_sal,
       sum(bonus) as total_bonus
  from (
select e.empno,
       e.ename,
       e.sal,
```

```
         e.deptno,
         e.sal*case when eb.type = 1 then .1
                    when eb.type = 2 then .2
                    else .3 end as bonus
   from emp e, emp_bonus eb
  where e.empno  = eb.empno
    and e.deptno = 10
         )
  group by deptno

  DEPTNO  TOTAL_SAL  TOTAL_BONUS
  ------ ---------- -----------
     10       2600          390
```

TOTAL_BONUS의 결과는 맞지만, TOTAL_SAL에 대해 반환된 값이 부서 10의 모든 급여 합계를 나타내지 않습니다. 다음 쿼리는 TOTAL_SAL이 잘못된 이유를 보여줍니다.

```
  select e.empno,
         e.ename,
         e.sal,
         e.deptno,
         e.sal*case when eb.type = 1 then .1
                    when eb.type = 2 then .2
                else .3 end as bonus
   from emp e, emp_bonus eb
  where e.empno = eb.empno
    and e.deptno = 10

     EMPNO ENAME        SAL    DEPTNO      BONUS
  --------- ---------  -------  ----------  ----------
      7934 MILLER      1300         10        130
      7934 MILLER      1300         10        260
```

부서 10의 모든 급여를 합산하는 대신 밀러의 급여만 합산하며, 게다가 두 번 합산됩니다. 궁극적으로 다음과 같은 결과셋을 반환하고자 합니다.

```
  DEPTNO TOTAL_SAL TOTAL_BONUS
  ------ --------- -----------
     10      8750         390
```

해법 3.9절의 해법과 유사하지만, 여기서는 부서 10의 모든 사원이 포함되도록 EMP_BONUS에 외부 조인합니다.

DB2, MySQL, PostgreSQL, SQL Server

EMP_BONUS에 외부 조인한 다음 부서 10의 각 급여에 대해서만 합계를 수행합니다.

```
 1 select deptno,
 2        sum(distinct sal) as total_sal,
 3        sum(bonus) as total_bonus
 4   from (
 5 select e.empno,
 6        e.ename,
 7        e.sal,
 8        e.deptno,
 9        e.sal*case when eb.type is null then 0
10                   when eb.type = 1 then .1
11                   when eb.type = 2 then .2
12                   else .3 end as bonus
13   from emp e left outer join emp_bonus eb
14     on (e.empno = eb.empno)
15  where e.deptno = 10
16        )
17  group by deptno
```

윈도우 함수 SUM OVER를 사용할 수도 있습니다.

```
 1 select distinct deptno,total_sal,total_bonus
 2   from (
 3 select e.empno,
 4        e.ename,
 5        sum(distinct e.sal) over
 6        (partition by e.deptno) as total_sal,
 7        e.deptno,
 8        sum(e.sal*case when eb.type is null then 0
 9                   when eb.type = 1 then .1
10                   when eb.type = 2 then .2
11                   else .3
12              end) over
13        (partition by deptno) as total_bonus
14   from emp e left outer join emp_bonus eb
```

```
15      on (e.empno = eb.empno)
16   where e.deptno = 10
17         ) x
```

설명 3.10.1절의 두 번째 쿼리는 EMP 테이블과 EMP_BONUS 테이블을 조인하고 사원 밀러에 대한 행만 반환합니다. 그 결과 EMP.SAL 합계에 오류가 발생합니다(DEPTNO가 10인 다른 사원은 보너스가 없으며, 급여는 합계에 포함되지 않습니다).

해결책은 EMP_BONUS 테이블에 EMP 테이블을 외부 조인하여 보너스가 없는 사원도 결과에 포함하는 것입니다. 보너스가 없는 사원의 경우 EMP_BONUS.TYPE에 대해 null이 반환됩니다. CASE 문이 수정되며 3.9절과 약간 달라지므로 이 점을 염두에 두어야 합니다. EMP_BONUS. TYPE이 null이면 CASE 식은 합계에 영향을 주지 않는 0을 반환합니다.

다음 쿼리는 대체 해법입니다. 부서 10의 모든 급여 합계가 먼저 계산된 다음 EMP 테이블에 조인하고, EMP_BONUS 테이블에 조인됩니다(외부 조인을 피합니다). 다음 쿼리는 모든 DBMS에서 작동합니다.

```
select d.deptno,
       d.total_sal,
       sum(e.sal*case when eb.type = 1 then .1
                      when eb.type = 2 then .2
                      else .3 end) as total_bonus
  from emp e,
       emp_bonus eb,
       (
select deptno, sum(sal) as total_sal
  from emp
 where deptno = 10
 group by deptno
       ) d
 where e.deptno = d.deptno
   and e.empno = eb.empno
 group by d.deptno,d.total_sal

  DEPTNO  TOTAL_SAL TOTAL_BONUS
--------- ---------- -----------
      10       8750         390
```

3.11 여러 테이블에서 누락된 데이터 반환하기

문제 여러 테이블에서 누락된 데이터를 동시에 반환하려고 합니다. 사원이 없는 부서를 찾고자 DEPT 테이블에서 EMP 테이블에 없는 행을 반환하려면 외부 조인이 필요합니다. DEPT의 모든 DEPTNO 및 DNAME을 각 부서의 (사원이 있는 경우) 모든 사원명과 함께 반환하는 다음 쿼리를 살펴봅시다.

```
select d.deptno,d.dname,e.ename
  from dept d left outer join emp e
    on (d.deptno=e.deptno)


DEPTNO DNAME           ENAME
-------- -------------- ----------
    20 RESEARCH        SMITH
    30 SALES           ALLEN
    30 SALES           WARD
    20 RESEARCH        JONES
    30 SALES           MARTIN
    30 SALES           BLAKE
    10 ACCOUNTING      CLARK
    20 RESEARCH        SCOTT
    10 ACCOUNTING      KING
    30 SALES           TURNER
    20 RESEARCH        ADAMS
    30 SALES           JAMES
    20 RESEARCH        FORD
    10 ACCOUNTING      MILLER
    40 OPERATIONS
```

마지막 행의 'OPERATIONS' 부서는 해당 부서에 사원이 없는데도 반환됩니다. EMP 테이블이 DEPT 테이블에 외부 조인되었기 때문입니다. 이제, 부서가 없는 사원이 있다고 가정합시다. 부서가 없는 사원에 대한 행과 함께 이전 결과셋을 어떻게 반환할까요? 즉, 같은 쿼리에서 EMP 테이블과 DEPT 테이블 모두에 대한 외부 조인을 할 것입니다. 새 사원을 생성한 뒤 첫 번째 시도는 다음과 같습니다.

```
insert into emp (empno,ename,job,mgr,hiredate,sal,comm,deptno)
select 1111,'YODA','JEDI',null,hiredate,sal,comm,null
  from emp
 where ename = 'KING'

select d.deptno,d.dname,e.ename
  from dept d right outer join emp e
    on (d.deptno=e.deptno)

    DEPTNO DNAME        ENAME
---------- ------------ ----------
        10 ACCOUNTING   MILLER
        10 ACCOUNTING   KING
        10 ACCOUNTING   CLARK
        20 RESEARCH     FORD
        20 RESEARCH     ADAMS
        20 RESEARCH     SCOTT
        20 RESEARCH     JONES
        20 RESEARCH     SMITH
        30 SALES        JAMES
        30 SALES        TURNER
        30 SALES        BLAKE
        30 SALES        MARTIN
        30 SALES        WARD
        30 SALES        ALLEN
                        YODA
```

이 외부 조인은 새 사원을 반환하지만, 원래 결과셋에서 OPERATIONS 부서가 누락되었습니다. 최종 결과셋은 다음과 같이 YODA 및 OPERATIONS에 대한 행을 반환해야 합니다.

```
    DEPTNO DNAME        ENAME
---------- ------------ --------
        10 ACCOUNTING   CLARK
        10 ACCOUNTING   KING
        10 ACCOUNTING   MILLER
        20 RESEARCH     ADAMS
        20 RESEARCH     FORD
        20 RESEARCH     JONES
        20 RESEARCH     SCOTT
        20 RESEARCH     SMITH
        30 SALES        ALLEN
        30 SALES        BLAKE
```

```
    30 SALES       JAMES
    30 SALES       MARTIN
    30 SALES       TURNER
    30 SALES       WARD
    40 OPERATIONS

                   YODA
```

해법 전체 외부 조인을 사용하여 공통 값 기준으로 두 테이블에서 누락된 데이터를 반환합니다.

DB2, MySQL, PostgreSQL, SQL Server

명시적으로 FULL OUTER JOIN 명령문을 사용하여 일치하는 행과 함께 두 테이블에서 누락된 행을 반환합니다.

```
1 select d.deptno,d.dname,e.ename
2  from dept d full outer join emp e
3    on (d.deptno=e.deptno)
```

또는 MySQL에는 아직 FULL OUTER JOIN이 없으므로 두 개의 다른 외부 조인의 결과를 UNION 합니다.

```
1 select d.deptno,d.dname,e.ename
2   from dept d right outer join emp e
3     on (d.deptno=e.deptno)
4  union
5 select d.deptno,d.dname,e.ename
6   from dept d left outer join emp e
7     on (d.deptno=e.deptno)
```

Oracle

Oracle 사용자는 이전 해법 중 하나를 여전히 사용할 수 있습니다. 또는 Oracle에 특화된 외부 조인 구문을 사용할 수 있습니다.

```
1 select d.deptno,d.dname,e.ename
```

```
2    from dept d, emp e
3  where d.deptno = e.deptno(+)
4  union
5  select d.deptno,d.dname,e.ename
6    from dept d, emp e
7  where d.deptno(+) = e.deptno
```

설명 전체 외부 조인full outer join은 단순히 두 테이블의 외부 조인 조합입니다. 전체 외부 조인이 '내부에서' 작동하는 방식을 보려면 각 외부 조인을 실행한 다음 결과를 합치면 됩니다. 다음 쿼리는 DEPT 테이블의 행과 EMP 테이블의 일치하는 행(있는 경우)을 반환합니다.

```
select d.deptno,d.dname,e.ename
  from dept d left outer join emp e
    on (d.deptno = e.deptno)

DEPTNO DNAME            ENAME
------ --------------- ----------
    20 RESEARCH         SMITH
    30 SALES            ALLEN
    30 SALES            WARD
    20 RESEARCH         JONES
    30 SALES            MARTIN
    30 SALES            BLAKE
    10 ACCOUNTING       CLARK
    20 RESEARCH         SCOTT
    10 ACCOUNTING       KING
    30 SALES            TURNER
    20 RESEARCH         ADAMS
    30 SALES            JAMES
    20 RESEARCH         FORD
    10 ACCOUNTING       MILLER
    40 OPERATIONS
```

다음 쿼리는 EMP 테이블의 행과 DEPT 테이블의 일치하는 행(있는 경우)을 반환합니다.

```
select d.deptno,d.dname,e.ename
  from dept d right outer join emp e
    on (d.deptno = e.deptno)
```

```
DEPTNO DNAME          ENAME
------ -------------- ----------
    10 ACCOUNTING     MILLER
    10 ACCOUNTING     KING
    10 ACCOUNTING     CLARK
    20 RESEARCH       FORD
    20 RESEARCH       ADAMS
    20 RESEARCH       SCOTT
    20 RESEARCH       JONES
    20 RESEARCH       SMITH
    30 SALES          JAMES
    30 SALES          TURNER
    30 SALES          BLAKE
    30 SALES          MARTIN
    30 SALES          WARD
    30 SALES          ALLEN
                      YODA
```

이 두 쿼리의 결과는 통합되어 최종 결과셋을 제공합니다.

3.12 연산 및 비교에서 null 사용하기

문제 null은 그 자신을 제외한 어떤 값과도 같거나 같지 않지만, 실젯값을 평가하는 것처럼 null 허용 열에서 반환된 값을 평가하려고 합니다. 예를 들어 커미션(COMM)이 사원 워드(WARD)의 커미션보다 적은 모든 사원을 EMP 테이블에서 찾으려고 합니다. 이때 커미션이 null인 사원도 포함해야 합니다.

해법 COALESCE와 같은 함수를 사용하여 null 값을 표준 평가에서 사용할 수 있는 실젯값으로 변환합니다.

```
1 select ename,comm
2   from emp
3  where coalesce(comm,0) < ( select comm
4                               from emp
5                              where ename = 'WARD' )
```

설명 COALESCE 함수는 전달된 값 목록에서 null이 아닌 첫 번째 값을 반환합니다. null 값이 발견되면 0으로 대체되고 워드의 커미션과 비교됩니다. SELECT 목록에 COALESCE 함수를 대입하면 이를 알 수 있습니다.

```
select ename,comm,coalesce(comm,0)
  from emp
 where coalesce(comm,0) < ( select comm
                              from emp
                             where ename = 'WARD' )

ENAME        COMM COALESCE(COMM,0)
---------- ---------- ------------------
SMITH                       0
ALLEN         300          300
JONES                       0
BLAKE                       0
CLARK                       0
SCOTT                       0
KING                        0
TURNER         0            0
ADAMS                       0
JAMES                       0
FORD                        0
MILLER                      0
```

3.13 마치며

조인은 데이터베이스 쿼리에서 중요한 부분입니다. 원하는 항목을 찾으려면 보통 두 개 이상의 테이블을 함께 조인합니다. 3장에서 다루는 조인의 다양한 조합과 범주를 마스터하면 성공할 수 있습니다.

CHAPTER 4

삽입, 갱신, 삭제

3장까지는 기본 쿼리 기술에 초점을 맞추고 데이터베이스에서 데이터를 가져오는 작업 위주로 살펴보았습니다. 4장에서는 테이블에서의 다음 세 가지 주제 영역을 중점적으로 다룹니다.

- 데이터베이스에 새로운 레코드 삽입
- 기존 레코드 갱신
- 필요 없는 레코드 삭제

필요할 때 쉽게 찾을 수 있도록 4장의 레시피는 주제별로 그룹화되었습니다. 삽입과 관련한 모든 레시피를 먼저 소개한 뒤에 갱신 레시피를 다루며, 마지막으로 데이터를 삭제하는 레시피가 이어집니다.

삽입은 보통 간단한 작업으로, 단일 행을 삽입하는 단순한 문제에서 시작합니다. 그러나 대부분의 경우 새로운 행을 만들 때 집합 기반 접근 방식을 사용하는 편이 더 효율적입니다. 이를 위해 한 번에 여러 행을 삽입하는 기술도 찾을 수 있습니다.

마찬가지로 갱신 및 삭제 역시 간단한 작업부터 시작합니다. 하나의 레코드를 갱신하고 하나의 레코드를 삭제할 수 있습니다. 그러나 전체 레코드 집합을 매우 강력한 방법으로 한 번에 갱신할 수도 있습니다. 그리고 레코드를 삭제하는 여러 가지 편리한 방법이 있습니다. 예를 들어 다른 테이블에 데이터가 존재하는지 여부에 따라 특정 테이블의 행을 삭제할 수 있습니다.

SQL 표준에는 비교적 새로운 추가 기능이 있어 한 번에 삽입, 갱신 및 삭제를 할 수 있습니다.

지금은 그다지 유용해 보이지 않지만, MERGE 문은 데이터베이스 테이블을 (원격 시스템의 플랫 파일 피드 등) 외부 데이터 소스와 동기화하는 강력한 방법을 보여줍니다. 더 자세한 내용은 4.11절을 확인하세요.

4.1 새로운 레코드 삽입하기

문제 테이블에 새 레코드를 삽입하려고 합니다. 예를 들어 DEPT 테이블에 새 레코드를 삽입한다고 가정합니다. DEPTNO 값은 50, DNAME은 'PROGRAMMING', LOC는 'BALTIMORE'여야 합니다.

해법 한 번에 하나의 행을 삽입하려면 VALUES 절과 함께 INSERT 문을 사용합니다.

```
insert into dept (deptno,dname,loc)
values (50,'PROGRAMMING','BALTIMORE')
```

DB2, SQL Server, PostgreSQL 및 MySQL의 경우 여러 VALUES 목록을 포함하여 한 번에 하나의 행을 삽입하거나 한 번에 여러 행을 삽입할 수도 있습니다.

```
/* 여러 행 삽입 */
insert into dept (deptno,dname,loc)
values (1,'A','B'),
       (2,'B','C')
```

설명 INSERT 문을 사용하면 데이터베이스 테이블에 새 행을 만들 수 있습니다. 단일 행을 삽입하는 구문은 모든 데이터베이스 서버에서 같습니다. 간단하게는 INSERT 문에서 열 목록을 생략할 수 있습니다.

```
insert into dept
values (50,'PROGRAMMING','BALTIMORE')
```

그러나 대상 열을 나열하지 않을 때는 테이블의 모든 열에 값을 삽입해야 하며, VALUES의 값 순서에 유의해야 합니다. 데이터베이스가 SELECT * 쿼리에 대한 응답으로 열을 표시하는 것과 같은 순서로 값을 제공해야 합니다. 어느 쪽이든 모든 열에 삽입하지 않으면 일부 값이 null인 행이 생성되므로 열 제약조건에 유의해야 합니다. null을 허용하지 않도록 제한된 열이 있으면 오류가 발생할 수 있습니다.

4.2 기본값 삽입하기

문제 특정 열에 대해 기본값을 사용하도록 테이블을 정의할 수 있습니다. 즉, 값을 지정하지 않고 기본값 행을 삽입할 수 있습니다. 다음 테이블을 살펴봅시다.

```
create table D (id integer default 0)
```

INSERT 문의 값 목록에서 0을 명시적으로 지정하지 않고 0을 삽입하려고 합니다. 기본값이 무엇이든 상관없이 기본값을 '명시적으로' 삽입하려고 합니다.

해법 모든 데이터베이스는 열에 대한 기본값을 명시적으로 지정하는 방법으로 DEFAULT 키워드 사용을 지원합니다. 일부는 문제를 해결하는 추가적인 방법을 제공합니다. 다음 쿼리는 DEFAULT 키워드의 사용을 보여주는 예제입니다.

```
insert into D values (default)
```

테이블의 모든 열에 값을 삽입하지 않을 때는 수행해야 하는 열 이름을 명시적으로 지정할 수도 있습니다.

```
insert into D (id) values (default)
```

Oracle8i 데이터베이스 및 이전 버전은 DEFAULT 키워드를 지원하지 않으므로, Oracle9i 데이터베이스 이전에는 기본 열 값을 명시적으로 표시할 방법이 없었습니다.

MySQL을 사용하면 모든 열에 기본값이 정의된 경우 비어 있는 값 목록을 지정할 수 있습니다. 이 경우에는 모든 열이 기본값으로 설정됩니다.

```
insert into D values ()
```

PostgreSQL 및 SQL Server는 **DEFAULT VALUES** 절을 지원합니다. 이 절에서는 모든 열이 기본값을 사용합니다.

```
insert into D default values
```

설명 값 목록의 **DEFAULT** 키워드는 테이블 생성 중에 특정 열에 대한 기본값으로 지정된 값을 삽입합니다. 이 키워드는 모든 DBMS에서 사용할 수 있습니다.

MySQL, PostgreSQL 및 SQL Server 사용자라면 테이블의 모든 열이 기본값으로 정의된 경우 사용할 수 있는 또 다른 옵션이 있습니다(D 테이블이라고 하겠습니다). 빈 **VALUES** 목록 (MySQL)을 사용하거나 **DEFAULT VALUES** 절(PostgreSQL 및 SQL Server)을 지정하여 모든 기본값으로 새 행을 만들 수 있습니다. 그렇지 않으면 테이블의 각 열에 대해 **DEFAULT**를 지정해야 합니다.

기본값 열과 기본값이 없는 열이 혼합된 테이블일 때, 열에 대한 기본값을 삽입하기란 삽입 목록에서 열을 제외하는 것만큼 쉽습니다. 이때는 **DEFAULT** 키워드를 사용할 필요가 없습니다. **D** 테이블에 기본값으로 정의되지 않은 추가 열이 있다고 가정합니다.

```
create table D (id integer default 0, foo varchar(10))
```

삽입 목록에 FOO만 명시하고, ID에 대해서는 기본값을 삽입할 수 있습니다.

```
insert into D (name) values ('Bar')
```

이 구문은 **ID**가 0이고 **FOO**가 BAR인 행을 생성합니다. 다른 값이 지정되지 않았으므로 **ID**는 기본값을 사용합니다.

4.3 null로 기본값 오버라이딩하기

문제 기본값을 사용하는 열에 값을 삽입할 때, 열을 null로 설정하여 기본값을 오버라이딩하려고 합니다. 다음 테이블을 살펴봅시다.

```
create table D (id integer default 0, foo VARCHAR(10))
```

ID에 대해 null 값을 삽입하려고 합니다.

해법 값 목록에서 명시적으로 null을 지정할 수 있습니다.

```
insert into d (id, foo) values (null, 'Brighten')
```

설명 INSERT 문의 값 목록에서 null을 명시적으로 지정할 수 있다는 것을 모두가 아는 것은 아닙니다. 일반적으로 열에 대한 값을 지정하지 않으려면, 해당 열을 열 목록 및 값 목록에서 제외합니다.

```
insert into d (foo) values ('Brighten')
```

여기서는 ID 값을 지정하지 않습니다. 많은 유저가 열이 null 값을 취할 것으로 예상하지만, 테이블 생성 시 기본값을 지정했으므로 이 INSERT의 결과는 ID 값이 기본값인 0입니다. 열의 값으로 null을 지정하면 기본값과 관계없이 열을 null로 설정할 수 있습니다(null을 방지하고자 제약조건이 특별히 적용된 경우는 제외합니다).

4.4 한 테이블에서 다른 테이블로 행 복사하기

문제 한 테이블에서 다른 테이블로 쿼리를 사용하여 행을 복사하려고 합니다. 쿼리는 복잡하거나 단순할 수 있지만, 궁극적으로는 결과를 다른 테이블에 삽입하는 것입니다. 예를 들어

DEPT 테이블에서 DEPT_EAST 테이블로 행을 복사하려고 합니다. DEPT_EAST 테이블은 DEPT와 같은 구조(같은 열 및 데이터 유형)로 이미 생성되었으며 현재 비어 있습니다.

해법 INSERT 문 다음에 쿼리를 사용하여 원하는 행을 생성합니다.

```
1 insert into dept_east (deptno,dname,loc)
2 select deptno,dname,loc
3   from dept
4 where loc in ( 'NEW YORK','BOSTON' )
```

설명 INSERT 문에 원하는 행을 반환하는 쿼리와 함께 이어 쓰면 됩니다. 만약 원본 테이블의 모든 행을 복사하려면 쿼리에서 WHERE 절을 제외합니다. 일반 삽입과 마찬가지로 삽입할 열을 명시적으로 지정할 필요가 없습니다. 다만 대상 열을 지정하지 않으면 테이블의 모든 열에 데이터를 삽입해야 하며 4.1절에서 설명한 대로 SELECT 목록의 값 순서에 유의해야 합니다.

4.5 테이블 정의 복사하기

문제 기존 테이블과 같은 열 집합을 가지는 새 테이블을 만들려고 합니다. 예를 들어 DEPT 테이블의 사본을 생성하고 DEPT_2라고 부르고자 합니다. 이때 행은 복사하지 않고 테이블의 열 구조만 복사하려고 합니다.

해법 이 해법은 DB2, Oracle, MySQL, PostgreSQL, SQL Server로 구분됩니다.

DB2
CREATE TABLE 문과 함께 LIKE 절을 사용합니다.

```
create table dept_2 like dept
```

Oracle, MySQL, PostgreSQL

행을 반환하지 않는 서브쿼리와 함께 CREATE TABLE 문을 사용합니다.

```
1 create table dept_2
2 as
3 select *
4   from dept
5  where 1 = 0
```

SQL Server

행을 반환하지 않는 서브쿼리와 함께 INTO 절을 사용합니다.

```
1 select *
2   into dept_2
3   from dept
4  where 1 = 0
```

설명 이 설명은 DB2, Oracle, MySQL, PostgreSQL, SQL Server로 구분됩니다.

DB2

DB2의 CREATE TABLE... LIKE 명령을 사용하면 한 테이블을 다른 테이블을 생성하기 위한 패턴으로 쉽게 사용할 수 있습니다. LIKE 키워드 다음에 패턴 테이블의 이름을 지정하면 됩니다.

Oracle, MySQL, PostgreSQL

CTAS(Create Table As Select) 문을 사용하는 경우 WHERE 절에 거짓 조건을 지정하지 않으면 쿼리의 모든 행으로 생성 중인 새 테이블을 채웁니다. 제공된 해법에서 쿼리의 WHERE 절에 있는 1 = 0 표현식으로 인해 행이 반환되지 않습니다. 따라서 CTAS 문의 결과는 쿼리의 SELECT 절에 있는 열에 기반을 두는 빈 테이블입니다.

SQL Server

INTO를 사용하여 테이블을 복사할 때 쿼리의 WHERE 절에 거짓 조건을 지정하지 않으면 쿼리의 모든 행이 생성 중인 새 테이블을 채우는 데 쓰입니다. 제공된 해법에서 쿼리 조건 구문의 1 =

0 식은 행이 반환되지 않도록 합니다. 결과는 쿼리의 SELECT 절에 있는 열을 기반으로 하는 빈 테이블입니다.

4.6 한 번에 여러 테이블에 삽입하기

문제 쿼리에서 반환된 행을 가져와서 여러 대상 테이블에 삽입하려고 합니다. 예를 들어 DEPT 의 행을 DEPT_EAST, DEPT_WEST 및 DEPT_MID 테이블에 삽입하고자 합니다. 세 테이블 모두 DEPT와 같은 구조(같은 열 및 데이터 유형)를 가지며 현재 비어 있습니다.

해법 해법은 쿼리 결과를 대상 테이블에 삽입하는 것입니다. 4.4절과 다른 점은 이 문제의 대 상 테이블이 여러 개라는 것입니다.

Oracle
INSERT ALL 또는 INSERT FIRST 문을 사용합니다. 둘 다 ALL 키워드 및 First 키워드 중 하 나를 선택한 경우를 제외하고 같은 구문을 공유합니다. 다음 구문은 INSERT ALL을 사용하여 가능한 모든 대상 테이블에 적용합니다.

```
1   insert all
2     when loc in ('NEW YORK','BOSTON') then
3       into dept_east (deptno,dname,loc) values (deptno,dname,loc)
4     when loc = 'CHICAGO' then
5        into dept_mid (deptno,dname,loc) values (deptno,dname,loc)
6     else
7        into dept_west (deptno,dname,loc) values (deptno,dname,loc)
8     select deptno,dname,loc
9       from dept
```

DB2
삽입할 테이블에서 UNION ALL을 수행하는 인라인 뷰에 삽입합니다. 또한 각 행이 올바른 테이 블로 들어가도록 하는 제약조건을 테이블에 적용합니다.

```
create table dept_east
( deptno integer,
  dname  varchar(10),
loc    varchar(10) check (loc in ('NEW YORK','BOSTON')))

create table dept_mid
( deptno integer,
  dname  varchar(10),
loc    varchar(10) check (loc = 'CHICAGO'))

create table dept_west
( deptno integer,
  dname  varchar(10),
loc    varchar(10) check (loc = 'DALLAS'))

insert into (
  select * from dept_west union all
  select * from dept_east union all
  select * from dept_mid
) select * from dept
```

MySQL, PostgreSQL, SQL Server

이 책의 집필 시점 기준으로 이들 벤더는 다중 테이블 삽입을 지원하지 않습니다.

설명 이 설명은 Oracle, DB2, MySQL, PostgreSQL, SQL Server로 구분됩니다.

Oracle

Oracle의 다중 테이블 삽입은 WHEN-THEN-ELSE 절을 사용하여 중첩 SELECT의 행을 평가하고 그에 따라 삽입합니다. 이 레시피의 예에서 INSERT ALL과 INSERT FIRST는 같은 결과를 생성하지만, 차이점이 있습니다. INSERT FIRST는 조건이 참으로 평가되는 즉시 WHEN-THEN-ELSE 평가에서 빠져나옵니다. 반면 INSERT ALL은 이전 테스트가 참으로 평가되더라도 모든 조건을 평가합니다. 따라서 INSERT ALL을 사용하여 같은 행을 둘 이상의 테이블에 삽입할 수 있습니다.

DB2

필자의 DB2 해법은 약간 우회합니다. 서브쿼리에서 평가된 각 행이 올바른 테이블로 들어가도록 하려면, 삽입할 테이블에 정의된 제약조건이 있어야 합니다. 그 방법은 테이블의 UNION ALL로 정의된 뷰에 삽입하는 것입니다. 검사 제약조건이 INSERT할 테이블에서 고유하지 않다면(즉, 여러 테이블에 같은 검사 제약조건이 있다면), INSERT 문은 행을 어디에 둘지 몰라서 실패할 것입니다.

MySQL, PostgreSQL, SQL Server

이 책의 집필 시점 기준으로 Oracle과 DB2만이 쿼리에서 반환된 행을 같은 구문 내에 있는 하나 이상의 테이블에 삽입하는 메커니즘을 제공합니다.

4.7 특정 열에 대한 삽입 차단하기

문제 사용자 또는 잘못된 소프트웨어 응용 프로그램이 특정 테이블 열에 값을 삽입하는 것을 방지하려 합니다. 예를 들어 프로그램이 EMP 테이블에 값을 삽입하도록 허용하되 EMPNO, ENAME 및 JOB 열에만 삽입하도록 합니다.

해법 테이블에 표시할 열만 노출되는 뷰를 만듭니다. 그런 다음 모든 삽입 내용이 해당 뷰를 통과하도록 합니다. 예를 들어 다음과 같이 EMP의 세 개 열이 노출되는 뷰를 만듭니다.

```
create view new_emps as
select empno, ename, job
  from emp
```

뷰에 있는 세 개의 필드만 채울 수 있도록 허용된 사용자 및 프로그램에, 이 뷰에 대한 액세스 권한을 부여합니다. 이들 사용자에게 EMP 테이블에 대한 삽입 액세스 권한은 부여하지 마세요. 그러면 사용자는 NEW_EMPS 뷰에 값을 삽입하여 새 EMP 레코드를 만들 수 있지만, 뷰 정의에 지정된 세 개 이외의 열에 대한 값은 제공할 수 없습니다.

설명 해법에서와 같은 단순 뷰에 삽입하면 데이터베이스 서버는 삽입 내용을 기본 테이블로 변환합니다. 예를 들어 다음 삽입 구문을 살펴봅시다.

```
insert into new_emps
    (empno ename, job)
values (1, 'Jonathan', 'Editor')
```

이면에서 다음과 같이 변환될 것입니다.

```
insert into emp
    (empno ename, job)
values (1, 'Jonathan', 'Editor')
```

인라인 뷰에 삽입할 수도 있지만 유용하지 않을 수 있습니다(현재 Oracle에서만 지원됩니다).

```
insert into
    (select empno, ename, job
        from emp)
values (1, 'Jonathan', 'Editor')
```

뷰 삽입은 복잡한 주제입니다. 그 규칙은 가장 단순한 뷰를 제외하면, 대부분 매우 빠르게 더 복잡해지고 있습니다. 뷰에 삽입하는 기능을 사용하려면 해당 문제에 관한 벤더 문서를 참조하고 완전히 이해해야 합니다.

4.8 테이블에서 레코드 수정하기

문제 테이블의 일부 또는 모든 행에 대한 값을 수정하려고 합니다. 예를 들어 부서 20에 속한 모든 사원의 급여를 10% 인상합니다. 다음 결과셋은 해당 부서의 사원에 대한 DEPTNO, ENAME 및 SAL을 보여줍니다.

```
select deptno,ename,sal
  from emp
 where deptno = 20
 order by 1,3

DEPTNO ENAME          SAL
------ ---------- ----------
    20 SMITH          800
    20 ADAMS         1100
    20 JONES         2975
    20 SCOTT         3000
    20 FORD          3000
```

이때 모든 SAL 값을 10% 높이고자 합니다.

해법 UPDATE 문을 사용하여 데이터베이스 테이블의 기존 행을 수정합니다. 예를 들면 다음과 같습니다.

```
1 update emp
2   set sal = sal*1.10
3 where deptno = 20
```

설명 UPDATE 문과 WHERE 절을 사용하여 업데이트할 행을 지정합니다. WHERE 절이 없으면 모든 행이 업데이트됩니다. 이 해법의 SAL * 1.10이라는 표현식은 10% 인상된 급여를 반환합니다.

대량의 업데이트를 준비할 때 결과를 미리 볼 수도 있습니다. SET 절에 들어갈 식이 포함된 SELECT 문을 실행하면 됩니다. 다음 SELECT 문은 10%의 급여 인상 결과를 보여줍니다.

```
select deptno,
       ename,
       sal      as orig_sal,
       sal*.10  as amt_to_add,
       sal*1.10 as new_sal
  from emp
 where deptno=20
 order by 1,5
```

```
DEPTNO ENAME   ORIG_SAL AMT_TO_ADD  NEW_SAL
------ ------  -------- ----------  -------
    20 SMITH        800         80      880
    20 ADAMS       1100        110     1210
    20 JONES       2975        298     3273
    20 SCOTT       3000        300     3300
    20 FORD        3000        300     3300
```

급여 인상은 두 개의 열로 나뉩니다. 하나는 기존 급여에 대한 인상분을 표시하고 다른 하나는
새로운 급여를 표시합니다.

4.9 일치하는 행이 있을 때 업데이트하기

문제 한 테이블에 해당 행이 존재할 때 다른 테이블의 행을 업데이트하려고 합니다. 예를 들
어 EMP_BONUS 테이블에 사원 정보가 있다면, (EMP 테이블의) 해당 사원의 급여를 20% 인상하
려고 합니다. 다음 결과셋은 현재 EMP_BONUS 테이블의 데이터를 나타냅니다.

```
select empno, ename
  from emp_bonus

     EMPNO ENAME
---------- ---------
      7369 SMITH
      7900 JAMES
      7934 MILLER
```

해법 UPDATE 문의 WHERE 절에서 서브쿼리를 사용하여 EMP_BONUS 테이블에도 있는 EMP 테
이블의 사원 정보를 찾습니다. 그러면 UPDATE 문이 해당 행을 대상으로 급여를 20% 인상할 수
있습니다.

```
1 update emp
2    set sal=sal*1.20
3 where empno in ( select empno from emp_bonus )
```

서브쿼리 결과는 EMP 테이블에서 업데이트될 행을 나타냅니다. IN 술어는 EMP 테이블의 EMPNO 값을 검증하여 서브쿼리가 반환한 EMPNO 값 목록에 있는지 여부를 확인합니다. 존재하는 경우 해당 SAL 값이 업데이트됩니다. 또는 IN 대신 EXISTS를 사용할 수 있습니다.

```
update emp
   set sal = sal*1.20
 where exists ( select null
                  from emp_bonus
                 where emp.empno=emp_bonus.empno )
```

EXISTS 서브쿼리의 SELECT 목록에 null이 표시되면 당황할 수 있습니다. null은 업데이트에 부정적인 영향을 주지 않으므로 걱정하지 않아도 됩니다. IN 연산자가 있는 서브쿼리와는 달리, 업데이트를 구동하는 항목(즉, 업데이트될 행)은 특정 값이 아닌 서브쿼리의 WHERE 절에 의해 제어되므로 가독성이 높아집니다.

4.10 다른 테이블 값으로 업데이트하기

문제 다른 값을 사용하여 테이블의 행을 업데이트하려고 합니다. 예를 들어 특정 사원의 새로운 급여가 저장된 NEW_SAL이라는 테이블이 있습니다. NEW_SAL 테이블의 내용은 다음과 같습니다.

```
select *
  from new_sal

DEPTNO      SAL
------ ----------
    10     4000
```

DEPTNO 열은 NEW_SAL 테이블의 기본 키[primary key]입니다. EMP.DEPTNO와 NEW_SAL.DEPTNO 값이 일치할 경우, NEW_SAL 테이블을 사용하여 EMP 테이블에서 특정 사원의 급여 및 커미션을 업데이트하고 EMP.SAL을 NEW_SAL.SAL로 업데이트한 뒤에 EMP.COMM을 NEW_SAL.SAL의 50%

로 업데이트하려고 합니다. EMP의 행은 다음과 같습니다.

```
select deptno,ename,sal,comm
  from emp
 order by 1

DEPTNO ENAME            SAL       COMM
------ ---------- ---------- ----------
    10 CLARK            2450
    10 KING             5000
    10 MILLER           1300
    20 SMITH             800
    20 ADAMS            1100
    20 FORD             3000
    20 SCOTT            3000
    20 JONES            2975
    30 ALLEN            1600        300
    30 BLAKE            2850
    30 MARTIN           1250       1400
    30 JAMES             950
    30 TURNER           1500          0
    30 WARD             1250        500
```

해법 NEW_SAL과 EMP 사이에 조인을 사용하여 새 COMM 값을 찾아 UPDATE 문으로 반환합니다. 이와 같은 업데이트는 일반적으로 상관 서브쿼리 또는 CTE를 사용하여 수행됩니다. 또 다른 기법은 뷰(데이터베이스에 따라 전통적인 뷰 또는 인라인 뷰)를 생성한 다음, 해당 뷰를 업데이트하는 것입니다.

DB2

상관 서브쿼리를 사용하여 EMP에서 새로운 SAL 및 COMM 값을 설정합니다. 또한 상관 서브쿼리를 사용하여 EMP에서 업데이트해야 하는 행을 식별합니다.

```
1 update emp e set (e.sal,e.comm) = (select ns.sal, ns.sal/2
2                                      from new_sal ns
3                                     where ns.deptno=e.deptno)
4  where exists ( select *
5                   from new_sal ns
6                  where ns.deptno = e.deptno )
```

MySQL

UPDATE 문의 UPDATE 절에 EMP와 NEW_SAL을 모두 포함하고 WHERE 절에 조인합니다.

```
1 update emp e, new_sal ns
2   set e.sal=ns.sal,
3       e.comm=ns.sal/2.
4  where e.deptno=ns.deptno
```

Oracle

DB2의 방법도 Oracle에서 작동하지만, 다른 방법으로 인라인 뷰를 업데이트할 수 있습니다.

```
1 update (
2  select e.sal as emp_sal, e.comm as emp_comm,
3         ns.sal as ns_sal, ns.sal/2 as ns_comm
4    from emp e, new_sal ns
5   where e.deptno = ns.deptno
6 ) set emp_sal = ns_sal, emp_comm = ns_comm
```

PostgreSQL

DB2에서 사용한 방법이 PostgreSQL에서도 작동하지만, (아주 편리하게) UPDATE 문에서 직접 조인할 수도 있습니다.

```
1 update emp
2   set sal = ns.sal,
3       comm = ns.sal/2
4   from new_sal ns
5  where ns.deptno = emp.deptno
```

SQL Server

DB2에서 사용한 방법이 SQL Server에서도 작동하지만, 대안으로 PostgreSQL과 유사하게 UPDATE 문에서 직접 조인할 수도 있습니다.

```
1 update e
2   set e.sal  = ns.sal,
3       e.comm = ns.sal/2
4  from emp e,
5       new_sal ns
6 where ns.deptno = e.deptno
```

설명 다양한 해법을 논하기 전에, 쿼리를 사용하여 새로운 값을 제공하는 업데이트와 관련하여 중요한 사항을 언급해야 합니다. 상관 업데이트의 서브쿼리에 있는 WHERE 절은 업데이트 중인 테이블의 WHERE 절과 다릅니다. 4.10.2절의 UPDATE 문을 보면 EMP와 NEW_SAL 간의 DEPTNO에 대한 조인이 완료되고 UPDATE 문의 SET 절로 행을 반환합니다. DEPTNO가 10인 사원의 경우 NEW_SAL 테이블에 일치하는 DEPTNO가 있으므로 유효한 값을 반환합니다. 하지만 다른 부서의 사원은 어떻습니까? NEW_SAL에는 다른 부서가 없으므로 DEPTNO가 20 및 30인 사원에 대한 SAL과 COMM이 null로 설정됩니다. LIMIT 또는 TOP을 통해 또는 결과셋에서 반환하는 행 수를 제한하기 위해 벤더가 제공하는 메커니즘에 따라 수행하지 않는 한, SQL에서 테이블의 행을 제한하는 유일한 방법은 WHERE 절을 사용하는 것입니다. 이 UPDATE 문을 올바르게 수행하려면 업데이트하는 테이블의 WHERE 절과 함께 상관 서브쿼리에서도 WHERE 절을 사용해야 합니다.

DB2

EMP 테이블의 모든 행을 업데이트하지 않도록 하려면 UPDATE 문의 WHERE 절에 상관 서브쿼리를 포함해야 합니다. SET 절에서 조인(상관 서브쿼리)을 수행하는 것만으로는 충분하지 않습니다. UPDATE 문의 WHERE 절을 사용하면, DEPTNO에서 NEW_SAL 테이블과 일치하는 EMP의 행만 업데이트합니다. 이것은 모든 RDBMS에 공통 적용됩니다.

Oracle

업데이트 조인 뷰를 사용하는 Oracle 해법에서는 동등 조인을 사용하여 업데이트할 행을 결정합니다. 쿼리를 별도로 실행하여 업데이트할 행을 확인할 수 있습니다. 이러한 유형의 업데이트를 성공적으로 수행하려면 먼저 **키 보존**key-preservation의 개념을 이해해야 합니다. NEW_SAL 테이블의 DEPTNO 열은 이 테이블의 기본 키이므로, 킷값은 테이블 내에서 고유합니다. 그러나 EMP와 NEW_SAL을 조인할 때는 NEW_SAL.DEPTNO는 여기에 표시된 것과 같이 결과셋에서 고유하지 않습니다.

```
select e.empno, e.deptno e_dept, ns.sal, ns.deptno ns_deptno
  from emp e, new_sal ns
 where e.deptno = ns.deptno

EMPNO     E_DEPT         SAL NS_DEPTNO
-----  ----------  ---------- ----------
 7782          10        4000         10
 7839          10        4000         10
 7934          10        4000         10
```

Oracle이 이 조인을 업데이트하려면 테이블 중 하나에서 키가 고유하게 유지되어야 합니다. 즉, 해당 값이 결과셋에서 고유하지 않은 경우라도 최소한 원본 테이블에서는 고유해야 합니다. 이 결과셋의 경우 NEW_SAL에는 DEPTNO에 대한 기본 키가 있으므로 테이블에서 고유합니다. 따라서 결과셋에 여러 번 나타나더라도 여전히 키가 보존된 것으로 간주하여, 업데이트를 성공적으로 완료할 수 있습니다.

PostgreSQL, SQL Server, MySQL

이들 플랫폼 간의 구문은 조금씩 다르지만, 기술은 같습니다. UPDATE 문에 직접 조인할 수 있다는 점은 매우 편리합니다. 업데이트할 테이블(UPDATE 키워드 뒤에 나열된 테이블)을 지정하므로, 어떤 테이블의 행이 수정되는지 헷갈리지 않습니다. 또한 업데이트에 조인(명시적인 WHERE 절이 있으므로)을 사용하므로, 상관 서브쿼리 업데이트를 코딩하면서 몇몇 함정을 피할 수 있습니다. 여기서 조인하지 못한 경우 문제가 발생할 수 있습니다.

4.11 레코드 병합하기

문제 해당하는 레코드가 있는지 여부에 따라 조건부로 테이블의 레코드를 삽입, 업데이트 또는 삭제할 수 있습니다(레코드가 있으면 업데이트하고, 없으면 삽입하고, 업데이트 후 행이 특정 조건을 충족하지 못하면 삭제합니다). 예를 들어 EMP_COMMOCMITION 테이블을 다음과 같이 수정하려고 합니다.

- EMP_COMMISSION의 사원이 EMP 테이블에 있을 때, 해당 사원의 커미션(COMM)을 1,000으로 업데이트합니다.
- COMM을 1,000으로 업데이트할 가능성이 있는 모든 사원에 대해, SAL이 2,000 미만이면 해당 사원을 삭제합니다(EMP_COMMISSION에 존재하지 않아야 합니다).
- 그렇지 않으면 EMP 테이블의 EMPNO, ENAME, DEPTNO 값을 EMP_COMMOCMITION 테이블에 삽입합니다.

기본적으로 EMP에 지정된 행이 EMP_COMMISSION에 일치하는지에 따라 UPDATE 또는 INSERT를 실행하려고 합니다. 그런 다음 UPDATE 결과 때문에 지나치게 높아진 커미션이 있으면 DELETE 를 실행하려고 합니다. 다음 행은 현재 각각 EMP 및 EMP_COMMISSION 테이블에 있습니다.

```
select deptno,empno,ename,comm
  from emp
 order by 1

DEPTNO     EMPNO ENAME         COMM
------ ---------- ------ ----------
    10      7782  CLARK
    10      7839  KING
    10      7934  MILLER
    20      7369  SMITH
    20      7876  ADAMS
    20      7902  FORD
    20      7788  SCOTT
    20      7566  JONES
    30      7499  ALLEN          300
    30      7698  BLAKE
    30      7654  MARTIN        1400
    30      7900  JAMES
    30      7844  TURNER           0
    30      7521  WARD           500

select deptno,empno,ename,comm
  from emp_commission
 order by 1
```

```
DEPTNO      EMPNO ENAME      COMM
---------- ---------- ---------- ----------
        10       7782 CLARK
        10       7839 KING
        10       7934 MILLER
```

해법 이 문제를 해결하고자 고안된 구문이 바로 MERGE 문입니다. 필요할 때 UPDATE 또는 INSERT를 수행할 수 있습니다. 예를 들면 다음과 같습니다.

```
1  merge into emp_commission ec
2  using (select * from emp) emp
3     on (ec.empno=emp.empno)
4   when matched then
5        update set ec.comm = 1000
6        delete where (sal < 2000)
7   when not matched then
8        insert (ec.empno,ec.ename,ec.deptno,ec.comm)
9        values (emp.empno,emp.ename,emp.deptno,emp.comm)
```

현재 MySQL에는 MERGE 문이 없습니다. 그 외에 이 책의 모든 RDBMS에서 이 쿼리는 작동하며 그 외의 데이터베이스 플랫폼에서도 잘 작동합니다.

설명 '해법' 절의 3행에 있는 조인에서 이미 존재하는 행과 업데이트될 행을 결정합니다. 조인은 EMP_COMMISSION(EC로 별칭)과 서브쿼리(EMP로 별칭) 사이에 있습니다. 조인이 성공하면 두 행이 '일치'한 것으로 간주되고 WHEN MATCHED 절에 지정된 UPDATE가 실행됩니다. 그렇지 않으면 일치하는 항목이 없고 WHEN NOT MATCHED의 INSERT가 실행됩니다. 따라서 EMP_COMMISSION 테이블의 EMPNO를 기반으로 해당 행이 없는 EMP 테이블의 행은 EMP_COMMISSION에 삽입됩니다. EMP 테이블의 모든 사원 중에서 DEPTNO가 10인 사원만 EMP_COMMISSION에서 COMM을 업데이트하며 나머지 사원은 삽입됩니다. 또한 사원 밀러(MILLER)의 경우는 DEPTNO가 10에 속하므로 COMM을 업데이트할 후보이지만, SAL이 2,000 미만이므로 EMP_COMMISSION에서 삭제됩니다.

4.12 테이블에서 모든 레코드 삭제하기

문제 테이블에서 모든 레코드를 삭제하려고 합니다.

해법 DELETE 명령을 사용하여 테이블에서 레코드를 삭제합니다. 예를 들어 EMP에서 모든 레코드를 삭제하려면 다음 명령을 사용하세요.

```
delete from emp
```

설명 WHERE 절 없이 DELETE 명령을 사용하면 지정된 테이블에서 모든 행을 삭제합니다. 간혹 TRUNCATE를 테이블에 적용하면 WHERE 절을 사용하지 않아서 더 빠르기에 선호합니다. 그러나 Oracle에서는 TRUNCATE를 취소할 수 없습니다. 특정 RDBMS에서 TRUNCATE와 DELETE 간 성능 및 롤백 차이점에 관한 자세한 내용은 벤더 설명서를 신중하게 확인해야 합니다.

4.13 특정 레코드 삭제하기

문제 테이블에서 특정 기준을 충족하는 레코드를 삭제하려고 합니다.

해법 삭제할 행을 지정하는 WHERE 절과 함께 DELETE 명령을 사용합니다. 예를 들어 부서 10의 모든 사원을 삭제하려면 다음을 사용하세요.

```
delete from emp where deptno = 10
```

설명 DELETE 명령과 함께 WHERE 절을 사용하면 테이블의 전체 행이 아닌 행의 하위 집합을 삭제할 수 있습니다. SELECT를 사용하여 WHERE 절의 범위를 미리 확인하여 올바른 데이터를 삭제하는지 확인하는 것을 잊지 마세요. 간단한 상황에서도 잘못된 데이터를 삭제할 수 있습니다. 예를 들어 이전 예제에서 오타로 인해 부서 10 대신 부서 20의 사원이 삭제될 수 있습니다!

4.14 단일 레코드 삭제하기

문제 테이블에서 하나의 레코드를 삭제하려 합니다.

해법 이 문제의 핵심은 삭제하려는 레코드를 하나만 지정할 수 있도록 선택 기준을 좁히는 것입니다. 여러분은 종종 기본 키를 기반으로 삭제하고 싶을 것입니다. 예를 들어 사원 클라크(EMPNO = 7782)를 삭제하려면 다음과 같습니다.

```
delete from emp where empno = 7782
```

설명 삭제할 때는 항상 삭제할 행의 식별에 유의해야 합니다. DELETE의 범위는 WHERE 절에 따라 달라집니다. WHERE 절을 생략하면 DELETE의 대상 범위는 전체 테이블입니다. WHERE 절에 조건을 작성하여 범위를 레코드 그룹 또는 단일 레코드로 좁힐 수 있습니다. 단일 레코드를 삭제할 때는 일반적으로 기본 키 또는 고유한 키 중 하나를 기준으로 해당 레코드를 식별해야 합니다.

> **CAUTION_** 기본 키 또는 고유 키를 삭제 기준으로 삼는 경우, 하나의 레코드만 삭제할 수 있습니다. RDBMS가 동일한 기본 키 또는 고유 킷값을 포함하는 중복 행을 허용하지 않기 때문입니다. 그렇지 않을 때는 의도한 것보다 더 많은 레코드를 실수로 삭제하지 않도록 먼저 확인하는 것이 좋습니다.

4.15 참조 무결성 위반 삭제하기

문제 레코드가 다른 테이블에 존재하지 않는 레코드를 참조할 때, 테이블에서 해당 레코드를 삭제하려고 합니다. 예를 들어 일부 사원이 현재 존재하지 않는 부서에 할당되었을 때, 해당 사원을 삭제하려고 합니다.

해법 서브쿼리에 NOT EXISTS 술어를 사용하여 부서 번호의 유효성을 테스트합니다.

```
delete from emp
 where not exists (
   select * from dept
    where dept.deptno = emp.deptno
)
```

또는 NOT IN을 사용하여 쿼리를 작성할 수 있습니다.

```
delete from emp
where deptno not in (select deptno from dept)
```

설명 삭제는 실제로는 '선택'에 관한 문제입니다. 실제 작업은 삭제하려는 레코드를 올바르게 설명하고자 WHERE 절 조건을 작성하는 것입니다.

NOT EXISTS 해법은 상관 서브쿼리를 사용하여 지정된 EMP 레코드와 DEPTNO가 일치하는 레코드가 DEPT에 있는지 검증합니다. 이러한 레코드가 있으면 EMP 레코드가 유지되며, 그렇지 않으면 삭제됩니다. 각 EMP 레코드는 이러한 방식으로 확인됩니다.

IN 해법은 서브쿼리를 사용하여 유효한 부서 번호 목록을 검색합니다. 그런 다음 각 EMP 레코드의 DEPTNO를 해당 목록과 비교합니다. 목록에 없는 DEPTNO를 쓰는 EMP 레코드가 발견되면 해당 EMP 레코드가 삭제됩니다.

4.16 중복 레코드 삭제하기

문제 테이블에서 중복 레코드를 삭제하려고 합니다. 다음 테이블을 살펴봅시다.

```
create table dupes (id integer, name varchar(10))

insert into dupes values (1, 'NAPOLEON')
insert into dupes values (2, 'DYNAMITE')
insert into dupes values (3, 'DYNAMITE')
insert into dupes values (4, 'SHE SELLS')
```

```
insert into dupes values (5, 'SEA SHELLS')
insert into dupes values (6, 'SEA SHELLS')
insert into dupes values (7, 'SEA SHELLS')

select * from dupes order by 1

        ID NAME
---------- ----------
         1 NAPOLEON
         2 DYNAMITE
         3 DYNAMITE
         4 SHE SELLS
         5 SEA SHELLS
         6 SEA SHELLS
         7 SEA SHELLS
```

'SEA SHELLS'와 같은 각 중복 이름 그룹에 대해 하나의 **ID**만 유지하고 나머지는 삭제하려고 합니다. SEA SHELLS의 경우 5행과 6행, 5행과 7행 또는 6행과 7행 중 어느 것을 삭제하든 상관없이 SEA SHELLS에 대해 하나의 레코드만 필요합니다.

해법 MIN과 같은 집계 함수가 있는 서브쿼리를 사용하여 남겨둘 **ID**를 임의로 선택합니다(다음 쿼리의 경우, **ID** 값이 가장 작은 **NAME** 열만 삭제되지 않습니다).

```
1  delete from dupes
2   where id not in ( select min(id)
3                       from dupes
4                      group by name )
```

MySQL 사용자의 경우 삭제할 때 같은 테이블을 두 번 참조할 수 없으므로 구문이 약간 달라집니다(이 책 집필 시점 기준).

```
1  delete from dupes
2   where id not in
3        (select min(id)
4   from (select id,name from dupes) tmp
5        group by name)
```

설명 중복을 삭제할 때 가장 먼저 할 일은 두 행이 서로 '중복'된 것으로 간주한다는 말의 정확한 의미를 정의하는 것입니다. 이 해법 예제에서 '중복'이란 두 레코드가 NAME 열에 같은 값을 포함한다는 의미입니다. 이러한 정의가 있으면 각 중복 집합을 구별하고 유지할 레코드를 식별할 수 있습니다. 이 식별 열(들)은 기본 키일 때가 가장 좋습니다. 우리는 ID 열을 사용했는데, 두 레코드가 같은 ID를 갖지 않으므로 괜찮은 선택입니다.

해법의 핵심은 중복되는 값(이 경우에는 NAME)을 기준으로 그룹화한 다음, 집계 함수를 사용하여 보존할 킷값 하나만 선택하는 것입니다. '해법' 예제의 서브쿼리는 삭제하지 않을 행을 선택하기 위해 나타내는 각 NAME에 대해 가장 작은 ID를 반환합니다.

```
select min(id)
  from dupes
 group by name

    MIN(ID)
 -----------
          2
          1
          5
          4
```

그런 다음 DELETE는 서브쿼리에서 반환하지 않는 테이블의 모든 ID(이 경우에는 3, 6, 7)를 삭제합니다. 작동 방식을 확인하는 데 문제가 있으면, 먼저 서브쿼리를 실행하고 SELECT 목록에 NAME을 추가합니다.

```
select name, min(id)
  from dupes
 group by name

NAME        MIN(ID)
---------- ----------
DYNAMITE         2
NAPOLEON         1
SEA SHELLS       5
SHE SELLS        4
```

서브쿼리에서 반환된 행은 남겨질 행을 나타냅니다. DELETE 문의 NOT IN 술어로 인해 다른 행은 모두 삭제됩니다.

4.17 다른 테이블에서 참조된 레코드 삭제하기

문제 다른 테이블에서 어떤 레코드를 참조할 때, 한 테이블에서 해당 레코드를 삭제하려고 합니다. 다음 DEPT_ACCIDENTS 테이블을 살펴봅시다. 이 테이블은 제조업체에서 발생하는 각 사고에 대해 하나의 행을 포함합니다. 각 행은 사고가 발생한 부서와 사고 유형을 기록합니다.

```
create table dept_accidents
( deptno          integer,
  accident_name  varchar(20) )

insert into dept_accidents values (10,'BROKEN FOOT')
insert into dept_accidents values (10,'FLESH WOUND')
insert into dept_accidents values (20,'FIRE')
insert into dept_accidents values (20,'FIRE')
insert into dept_accidents values (20,'FLOOD')
insert into dept_accidents values (30,'BRUISED GLUTE')

select * from dept_accidents

    DEPTNO ACCIDENT_NAME
---------- --------------------
        10 BROKEN FOOT
        10 FLESH WOUND
        20 FIRE
        20 FIRE
        20 FLOOD
        30 BRUISED GLUTE
```

이때 사고가 세 번 이상 발생한 부서에서 근무하는 사원 기록을 EMP 테이블에서 삭제하려고 합니다.

해법 서브쿼리와 집계함수 COUNT를 사용하여 세 번 이상 사고가 발생한 부서를 찾습니다. 그런 다음 해당 부서에서 일하는 모든 사원을 삭제합니다.

```
1 delete from emp
2  where deptno in ( select deptno
3                       from dept_accidents
```

```
4                           group by deptno
5                           having count(*) >= 3 )
```

설명 서브쿼리는 세 번 이상의 사고가 발생한 부서를 식별합니다.

```
select deptno
  from dept_accidents
 group by deptno
having count(*) >= 3

    DEPTNO
----------
        20
```

그런 다음 DELETE는 서브쿼리에서 반환한 부서의 모든 사원을 삭제합니다(이 경우 부서 20에서만 삭제합니다).

4.18 마치며

데이터를 삽입하고 업데이트하는 작업은 데이터를 쿼리하는 작업보다 시간이 덜 걸리는 것처럼 보일 수 있으므로, 책의 나머지 부분에서는 쿼리에 집중할 것입니다. 그러나 데이터베이스의 데이터를 유지 및 관리하는 목적에서 본다면 분명 핵심적인 일이며, 이러한 레시피는 데이터베이스를 유지하는 데 필요한 기술의 중요한 부분을 차지합니다. 이들 명령 중 일부, 특히 데이터를 제거하거나 삭제하는 명령은 데이터 유지 및 관리에 지속적인 영향을 미칠 수 있습니다. 삭제하려는 데이터를 항상 미리 확인하고 의도한 대상만 실제로 삭제하고 있는지 확인하며, 특정 RDBMS에서 실행 취소할 수 있는 것과 취소할 수 없는 것을 미리 숙지하고 있어야 합니다.

CHAPTER 5

메타 데이터 쿼리

5장에서는 특정 스키마에 대한 정보를 찾을 수 있는 레시피를 제공합니다. 예를 들어 어떤 테이블을 생성했는지 또는 어떤 외래 키가 인덱싱되지 않았는지를 알고자 할 수 있습니다. 이 책의 모든 RDBMS는 그러한 데이터를 얻기 위한 테이블과 뷰를 제공합니다. 5장의 레시피를 활용하면 해당 테이블 및 뷰에서 필요한 정보를 얻을 수 있습니다.

RDBMS 내의 테이블 및 뷰에 메타 데이터를 높은 수준에서 저장하는 전략이 일반적이지만, 궁극적으로 구현된 형태들이 이 책에서 다루는 대부분의 SQL과 같은 수준으로 표준화되지는 않습니다. 따라서 5장에서는 다른 장과 달리 RDBMS에 따라 각기 다른 해법을 적용합니다.

여기서는 이 책에서 다루는 각 RDBMS의 가장 일반적인 스키마 쿼리를 사용합니다. 하지만 실제로는 5장의 레시피에서 소개하는 것보다 훨씬 많은 정보가 있습니다. 더 많은 내용을 알고 싶다면 RDBMS 설명서의 카탈로그 또는 데이터 딕셔너리 테이블/뷰의 전체 목록을 참조하세요.

> **TIP**_ 5장의 모든 레시피에서는 데모를 위해 **SMEAGOL**이라는 스키마가 있다고 가정합니다.

5.1 스키마의 테이블 목록 보기

문제 특정 스키마에서 생성한 모든 테이블 목록을 보고자 합니다.

해법 다음의 모든 해법은 SMEAGOL 스키마에서 작업한다고 가정합니다. 해법에 대한 기본 접근 방식은 모든 RDBMS에서 같습니다. 데이터베이스의 각 테이블에 대한 행을 포함하는 시스템 테이블(또는 뷰)을 쿼리합니다.

DB2

SYSCAT.TABLES를 쿼리합니다.

```
1 select tabname
2   from syscat.tables
3  where tabschema = 'SMEAGOL'
```

Oracle

SYS.ALL_TABLES를 쿼리합니다.

```
select table_name
  from all_tables
 where owner = 'SMEAGOL'
```

PostgreSQL, MySQL, SQL Server

INFORMATION_SCHEMA.TABLES를 쿼리합니다.

```
1 select table_name
2   from information_schema.tables
3  where table_schema = 'SMEAGOL'
```

설명 데이터베이스는 여러분이 애플리케이션을 위해 생성한 구조들을 통해 자신의 정보를 노출합니다. 예를 들어 Oracle은 테이블, 인덱스, 권한 및 기타 데이터베이스 객체에 대한 정보를 쿼리할 수 있는 **ALL_TABLES**와 같은 광범위한 시스템 뷰 카탈로그를 유지 및 관리합니다.

> **TIP_** 대표적 사례가 Oracle의 카탈로그 뷰입니다. 사용자 친화적이지 않은 형식의 정보를 포함하는 기본
> 테이블 집합에 기반을 두며, Oracle의 카탈로그 데이터에 유용한 인터페이스를 제공합니다.

Oracle의 시스템 뷰와 DB2의 시스템 테이블은 벤더에 특화되어 있습니다. 반면에 PostgreSQL, MySQL 및 SQL Server는 ISO SQL 표준에 의해 정의된 뷰 집합인 **정보 스키마**(information schema)를 지원합니다. 따라서 세 데이터베이스 모두에 대해 같은 쿼리를 수행할 수 있습니다.

5.2 테이블의 열 나열하기

문제 데이터 유형과 함께 테이블의 열 및 해당 열이 있는 테이블의 위치를 나열하려고 합니다.

해법 다음 해법은 SMEAGOL 스키마의 EMP라는 테이블에 열, 해당 데이터 유형 및 숫자 위치를 나열한다고 가정합니다.

DB2
SYSCAT.COLUMNS를 쿼리합니다.

```
1 select colname, typename, colno
2   from syscat.columns
3 where tabname   = 'EMP'
4    and tabschema = 'SMEAGOL'
```

Oracle
ALL_TAB_COLUMNS를 쿼리합니다.

```
1 select column_name, data_type, column_id
2   from all_tab_columns
3 where owner      = 'SMEAGOL'
4   and table_name = 'EMP'
```

PostgreSQL, MySQL, SQL Server

INFORMATION_SCHEMA.COLUMNS를 쿼리합니다.

```
1 select column_name, data_type, ordinal_position
2   from information_schema.columns
3 where table_schema = 'SMEAGOL'
4   and table_name   = 'EMP'
```

설명 각 벤더는 열 데이터의 자세한 정보를 얻을 방법을 제공합니다. 이전 예제에서는 열 이름, 데이터 유형 및 위치만 반환했습니다. 추가적인 유용한 정보 항목으로는 길이, null 허용 여부 및 기본값들이 있습니다.

5.3 테이블의 인덱싱된 열 나열하기

문제 특정 테이블의 인덱스에서 인덱스 색인, 해당 열 및 열 위치(가능한 경우)를 나열하려고 합니다.

해법 다음 벤더별 해법은 SMEAGOL 스키마에서 EMP 테이블에 대한 인덱스를 나열한다고 가정합니다.

DB2

SYSCAT.INDEXES를 쿼리합니다.

```
1  select a.tabname, b.indname, b.colname, b.colseq
2    from syscat.indexes a,
```

```
3        syscat.indexcoluse b
4   where a.tabname    = 'EMP'
5     and a.tabschema  = 'SMEAGOL'
6     and a.indschema  = b.indschema
7     and a.indname    = b.indname
```

Oracle

SYS.ALL_IND_COLUMNS를 쿼리합니다.

```
select table_name, index_name, column_name, column_position
  from sys.all_ind_columns
 where table_name  = 'EMP'
   and table_owner = 'SMEAGOL'
```

PostgreSQL

PG_CATALOG.PG_INDEXES와 INFORMATION_SCHEMA.COLUMNS를 쿼리합니다.

```
1  select a.tablename,a.indexname,b.column_name
2    from pg_catalog.pg_indexes a,
3         information_schema.columns b
4   where a.schemaname = 'SMEAGOL'
5     and a.tablename  = b.table_name
```

MySQL

SHOW INDEX 명령어를 사용합니다.

```
show index from emp
SQL Server
SYS.TABLES, SYS.INDEXES, SYS.INDEX_COLUMNS, SYS.COLUMNS를 쿼리합니다.
1  select a.name table_name,
2         b.name index_name,
3         d.name column_name,
4         c.index_column_id
5    from sys.tables a,
6         sys.indexes b,
7         sys.index_columns c,
```

```
 8          sys.columns d
 9   where a.object_id = b.object_id
10     and b.object_id = c.object_id
11     and b.index_id  = c.index_id
12     and c.object_id = d.object_id
13     and c.column_id = d.column_id
14     and a.name      = 'EMP'
```

설명 쿼리에서는 인덱스가 생성되는 열이나 인덱싱되지 않는 열이 무엇인지 알아야 합니다. 인덱스는 필터에서 자주 쓰이며 특정 열에 대한 쿼리에 대해 상당히 좋은 성능을 제공할 수 있습니다. 인덱스는 테이블 간 조인에도 유용합니다. 인덱싱된 열을 알면 성능 문제가 발생했을 때 더 쉽게 해결할 수 있습니다. 또한 인덱스 자체에 대한 정보를 찾을 수도 있습니다. 인덱스의 깊이, 고유 키 수, 리프 블록 수 등을 알 수 있습니다. 이러한 정보는 이번 레시피의 해법에서 쿼리된 뷰/테이블에서도 사용할 수 있습니다.

5.4 테이블의 제약조건 나열하기

문제 일부 스키마의 테이블에 대해 정의된 제약조건과, 해당 제약조건이 정의된 열을 나열하려고 합니다. 예를 들어 EMP 테이블에 대한 제약조건 및 해당 제약조건이 있는 열을 찾으려고 합니다.

해법 이 해법은 DB2, Oracle, PostgreSQL, MySQL, SQL Server로 구분됩니다.

DB2
SYSCAT.TABCONST와 SYSCAT.COLUMNS를 쿼리합니다.

```
1   select a.tabname, a.constname, b.colname, a.type
2     from syscat.tabconst a,
3          syscat.columns b
4    where a.tabname   = 'EMP'
5      and a.tabschema = 'SMEAGOL'
```

```
6      and a.tabname    = b.tabname
7      and a.tabschema = b.tabschema
```

Oracle

SYS.ALL_CONSTRAINTS와 SYS.ALL_CONS_COLUMNS를 쿼리합니다.

```
 1   select a.table_name,
 2          a.constraint_name,
 3          b.column_name,
 4          a.constraint_type
 5     from all_constraints a,
 6          all_cons_columns b
 7    where a.table_name       = 'EMP'
 8      and a.owner            = 'SMEAGOL'
 9      and a.table_name       = b.table_name
10      and a.owner            = b.owner
11      and a.constraint_name = b.constraint_name
```

PostgreSQL, MySQL, SQL Server

INFORMATION_SCHEMA.TABLE_CONSTRAINTS와 INFORMATION_SCHEMA.KEY_COLUMN_USAGE를
쿼리합니다.

```
 1   select a.table_name,
 2          a.constraint_name,
 3          b.column_name,
 4          a.constraint_type
 5     from information_schema.table_constraints a,
 6          information_schema.key_column_usage b
 7    where a.table_name       = 'EMP'
 8      and a.table_schema     = 'SMEAGOL'
 9      and a.table_name       = b.table_name
10      and a.table_schema     = b.table_schema
11      and a.constraint_name = b.constraint_name
```

설명 제약조건은 관계형 데이터베이스의 매우 중요한 부분인 만큼, 테이블에 어떤 제약조건
이 있는지 반드시 알아야 합니다. 테이블에 대한 제약조건을 나열하는 작업은 여러 이유로 유

용합니다. 기본 키가 없는 테이블을 찾아야 할 수도 있고, 외래 키여야 하지만 그렇지 않은 열을 찾아야 할 수도 있습니다(예를 들어 상위 테이블과 다른 데이터가 있는 하위 테이블이 있을 때 그 원인을 알고 싶은 경우). 또는 (열이 null을 허용하는지, 특정 조건을 충족해야 하는지 등의) 제약사항을 알고 싶을 수도 있습니다.

5.5 관련 인덱스가 없는 외래 키 나열하기

문제 인덱싱되지 않은 외래 키 열을 가진 테이블을 나열하려고 합니다. 예를 들어 EMP 테이블의 외래 키가 인덱싱되는지를 확인하려고 합니다.

해법 이 해법은 DB2, Oracle, PostgreSQL, MySQL, SQL Server로 구분됩니다.

DB2
SYSCAT.TABCONST, SYSCAT.KEYCOLUSE, SYSCAT.INDEXES, SYSCAT.INDEXCOLUSE를 쿼리합니다.

```
1  select fkeys.tabname,
2         fkeys.constname,
3         fkeys.colname,
4         ind_cols.indname
5    from (
6  select a.tabschema, a.tabname, a.constname, b.colname
7    from syscat.tabconst a,
8         syscat.keycoluse b
9   where a.tabname    = 'EMP'
10    and a.tabschema  = 'SMEAGOL'
11    and a.type       = 'F'
12    and a.tabname    = b.tabname
13    and a.tabschema  = b.tabschema
14         ) fkeys
15         left join
16         (
17  select a.tabschema,
```

```
18          a.tabname,
19          a.indname,
20          b.colname
21   from syscat.indexes a,
22        syscat.indexcoluse b
23  where a.indschema   = b.indschema
24   and a.indname      = b.indname
25        ) ind_cols
26     on (fkeys.tabschema = ind_cols.tabschema
27         and fkeys.tabname   = ind_cols.tabname
28         and fkeys.colname   = ind_cols.colname )
29  where ind_cols.indname is null
```

Oracle

SYS.ALL_CONS_COLUMNS, SYS.ALL_CONSTRAINTS, SYS.ALL_IND_COLUMNS를 쿼리합니다.

```
1   select a.table_name,
2          a.constraint_name,
3          a.column_name,
4          c.index_name
5     from all_cons_columns a,
6          all_constraints b,
7          all_ind_columns c
8    where a.table_name       = 'EMP'
9      and a.owner            = 'SMEAGOL'
10     and b.constraint_type  = 'R'
11     and a.owner            = b.owner
12     and a.table_name       = b.table_name
13     and a.constraint_name  = b.constraint_name
14     and a.owner            = c.table_owner (+)
15     and a.table_name       = c.table_name (+)
16     and a.column_name      = c.column_name (+)
17     and c.index_name       is null
```

PostgreSQL

INFORMATION_SCHEMA.KEY_COLUMN_USAGE, INFORMATION_SCHEMA.REFERENTIAL_CONSTRAINTS, INFORMATION_SCHEMA.COLUMNS, PG_CATALOG.PG_INDEXES를 쿼리합니다.

```
 1  select fkeys.table_name,
 2         fkeys.constraint_name,
 3         fkeys.column_name,
 4         ind_cols.indexname
 5    from (
 6  select a.constraint_schema,
 7         a.table_name,
 8         a.constraint_name,
 9         a.column_name
10    from information_schema.key_column_usage a,
11         information_schema.referential_constraints b
12   where a.constraint_name   = b.constraint_name
13     and a.constraint_schema = b.constraint_schema
14     and a.constraint_schema = 'SMEAGOL'
15     and a.table_name        = 'EMP'
16         ) fkeys
17         left join
18         (
19  select a.schemaname, a.tablename, a.indexname, b.column_name
20    from pg_catalog.pg_indexes a,
21         information_schema.columns b
22   where a.tablename  = b.table_name
23     and a.schemaname = b.table_schema
24         ) ind_cols
25      on (  fkeys.constraint_schema = ind_cols.schemaname
26         and fkeys.table_name      = ind_cols.tablename
27         and fkeys.column_name     = ind_cols.column_name )
28   where ind_cols.indexname is null
```

MySQL

SHOW INDEX 명령을 사용하여 인덱스명, 인덱스의 열 및 열 순서 위치와 같은 인덱스 정보를 검색할 수 있습니다. 또한 INFORMATION_SCHEMA.KEY_COLUMN_USAGE를 쿼리하여 지정된 테이블에 대한 외래 키를 나열할 수 있습니다. MySQL5에서는 외래 키가 자동 인덱싱된다고 하지만, 실제로는 삭제할 수 있습니다. 외래 키 열의 인덱스가 삭제되었는지를 확인하려면 특정 테이블에 대해 SHOW INDEX를 실행하고 같은 테이블에 대한 INFORMATION_SCHEMA.KEY_COLUMN_USAGE.COLUMN_NAME의 결과와 비교합니다. COLUMN_NAME이 KEY_COLUMN_USAGE에 나열되지만 SHOW INDEX에서 반환되지 않는다면, 열이 인덱싱되지 않은 것입니다.

SQL Server

SYS.TABLES, SYS.FOREIGN_KEYS, SYS.COLUMNS, SYS.INDEXES, SYS.INDEX_COLUMNS를
쿼리합니다.

```
1  select fkeys.table_name,
2         fkeys.constraint_name,
3         fkeys.column_name,
4         ind_cols.index_name
5    from (
6  select a.object_id,
7         d.column_id,
8         a.name table_name,
9         b.name constraint_name,
10        d.name column_name
11   from sys.tables a
12        join
13        sys.foreign_keys b
14     on ( a.name          = 'EMP'
15          and a.object_id = b.parent_object_id
16          )
17        join
18        sys.foreign_key_columns c
19     on ( b.object_id = c.constraint_object_id )
20        join
21        sys.columns d
22     on (    c.constraint_column_id = d.column_id
23          and a.object_id           = d.object_id
24          )
25        ) fkeys
26        left join
27        (
28 select a.name index_name,
29        b.object_id,
30        b.column_id
31   from sys.indexes a,
32        sys.index_columns b
33  where a.index_id = b.index_id
34        ) ind_cols
35     on (    fkeys.object_id = ind_cols.object_id
36          and fkeys.column_id = ind_cols.column_id )
37  where ind_cols.index_name is null
```

설명 행을 수정할 때는 각 벤더의 자체 잠금 메커니즘을 사용합니다. 외래 키를 통해 적용되는 상위-하위 관계가 있을 때는 하위 열에 인덱스가 있으면 잠금을 줄일 수 있습니다(자세한 내용은 제품별 RDBMS 설명서를 참조하세요). 다른 경우에는 하위 테이블이 외래 키 열의 상위 테이블에 조인되는 것이 일반적이므로, 인덱스는 해당 시나리오의 성능 향상에 도움이 될 수 있습니다.

5.6 SQL로 SQL 생성하기

문제 유지 관리 작업을 자동화하고자 동적 SQL 문을 생성하려 합니다. 특히 1) 테이블의 행 수를 계산한 다음, 2) 테이블에 정의된 외래 키 제약조건을 비활성화하고, 3) 테이블의 데이터에서 삽입 스크립트를 생성하는 세 가지 작업을 수행하려고 합니다.

해법 문자열을 써서 SQL 문을 작성한다는 개념으로, 입력할 값(예를 들어 명령이 작동하는 개체 이름)은 선택한 테이블의 데이터에 의해 제공됩니다. 쿼리는 명령문만 생성합니다. 그런 다음 스크립트로 이러한 구문을 수동 실행하거나 SQL 문을 실행해야 합니다.

다음 예제는 Oracle 시스템에서 작동하는 쿼리입니다. 다른 RDBMS의 경우 기법은 완전히 똑같으며, 유일한 차이점은 데이터 딕셔너리 테이블의 이름 및 날짜 형식뿐입니다. 다음 쿼리에서 표시되는 출력은 랩톱의 Oracle 인스턴스에서 반환된 행의 일부입니다. 물론 결과셋은 다양합니다.

```
/* 여러분 스키마의 모든 테이블에서 모든 행의 수를 세는 SQL 생성 */
select 'select count(*) from '||table_name||';' cnts
  from user_tables;

CNTS
------------------------------------
select count(*) from ANT;
select count(*) from BONUS;
select count(*) from DEMO1;
select count(*) from DEMO2;
select count(*) from DEPT;
select count(*) from DUMMY;
```

```
select count(*) from EMP;
select count(*) from EMP_SALES;
select count(*) from EMP_SCORE;
select count(*) from PROFESSOR;
select count(*) from T;
select count(*) from T1;
select count(*) from T2;
select count(*) from T3;
select count(*) from TEACH;
select count(*) from TEST;
select count(*) from TRX_LOG;
select count(*) from X;

/* 모든 테이블의 외래 키를 비활성화하기 */
select 'alter table '||table_name||
       ' disable constraint '||constraint_name||';' cons
  from user_constraints
 where constraint_type = 'R';

CONS
-------------------------------------------------
alter table ANT disable constraint ANT_FK;
alter table BONUS disable constraint BONUS_FK;
alter table DEMO1 disable constraint DEMO1_FK;
alter table DEMO2 disable constraint DEMO2_FK;
alter table DEPT disable constraint DEPT_FK;
alter table DUMMY disable constraint DUMMY_FK;
alter table EMP disable constraint EMP_FK;
alter table EMP_SALES disable constraint EMP_SALES_FK;
alter table EMP_SCORE disable constraint EMP_SCORE_FK;
alter table PROFESSOR disable constraint PROFESSOR_FK;

/* EMP 테이블의 일부 열에 삽입하는 스크립트 생성하기 */
select 'insert into emp(empno,ename,hiredate) '||chr(10)||
       'values( '||empno||','||''''||ename
       ||''',to_date('||''''||hiredate||''') );' inserts
  from emp
 where deptno = 10;

INSERTS
-------------------------------------------------
insert into emp(empno,ename,hiredate)
values( 7782,'CLARK',to_date('09-JUN-2006 00:00:00') );
```

```
insert into emp(empno,ename,hiredate)
values( 7839,'KING',to_date('17-NOV-2006 00:00:00') );

insert into emp(empno,ename,hiredate)
values( 7934,'MILLER',to_date('23-JAN-2007 00:00:00') );
```

설명 SQL로 SQL을 생성하는 작업은 다양한 환경에서 테스트할 때 사용할 수 있는 스크립트를 만드는 데 특히 유용합니다. 또한 이전 예제에서 볼 수 있듯이 배치 유지보수를 수행하고 한 번에 여러 개체에 대한 정보를 찾는 데 유용합니다. 매우 간단한 작업이며 많이 해볼수록 더 쉬워집니다. 제공된 예제는 솔직히 그리 다양하진 않지만, 여러분 상황에 맞는 '동적' SQL 스크립트를 작성하는 방법에 대한 좋은 기반이 될 것입니다. 조금만 노력하면 적합한 스크립트를 만들 수 있습니다.

5.7 Oracle에서 데이터 딕셔너리 뷰 확인하기

문제 여러분이 Oracle을 사용한다고 가정합니다. 어떤 데이터 딕셔너리 뷰를 사용할 수 있는지 기억하지 못하며, 열 정의도 잘 기억이 나지 않습니다. 설상가상으로 벤더 문서에 손쉽게 접근할 수도 없는 상황입니다.

해법 이 해법은 Oracle 전용 레시피입니다. Oracle은 강력한 데이터 딕셔너리 뷰 모음을 유지 관리할 뿐만 아니라 데이터 딕셔너리 뷰를 문서화하는 데이터 딕셔너리 뷰도 제공합니다. 이들이 유기적으로 순환합니다.

DICTIONARY라는 뷰를 쿼리하여 데이터 딕셔너리 뷰 및 용도를 나열합니다.

```
select table_name, comments
  from dictionary
  order by table_name;

TABLE_NAME                          COMMENTS
----------------------------------- -------------------------------------------
ALL_ALL_TABLES                      Description of all object and relational
```

```
                              tables accessible to the user

ALL_APPLY                     Details about each apply process that
                              dequeues from the queue visible to the
                              current user

...
```

DICT_COLUMNS를 쿼리하여 지정한 데이터 딕셔너리 뷰의 열을 확인합니다.

```
select column_name, comments
  from dict_columns
 where table_name = 'ALL_TAB_COLUMNS';

COLUMN_NAME                         COMMENTS
--------------------------------    --------------------------------------------
OWNER
TABLE_NAME                          Table, view or cluster name
COLUMN_NAME                         Column name
DATA_TYPE                           Datatype of the column
DATA_TYPE_MOD                       Datatype modifier of the column
DATA_TYPE_OWNER                     Owner of the datatype of the column
DATA_LENGTH                         Length of the column in bytes
DATA_PRECISION                      Length: decimal digits (NUMBER) or binary
                                    digits (FLOAT)
```

설명 웹에서 Oracle의 설명서 세트를 자유롭게 사용할 수 없던 과거에는 Oracle에서 제공하는 DICTIONARY 및 DICT_COLUMNS 뷰가 매우 편리했습니다. 이 두 개의 뷰만 알면 다른 모든 뷰에 대해 파악한 뒤, 전체 데이터베이스에 대한 학습으로 전환할 수 있었습니다.

오늘날에도 DICTIONARY 및 DICT_COLUMNS에 대해 알면 편리합니다. 종종 특정 개체 유형을 설명하는 뷰를 명확히 모를 때, 와일드카드 쿼리를 실행하여 확인할 수 있습니다. 예를 들어 스키마의 테이블을 설명하는 뷰는 다음과 같이 처리합니다.

```
select table_name, comments
  from dictionary
 where table_name LIKE '%TABLE%'
 order by table_name;
```

이 쿼리는 TABLE이라는 용어를 포함하는 모든 데이터 딕셔너리 뷰 이름을 반환합니다. 이 접근 방식은 Oracle의 상당히 일관된 데이터 딕셔너리 뷰 명명 규칙을 활용합니다. 테이블을 설명하는 뷰는 모두 이름에 TABLE을 포함합니다(때로는 ALL_TAB_COLUMNS처럼 TABLE을 TAB이라고 축약하기도 합니다).

5.8 마치며

메타 데이터에 대한 쿼리는 SQL을 통해 사용자가 더 많은 작업을 수행할 수 있도록 해주고, 데이터베이스를 알아야 할 필요성을 조금 덜어줍니다. 이것은 유사한 구조를 가진 더 복잡한 데이터베이스를 다룰 때 특히 유용합니다.

문자열 작업

6장에서는 SQL의 문자열 조작에 초점을 맞추어 설명합니다. SQL은 복잡한 문자열 조작을 수행하도록 설계되지 않은 만큼, SQL에서 문자열로 작업하는 작업은 간혹 번거롭고 짜증 나는 일일 수 있습니다. 이런 SQL의 한계에도 불구하고 우리는 다양한 DBMS에서 제공하는 유용한 내장 함수를 활용하여 창의적인 방식으로 사용하고자 노력했습니다. 특히 6장은 우리가 도입부에서 전달하려는 메시지를 대표하는 장입니다. SQL은 좋기도 하지만, 불편하기도 하며, 때로는 형편없습니다. 문자열을 작업할 때는 SQL에서 수행할 수 있는 작업과 수행할 수 없는 작업을 더 잘 이해할 수 있습니다. 대부분의 경우, 문자열 구문 파싱 및 변환이 얼마나 쉬운지를 알면 놀랄 뿐만 아니라, 특정 작업을 수행하는 데 필요한 SQL의 형태에도 놀랄 것입니다.

이어지는 많은 레시피는 현재 이 책에서 다루는 모든 DBMS에서 사용할 수 있는 **TRANSLATE** 및 **REPLACE** 함수를 사용합니다. 다만 예외적으로 MySQL은 **REPLACE**만 쓸 수 있습니다. 마지막에 나오는 중첩된 **REPLACE** 함수로 **TRANSLATE**의 효과를 낼 수 있다는 점에도 주목해야 합니다.

6장의 첫 번째 레시피는 몇몇 후속 해법에서도 활용되므로 매우 중요합니다. 많은 경우 문자열을 한 번에 한 글자씩 이동하는 기능이 필요하지만, 불행히도 SQL은 이것을 쉽게 만들어내지 못합니다. SQL은 제한된 루프 기능을 활용하여 문자열을 이동하는 루프를 흉내 내야 합니다. 우리는 이 작업을 '문자열 짚어보기' 또는 '문자열 통과하기'라고 표현하며, 첫 번째 해법에서 이 기술을 설명할 것입니다. 이것은 SQL을 사용하는 문자열 구문 분석의 기본으로, 6장의 거의 모든 레시피에서 참조하고 사용합니다. 따라서 이 기술의 작동 원리에 익숙해지는 것이 좋습니다.

6.1 문자열 짚어보기

문제 문자열에서의 각 문자를 행으로 반환하려고 하지만 SQL에는 루프 작업이 없습니다. 예를 들어 EMP 테이블의 ENAME인 'KING'을 4개 행으로 표시하려고 합니다. 여기서 각 행은 KING의 문자만 포함합니다.

해법 데카르트 곱을 사용하여 문자열의 각 문자를 각 행에 반환하는 데 필요한 행 수를 생성합니다. 그런 다음 DBMS의 내장 문자열 구문 파싱 함수를 사용하여 관심 있는 문자를 추출합니다(SQL Server 사용자는 LENGTH 대신 DATALENGTH을, SUBSTR 대신 SUBSTRING을 사용합니다).

```
1 select substr(e.ename,iter.pos,1) as C
2   from (select ename from emp where ename = 'KING') e,
3        (select id as pos from t10) iter
4  where iter.pos <= length(e.ename)

C
-
K
I
N
G
```

설명 문자열의 문자를 반복하는 핵심은 필요한 반복 횟수를 생성하기에 충분한 행이 있는 테이블과 조인하는 것입니다. 이 예제에서는 10개의 행을 포함하는 T10 테이블을 사용합니다(1에서 10까지의 값을 보유하는 하나의 ID 열이 있습니다). 이 쿼리에서 반환할 수 있는 최대 행수는 10개입니다.

다음은 ENAME을 파싱하지 않고 E와 ITER 사이(즉, 특정 이름과 T10의 10개 행 사이)의 데카르트 곱을 보여줍니다.

```
select ename, iter.pos
  from (select ename from emp where ename = 'KING') e,
       (select id as pos from t10) iter
```

```
ENAME          POS
----------  ----------
KING            1
KING            2
KING            3
KING            4
KING            5
KING            6
KING            7
KING            8
KING            9
KING            10
```

인라인 뷰 E의 카디널리티는 1이고 인라인 뷰 **ITER**의 카디널리티는 10입니다. 그러면 데카르트 곱은 10행입니다. 이런 식으로 행을 생성하는 것은 SQL에서 루프를 모방하는 첫 번째 단계입니다.

TIP_ 일반적으로는 테이블 **T10**을 '피벗' 테이블로 참조합니다.

이 해법은 WHERE 절을 사용하여 4개의 행을 반환한 후 루프를 종료합니다. 결과셋을 이름의 글자 수와 같은 수의 행으로 제한하려면 WHERE에서 ITER.POS <= LENGTH(E. ENAME)을 조건으로 지정합니다.

```
select ename, iter.pos
  from (select ename from emp where ename = 'KING') e,
       (select id as pos from t10) iter
 where iter.pos <= length(e.ename)

ENAME          POS
----------  ----------
KING            1
KING            2
KING            3
KING            4
```

이제 E.ENAME의 각 문자에 대해 행이 하나씩 있으므로 ITER.POS를 SUBSTR에 대한 매개변수로 사용하여 문자열의 문자를 탐색할 수 있습니다. ITER.POS는 행마다 증가하므로 E.ENAME에서 연속 문자를 반환하도록 각 행을 만들 수 있습니다. 이것이 바로 해법 예제가 작동하는 방식입니다.

수행하려는 작업에 따라 문자열의 모든 단일 문자에 대해 행을 생성할 수도 있고 그렇지 않을 수도 있습니다. 다음 쿼리는 E.ENAME을 하나씩 짚어서 문자열의 다른 부분(하나 이상의 문자)을 노출하는 예입니다.

```
select substr(e.ename,iter.pos) a,
       substr(e.ename,length(e.ename)-iter.pos+1) b
  from (select ename from emp where ename = 'KING') e,
       (select id pos from t10) iter
 where iter.pos <= length(e.ename)


A          B
---------- ----------
KING       G
ING        NG
NG         ING
G          KING
```

6장 레시피의 가장 일반적인 시나리오는 문자열의 각 문자에 대한 행을 생성하고자 전체 문자열을 하나씩 살펴보거나, 특정 문자 또는 구분 기호 수만큼 행을 생성하도록 문자열을 짚어보는 것입니다.

6.2 문자열에 따옴표 포함하기

문제 문자열 값에 따옴표를 포함하려고 합니다. SQL로 다음과 같은 결과를 생성하고자 합니다.

```
QMARKS
--------------
g'day mate
beavers' teeth
'
```

해법 다음 세 가지 SELECT는 문자열 내의 혹은 따옴표 자체를 나타낼 수 있는 다양한 방법을 보여줍니다.

```
1 select 'g''day mate' qmarks from t1 union all
2 select 'beavers'' teeth'    from t1 union all
3 select ''''                 from t1
```

설명 따옴표로 작업할 때 종종 괄호처럼 생각하면 유용합니다. 여는 괄호가 있으면 항상 닫는 괄호가 있듯, 따옴표도 마찬가지입니다. 주어진 문자열에 항상 짝수의 따옴표가 있어야 합니다. 문자열에 작은따옴표를 포함하려면 두 개의 따옴표를 사용해야 합니다.

```
select 'apples core', 'apple''s core',
       case when '' is null then 0 else 1 end
  from t1

'APPLESCORE 'APPLE''SCOR CASEWHEN''ISNULLTHEN0ELSE1END
---------- ------------ ----------------------------
apples core apple's core                            0
```

다음은 해법에서 알맹이만 남긴 것입니다. 문자열을 정의하는 두 개의 외부 따옴표가 있고, 해당 문자열 값 안에 실제로 가져올 문자열의 따옴표 하나만 나타내는 두 개의 따옴표가 있습니다.

```
select '''' as quote from t1

Q
-
'
```

따옴표로 작업할 때 문자 없이 두 개의 따옴표로만 구성된 문자열 값은 null입니다.

6.3 문자열에서 특정 문자의 발생 횟수 계산하기

문제 지정된 문자열 내에서 문자 또는 하위 문자열이 발생하는 횟수를 계산하려고 합니다. 다음 문자열을 살펴봅시다.

10,CLARK,MANAGER

이 문자열에 쉼표가 몇 개 있는지 확인하려고 합니다.

해법 문자열의 쉼표 수를 결정하려면 문자열의 원래 길이에서 쉼표가 없는 문자열의 길이를 뺍니다. 각 DBMS는 문자열 길이를 가져오고 문자열에서 문자를 제거하는 함수를 제공합니다. 대부분의 경우 이러한 함수는 LENGTH 및 REPLACE입니다(SQL Server 사용자는 LENGTH가 아닌 내장 함수 LEN을 사용합니다).

```
1 select (length('10,CLARK,MANAGER')-
2        length(replace('10,CLARK,MANAGER',',','')))/length(',')
3        as cnt
4    from t1
```

설명 간단한 뺄셈을 사용하여 해답을 찾을 수 있습니다. 1행에서 LENGTH에 대한 호출은 문자열의 원래 길이를 반환하고, 2행에서 LENGTH에 대한 첫 번째 호출은 쉼표가 없는 문자열의 길이를 반환하며 이는 REPLACE를 사용해 제거합니다.

두 길이를 빼면 문자열의 쉼표 수인 문자의 차이를 얻을 수 있습니다. 마지막으로 차이를 검색 문자열의 길이로 나눕니다. 이 나눗셈은 찾고 있는 문자열의 길이가 1보다 클 때 필요합니다. 다음 예에서 나누지 않고 문자열 'HELLO HELLO'에서 'LL'의 발생만 계산하면 잘못된 결과를 반환합니다.

```
select
     (length('HELLO HELLO')-
     length(replace('HELLO HELLO','LL','')))/length('LL')
     as correct_cnt,
     (length('HELLO HELLO')-
```

```
       length(replace('HELLO HELLO','LL',''))) as incorrect_cnt
  from t1


CORRECT_CNT INCORRECT_CNT
----------- -------------
          2             4
```

6.4 문자열에서 원하지 않는 문자 제거하기

문제 데이터에서 특정 문자를 제거하려고 합니다. 이러한 상황은 잘못된 형식의 숫자 데이터, 특히 통화 데이터를 처리할 때 쉼표를 사용하여 0을 구분하거나, 수량과 통화 표시가 열에 혼합되는 경우 발생할 수 있습니다. 그 외에도 데이터베이스의 데이터를 CSV 파일로 내보내려고 하지만, CSV 파일에 액세스할 때 구분 기호로 읽히는 쉼표가 포함된 텍스트 필드가 있는 경우입니다. 다음 결과셋을 살펴봅시다.

```
ENAME          SAL
---------- ----------
SMITH          800
ALLEN         1600
WARD          1250
JONES         2975
MARTIN        1250
BLAKE         2850
CLARK         2450
SCOTT         3000
KING          5000
TURNER        1500
ADAMS         1100
JAMES          950
FORD          3000
MILLER        1300
```

이때 다음과 같이 STRIPPED1 열의 값에는 모음을 제거하고, STRIPPED2 열의 값에는 모든 0을 제거하여 표시하려고 합니다.

```
ENAME      STRIPPED1      SAL STRIPPED2
---------- ---------- ---------- ----------
SMITH      SMTH          800 8
ALLEN      LLN          1600 16
WARD       WRD          1250 125
JONES      JNS          2975 2975
MARTIN     MRTN         1250 125
BLAKE      BLK          2850 285
CLARK      CLRK         2450 245
SCOTT      SCTT         3000 3
KING       KNG          5000 5
TURNER     TRNR         1500 15
ADAMS      DMS          1100 11
JAMES      JMS           950 95
FORD       FRD          3000 3
MILLER     MLLR         1300 13
```

해법 각 DBMS는 문자열에서 원하지 않는 문자를 제거하는 함수를 제공합니다. REPLACE 및 TRANSLATE 함수는 이 문제에 가장 유용합니다.

DB2, Oracle, PostgreSQL, SQL Server

내장 함수 TRANSLATE 및 REPLACE를 사용하여 원하지 않는 문자와 문자열을 제거합니다.

```
1 select ename,
2        replace(translate(ename,'aaaaa','AEIOU'),'a','') as stripped1,
3        sal,
4        replace(cast(sal as char(4)),'0','') as stripped2
5   from emp
```

DB2의 경우 AS 키워드는 열 별칭을 지정할 때 선택 사항이며 생략할 수 있습니다.

MySQL

MySQL은 TRANSLATE 함수를 제공하지 않으므로 REPLACE를 여러 번 호출해야 합니다.

```
1 select ename,
2        replace(
3        replace(
```

```
 4        replace(
 5        replace(
 6        replace(ename,'A',''),'E',''),'I',''),'O',''),'U','')
 7        as stripped1,
 8        sal,
 9        replace(sal,0,'') stripped2
10    from emp
```

설명 내장 함수 REPLACE는 0을 모두 제거합니다. 모음을 제거하려면 TRANSLATE를 사용하여 모든 모음을 하나의 특정 문자로 변환(여기서는 'a'를 사용했으나 어떤 문자라도 사용 가능)한 다음, REPLACE를 사용하여 그 특정 문자의 모든 항목을 제거합니다.

6.5 숫자 및 문자 데이터 분리하기

문제 하나의 열에 문자 데이터와 숫자 데이터가 함께 저장되어 있습니다. 이는 측정 단위 또는 통화 단위가 수량과 함께 저장된 데이터(예를 들면, 단위를 명확하게 하는 열이나 필요한 경우 단위를 표시하는 별도의 열이 아니라 100km, AUD$200 또는 40파운드와 같은 열)를 이어받았을 때 흔히 발생할 수 있습니다. 이때 숫자 데이터에서 문자 데이터를 분리하려고 합니다. 다음 결과셋을 살펴봅시다.

```
DATA
--------------
SMITH800
ALLEN1600
WARD1250
JONES2975
MARTIN1250
BLAKE2850
CLARK2450
SCOTT3000
KING5000
TURNER1500
ADAMS1100
JAMES950
```

```
FORD3000
MILLER1300
우리는 다음과 같은 결과를 원합니다.
ENAME           SAL
---------- ----------
SMITH           800
ALLEN          1600
WARD           1250
JONES          2975
MARTIN         1250
BLAKE          2850
CLARK          2450
SCOTT          3000
KING           5000
TURNER         1500
ADAMS          1100
JAMES           950
FORD           3000
MILLER         1300
```

해법 내장 함수 TRANSLATE 및 REPLACE를 사용하여 숫자 데이터에서 문자를 분리합니다. 6장의 다른 레시피와 마찬가지로 TRANSLATE를 사용하여 여러 문자를 참조할 수 있는 단일 문자로 변환하는 것이 요령입니다. 이렇게 변환하면 여러 숫자나 문자를 더 검색할 필요 없이 모든 숫자/문자를 나타내는 하나의 문자만 검색하면 됩니다.

DB2

TRANSLATE 및 REPLACE 함수를 사용하여 숫자를 문자 데이터에서 구분하여 분리합니다.

```
 1 select replace(
 2      translate(data,'0000000000','0123456789'),'0','') ename,
 3        cast(
 4        replace(
 5    translate(lower(data),repeat('z',26),
 6            'abcdefghijklmnopqrstuvwxyz'),'z','') as integer) sal
 7    from (
 8 select ename||cast(sal as char(4)) data
 9    from emp
10        ) x
```

Oracle

TRANSLATE 및 REPLACE 함수를 사용하여 숫자를 문자 데이터에서 구분하여 분리합니다.

```
 1 select replace(
 2      translate(data,'0123456789','0000000000'),'0') ename,
 3      to_number(
 4        replace(
 5        translate(lower(data),
 6                     'abcdefghijklmnopqrstuvwxyz',
 7                     rpad('z',26,'z')),'z')) sal
 8   from (
 9 select ename||sal data
10    from emp
11         )
```

PostgreSQL

TRANSLATE 및 REPLACE 함수를 사용하여 숫자를 문자 데이터에서 구분하여 분리합니다.

```
 1 select replace(
 2      translate(data,'0123456789','0000000000'),'0','') as ename,
 3          cast(
 4        replace(
 5        translate(lower(data),
 6                     'abcdefghijklmnopqrstuvwxyz',
 7                rpad('z',26,'z')),'z','') as integer) as sal
 8   from (
 9 select ename||sal as data
10    from emp
11         ) x
```

SQL Server

TRANSLATE 및 REPLACE 함수를 사용하여 숫자를 문자 데이터에서 구분하여 분리합니다.

```
 1 select replace(
 2      translate(data,'0123456789','0000000000'),'0','') as ename,
 3          cast(
 4        replace(
```

```
 5        translate(lower(data),
 6                  'abcdefghijklmnopqrstuvwxyz',
 7                  replicate('z',26),'z','') as integer) as sal
 8    from (
 9 select concat(ename,sal) as data
10   from emp
11        ) x
```

설명 DBMS에 따라 구문은 조금씩 다르지만 결국 기법은 같습니다. 이번 논의에서는 Oracle 해법을 사용할 것입니다. 이 문제를 해결하는 핵심은 숫자 및 문자 데이터를 분리하는 것으로, 그러려면 TRANSLATE 및 REPLACE를 사용합니다.

숫자 데이터를 추출하려면 먼저 TRANSLATE를 사용하여 모든 문자 데이터를 분리합니다.

```
select data,
       translate(lower(data),
                 'abcdefghijklmnopqrstuvwxyz',
                 rpad('z',26,'z')) sal
  from (select ename||sal data from emp)

DATA                 SAL
-------------------- --------------------
SMITH800             zzzzz800
ALLEN1600            zzzzz1600
WARD1250             zzzz1250
JONES2975            zzzzz2975
MARTIN1250           zzzzzz1250
BLAKE2850            zzzzz2850
CLARK2450            zzzzz2450
SCOTT3000            zzzzz3000
KING5000             zzzz5000
TURNER1500           zzzzzz1500
ADAMS1100            zzzzz1100
JAMES950             zzzzz950
FORD3000             zzzz3000
MILLER1300           zzzzzz1300
```

TRANSLATE를 사용하면 숫자가 아닌 모든 문자를 소문자 z로 변환합니다. 다음 단계는 REPLACE를 사용하여 각 레코드에서 소문자 z를 제거하고 숫자만 남겨 두는 것입니다.

```
select data,
        to_number(
          replace(
          translate(lower(data),
                    'abcdefghijklmnopqrstuvwxyz',
                    rpad('z',26,'z')),'z')) sal
  from (select ename||sal data from emp)


DATA                        SAL
-------------------- ----------
SMITH800                    800
ALLEN1600                  1600
WARD1250                   1250
JONES2975                  2975
MARTIN1250                 1250
BLAKE2850                  2850
CLARK2450                  2450
SCOTT3000                  3000
KING5000                   5000
TURNER1500                 1500
ADAMS1100                  1100
JAMES950                    950
FORD3000                   3000
MILLER1300                 1300
```

숫자가 아닌 문자를 추출하려면 TRANSLATE를 사용하여 숫자를 분리합니다.

```
select data,
        translate(data,'0123456789','0000000000') ename
  from (select ename||sal data from emp)


DATA                 ENAME
-------------------- ----------
SMITH800             SMITH000
ALLEN1600            ALLEN0000
WARD1250             WARD0000
JONES2975            JONES0000
MARTIN1250           MARTIN0000
BLAKE2850            BLAKE0000
CLARK2450            CLARK0000
SCOTT3000            SCOTT0000
KING5000             KING0000
TURNER1500           TURNER0000
```

```
ADAMS1100          ADAMS0000
JAMES950           JAMES000
FORD3000           FORD0000
MILLER1300         MILLER0000
```

TRANSLATE를 사용하여 모든 숫자를 0으로 변환합니다. 다음 단계는 REPLACE를 사용하여 각 레코드에서 0을 모두 제거하고 숫자가 아닌 문자만 남겨 둡니다.

```
select data,
       replace(translate(data,'0123456789','0000000000'),'0') ename
 from (select ename||sal data from emp)

DATA                   ENAME
--------------------   -------
SMITH800               SMITH
ALLEN1600              ALLEN
WARD1250               WARD
JONES2975              JONES
MARTIN1250             MARTIN
BLAKE2850              BLAKE
CLARK2450              CLARK
SCOTT3000              SCOTT
KING5000               KING
TURNER1500             TURNER
ADAMS1100              ADAMS
JAMES950               JAMES
FORD3000               FORD
MILLER1300             MILLER
```

두 가지 기술을 결합하면 해법을 얻을 수 있습니다.

6.6 문자열의 영숫자 여부 확인하기

문제 관심 있는 열에 숫자와 문자 이외의 문자가 포함되지 않을 때만 테이블에서 행을 반환하려고 합니다. 다음 뷰 V를 살펴봅시다(SQL Server 사용자는 || 대신 + 연산자를 사용하여 연

결합니다).

```
create view V as
select ename as data
  from emp
 where deptno=10
 union all
select ename||', $'|| cast(sal as char(4)) ||'.00' as data
  from emp
 where deptno=20
 union all
select ename|| cast(deptno as char(4)) as data
  from emp
 where deptno=30
```

뷰 V는 테이블을 나타내며 다음과 같은 데이터를 반환합니다.

```
DATA
--------------------
CLARK
KING
MILLER
SMITH, $800.00
JONES, $2975.00
SCOTT, $3000.00
ADAMS, $1100.00
FORD, $3000.00
ALLEN30
WARD30
MARTIN30
BLAKE30
TURNER30
JAMES30
```

그러나 우리는 뷰의 데이터에서 다음 레코드만 반환하려고 합니다.

```
DATA
------------
CLARK
KING
MILLER
```

```
ALLEN30
WARD30
MARTIN30
BLAKE30
TURNER30
JAMES30
```

다시 말해서 문자와 숫자 이외의 데이터가 포함된 행을 생략하여 반환하려고 합니다.

해법 문자열에서 찾을 수 있는, 모든 영숫자alphanumeric가 아닌 문자를 검색하여 문제를 해결하는 방법이 처음에는 직관적으로 보일 수 있지만, 반대로 수행하기가 더 쉽다는 것을 알 수 있습니다. 모든 영숫자 문자를 찾아내면 이들을 하나의 단일 문자로 변환하여 하나로 처리할 수 있습니다. 이 작업을 수행하려는 이유는 영숫자 문자를 전체적으로 함께 조작할 수 있기 때문입니다. 모든 영숫자 문자를 지정한 단일 문자로 표시하는 문자열의 복사본을 생성하면, 영숫자 문자를 다른 문자와 쉽게 분리할 수 있습니다.

DB2

TRANSLATE 함수를 사용하여 모든 영숫자를 단일 문자로 변환합니다. 그런 다음 변환된 영숫자 문자 이외의 문자가 있는 행을 식별합니다. DB2 사용자라면 뷰 V에서 CAST 함수 호출이 필요합니다. 그렇지 않으면 유형 변환 오류로 인해 뷰를 만들 수 없습니다. 고정 길이fixed length (패딩됨)이므로 CHAR에 대한 캐스트에 대해 작업할 때 특히 주의해야 합니다.

```
1 select data
2   from V
3 where translate(lower(data),
4                 repeat('a',36),
5                 '0123456789abcdefghijklmnopqrstuvwxyz') =
6                 repeat('a',length(data))
```

MySQL

뷰 V의 구문이 MySQL에서는 약간 다릅니다.

```
create view V as
select ename as data
```

```
   from emp
 where deptno=10
 union all
select concat(ename,', $',sal,'.00') as data
   from emp
 where deptno=20
 union all
select concat(ename,deptno) as data
   from emp
 where deptno=30
```

정규 표현식을 사용하여 영숫자가 아닌 데이터가 포함된 행을 쉽게 찾을 수 있습니다.

```
1 select data
2   from V
3  where data regexp '[^0-9a-zA-Z]' = 0
```

Oracle과 PostgreSQL

TRANSLATE 함수를 사용하여 모든 영숫자를 단일 문자로 변환합니다. 그런 다음 변환된 영숫자 문자 이외의 문자가 있는 행을 식별합니다. 뷰 V의 CAST 함수 호출은 Oracle 및 PostgreSQL 에서는 필요 없습니다. 고정 길이이므로 CHAR에 대한 캐스트로 작업할 때 특히 주의하세요. 캐스트하기로 결정했다면 VARCHAR 또는 VARCHAR2로 캐스팅합니다.

```
1 select data
2   from V
3  where translate(lower(data),
4                   '0123456789abcdefghijklmnopqrstuvwxyz',
5                   rpad('a',36,'a')) = rpad('a',length(data),'a')
```

SQL Server

SQL Server에 RPAD가 없다는 점을 제외하면 기술은 같습니다.

```
1 select data
2   from V
3  where translate(lower(data),
4                   '0123456789abcdefghijklmnopqrstuvwxyz',
5                   replicate('a',36)) = replicate('a',len(data))
```

설명 이러한 해법의 핵심은 여러 문자를 동시에 참조할 수 있다는 것입니다. TRANSLATE 함수를 사용하면 모든 숫자 또는 모든 문자에 대해 '반복'하여 각 글자를 하나씩 검사하지 않고도 쉽게 조작할 수 있습니다.

DB2, Oracle, PostgreSQL, SQL Server

뷰 V의 14개 행 중 9개만 영숫자입니다. 영숫자만 있는 행을 찾으려면 TRANSLATE 함수를 사용하면 됩니다. 이 예제에서 TRANSLATE 함수는 0~9 및 a~z를 'a'로 변환합니다. 변환이 완료되면 변환된 행은 길이가 같은 모든 'a' 문자열과 (행으로) 비교합니다. 길이가 같으면 모든 문자가 영숫자이고 다른 것은 없다는 것을 알 수 있습니다.

다음과 같이 TRANSLATE 함수를 사용합니다(Oracle 구문의 사용 예입니다).

```
where translate(lower(data),
                '0123456789abcdefghijklmnopqrstuvwxyz',
                rpad('a',36,'a'))
```

모든 숫자와 문자를 고유한 문자로 변환합니다(여기서는 'a'). 데이터가 변환되면 실제로 영숫자인 모든 문자열은 단일 문자(이 경우 'a')로만 구성된 문자열로 식별됩니다. TRANSLATE를 직접 실행하여 확인할 수 있습니다.

```
select data, translate(lower(data),
                '0123456789abcdefghijklmnopqrstuvwxyz',
                rpad('a',36,'a'))
  from V

DATA                 TRANSLATE(LOWER(DATA)
-------------------- --------------------
CLARK                aaaaa
…
SMITH, $800.00       aaaaa, $aaa.aa
…
ALLEN30              aaaaaaa
…
```

영숫자값이 변환되지만, 문자열 길이는 바뀌지 않았습니다. 길이가 같으므로 유지할 행은 TRANSLATE에 대한 호출이 모든 'a'를 반환하는 행입니다. 각 원래 문자열의 길이를 'a'의 해당 문자열 길이와 비교해서 다르면 그 행을 거부하고 해당 행을 유지합니다.

```
select data, translate(lower(data),
                '0123456789abcdefghijklmnopqrstuvwxyz',
                rpad('a',36,'a')) translated,
        rpad('a',length(data),'a') fixed
  from V

DATA                   TRANSLATED             FIXED
--------------------   --------------------   ----------------
CLARK                  aaaaa                  aaaaa
...
SMITH, $800.00         aaaaa, $aaa.aa         aaaaaaaaaaaaaa
...
ALLEN30                aaaaaaa                aaaaaaa
...
```

마지막 단계는 TRANSLATED가 FIXED인 문자열만 유지하는 것입니다.

MySQL

WHERE 절의 식입니다.

```
where data regexp '[^0-9a-zA-Z]' = 0
```

숫자 또는 문자만 있는 행을 반환합니다. 대괄호 안의 값 범위인 '0-9a-zA-Z'는 가능한 모든 숫자와 문자를 나타냅니다. ^ 기호는 부정을 의미하므로 '숫자나 문자가 아님'을 표현한 것입니다. 반환값 1은 참이고 0은 거짓이므로 전체 표현식은 '숫자와 문자 이외의 것을 반환한 행은 거짓'임을 의미합니다.

6.7 이름에서 이니셜 추출하기

문제 전체 이름을 이니셜로 바꾸고 싶습니다. 다음 이름을 살펴봅시다.

Stewie Griffin

다음과 같이 바꾸고자 합니다.

S.G.

해법 SQL은 C 또는 파이썬처럼 유연한 언어가 아니라는 점을 명심해야 합니다. 따라서 SQL 에서 이름 형식을 처리하는 일반적인 해법을 만들기란 쉬운 일이 아닙니다. 여기에 제시한 해 법은 이름의 구조가 이름과 성 또는 이름, 중간 이름/중간 이니셜 및 성일 것으로 가정합니다.

DB2

내장 함수 REPLACE, TRANSLATE 및 REPEAT를 사용하여 이니셜을 추출합니다.

```
1 select replace(
2        replace(
3        translate(replace('Stewie Griffin', '.', ''),
4                  repeat('#',26),
5                  'abcdefghijklmnopqrstuvwxyz'),
6                  '#','' ), ' ','.' )
7                  ||'.'
8   from t1
```

MySQL

내장 함수 CONCAT, CONCAT_WS, SUBSTRING 및 SUBSTRING_INDEX를 사용하여 이니셜을 추출 합니다.

```
1 select case
2        when cnt = 2 then
3          trim(trailing '.' from
4              concat_ws('.',
5               substr(substring_index(name,' ',1),1,1),
6               substr(name,
7                     length(substring_index(name,' ',1))+2,1),
8               substr(substring_index(name,' ',-1),1,1),
9               '.'))
```

```
10          else
11            trim(trailing '.' from
12                concat_ws('.',
13                    substr(substring_index(name,' ',1),1,1),
14                    substr(substring_index(name,' ',-1),1,1)
15                    ))
16            end as initials
17   from (
18 select name,length(name)-length(replace(name,' ','')) as cnt
19   from (
20 select replace('Stewie Griffin','.','') as name from t1
21        )y
22        )x
```

Oracle과 PostgreSQL

내장 함수 REPLACE, TRANSLATE 및 RPAD를 사용하여 이니셜을 추출합니다.

```
1 select replace(
2        replace(
3        translate(replace('Stewie Griffin', '.', ''),
4                  'abcdefghijklmnopqrstuvwxyz',
5                  rpad('#',26,'#') ), '#','' ),' ','.' ) ||'.'
6   from t1
```

SQL Server

```
1 select replace(
2        replace(
3        translate(replace('Stewie Griffin', '.', ''),
4                  'abcdefghijklmnopqrstuvwxyz',
5                  replicate('#',26) ), '#','' ),' ','.' ) + '.'
6   from t1
```

설명 대문자를 구분하여 이름에서 이니셜을 추출할 수 있습니다. 다음 절에서는 각 벤더별 해법을 자세히 설명합니다.

DB2

REPLACE 함수는 이름에서 (중간 이니셜을 처리하기 위해) 마침표를 제거하고 TRANSLATE 함수는 대문자가 아닌 모든 문자를 #으로 변환합니다.

```
select translate(replace('Stewie Griffin', '.', ''),
                 repeat('#',26),
                 'abcdefghijklmnopqrstuvwxyz')
  from t1

TRANSLATE('STE
--------------
S##### G######
```

이때 이니셜은 #이 아닌 문자입니다. 그런 다음 REPLACE 함수를 사용하여 # 문자를 모두 제거합니다.

```
select replace(
       translate(replace('Stewie Griffin', '.', ''),
                 repeat('#',26),
                 'abcdefghijklmnopqrstuvwxyz'),'#','')
  from t1

REP
---
S G
```

다음 단계는 REPLACE를 다시 사용하여 공백을 마침표로 바꾸는 것입니다.

```
select replace(
       replace(
       translate(replace('Stewie Griffin', '.', ''),
                 repeat('#',26),
                 'abcdefghijklmnopqrstuvwxyz'),'#',''),' ','.') || '.'
  from t1

REPLA
-----
S.G
```

마지막 단계로 이니셜 끝에 마침표를 추가합니다.

Oracle과 PostgreSQL

REPLACE 함수는 이름에서 (중간 이니셜을 처리하기 위해) 마침표를 제거하고 TRANSLATE 함수는 대문자가 아닌 모든 문자를 #으로 변환합니다.

```
select translate(replace('Stewie Griffin','.',''),
                 'abcdefghijklmnopqrstuvwxyz',
                 rpad('#',26,'#'))
  from t1

TRANSLATE('STE
--------------
S##### G######
```

이때 이니셜은 #이 아닌 문자입니다. 그런 다음 REPLACE 함수를 사용하여 # 문자를 모두 제거합니다.

```
select replace(
       translate(replace('Stewie Griffin','.',''),
                 'abcdefghijklmnopqrstuvwxyz',
                 rpad('#',26,'#')),'#','')
  from t1

REP
---
S G
```

다음 단계는 REPLACE를 다시 사용하여 공백을 마침표로 바꿉니다.

```
select replace(
       replace(
     translate(replace('Stewie Griffin','.',''),
               'abcdefghijklmnopqrstuvwxyz',
               rpad('#',26,'#') ),'#',''),' ','.') || '.'
  from t1

REPLA
-----
S.G
```

마지막 단계는 이니셜 끝에 마침표를 추가하는 것입니다.

MySQL

인라인 뷰 Y는 이름에서 마침표를 제거하는 데 사용합니다. 인라인 뷰 X는 이름에서 찾은 공백
수만큼 SUBSTR 함수를 호출하여 이니셜을 추출할 수 있습니다. SUBSTRING_INDEX에 대한 세
번의 호출은 공백을 기준으로 문자열을 개별 이름으로 구문 분석합니다. 성과 이름만 있으므로
case 문의 ELSE 부분에 있는 코드가 실행됩니다.

```
select substr(substring_index(name, ' ',1),1,1) as a,
       substr(substring_index(name,' ',-1),1,1) as b
  from (select 'Stewie Griffin' as name from t1) x

A B
- -
S G
```

문제의 이름에 중간 이름이나 이니셜이 있는 경우 다음을 실행하여 이니셜을 반환합니다.

```
substr(name,length(substring_index(name, ' ',1))+2,1)
```

이름의 끝을 찾은 다음 두 개의 공백을 이니셜이나 중간 이름의 시작 위치로 이동합니다. 바로
SUBSTR의 시작 지점이 되는 지점입니다. 한 문자만 남겨진 중간 이름 또는 이니셜이 잘 반환되
면, 그 이니셜을 CONCAT_WS로 전달하여 이니셜을 마침표로 구분합니다.

```
select concat_ws('.',
                  substr(substring_index(name, ' ',1),1,1),
                  substr(substring_index(name,' ',-1),1,1),
                  '.' ) a
  from (select 'Stewie Griffin' as name from t1) x

A
-----
S.G..
```

마지막 단계는 이니셜에서 불필요한 마침표를 제거하는 것입니다.

6.8 문자열 일부를 정렬하기

문제 부분 문자열을 기준으로 결과셋을 정렬하려고 합니다. 다음 결과셋을 살펴봅시다.

```
ENAME
----------
SMITH
ALLEN
WARD
JONES
MARTIN
BLAKE
CLARK
SCOTT
KING
TURNER
ADAMS
JAMES
FORD
MILLER
```

이때 각 이름의 마지막 두 문자를 기준으로 레코드를 정렬하려고 합니다.

```
ENAME
---------
ALLEN
TURNER
MILLER
JONES
JAMES
MARTIN
BLAKE
ADAMS
KING
WARD
FORD
CLARK
SMITH
SCOTT
```

해법 여기서 핵심은 DBMS의 내장 함수를 사용하여 정렬할 부분 문자열을 추출하는 것입니다. 보통 SUBSTR 함수로 수행합니다.

DB2, Oracle, MySQL, PostgreSQL

문자열의 특정 부분을 기준으로 정렬하려면 LENGTH 및 SUBSTR을 조합하여 사용합니다.

```
1 select ename
2   from emp
3  order by substr(ename,length(ename)-1,)
```

SQL Server

SUBSTRING 및 LEN 함수를 사용하여 문자열의 특정 부분을 기준으로 정렬합니다.

```
1 select ename
2   from emp
3  order by substring(ename,len(ename)-1,2)
```

설명 ORDER BY 절에서 SUBSTR을 사용하면 결과셋을 정렬하는 데 사용할 문자열 부분을 선택할 수 있습니다. SUBSTR에만 국한되지 않으며, 거의 모든 표현식의 결과를 정렬할 수 있습니다.

6.9 문자열의 숫자로 정렬하기

문제 문자열 내 숫자를 기준으로 결과셋을 정렬하려고 합니다. 다음 뷰를 살펴봅시다.

```
create view V as
select e.ename ||' '||
       cast(e.empno as char(4))||' '||
       d.dname as data
  from emp e, dept d
 where e.deptno=d.deptno
```

이 뷰는 다음과 같은 데이터를 반환합니다.

```
DATA
---------------------------
CLARK   7782 ACCOUNTING
KING    7839 ACCOUNTING
MILLER  7934 ACCOUNTING
SMITH   7369 RESEARCH
JONES   7566 RESEARCH
SCOTT   7788 RESEARCH
ADAMS   7876 RESEARCH
FORD    7902 RESEARCH
ALLEN   7499 SALES
WARD    7521 SALES
MARTIN  7654 SALES
BLAKE   7698 SALES
TURNER  7844 SALES
JAMES   7900 SALES
```

이때 사원명과 부서명 사이에 있는 사번을 기준으로 결과를 정렬하고 싶습니다.

```
DATA
---------------------------
SMITH   7369 RESEARCH
ALLEN   7499 SALES
WARD    7521 SALES
JONES   7566 RESEARCH
MARTIN  7654 SALES
BLAKE   7698 SALES
CLARK   7782 ACCOUNTING
SCOTT   7788 RESEARCH
KING    7839 ACCOUNTING
TURNER  7844 SALES
ADAMS   7876 RESEARCH
JAMES   7900 SALES
FORD    7902 RESEARCH
MILLER  7934 ACCOUNTING
```

해법 각 해법은 해당 DBMS의 특정한 함수와 구문을 사용하지만 (내장 함수 REPLACE 및 TRANSLATE를 사용한다는) 방법은 같습니다. REPLACE 및 TRANSLATE를 사용하여 문자열에서 숫자가 아닌 값을 제거하고 정렬할 숫자값만 남겨 두는 것입니다.

DB2

내장 함수 REPLACE 및 TRANSLATE를 사용하여 문자열의 숫자로 정렬합니다.

```
1 select data
2   from V
3  order by
4        cast(
5      replace(
6   translate(data,repeat('#',length(data)),
7      replace(
8   translate(data,'#########','0123456789'),
9            '#','')),'#','') as integer)
```

Oracle

내장 함수 REPLACE 및 TRANSLATE를 사용하여 문자열의 숫자로 정렬합니다.

```
1 select data
2   from V
3  order by
4        to_number(
5         replace(
6      translate(data,
7         replace(
8      translate(data,'0123456789','#########'),
9            '#'),rpad('#',20,'#')),'#'))
```

PostgreSQL

내장 함수 REPLACE 및 TRANSLATE를 사용하여 문자열의 숫자로 정렬합니다.

```
1 select data
2   from V
3  order by
4        cast(
5      replace(
6   translate(data,
7      replace(
8   translate(data,'0123456789','#########'),
9            '#',''),rpad('#',20,'#')),'#','') as integer)
```

MySQL

이 책의 집필 시점에 MySQL은 TRANSLATE 함수를 제공하지 않습니다.

설명 뷰 V의 목적은 이 해법을 보여주는 행만 제공하는 것입니다. 뷰는 단순히 EMP 테이블의 여러 열을 연결합니다. 이 해법은 이렇게 연결된 텍스트를 입력값으로 가져와 사번별로 정렬하는 방법을 보여줍니다.

각 해법의 ORDER BY 절이 당황스러울 수 있지만, 하나씩 살펴보면 간단합니다. 성능도 매우 좋습니다. 문자열의 숫자로 정렬하려면 숫자가 아닌 모든 문자를 제거하는 게 가장 쉽습니다. 숫자가 아닌 문자가 제거되면, 남은 일은 숫자 문자열을 숫자로 캐스팅한 다음 적절하다고 생각되는 대로 정렬하는 것입니다. 각 함수 호출을 보기 전에 각 함수가 호출되는 순서를 이해하는 것이 중요합니다. 가장 안쪽에서 호출하는 TRANSLATE부터(원래 해법에서 각각 8행) 다음의 내용을 확인할 수 있습니다.

가장 안쪽 호출에서 단계별 순서는 TRANSLATE(8행), REPLACE(7행), TRANSLATE(6행), REPLACE(5행)입니다. 마지막 단계에서 CAST를 사용하여 결과를 숫자로 반환합니다.

첫 번째 단계는 숫자를 나머지 문자열에 없는 문자로 변환하는 것입니다. 이 예에서는 #을 선택하고 TRANSLATE를 사용하여 문자가 아닌 모든 숫자를 #으로 변환했습니다. 예를 들어 다음 쿼리는 왼쪽에 원래 데이터와 첫 번째 변환의 결과를 보여줍니다.

```
select data,
       translate(data,'0123456789','##########') as tmp
  from V

DATA                              TMP
-----------------------------     ----------------------
  CLARK   7782 ACCOUNTING           CLARK   #### ACCOUNTING
  KING    7839 ACCOUNTING           KING    #### ACCOUNTING
  MILLER  7934 ACCOUNTING           MILLER  #### ACCOUNTING
  SMITH   7369 RESEARCH             SMITH   #### RESEARCH
  JONES   7566 RESEARCH             JONES   #### RESEARCH
  SCOTT   7788 RESEARCH             SCOTT   #### RESEARCH
  ADAMS   7876 RESEARCH             ADAMS   #### RESEARCH
  FORD    7902 RESEARCH             FORD    #### RESEARCH
  ALLEN   7499 SALES                ALLEN   #### SALES
  WARD    7521 SALES                WARD    #### SALES
```

```
MARTIN  7654 SALES              MARTIN  #### SALES
BLAKE   7698 SALES              BLAKE   #### SALES
TURNER  7844 SALES              TURNER  #### SALES
JAMES   7900 SALES              JAMES   #### SALES
```

TRANSLATE는 각 문자열에서 숫자를 찾아 각각을 # 문자로 변환합니다. 수정된 문자열은
REPLACE (11행)로 반환되어 #의 모든 항목을 제거합니다.

```
select data,
replace(
translate(data,'0123456789','##########'),'#') as tmp
  from V

DATA                        TMP
-----------------------     --------------------
CLARK   7782 ACCOUNTING     CLARK    ACCOUNTING
KING    7839 ACCOUNTING     KING     ACCOUNTING
MILLER  7934 ACCOUNTING     MILLER   ACCOUNTING
SMITH   7369 RESEARCH       SMITH    RESEARCH
JONES   7566 RESEARCH       JONES    RESEARCH
SCOTT   7788 RESEARCH       SCOTT    RESEARCH
ADAMS   7876 RESEARCH       ADAMS    RESEARCH
FORD    7902 RESEARCH       FORD     RESEARCH
ALLEN   7499 SALES          ALLEN    SALES
WARD    7521 SALES          WARD     SALES
MARTIN  7654 SALES          MARTIN   SALES
BLAKE   7698 SALES          BLAKE    SALES
TURNER  7844 SALES          TURNER   SALES
JAMES   7900 SALES          JAMES    SALES
```

문자열이 다시 TRANSLATE로 반환되지만, 이번에는 해법에서 두 번째(가장 바깥쪽) TRANSLATE
입니다. TRANSLATE는 TMP의 문자와 일치하는 문자가 있는지 원래 문자열을 검색합니다. 발견
되면 해당 문자열도 # 문자로 변환합니다. 이 변환을 통해 숫자가 아닌 모든 문자를 단일 문자
로 처리할 수 있습니다(모두 같은 문자로 변환됩니다).

```
select data, translate(data,
          replace(
          translate(data,'0123456789','##########'),
          '#'),
```

```
          rpad('#',length(data),'#')) as tmp
   from V


DATA                           TMP
------------------------------ --------------------------
CLARK   7782 ACCOUNTING        ########7782##########
KING    7839 ACCOUNTING        ########7839##########
MILLER  7934 ACCOUNTING        ########7934##########
SMITH   7369 RESEARCH          ########7369#########
JONES   7566 RESEARCH          ########7566#########
SCOTT   7788 RESEARCH          ########7788#########
ADAMS   7876 RESEARCH          ########7876#########
FORD    7902 RESEARCH          ########7902#########
ALLEN   7499 SALES             ########7499######
WARD    7521 SALES             ########7521######
MARTIN  7654 SALES             ########7654######
BLAKE   7698 SALES             ########7698######
TURNER  7844 SALES             ########7844######
JAMES   7900 SALES             ########7900######
```

다음 단계는 REPLACE(8행) 호출을 통해 # 문자를 모두 제거하여 숫자만 남습니다.

```
select data, replace(
          translate(data,
          replace(
       translate(data,'0123456789','##########'),
               '#'),
               rpad('#',length(data),'#')),'#') as tmp
   from V


DATA                          TMP
----------------------------- -----------
CLARK   7782 ACCOUNTING       7782
KING    7839 ACCOUNTING       7839
MILLER  7934 ACCOUNTING       7934
SMITH   7369 RESEARCH         7369
JONES   7566 RESEARCH         7566
SCOTT   7788 RESEARCH         7788
ADAMS   7876 RESEARCH         7876
FORD    7902 RESEARCH         7902
ALLEN   7499 SALES            7499
WARD    7521 SALES            7521
```

```
MARTIN  7654 SALES        7654
BLAKE   7698 SALES        7698
TURNER  7844 SALES        7844
JAMES   7900 SALES        7900
```

마지막으로, 적절한 DBMS 함수(흔히 **CAST**)를 사용하여 **TMP**를 숫자(4행)로 캐스팅합니다.

```
select data, to_number(
              replace(
            translate(data,
            replace(
        translate(data,'0123456789','##########'),
               '#'),
                rpad('#',length(data),'#')),'#')) as tmp
  from V

DATA                              TMP
-------------------------------- ----------
CLARK   7782 ACCOUNTING          7782
KING    7839 ACCOUNTING          7839
MILLER  7934 ACCOUNTING          7934
SMITH   7369 RESEARCH            7369
JONES   7566 RESEARCH            7566
SCOTT   7788 RESEARCH            7788
ADAMS   7876 RESEARCH            7876
FORD    7902 RESEARCH            7902
ALLEN   7499 SALES               7499
WARD    7521 SALES               7521
MARTIN  7654 SALES               7654
BLAKE   7698 SALES               7698
TURNER  7844 SALES               7844
JAMES   7900 SALES               7900
```

이와 같은 쿼리를 개발할 때 **SELECT** 목록의 표현식으로 작업하는 것이 유용합니다. 그렇게 하면 최종 해법을 찾으려 할 때 중간 결과를 쉽게 확인할 수 있습니다. 그러나 핵심은 결과를 정렬하는 것이므로, 궁극적으로 모든 함수 호출을 **ORDER BY** 절에 배치합니다.

```
select data
  from V
 order by
```

```
          to_number(
            replace(
          translate( data,
            replace(
          translate( data,'0123456789','##########'),
                  '#'),rpad('#',length(data),'#')),'#'))

DATA
-------------------------
SMITH    7369 RESEARCH
ALLEN    7499 SALES
WARD     7521 SALES
JONES    7566 RESEARCH
MARTIN   7654 SALES
BLAKE    7698 SALES
CLARK    7782 ACCOUNTING
SCOTT    7788 RESEARCH
KING     7839 ACCOUNTING
TURNER   7844 SALES
ADAMS    7876 RESEARCH
JAMES    7900 SALES
FORD     7902 RESEARCH
MILLER   7934 ACCOUNTING
```

마지막으로, 뷰의 데이터는 세 개 필드로 구성되며 하나의 필드만 숫자입니다. 다수의 숫자 필드가 있다면, 행이 정렬되기 전에 모두 하나의 숫자로 연결되어 합쳐질 것입니다.

6.10 테이블 행으로 구분된 목록 만들기

문제 다음 결과셋은 테이블 행을 일반적인 세로 열로 구분하여 표시한 목록 값입니다.

```
DEPTNO EMPS
------ ----------
    10 CLARK
    10 KING
    10 MILLER
```

```
20 SMITH
20 ADAMS
20 FORD
20 SCOTT
20 JONES
30 ALLEN
30 BLAKE
30 MARTIN
30 JAMES
30 TURNER
30 WARD
```

우리는 목록 중 동일한 **DEPTNO**를 가지는 직원들을 쉼표로 구분된 값으로 반환하여, 다음과 같은 결과셋을 표시하고자 합니다.

```
DEPTNO EMPS
------ ------------------------------------
    10 CLARK,KING,MILLER
    20 SMITH,JONES,SCOTT,ADAMS,FORD
    30 ALLEN,WARD,MARTIN,BLAKE,TURNER,JAMES
```

해법 각 DBMS가 이 문제에 접근하는 방식은 다릅니다. 핵심은 DBMS에서 제공하는 내장 함수를 활용하는 것입니다. 무엇을 사용할 수 있는지 이해하면, DBMS 함수를 활용하여 SQL에서 일반적으로 해결되지 않는 문제에 대한 창의적인 해법을 얻을 수 있습니다.

대부분의 DBMS는 (매우 오래된 함수 중 하나인) MySQL의 **GROUP_CONCAT** 함수 또는 (최근 SQL Server 2017 버전의 SQL Server에 추가된) **STRING_ADD** 함수와 같이 문자열의 연결에 특화하여 설계된 함수를 사용합니다. 이러한 함수는 구문이 유사하므로 해당 작업을 쉽게 수행할 수 있습니다.

DB2
LIST_AGG를 사용하여 구분된 목록을 작성합니다.

```
1 select deptno,
2        list_agg(ename ',') within GROUP(Order by 0) as emps
3   from emp
4  group by deptno
```

MySQL

내장 함수 GROUP_CONCAT를 사용하여 구분된 목록을 작성합니다.

```
1 select deptno,
2        group_concat(ename order by empno separator, ',') as emps
3   from emp
4  group by deptno
```

Oracle

내장 함수 SYS_CONNECT_BY_PATH를 사용하여 구분된 목록을 작성합니다.

```
 1 select deptno,
 2        ltrim(sys_connect_by_path(ename,','),',') emps
 3   from (
 4 select deptno,
 5        ename,
 6        row_number() over
 7                (partition by deptno order by empno) rn,
 8        count(*) over
 9                (partition by deptno) cnt
10   from emp
11        )
12  where level = cnt
13  start with rn = 1
14 connect by prior deptno = deptno and prior rn = rn-1
```

PostgreSQL과 SQL Server

```
1 select deptno,
2        string_agg(ename order by empno separator, ',') as emps
3   from emp
4  group by deptno
```

설명 SQL에서 구분된 목록을 만들 수 있다는 것은 일반적인 요구 사항이므로 유용합니다. SQL:2016 표준은 이 작업을 수행하기 위해 **LIST_AGG**를 추가했지만, 현재 DB2에만 이 함수가 존재합니다. 다행히 다른 DBMS도 유사한 함수로 대체할 수 있으며 구문이 더 간단합니다.

MySQL

MySQL의 GROUP_CONCAT 함수는 전달된 열(이 경우 ENAME)에 있는 값을 연결합니다. 집계 함수이므로 쿼리에 GROUP BY가 필요합니다.

PostgreSQL와 SQL Server

STRING_AGG 함수 구문은 GROUP_CONCAT와 유사합니다. 같은 쿼리를 GROUP_CONCAT에서 STRING_AGG로 간단히 변경하면 사용할 수 있습니다.

Oracle

Oracle 쿼리를 이해하는 첫 번째 단계는 분석하는 것입니다. 인라인 뷰를 단독으로 실행하면 (4~10행) 각 사원에 대해 소속 부서, 이름, EMPNO의 오름차순 정렬로 파생된 각 부서 내 순위 및 부서의 모든 사원 수가 포함된 결과셋이 생성됩니다. 예를 들면 다음과 같습니다.

```
select deptno,
       ename,
       row_number() over
                  (partition by deptno order by empno) rn,
       count(*) over (partition by deptno) cnt
  from emp

DEPTNO ENAME      RN CNT
------ ---------- -- ---
    10 CLARK       1   3
    10 KING        2   3
    10 MILLER      3   3
    20 SMITH       1   5
    20 JONES       2   5
    20 SCOTT       3   5
    20 ADAMS       4   5
    20 FORD        5   5
    30 ALLEN       1   6
    30 WARD        2   6
    30 MARTIN      3   6
    30 BLAKE       4   6
    30 TURNER      5   6
    30 JAMES       6   6
```

순위(쿼리에서 별칭이 지정된 RN)의 목적은 트리를 이동하는 것입니다. ROW_NUMBER 함수는 중복이나 공백이 없는 것부터 시작하는 열거형을 생성하므로, 이전(또는 상위) 행을 참조하려면 현재 값에서 하나를 빼면 됩니다. 예를 들어 3 이전의 숫자는 3 − 1 = 2입니다. 이 컨텍스트에서 2는 3의 상위가 됩니다. 12번 행에서 이를 확인할 수 있습니다.

한편 다음 행은 각 DEPTNO의 루트를 1인 RN으로 식별하며, 새 부서가 발생할 때마다(RN이 1인 항목이 새로 발생할 때마다) 새로운 목록을 작성합니다

```
start with rn = 1
connect by prior deptno = deptno
```

이때 ROW_NUMBER 함수의 ORDER BY 부분을 살펴보는 것이 중요합니다. 이름은 EMPNO에 의해 순위가 매겨지며, 이 순서대로 목록이 작성됩니다. 부서당 사원 수가 계산되며(별칭 CNT), 쿼리는 부서의 모든 사원명을 가진 목록만 반환하는 데 쓰입니다. 이 작업은 SYS_CONNECT_BY_PATH가 목록을 반복해서 작성하여 일부 목록으로 끝나지 않도록 하고자 수행됩니다.

계층적 쿼리일 때 의사 열$^{pseudo\ column}$ LEVEL은 1로 시작하며[2] 부서의 각 사원이 (계층 구조의 각 깊이 수준에 대해) 평가된 뒤 하나씩 증가합니다. 따라서 LEVEL이 CNT에 도달하면 마지막 EMPNO에 도달하고 전체 목록을 갖습니다.

> **TIP_** SYS_CONNECT_BY_PATH 함수는 선택한 구분 기호(이 경우 쉼표)를 목록 앞에 표시합니다. 여러분은 이를 원할 수도 있고 원하지 않을 수도 있습니다. 이 레시피의 해법에서 **LTRIM** 함수를 호출하면 목록에서 선행된 쉼표가 제거됩니다.

6.11 구분된 데이터를 다중값 IN 목록으로 변환하기

문제 WHERE 절의 IN 목록 반복자로 전달할 구분된 데이터가 있습니다. 다음 문자열을 살펴봅시다.

---

2 CONNECT BY를 사용할 때만 LEVEL을 사용할 수 있는 릴리스 10g 이상이 아닌 이상, CONNECT BY를 사용하지 않는 쿼리의 경우 LEVEL은 0입니다.

```
7654,7698,7782,7788
```

WHERE 절에서 문자열을 사용하려고 하지만 EMPNO가 숫자 열이므로 다음 SQL은 실패합니다.

```
select ename,sal,deptno
  from emp
 where empno in ( '7654,7698,7782,7788' )
```

EMPNO가 숫자 열인 반면 IN 목록은 단일 문자열 값으로 구성되므로 이 SQL은 실패합니다. 이
문자열을 쉼표로 구분된 숫자값 목록으로 처리하려고 합니다.

해법 표면적으로는 SQL이 구분된 문자열을 구분된 값의 목록으로 처리하는 작업을 해야 할
것처럼 보일 수 있지만 실제로는 그렇지 않습니다. 따옴표 안에 쉼표가 포함된 경우 SQL은 다
중값multivalue 목록임을 알지 못합니다. SQL은 따옴표 사이의 모든 것을 하나의 문자열 값으로,
즉 단일 엔티티로 처리하려 하므로, 문자열을 개별 EMPNO로 나누어야 합니다. 이 해법의 핵심
은 개별 문자가 아닌, 문자열로 이동하는 것입니다. 우리는 문자열을 유효한 EMPNO 값으로 이
동하려고 합니다.

DB2

IN 목록에 전달된 문자열을 하나씩 식별한 후, 행으로 쉽게 변환할 수 있습니다. ROW_NUMBER,
LOCATE 및 SUBSTR 함수가 특히 유용합니다.

```
 1 select empno,ename,sal,deptno
 2   from emp
 3  where empno in (
 4 select cast(substr(c,2,locate(',',c,2)-2) as integer) empno
 5    from (
 6 select substr(csv.emps,cast(iter.pos as integer)) as c
 7   from (select ','||'7654,7698,7782,7788'||',' emps
 8           from t1) csv,
 9        (select id as pos
10           from t100 ) iter
11  where iter.pos <= length(csv.emps)
12        ) x
13  where length(c) > 1
14    and substr(c,1,1) = ','
15        )
```

MySQL

IN 목록에 전달된 문자열을 하나씩 짚어서 행으로 쉽게 변환할 수 있습니다.

```
1 select empno, ename, sal, deptno
2   from emp
3  where empno in
4        (
5 select substring_index(
6        substring_index(list.vals,',',iter.pos),',',-1) empno
7   from (select id pos from t10) as iter,
8        (select '7654,7698,7782,7788' as vals
9           from t1) list
10  where iter.pos <=
11       (length(list.vals)-length(replace(list.vals,',','')))+1
12       )
```

Oracle

IN 목록에 전달된 문자열을 쉽게 행으로 변환할 수 있습니다. ROWNUM, SUBSTR 및 INSTR 함수가 특히 유용합니다.

```
1 select empno,ename,sal,deptno
2   from emp
3  where empno in (
4        select to_number(
5                 rtrim(
6               substr(emps,
7                instr(emps,',',1,iter.pos)+1,
8                instr(emps,',',1,iter.pos+1)
9                instr(emps,',',1,iter.pos)),',')) emps
10        from (select ','||'7654,7698,7782,7788'||',' emps from t1) csv,
11             (select rownum pos from emp) iter
12        where iter.pos <= ((length(csv.emps)-
13               length(replace(csv.emps,',')))/length(','))-1
14 )
```

PostgreSQL

IN 목록에 전달된 문자열을 쉽게 행으로 변환할 수 있습니다. SPLIT_PART 함수를 사용하면 문자열을 개별 숫자로 쉽게 변환할 수 있습니다.

```
 1 select ename,sal,deptno
 2   from emp
 3  where empno in (
 4 select cast(empno as integer) as empno
 5   from (
 6 select split_part(list.vals,',',iter.pos) as empno
 7   from (select id as pos from t10) iter,
 8        (select ','||'7654,7698,7782,7788'||',' as vals
 9           from t1) list
10  where iter.pos <=
11        length(list.vals)-length(replace(list.vals,',',''))
12        ) z
13  where length(empno) > 0
14        )
```

SQL Server

IN 목록에 전달된 문자열을 쉽게 행으로 변환할 수 있습니다. ROW_NUMBER, CHARINDEX 및 SUBSTRING 함수가 특히 유용합니다.

```
 1 select empno,ename,sal,deptno
 2   from emp
 3  where empno in (select substring(c,2,charindex(',',c,2)-2) as empno
 4   from (
 5 select substring(csv.emps,iter.pos,len(csv.emps)) as c
 6   from (select ','+'7654,7698,7782,7788'+',' as emps
 7           from t1) csv,
 8        (select id as pos
 9           from t100) iter
10  where iter.pos <= len(csv.emps)
11        ) x
12  where len(c) > 1
13    and substring(c,1,1) = ','
14        )
```

설명 이 해법에서 가장 중요한 첫 번째 단계는 문자열을 하나씩 나누는 것입니다. 이 작업을 완료하면 DBMS에서 제공하는 함수를 사용하여 문자열을 개별 숫자값으로 파싱하면 됩니다.

DB2와 SQL Server

인라인 뷰 X(6~11행)는 문자열을 따라 이동합니다. 이 해법은 각 행이 이전 행보다 문자가 하나씩 적도록 문자열을 '식별하여 확인walk through'하는 것입니다. 이처럼 문자열을 쉼표(구분 기호)로 묶으면 문자열의 시작 또는 끝이 어디에 있는지 따로 확인할 필요가 없습니다.

```
,7654,7698,7782,7788,
7654,7698,7782,7788,
654,7698,7782,7788,
54,7698,7782,7788,
4,7698,7782,7788,
,7698,7782,7788,
7698,7782,7788,
698,7782,7788,
98,7782,7788,
8,7782,7788,
,7782,7788,
7782,7788,
782,7788,
82,7788,
2,7788,
,7788,
7788,
788,
88,
8,
,
```

다음 단계는 IN 목록에서 사용하려는 값만 유지하는 것입니다. 유지할 값은 쉼표만 있는 마지막 행을 제외하고는 모두 선행된 쉼표가 있는 값입니다. SUBSTR 또는 SUBSTRING을 사용하여 선행 쉼표가 있는 행을 식별한 다음, 해당 행에서 다음 쉼표 앞에 있는 모든 문자를 찾습니다. 완료되면 숫자 열 EMPNO (4~14행)에 대해 제대로 평가될 수 있도록 문자열을 숫자로 변환합니다.

```
EMPNO
-----
 7654
 7698
 7782
 7788
```

마지막 단계는 서브쿼리의 결과를 이용하여 원하는 행을 반환하는 것입니다.

MySQL

인라인 뷰(5~9행)는 문자열을 따라 이동합니다. 10행의 표현식은 쉼표(구분 기호)의 수를 찾고 1을 더하여 문자열에 있는 값의 수를 결정합니다. SUBSTRING_INDEX 함수(6행)는 n번째 쉼표(구분 기호)가 나타나기 전 문자열의 왼쪽에 있는 모든 문자를 반환합니다.

```
+---------------------+
¦ empno               ¦
+---------------------+
¦ 7654                ¦
¦ 7654,7698           ¦
¦ 7654,7698,7782      ¦
¦ 7654,7698,7782,7788 ¦
+---------------------+
```

그런 다음 이러한 행은 SUBSTRING_INDEX에 대한 다른 호출로 전달합니다(5행). 이번에는 구분자의 n번째 발생이 −1이며, 이는 구분자의 n번째 발생 오른쪽에 있는 모든 값을 남깁니다.

```
+-------+
¦ empno ¦
+-------+
¦ 7654  ¦
¦ 7698  ¦
¦ 7782  ¦
¦ 7788  ¦
+-------+
```

마지막 단계는 결과를 서브쿼리에 연결하는 것입니다.

Oracle

첫 번째 단계는 문자열을 짚어보는 것입니다.

```
select emps,pos
  from (select ','¦¦'7654,7698,7782,7788'¦¦',' emps
          from t1) csv,
```

```
      (select rownum pos from emp) iter
 where iter.pos <=
 ((length(csv.emps)-length(replace(csv.emps,',')))/length(','))-1


EMPS                          POS
-------------------- ----------
,7654,7698,7782,7788,          1
,7654,7698,7782,7788,          2
,7654,7698,7782,7788,          3
,7654,7698,7782,7788,          4
```

반환되는 행 수는 목록의 값 수를 나타냅니다. POS 값은 문자열을 개별 값으로 구문 분석하는 데 필요하므로 쿼리에 매우 중요합니다. 문자열은 SUBSTR 및 INSTR을 사용하여 구문을 분석합니다. POS는 각 문자열에서 구분자의 n번째 발생을 찾는 데 사용됩니다. 문자열을 쉼표로 묶으면 문자열의 시작 또는 끝을 확인하기 위한 검사가 필요하지 않습니다. SUBSTR 및 INSTR (7~9행)에 전달된 값은 구분자의 n번째 및 n번째 + 1 항목을 찾습니다. 다음 쉼표가 반환하는 값(다음 쉼표가 있는 문자열의 위치)에서 현재 쉼표에 대해 반환된 값(현재 쉼표가 있는 문자열의 위치)을 빼면 문자열에서 각 값을 추출할 수 있습니다.

```
select substr(emps,
       instr(emps,',',1,iter.pos)+1,
       instr(emps,',',1,iter.pos+1)
       instr(emps,',',1,iter.pos)) emps
  from (select ','||'7654,7698,7782,7788'||',' emps
          from t1) csv,
       (select rownum pos from emp) iter
 where iter.pos <=
 ((length(csv.emps)-length(replace(csv.emps,',')))/length(','))-1

EMPS
-----------
7654,
7698,
7782,
7788,
```

마지막 단계는 각 값에서 후행 쉼표를 제거하고 숫자로 캐스팅한 다음 하위 쿼리에 연결하는 것입니다.

PostgreSQL

인라인 뷰 Z(6~9행)는 문자열을 따라 이동합니다. 반환되는 행 수는 문자열에 있는 값의 수에 따라 결정됩니다. 문자열의 값 수를 찾으려면 구분자가 있는 문자열의 크기에서 구분자가 없는 문자열의 크기를 뺍니다(9행). SPLIT_PART 함수는 문자열 구문 분석 작업을 수행합니다. 구분자의 n번째 발생 전에 오는 값을 찾습니다.

```
select list.vals,
       split_part(list.vals,',',iter.pos) as empno,
       iter.pos
  from (select id as pos from t10) iter,
       (select ','||'7654,7698,7782,7788'||',' as vals
          from t1) list
 where iter.pos <=
       length(list.vals)-length(replace(list.vals,',',''))

        vals            | empno | pos
-----------------------+-------+-----
,7654,7698,7782,7788,  |       |  1
,7654,7698,7782,7788,  |  7654 |  2
,7654,7698,7782,7788,  |  7698 |  3
,7654,7698,7782,7788,  |  7782 |  4
,7654,7698,7782,7788,  |  7788 |  5
```

마지막 단계는 값(EMPNO)을 숫자로 캐스팅하고 서브쿼리에 연결하는 것입니다.

6.12 문자열을 알파벳 순서로 정렬하기

문제 테이블의 문자열에 있는 개별 문자를 알파벳순으로 지정하려고 합니다. 다음 결과셋을 살펴봅시다.

```
ENAME
----------
ADAMS
ALLEN
```

```
BLAKE
CLARK
FORD
JAMES
JONES
KING
MARTIN
MILLER
SCOTT
SMITH
TURNER
WARD
```

우리가 원하는 결과는 다음과 같습니다.

```
OLD_NAME    NEW_NAME
----------  --------
ADAMS       AADMS
ALLEN       AELLN
BLAKE       ABEKL
CLARK       ACKLR
FORD        DFOR
JAMES       AEJMS
JONES       EJNOS
KING        GIKN
MARTIN      AIMNRT
MILLER      EILLMR
SCOTT       COSTT
SMITH       HIMST
TURNER      ENRRTU
WARD        ADRW
```

해법 이 문제는 향상된 표준화를 통해 더 유사한 것을 허용하는, 활용도가 높은 해법의 좋은 사례입니다.

DB2

문자열 행을 알파벳 순으로 정렬하려면, 각 문자를 하나씩 짚어본 다음 정렬해야 합니다.

```
1 select ename,
2        listagg(c,'')  WITHIN GROUP( ORDER BY c)
3   from (
4        select a.ename,
5        substr(a.ename,iter.pos,1
6        ) as c
7        from emp a,
8        (select id as pos from t10) iter
9        where iter.pos <= length(a.ename)
10       order by 1,2
11       ) x
12       Group By c
```

MySQL

여기서 핵심은 GROUP_CONCAT 함수입니다. 이 함수로 각 이름을 구성하는 문자를 연결할 뿐만 아니라 순서도 지정할 수 있습니다.

```
1 select ename, group_concat(c order by c separator '')
2   from (
3 select ename, substr(a.ename,iter.pos,1) c
4   from emp a,
5        ( select id pos from t10 ) iter
6  where iter.pos <= length(a.ename)
7        ) x
8  group by ename
```

Oracle

SYS_CONNECT_BY_PATH 함수를 사용하면 반복하여 목록을 생성할 수 있습니다.

```
1 select old_name, new_name
2   from (
3 select old_name, replace(sys_connect_by_path(c,' '),' ') new_name
4   from (
5 select e.ename old_name,
6        row_number() over(partition by e.ename
7                          order by substr(e.ename,iter.pos,1)) rn,
8        substr(e.ename,iter.pos,1) c
```

```
 9   from emp e,
10        ( select rownum pos from emp ) iter
11  where iter.pos <= length(e.ename)
12  order by 1
13          ) x
14  start with rn = 1
15  connect by prior rn = rn-1 and prior old_name = old_name
16          )
17  where length(old_name) = length(new_name)
```

PostgreSQL

문자열 내에서 문자를 정렬하기 위해 STRING_AGG를 추가했습니다.

```
select ename, string_agg(c , ''
                       ORDER BY c)
from (
 select a.ename,
        substr(a.ename,iter.pos,1) as c
   from emp a,
        (select id as pos from t10) iter
  where iter.pos <= length(a.ename)
  order by 1,2
        ) x
        Group By c
```

SQL Server

SQL Server 2017 이상을 사용한다면, 방금 앞에서 살펴본 STRING_AGG를 쓰는 PostgreSQL
의 해법을 사용할 수 있습니다. 그렇지 않다면, 문자열 행을 알파벳순으로 정렬하고자 각 문자
를 하나씩 짚어 본 다음 해당 문자를 정렬해야 합니다.

```
1 select ename,
2          max(case when pos=1 then c else '' end)+
3          max(case when pos=2 then c else '' end)+
4          max(case when pos=3 then c else '' end)+
5          max(case when pos=4 then c else '' end)+
6          max(case when pos=5 then c else '' end)+
7          max(case when pos=6 then c else '' end)
```

```
 8      from (
 9     select e.ename,
10         substring(e.ename,iter.pos,1) as c,
11         row_number() over (
12          partition by e.ename
13             order by substring(e.ename,iter.pos,1)) as pos
14      from emp e,
15         (select row_number()over(order by ename) as pos
16            from emp) iter
17     where iter.pos <= len(e.ename)
18          ) x
19     group by ename
```

설명 이 설명은 SQL Server, MySQL, Oracle, PostgreSQL로 구분됩니다.

SQL Server

인라인 뷰 X는 이름별로 각 문자를 행으로 반환합니다. 함수 SUBSTR 또는 SUBSTRING은 이름에서 각 문자를 추출하고, 함수 ROW_NUMBER는 각 문자의 알파벳순으로 순서를 매깁니다.

```
ENAME   C  POS
-----   -  ---
ADAMS   A  1
ADAMS   A  2
ADAMS   D  3
ADAMS   M  4
ADAMS   S  5
...
```

문자열의 각 문자를 행으로 반환하려면 문자를 하나씩 짚어 보아야 합니다. 이 작업은 인라인 뷰 ITER를 통해 수행됩니다.

각 이름의 문자가 알파벳순으로 지정되었으므로, 마지막 단계는 순위가 매겨진 순서대로 해당 문자를 다시 문자열로 묶는 것입니다. 각 문자의 위치(POS)는 CASE 문에 의해 평가됩니다 (2~7행). 특정 위치에서 문자가 발견되면 다음 평가 결과(다음 CASE 문)와 연결됩니다. 집계 함수 MAX도 사용되기 때문에 위치를 나타내는 POS당 하나의 문자만 반환되므로, 이름당 하나의 행만 반환됩니다. CASE 평가는 EMP 테이블에 있는 모든 이름의 최대 문자 수인 숫자 6까지 진행됩니다.

MySQL

인라인 뷰 X(3~6행)는 각 이름의 각 문자를 행으로 반환합니다. SUBSTR 함수는 각 이름에서 각 문자를 추출합니다.

```
ENAME  C
-----  -
ADAMS  A
ADAMS  A
ADAMS  D
ADAMS  M
ADAMS  S
...
```

인라인 뷰 ITER은 문자열을 이동하는 데 사용됩니다. 여기서부터 나머지 작업은 GROUP_CONCAT 함수가 수행합니다. 순서를 지정하면 이 함수는 각 문자를 연결할 뿐만 아니라 알파벳 순으로 연결합니다.

Oracle

실제 작업은 인라인 뷰 X(5~11행)가 수행하며, 각 이름의 문자를 추출하여 알파벳 순서로 입력합니다. 이것은 문자열을 순서대로 처리한 다음 해당 문자에 순서를 매깁니다. 나머지 쿼리에서는 이름을 다시 연결합니다.

인라인 뷰 X만 실행하면 이름이 분리된 것을 볼 수 있습니다.

```
OLD_NAME        RN C
----------  --------- -
ADAMS           1 A
ADAMS           2 A
ADAMS           3 D
ADAMS           4 M
ADAMS           5 S
...
```

다음 단계는 알파벳 문자를 가져와 각 이름을 재구성하는 것입니다. 이 작업은 SYS_CONNECT_BY_PATH 함수를 사용하여 각 문자를 앞의 문자에 덧붙여 수행됩니다.

```
OLD_NAME    NEW_NAME
----------  ----------
ADAMS       A
ADAMS       AA
ADAMS       AAD
ADAMS       AADM
ADAMS       AADMS
...
```

마지막 단계는 만들어진 이름과 길이가 같은 문자열만 유지하는 것입니다.

PostgreSQL

가독성을 위해 여기서는 뷰 V를 사용하여 문자열을 살펴봅니다. 뷰 정의에서 함수 SUBSTR은 뷰를 반환하도록 각 이름에서 각 문자를 추출합니다.

```
ENAME C
----- -
ADAMS A
ADAMS A
ADAMS D
ADAMS M
ADAMS S
...
```

또한 뷰는 ENAME 및 각 이름의 각 문자별로 결과를 정렬합니다. 인라인 뷰 X(15~18행)는 뷰 V의 이름과 문자, 각 이름에서 각 문자가 나오는 횟수 및 위치(알파벳순)를 반환합니다.

```
ename | c | cnt | pos
------+---+-----+-----
ADAMS | A |  2  |  1
ADAMS | A |  2  |  1
ADAMS | D |  1  |  3
ADAMS | M |  1  |  4
ADAMS | S |  1  |  5
```

인라인 뷰 X에서 반환된 추가 열 CNT 및 POS는 이 해법에서 아주 중요합니다. POS는 각 문자의 순위를 매기는 데 사용되며 CNT는 각 이름에 문자가 존재하는 횟수를 결정하는 데 사용됩니다. 마지막 단계는 각 문자의 위치를 보고 판단하여 이름을 다시 만드는 것입니다. 이름에서 문자가 두 번 이상 나타나는지 여부를 보고, 만약 그렇다면 그 문자를 반환하는 대신 반환하는 문자의 CNT 값을 증가시킵니다. 집계 함수 MAX는 이름당 하나의 행만 있는지 확인하는 데 쓰입니다.

6.13 숫자로 취급할 수 있는 문자열 식별하기

문제 문자 데이터를 저장하도록 정의된 열이 있습니다. 행에는 숫자 및 문자 데이터가 혼합되어 있습니다. 다음 뷰 V를 살펴봅시다.

```
create view V as
select replace(mixed,' ','') as mixed
  from (
select substr(ename,1,2)||
       cast(deptno as char(4))||
       substr(ename,3,2) as mixed
  from emp
 where deptno = 10
 union all
select cast(empno as char(4)) as mixed
  from emp
 where deptno = 20
 union all
select ename as mixed
  from emp
 where deptno = 30
       ) x
select * from v

MIXED
--------------
CL10AR
KI10NG
MI10LL
7369
7566
```

```
7788
7876
7902
ALLEN
WARD
MARTIN
BLAKE
TURNER
JAMES
```

숫자만 있거나 하나 이상의 숫자를 포함하는 행을 반환하려고 합니다. 숫자와 문자 데이터가
혼합된 경우에는 문자를 제거하고 숫자만 반환하려고 합니다. 이전에 표시된 샘플 데이터의 경
우라면, 다음과 같은 결과셋이 나와야 합니다.

```
  MIXED
---------
     10
     10
     10
   7369
   7566
   7788
   7876
   7902
```

해법 REPLACE 및 TRANSLATE 함수는 문자열 및 개별 문자를 조작하는 데 매우 유용합니다.
핵심은 모든 숫자를 단일 문자single character로 변환하는 것입니다. 그러면 단일 문자를 참조하여
숫자를 쉽게 분리하고 식별할 수 있습니다.

DB2

TRANSLATE, REPLACE 및 POSSTR 함수를 사용하여 각 행의 숫자를 분리합니다. 뷰 V에서는
CAST 호출이 필요합니다. 그렇지 않으면 유형 변환 오류 때문에 뷰가 작성되지 않습니다. 고정
길이 CHAR로의 캐스팅에 따른 불필요한 공백을 제거하려면 REPLACE 함수가 필요합니다.

```
1 select mixed old,
2        cast(
```

```
 3            case
 4            when
 5              replace(
 6              translate(mixed,'9999999999','0123456789'),'9','') = ''
 7            then
 8                mixed
 9            else replace(
10              translate(mixed,
11                  repeat('#',length(mixed)),
12                replace(
13                  translate(mixed,'9999999999','0123456789'),'9','')),
14                    '#','')
15          end as integer ) mixed
16   from V
17 where posstr(translate(mixed,'9999999999','0123456789'),'9') > 0
```

MySQL

MySQL의 구문은 약간 다르며 뷰 V를 다음과 같이 정의합니다.

```
create view V as
select concat(
         substr(ename,1,2),
         replace(cast(deptno as char(4)),' ',''),
         substr(ename,3,2)
       ) as mixed
  from emp
 where deptno = 10
 union all
select replace(cast(empno as char(4)), ' ', '')
  from emp where deptno = 20
 union all
select ename from emp where deptno = 30
```

MySQL은 TRANSLATE 함수를 지원하지 않으므로 각 행을 살펴보고 문자별로 평가해야 합니다.

```
1 select cast(group_concat(c order by pos separator '') as unsigned)
2        as MIXED1
3   from (
```

```
 4 select v.mixed, iter.pos, substr(v.mixed,iter.pos,1) as c
 5   from V,
 6        ( select id pos from t10 ) iter
 7  where iter.pos <= length(v.mixed)
 8    and ascii(substr(v.mixed,iter.pos,1)) between 48 and 57
 9        ) y
10  group by mixed
11  order by 1
```

Oracle

TRANSLATE, REPLACE 및 INSTR 함수를 사용하여 각 행의 숫자를 분리합니다. 뷰 V에서는 캐스트에 대한 호출이 필요 없습니다. REPLACE 함수를 사용하여 고정 길이 CHAR로의 캐스트로 발생한 불필요한 공백을 제거합니다. 뷰 정의에서 명시적 유형 변환 호출을 유지하려면 VARCHAR2로 캐스트하는 것이 좋습니다.

```
 1 select to_number (
 2         case
 3         when
 4           replace(translate(mixed,'0123456789','9999999999'),'9')
 5          is not null
 6         then
 7             replace(
 8           translate(mixed,
 9             replace(
10           translate(mixed,'0123456789','9999999999'),'9'),
11                   rpad('#',length(mixed),'#')),'#')
12         else
13             mixed
14         end
15         ) mixed
16   from V
17  where instr(translate(mixed,'0123456789','9999999999'),'9') > 0
```

PostgreSQL

TRANSLATE, REPLACE 및 STRPOS 함수를 사용하여 각 행의 숫자를 분리합니다. 뷰 V에서는 캐스트에 대한 호출이 필요 없습니다. REPLACE 함수를 사용하여 고정 길이 CHAR 로의 캐스트로 발생한 불필요한 공백을 제거합니다. 뷰 정의에서 명시적 유형 변환 호출을 유지하려면 VARCHAR로 캐스트하는 것이 좋습니다.

```
 1 select cast(
 2        case
 3        when
 4         replace(translate(mixed,'0123456789','9999999999'),'9','')
 5         is not null
 6        then
 7           replace(
 8        translate(mixed,
 9           replace(
10        translate(mixed,'0123456789','9999999999'),'9',''),
11                 rpad('#',length(mixed),'#')),'#','')
12        else
13          mixed
14        end as integer ) as mixed
15     from V
16 where strpos(translate(mixed,'0123456789','9999999999'),'9') > 0
```

SQL Server

와일드카드 검색과 함께 내장 함수 ISNUMERIC을 사용하면 숫자가 포함된 문자열을 쉽게 식별할 수 있습니다. 하지만 TRANSLATE 함수를 지원하지 않으므로, 문자열에서 숫자 문자를 가져오는 것은 그다지 효율적이지 않습니다.

설명 TRANSLATE 함수는 숫자와 문자를 쉽게 분리하고 식별할 수 있으므로 유용합니다. 비결은 모든 숫자를 하나의 문자로 변환하는 것입니다. 이렇게 하면 다른 숫자를 검색하는 대신 한 문자만 검색하면 됩니다.

DB2, Oracle, PostgreSQL

이들 DBMS 간의 구문은 약간 다르지만 기법은 같습니다. 설명을 위해 PostgreSQL의 사례를 사용할 것입니다. 실제 작업은 TRANSLATE 및 REPLACE 함수로 수행합니다. 최종 결과셋을 얻으려면 여러 함수 호출이 필요하며 각 함수는 하나의 쿼리에서 쓰입니다.

```
select mixed as orig,
translate(mixed,'0123456789','9999999999') as mixed1,
replace(translate(mixed,'0123456789','9999999999'),'9','') as mixed2,
 translate(mixed,
 replace(
 translate(mixed,'0123456789','9999999999'),'9',''),
          rpad('#',length(mixed),'#')) as mixed3,
 replace(
 translate(mixed,
 replace(
 translate(mixed,'0123456789','9999999999'),'9',''),
          rpad('#',length(mixed),'#')),'#','') as mixed4
  from V
 where strpos(translate(mixed,'0123456789','9999999999'),'9') > 0

 ORIG   | MIXED1 | MIXED2 | MIXED3  | MIXED4
--------+--------+--------+---------+--------
 CL10AR | CL99AR | CLAR   | ##10##  | 10
 KI10NG | KI99NG | KING   | ##10##  | 10
 MI10LL | MI99LL | MILL   | ##10##  | 10
 7369   | 9999   |        | 7369    | 7369
 7566   | 9999   |        | 7566    | 7566
 7788   | 9999   |        | 7788    | 7788
 7876   | 9999   |        | 7876    | 7876
 7902   | 9999   |        | 7902    | 7902
```

우선, 하나 이상의 숫자가 없는 행이 제거됩니다. 이 작업을 수행하는 방법은 이전 결과셋의 각 열을 검사할 때 분명해집니다. 유지되는 행은 ORIG 열의 값이며 결국 결과셋을 구성하는 행입니다.

숫자를 추출하는 첫 번째 단계는 TRANSLATE 함수를 사용하여 숫자를 9로 변환하는 것입니다 (모든 숫자를 사용할 수 있으며 9는 임의로 선정한 숫자입니다). 이것은 MIXED1의 값이 됩니다. 이제 모든 숫자가 9이므로 단일 단위로 취급할 수 있습니다.

다음 단계는 REPLACE 함수를 사용하여 모든 숫자를 제거하는 것입니다. 지금 모든 숫자가 9이므로 REPLACE는 단순히 9를 찾아 제거합니다. 이것은 MIXED2의 값으로 표시됩니다.

다음 단계인 MIXED3에서는 MIXED2에서 반환되는 값을 사용합니다. 그런 다음 이러한 값은 ORIG의 값과 비교됩니다. MIXED2의 문자가 ORIG에서 발견되면 TRANSLATE에 의해 # 문자로 변환됩니다. MIXED3의 결과셋은 숫자가 아닌 문자가 이제 지정한 단일 문자로 변환되었음을 보여줍니다. 이제 숫자가 아닌 모든 문자는 #으로 표시되므로 단일 단위로 처리할 수 있습니다.

다음 단계인 MIXED4는 REPLACE를 사용하여 각 행에서 # 문자를 찾아 제거합니다. 이제 숫자만 남았습니다. 마지막 단계는 숫자를 숫자형으로 캐스팅하는 것입니다.

이제 단계를 모두 거쳤으므로 WHERE 절이 어떻게 작동하는지 확인할 수 있습니다. MIXED1의 결과는 STRPOS 함수로 전달되고 9(처음 9가 있는 문자열의 위치)가 발견되면 결과는 0보다 커야 합니다. 0보다 큰 값을 반환하는 행이 있다면, 그 행에 적어도 하나의 숫자를 갖고 있다는 의미입니다.

MySQL

첫 번째 단계에서는 문자열 글자 하나하나를 살펴보면서 각 문자를 평가하고 숫자인지 확인합니다.

```
select v.mixed, iter.pos, substr(v.mixed,iter.pos,1) as c
  from V,
       ( select id pos from t10 ) iter
 where iter.pos <= length(v.mixed)
 order by 1,2

+--------+------+------+
| mixed  | pos  | c    |
+--------+------+------+
| 7369   |    1 | 7    |
| 7369   |    2 | 3    |
| 7369   |    3 | 6    |
| 7369   |    4 | 9    |
...
| ALLEN  |    1 | A    |
| ALLEN  |    2 | L    |
| ALLEN  |    3 | L    |
| ALLEN  |    4 | E    |
| ALLEN  |    5 | N    |
...
| CL10AR |    1 | C    |
| CL10AR |    2 | L    |
| CL10AR |    3 | 1    |
| CL10AR |    4 | 0    |
```

```
¦ CL10AR ¦    5 ¦ A    ¦
¦ CL10AR ¦    6 ¦ R    ¦
+--------+------+------+
```

이제 각 문자열의 각 문자를 개별적으로 평가할 수 있습니다. 다음 단계에서는 C 열에 숫자가 있는 행만 유지합니다.

```
select v.mixed, iter.pos, substr(v.mixed,iter.pos,1) as c
  from V,
       ( select id pos from t10 ) iter
 where iter.pos <= length(v.mixed)
   and ascii(substr(v.mixed,iter.pos,1)) between 48 and 57
 order by 1,2

+--------+------+------+
¦ mixed  ¦ pos  ¦ c    ¦
+--------+------+------+
¦ 7369   ¦    1 ¦ 7    ¦
¦ 7369   ¦    2 ¦ 3    ¦
¦ 7369   ¦    3 ¦ 6    ¦
¦ 7369   ¦    4 ¦ 9    ¦
...
¦ CL10AR ¦    3 ¦ 1    ¦
¦ CL10AR ¦    4 ¦ 0    ¦
...
+--------+------+------+
```

이 시점에서 C 열의 모든 행은 숫자입니다. 다음 단계에서는 GROUP_CONCAT를 사용하여 숫자를 연결하고 MIXED에서 각각의 정수를 구성합니다. 그런 다음 최종 결과가 숫자로 캐스팅됩니다.

```
select cast(group_concat(c order by pos separator '') as unsigned)
         as MIXED1
  from (
select v.mixed, iter.pos, substr(v.mixed,iter.pos,1) as c
  from V,
       ( select id pos from t10 ) iter
 where iter.pos <= length(v.mixed)
   and ascii(substr(x.mixed,iter.pos,1)) between 48 and 57
       ) y
```

```
  group by mixed
  order by 1


+--------+
| MIXED1 |
+--------+
|     10 |
|     10 |
|     10 |
|   7369 |
|   7566 |
|   7788 |
|   7876 |
|   7902 |
+--------+
```

마지막으로 각 문자열의 모든 숫자는 연결되어 하나의 숫자값을 형성합니다. 예를 들어 99Gennick87과 같은 입력값은 9987로 반환됩니다. 이것은 특히 직렬화된 데이터를 다룰 때 명심해야 할 사항입니다.

6.14 n번째로 구분된 부분 문자열 추출하기

문제 문자열에서 구분된 특정 하위 문자열을 추출하려고 합니다. 이 문제에 대한 소스 데이터 를 생성하는 다음 뷰 V를 살펴봅시다.

```
create view V as
select 'mo,larry,curly' as name
  from t1
 union all
select 'tina,gina,jaunita,regina,leena' as name
  from t1
```

뷰의 결과는 다음과 같습니다.

```
select * from v

NAME
-------------------
mo,larry,curly
tina,gina,jaunita,regina,leena
```

각 행에서 두 번째 이름을 추출하려고 하므로 최종 결과셋은 다음과 같습니다.

```
 SUB
 -----
 larry
 gina
```

해법 이 문제를 해결하는 핵심은 목록의 이름 순서를 유지하면서 각 이름을 개별 행으로 반환하는 것입니다. 이러한 작업을 수행하는 방법은 사용하는 DBMS에 따라 다릅니다.

DB2

뷰 V에서 반환한 NAME을 살펴본 후 ROW_NUMBER 함수를 사용하여 각 문자열에서 두 번째 이름만 남겨둡니다.

```
 1 select substr(c,2,locate(',',c,2)-2)
 2   from (
 3 select pos, name, substr(name, pos) c,
 4        row_number() over( partition by name
 5                           order by length(substr(name,pos)) desc) rn
 6   from (
 7 select ',' ||csv.name|| ',' as name,
 8        cast(iter.pos as integer) as pos
 9   from V csv,
10        (select row_number() over() pos from t100 ) iter
11  where iter.pos <= length(csv.name)+2
12        ) x
13  where length(substr(name,pos)) > 1
14    and substr(substr(name,pos),1,1) = ','
15        ) y
16  where rn = 2
```

MySQL

뷰 V에서 반환한 NAME을 살펴본 후 쉼표 위치를 사용하여 각 문자열에서 두 번째 이름만 반환합니다.

```
1 select name
2   from (
3 select iter.pos,
4        substring_index(
5        substring_index(src.name,',',iter.pos),',',-1) name
6   from V src,
7        (select id pos from t10) iter,
8  where iter.pos <=
9        length(src.name)-length(replace(src.name,',',''))
10       ) x
11  where pos = 2
```

Oracle

뷰 V에서 반환한 NAME을 살펴본 후 SUBSTR 및 INSTR을 사용하여 각 목록에서 두 번째 이름을 찾습니다.

```
1 select sub
2   from (
3 select iter.pos,
4        src.name,
5        substr( src.name,
6         instr( src.name,',',1,iter.pos )+1,
7         instr( src.name,',',1,iter.pos+1 ) -
8         instr( src.name,',',1,iter.pos )-1) sub
9   from (select ','||name||',' as name from V) src,
10       (select rownum pos from emp) iter
11  where iter.pos < length(src.name)-length(replace(src.name,','))
12       )
13  where pos = 2
```

PostgreSQL

SPLIT_PART 함수를 사용하여 개별 이름을 행으로 반환합니다.

```
 1 select name
 2   from (
 3 select iter.pos, split_part(src.name,',',iter.pos) as name
 4   from (select id as pos from t10) iter,
 5        (select cast(name as text) as name from v) src
 7   where iter.pos <=
 8          length(src.name)-length(replace(src.name,',',''))+1
 9        ) x
10   where pos = 2
```

SQL Server

SQL Server의 STRING_SPLIT 함수는 전체 작업을 수행하지만 단일 셀만 사용할 수 있습니다. 따라서 CTE 내에서 STRING_AGG를 사용하여 STRING_SPLIT에 필요한 방식으로 데이터를 표시합니다.

```
 1 with agg_tab(name)
 2     as
 3     (select STRING_AGG(name,',') from V)
 4 select value from
 5     STRING_SPLIT(
 6     (select name from agg_tab),',')
```

설명 이 설명은 DB2, MySQL, SQL Server, Oracle, PostgreSQL로 구분됩니다.

DB2

문자열을 하나씩 짚어 보고 결과는 인라인 뷰 X로 나타냅니다.

```
select ','||csv.name|| ',' as name,
        iter.pos
  from v csv,
        (select row_number() over() pos from t100 ) iter
 where iter.pos <= length(csv.name)+2

EMPS                            POS
------------------------------- ----
,tina,gina,jaunita,regina,leena,   1
```

```
  ,tina,gina,jaunita,regina,leena,    2
  ,tina,gina,jaunita,regina,leena,    3
  …
```

다음 단계는 각 문자열의 문자들을 단계별로 처리합니다.

```
select pos, name, substr(name, pos) c,
       row_number() over(partition by name
                         order by length(substr(name, pos)) desc) rn
  from (
select ','||csv.name||',' as name,
       cast(iter.pos as integer) as pos
  from v csv,
       (select row_number() over() pos from t100 ) iter
 where iter.pos <= length(csv.name)+2
       ) x
 where length(substr(name,pos)) > 1


POS EMPS            C                RN
--- -------------- ---------------- --
  1 ,mo,larry,curly, ,mo,larry,curly, 1
  2 ,mo,larry,curly, mo,larry,curly, 2
  3 ,mo,larry,curly, o,larry,curly,  3
  4 ,mo,larry,curly, ,larry,curly,   4
  …
```

이제 문자열을 자유롭게 사용할 수 있으므로, 유지할 행을 식별하기만 하면 됩니다. 관심 있는 행은 쉼표로 시작하는 행이므로, 나머지는 버릴 것입니다.

```
select pos, name, substr(name,pos) c,
       row_number() over(partition by name
                         order by length(substr(name, pos)) desc) rn
  from (
select ','||csv.name||',' as name,
       cast(iter.pos as integer) as pos
  from v csv,
       (select row_number() over() pos from t100 ) iter
 where iter.pos <= length(csv.name)+2
       ) x
 where length(substr(name,pos)) > 1
   and substr(substr(name,pos),1,1) = ','
```

```
POS  EMPS                                    C                                      RN
---  --------------                          ----------------                       --
  1  ,mo,larry,curly,                        ,mo,larry,curly,                        1
  4  ,mo,larry,curly,                        ,larry,curly,                           2
 10  ,mo,larry,curly,                        ,curly,                                 3
  1  ,tina,gina,jaunita,regina,leena,        ,tina,gina,jaunita,regina,leena,        1
  6  ,tina,gina,jaunita,regina,leena,        ,gina,jaunita,regina,leena,             2
 11  ,tina,gina,jaunita,regina,leena,        ,jaunita,regina,leena,                  3
 19  ,tina,gina,jaunita,regina,leena,        ,regina,leena,                          4
 26  ,tina,gina,jaunita,regina,leena,        ,leena,                                 5
```

이것은 n번째 문자열을 어떻게 얻을 수 있을지 설정하는 중요한 단계입니다. WHERE 절의 다음 조건에 이 쿼리에서 많은 행이 제거됩니다.

```
substr(substr(name,pos),1,1) = ','
```

,mo,larry,curly,가 4 위였지만 현재는 2위입니다. WHERE 절은 SELECT 전에 평가되므로 선행 쉼표가 있는 행을 유지한 다음 ROW_NUMBER가 순위를 수행합니다. 이 시점에서 n번째 문자열을 얻으려면 RN이 n인 행이 필요하다는 것을 쉽게 알 수 있습니다. 마지막 단계는 관심 있는 행(지금은 RN이 2인 경우)만 유지하고 SUBSTR을 사용하여 해당 행에서 이름을 추출합니다. 남겨둘 이름은 행의 첫 번째 이름입니다. ,larry,curly,에서 larry, 그리고 ,gina,jaunita,regina,leena,에서 gina입니다.

MySQL

인라인 뷰 X는 각 문자열을 확인합니다. 문자열의 구분 기호를 세어서 각 문자열에 있는 값의 수를 정할 수 있습니다.

```
select iter.pos, src.name
  from (select id pos from t10) iter,
       V src
 where iter.pos <=
       length(src.name)-length(replace(src.name,',',''))


+------+--------------------------------+
| pos  | name                           |
+------+--------------------------------+
```

```
│     1 │ mo,larry,curly              │
│     2 │ mo,larry,curly              │
│     1 │ tina,gina,jaunita,regina,leena │
│     2 │ tina,gina,jaunita,regina,leena │
│     3 │ tina,gina,jaunita,regina,leena │
│     4 │ tina,gina,jaunita,regina,leena │
+-------+-----------------------------+
```

이때 각 문자열의 값보다 행이 하나씩 적지만 그걸로 충분합니다. SUBSTRING_INDEX 함수는 필요한 값을 파싱합니다.

```sql
select iter.pos,src.name name1,
       substring_index(src.name,',',iter.pos) name2,
       substring_index(
         substring_index(src.name,',',iter.pos),',',-1) name3
  from (select id pos from t10) iter,
       V src
 where iter.pos <=
       length(src.name)-length(replace(src.name,',',''))
```

```
+------+-----------------------------+-------------------------+----------+
│ pos  │ name1                       │ name2                   │ name3    │
+------+-----------------------------+-------------------------+----------+
│    1 │ mo,larry,curly              │ mo                      │ mo       │
│    2 │ mo,larry,curly              │ mo,larry                │ larry    │
│    1 │ tina,gina,jaunita,regina,leena │ tina                 │ tina     │
│    2 │ tina,gina,jaunita,regina,leena │ tina,gina            │ gina     │
│    3 │ tina,gina,jaunita,regina,leena │ tina,gina,jaunita    │ jaunita  │
│    4 │ tina,gina,jaunita,regina,leena │ tina,gina,jaunita,regina │ regina │
+------+-----------------------------+-------------------------+----------+
```

중첩된 SUBSTRING_INDEX 호출이 어떻게 작동하는지 확인하고자 세 개의 이름 필드를 표시했습니다. 내부 호출은 쉼표의 n번째 발생 왼쪽에 있는 모든 문자를 반환합니다. 외부 호출은 찾은 첫 번째 쉼표의 오른쪽에 있는 모든 것(문자열의 끝에서 시작)을 반환합니다. 마지막 단계는 POS가 n인 NAME3의 값을 유지하는 것입니다(이 경우는 2입니다).

SQL Server

STRING_SPLIT는 여기에서 중요한 역할을 하지만 올바른 형식의 데이터가 필요합니다. CTE는 테이블 반환 함수인 STRING_SPLIT에서 필요한 대로 V.names열의 두 행을 단일값으로 변환하는 것입니다.

Oracle

인라인 뷰는 각 문자를 확인합니다. 각 문자열이 반환하는 값은 각 문자열의 글자 수에 따라 결정됩니다. 해법은 각 문자열의 구분 기호 위칫값을 세어서 각 문자열의 위치를 찾습니다. 각 문자열은 쉼표로 묶여 있으므로 문자열의 위칫값은 쉼표의 위칫값에서 1을 뺀 값입니다. 그런 다음 문자열은 UNION하여 가장 큰 문자열의 위칫값 이상의 카디널리티가 있는 테이블에 조인됩니다. SUBSTR 및 INSTR 함수는 POS 값을 사용하여 각 문자열을 파싱합니다.

```
select iter.pos, src.name,
       substr( src.name,
         instr( src.name,',',1,iter.pos )+1,
         instr( src.name,',',1,iter.pos+1 )
         instr( src.name,',',1,iter.pos )-1) sub
  from (select ','||name||',' as name from v) src,
       (select rownum pos from emp) iter
 where iter.pos < length(src.name)-length(replace(src.name,','))

POS NAME                                SUB
--- -------------------------------- -------------
  1 ,mo,larry,curly,                  mo
  1 , tina,gina,jaunita,regina,leena, tina
  2 ,mo,larry,curly,                  larry
  2 , tina,gina,jaunita,regina,leena, gina
  3 ,mo,larry,curly,                  curly
  3 , tina,gina,jaunita,regina,leena, jaunita
  4 , tina,gina,jaunita,regina,leena, regina
  5 , tina,gina,jaunita,regina,leena, leena
```

SUBSTR 내에서 INSTR에 대한 첫 번째 호출은 추출할 하위 문자열의 시작 위치를 결정합니다. SUBSTR 내에서 INSTR에 대한 다음 호출은 n번째 쉼표의 위치(시작 위치와 동일)와 n + 1번째 쉼표의 위치를 찾습니다. 두 값을 빼면 추출할 부분 문자열의 길이가 반환됩니다. 모든 값이 자체 행으로 파싱되므로 WHERE POS = n을 지정하면 n번째 하위 문자열이 유지됩니다(이 경우 POS = 2이므로 목록의 두 번째 부분 문자열입니다).

PostgreSQL

인라인 뷰 X는 각 문자열을 확인합니다. 반환되는 행 수는 각 문자열에 있는 값의 수에 따라 결정됩니다. 각 문자열의 값 수를 찾으려면 각 문자열의 구분 기호 수를 찾아 하나를 추가합니다. 함수 SPLIT_PART는 POS의 값을 사용하여 구분 기호에서 n번째 항목을 찾고 문자열을 값으로 파싱합니다.

```
select iter.pos, src.name as name1,
        split_part(src.name,',',iter.pos) as name2
  from (select id as pos from t10) iter,
        (select cast(name as text) as name from v) src
 where iter.pos <=
        length(src.name)-length(replace(src.name,',',''))+1

 pos |              name1               |  name2
-----+----------------------------------+---------
   1 | mo,larry,curly                   | mo
   2 | mo,larry,curly                   | larry
   3 | mo,larry,curly                   | curly
   1 | tina,gina,jaunita,regina,leena   | tina
   2 | tina,gina,jaunita,regina,leena   | gina
   3 | tina,gina,jaunita,regina,leena   | jaunita
   4 | tina,gina,jaunita,regina,leena   | regina
   5 | tina,gina,jaunita,regina,leena   | leena
```

SPLIT_PART가 POS를 사용하여 각 문자열을 파싱하는 방법을 볼 수 있도록 NAME을 두 번 표시했습니다. 각 문자열을 파싱한 후 마지막 단계는 POS가 관심 있는 n번째 하위 문자열(이 경우 2)과 같은 행을 유지하는 것입니다.

6.15 IP 주소 파싱하기

문제 IP 주소의 필드를 열로 파싱하려고 합니다. 다음 IP 주소를 살펴봅시다.

111.22.3.4

쿼리 결과는 다음과 같습니다.

```
A      B      C      D
-----  -----  -----  ---
111    22     3      4
```

해법 DBMS에서 제공하는 내장 함수에 따라 해법이 각기 다릅니다. 여기서의 핵심은 DBMS 와 무관하게 마침표와 마침표가 둘러싼 숫자를 찾는 것입니다.

DB2

재귀 **WITH** 절을 사용한 IP 주소의 반복과 **SUBSTR**를 사용하여 쉽게 처리합니다. 모든 숫자 집 합 앞에 마침표가 있고 같은 방식으로 처리될 수 있도록 IP 주소의 제일 앞에 마침표를 추가합 니다.

```
 1 with x (pos,ip) as (
 2   values (1,'.92.111.0.222')
 3   union all
 4  select pos+1,ip from x where pos+1 <= 20
 5 )
 6 select max(case when rn=1 then e end) a,
 7        max(case when rn=2 then e end) b,
 8        max(case when rn=3 then e end) c,
 9        max(case when rn=4 then e end) d
10   from (
11 select pos,c,d,
12        case when posstr(d,'.') > 0 then substr(d,1,posstr(d,'.')-1)
13            else d
14        end as e,
15        row_number() over( order by pos desc) rn
16   from (
17 select pos, ip,right(ip,pos) as c, substr(right(ip,pos),2) as d
18   from x
19  where pos <= length(ip)
20    and substr(right(ip,pos),1,1) = '.'
21      ) x
22      ) y
```

MySQL

SUBSTR_INDEX 함수를 사용하면 IP 주소의 파싱을 쉽게 수행할 수 있습니다.

```
1 select substring_index(substring_index(y.ip,'.',1),'.',-1) a,
2        substring_index(substring_index(y.ip,'.',2),'.',-1) b,
3        substring_index(substring_index(y.ip,'.',3),'.',-1) c,
4        substring_index(substring_index(y.ip,'.',4),'.',-1) d
5   from (select '92.111.0.2' as ip from t1) y
```

Oracle

내장 함수 SUBSTR 및 INSTR을 사용하여 IP 주소를 구분하여 파싱합니다.

```
1 select ip,
2        substr(ip, 1, instr(ip,'.')-1 ) a,
3        substr(ip, instr(ip,'.')+1,
4                     instr(ip,'.',1,2)-instr(ip,'.')-1 ) b,
5        substr(ip, instr(ip,'.',1,2)+1,
6                     instr(ip,'.',1,3)-instr(ip,'.',1,2)-1 ) c,
7        substr(ip, instr(ip,'.',1,3)+1 ) d
8   from (select '92.111.0.2' as ip from t1)
```

PostgreSQL

내장 함수 SPLIT_PART를 사용하여 IP 주소를 파싱합니다.

```
1 select split_part(y.ip,'.',1) as a,
2        split_part(y.ip,'.',2) as b,
3        split_part(y.ip,'.',3) as c,
4        split_part(y.ip,'.',4) as d
5   from (select cast('92.111.0.2' as text) as ip from t1) as y
```

SQL Server

재귀 WITH 절을 사용하여 IP 주소를 통한 반복을 수행하고 SUBSTR을 사용하여 파싱합니다. IP 주소 앞에 마침표를 추가하여 모든 숫자 모음 앞에 마침표를 넣고 같은 방식으로 처리할 수 있습니다.

```
 1  with x (pos,ip) as (
 2    select 1 as pos,'.92.111.0.222' as ip from t1
 3    union all
 4   select pos+1,ip from x where pos+1 <= 20
 5  )
 6  select max(case when rn=1 then e end) a,
 7         max(case when rn=2 then e end) b,
 8         max(case when rn=3 then e end) c,
 9         max(case when rn=4 then e end) d
10    from (
11  select pos,c,d,
12         case when charindex('.',d) > 0
13             then substring(d,1,charindex('.',d)-1)
14             else d
15         end as e,
16         row_number() over(order by pos desc) rn
17    from (
18  select pos, ip,right(ip,pos) as c,
19         substring(right(ip,pos),2,len(ip)) as d
20    from x
21   where pos <= len(ip)
22     and substring(right(ip,pos),1,1) = '.'
23         ) x
24         ) y
```

설명 데이터베이스의 내장 함수를 사용하면 문자열의 일부를 쉽게 찾을 수 있습니다. 여기서 핵심은 주소에서 각 마침표를 찾는 것입니다. 그런 다음 각 숫자를 파싱할 수 있습니다.

6.17절에서는 대부분의 RDBMS의 정규표현식regular expression 사용 방법을 살펴볼 것입니다. IP 주소를 파싱하는 것도 정규표현식을 적용하기에 적합한 영역입니다.

6.16 소리로 문자열 비교하기

문제 철자의 오류가 있는 경우와, 오류는 아니지만 영국 대 미국 철자법처럼 단어의 철자를 서로 다르게 쓰는 경우가 있습니다. 이때 일치하는 두 단어가 서로 다른 문자열로 표현될 때가 종종 있습니다. 다행히 SQL은 단어의 소리 방식을 나타내는 방법을 제공하므로, 기본 문자가 같지 않더라도 동일하게 소리나는 문자열을 찾을 수 있습니다.

예를 들어 철자가 현재처럼 확정되지 않은 초기의 일부 철자와, 몇몇 추가적인 철자 오류 및 오타가 포함된 작가의 이름 목록이 있습니다. 다음 이름 열이 그 예입니다.

```
  a_name
  ----
1 Johnson
2 Jonson
3 Jonsen
4 Jensen
5 Johnsen
6 Shakespeare
7 Shakspear
8 Shaekspir
9 Shakespar
```

이들 이름 목록은 긴 목록의 일부일 가능성이 높지만, 비슷한 음성을 식별하여, 목록에 있는 다른 이름에 비해 어떤 이름이 더 적절한지 알아보려고 합니다. 하나 이상의 레시피가 있는 실습 예제이지만, 여기서의 해법은 다음과 같습니다(레시피가 끝날 때쯤 마지막 열의 의미가 더 명확해질 것입니다).

```
a_name1        a_name2        soundex_name
----           ----           ----
Jensen         Johnson        J525
Jensen         Jonson         J525
Jensen         Jonsen         J525
Jensen         Johnsen        J525
Johnsen        Johnson        J525
Johnsen        Jonson         J525
Johnsen        Jonsen         J525
Johnsen        Jensen         J525
...
Jonson         Jensen         J525
Jonson         Johnsen        J525
Shaekspir      Shakspear      S216
Shakespar      Shakespeare    S221
Shakespeare    Shakespar      S221
Shakspear      Shaekspir      S216
```

해법 SOUNDEX 함수를 사용하여 문자열을 영어로 말할 때 들리는 방식으로 변환합니다. 간단한 자체 조인을 통해 같은 열의 값을 비교할 수 있습니다.

```
1 select an1.a_name as name1, an2.a_name as name2,
2 SOUNDEX(an1.a_name) as Soundex_Name
3 from author_names an1
4 join author_names an2
5 on (SOUNDEX(an1.a_name)=SOUNDEX(an2.a_name)
6 and an1.a_name not like an2.a_name)
```

설명 사운덱스SOUNDEX[3]는 미국 인구 조사census에서 이름과 장소명에서의 서로 다른 맞춤법을 해결하고자 개발한 알고리즘으로, 데이터베이스나 컴퓨팅보다 훨씬 앞선 개념입니다. 사운덱스와 같은 작업을 시도하는 알고리즘이 그 밖에도 많고 영어 이외의 언어에 대한 대체 버전도 있지만, 보통은 대부분의 RDBMS와 함께 제공되는 사운덱스를 주로 다룹니다.

사운덱스는 이름의 첫 글자를 유지한 다음, 나머지 값이 음성학적으로 비슷한 경우 같은 값을 갖는 숫자로 대체합니다. 예를 들어 m과 n은 모두 숫자 5로 대체됩니다.

이전 예제에서 실제 사운덱스 출력은 Soundex_Name 열에 표시됩니다. 이 과정이 해법에서 꼭 필요하지는 않지만, 단지 무슨 일이 일어나고 있는지 보여주려는 것입니다. 일부 RDMS에는 사운덱스를 사용하여 두 문자열을 비교하고 0에서 4까지의 유사도 척도를 반환하는 SQL Server의 Difference 함수와 같이 사운덱스 결과를 숨기는 함수도 있습니다(예를 들어 4는 사운덱스 출력 간에 완벽하게 일치하며, 두 문자열이 일치하는 경우 사운덱스 버전에서 4/4를 나타냅니다).

때에 따라 사운덱스만으로 충분할 수도 있고 그렇지 않을 수도 있습니다. 피터 크리스턴Peter Christen이 쓴 『Data Matching』(Springer, 2012)과 같이 텍스트를 사용하는 소규모의 연구자료들은 요구사항과 필요에 맞는 사용자 정의 함수 또는 (늘 그런 건 아니지만) 다른 프로그래밍 언어로 구현하기 쉬운 다른 알고리즘을 찾는 데 도움이 될 것입니다.

....

3 옮긴이_ 영어 발음에 따라 이름을 색인화하는 음성 알고리즘으로, 가장 유사한 자음을 기반으로 하며, 철자가 틀린 이름을 검색하면 원하는 이름을 찾을 수 있습니다.

6.17 패턴과 일치하지 않는 텍스트 찾기

문제 전화번호처럼 일부 구조화된 텍스트값이 포함된 텍스트 필드가 있을 때, 해당 값의 구조화가 잘못된 항목을 찾으려고 합니다. 예를 들어 다음과 같은 데이터가 있습니다.

```
select emp_id, text
  from employee_comment

EMP_ID     TEXT
---------- --------------------------------------------------------------
7369       126 Varnum, Edmore MI 48829, 989 313-5351
7499       1105 McConnell Court
           Cedar Lake MI 48812
           Home: 989-387-4321
           Cell: (237) 438-3333
```

이때 잘못된 형식의 전화번호를 가진 행을 나열하려고 합니다. 예를 들어 전화번호가 두 개의 다른 구분 문자를 사용하므로 다음과 같이 행을 나열하려고 합니다.

```
7369               126 Varnum, Edmore MI 48829, 989 313-5351
```

두 구분 기호에 대해 같은 문자를 사용하는 전화번호만 유효한 것으로 간주하려고 합니다.

해법 이 문제의 해법은 여러 부분으로 구성됩니다.

1. 고려할 전화번호의 범위를 설명하는 방법을 찾습니다.
2. 유효한 형식의 전화번호를 모두 제거합니다.
3. 여전히 보이는 전화번호가 있는지 확인합니다. 여기에 해당하면 형식이 잘못된 것임을 알 수 있습니다.

```
select emp_id, text
  from employee_comment
 where regexp_like(text, '[0-9]{3}[-. ][0-9]{3}[-. ][0-9]{4}')
   and regexp_like(
         regexp_replace(text,
           '[0-9]{3}([-. ])[0-9]{3}\1[0-9]{4}','***'),
```

```
            '[0-9]{3}[-. ][0-9]{3}[-. ][0-9]{4}')

    EMP_ID TEXT
    ---------- ----------------------------------------------------------
      7369     126 Varnum, Edmore MI 48829, 989 313-5351
      7844     989-387.5359
      9999     906-387-1698, 313-535.8886
```

이들 행에는 명백하게 형식이 올바르지 않은 전화번호가 하나 이상 포함됩니다.

설명 이 해법의 핵심은 '명백한 전화번호'를 감지하는 것입니다. 전화번호가 설명 필드에 저장되었다는 점을 감안하면, 필드의 모든 텍스트가 잘못된 전화번호로 해석될 수 있습니다. 더 합리적인 값 집합으로 필드 범위를 좁힐 방법이 필요합니다. 예를 들어 출력에서 다음 행을 표시하지 않으려 합니다.

```
    EMP_ID TEXT
    ---------- ----------------------------------------------------------
      7900 Cares for 100-year-old aunt during the day. Schedule only
           for evening and night shifts.
```

이 행에는 전화번호가 전혀 없으므로 고려할 것이 없습니다. 우리는 이렇게 보면 알 수 있죠. 문제는 RDBMS가 그것을 알 수 있게 만드는 방법입니다. 흥미롭지요? 계속 이어가 봅시다.

TIP_ 이 레시피는 조너선 제닉Jonathan Gennick의 「정규표현식 안티패턴(Regular Expression Anti-Patterns)」 이라는 글에서 가져온 것입니다.

이 해법은 패턴 A를 사용하여 고려할 '확실한' 전화번호 집합을 정의합니다.

패턴 A: [0-9]{3}[-.][0-9]{3}[-.][0-9]{4}

패턴 A는 3자리 숫자 그룹 2개와 4자리 숫자 그룹 1개를 차례로 확인합니다. 대시(-), 마침표 (.) 또는 공백 중 하나를 그룹 간 구분 기호로 허용합니다. 더 복잡한 패턴을 생각해낼 수도 있을 겁니다. 예를 들어 7자리 전화번호도 고려하도록 결정할 수 있습니다. 하지만 옆길로 새지는 마세요. 여기서 요점은 어떻게 해서라도 우리가 생각할 수 있는 전화번호 문자열의 범위를 정의해야 한다는 것입니다. 이 문제에서 범위는 패턴 A에 따라 정의됩니다. 또 다른 패턴 A를 정의할 수 있으며 일반적인 해법은 여전히 적용됩니다.

이 해법은 WHERE 절에서 패턴 A를 사용하여 잠재적 전화번호를 가진 행(패턴에 정의된 대로)만 고려되도록 합니다.

```
select emp_id, text
  from employee_comment
 where regexp_like(text, '[0-9]{3}[-. ][0-9]{3}[-. ][0-9]{4}')
```

다음으로 '좋은' 전화번호가 어떻게 생겼는지 정의해야 합니다. 여기서는 패턴 B를 사용하여 이 작업을 수행합니다.

```
Pattern B: [0-9]{3}([-. ])[0-9]{3}\1[0-9]{4}
```

이번에는 패턴이 \1을 사용하여 첫 번째 하위 표현식을 참조합니다. ([-.])와 일치하는 문자는 \1과 일치해야 합니다. 패턴 B는 양호한 전화번호를 나타내며, 고려 대상에서 제외해야 합니다. 이를 위해 REGEXP_REPLACE를 호출하여 올바른 형식의 전화번호를 제외합니다.

```
regexp_replace(text,
        '[0-9]{3}([-. ])[0-9]{3}\1[0-9]{4}','***'),
```

REGEXP_REPLACE에 대한 호출은 WHERE 절에서 발생합니다. 올바른 형식의 전화번호는 3개의 별표(*) 문자열로 대체됩니다. 다시 말하지만, 패턴 B는 원하는 어떤 패턴도 될 수 있습니다. 요점은 패턴 B는 여러분이 원하는 적용 가능한 패턴을 설명한다는 것입니다.

올바른 형식의 전화번호를 세 개의 별표(*) 문자열로 대체한 후 남아있는 '명백한' 전화번호는 정의상 잘못된 형식이어야 합니다. REGEXP_LIKE를 REGEXP_LIKE의 출력에 적용하여 형식이 잘못된 전화번호가 남아 있는지 확인합니다.

```
and regexp_like(
        regexp_replace(text,
          '[0-9]{3}([-. ])[0-9]{3}\1[0-9]{4}','***'),
        '[0-9]{3}[-. ][0-9]{3}[-. ][0-9]{4}')
```

TIP_ 정규 표현식은 그 자체로 큰 주제이므로 숙달하려면 연습이 필요합니다. 익히는 과정에서 다양한 문자열 패턴과 쉽게 일치한다는 것을 알 수 있습니다. 정규 표현식 기술 수준을 필요한 만큼 높이고 싶다면 제프리 프리들Jeffrey Friedl의 『Mastering Regular Expressions』(O'reilly, 2006)과 같은 책을 추천합니다.

6.18 마치며

문자열 일치는 까다로운 작업이 될 수 있습니다. SQL은 편의를 위해 다양한 도구를 추가했으며 이를 마스터하면 문제를 해결할 수 있습니다. SQL 고유의 문자열 함수로 많은 작업을 수행할 수 있지만, 점점 더 많이 쓰이고 있는 정규표현식 함수를 사용하면 완전히 다른 수준으로 올라갑니다.

CHAPTER 7

숫자 작업

7장에서는 숫자 계산을 포함하여 숫자와 관련한 일반적인 작업에 초점을 맞춥니다. SQL은 보통 복잡한 계산을 처리할 때 우선순위에 놓이지는 않지만, 일상적인 숫자 작업에는 효율적입니다. 특히 SQL을 지원하는 데이터베이스와 데이터 웨어하우스가 조직의 데이터를 검색하는 가장 일반적인 저장소로 남아 있는 만큼, SQL로 데이터를 분석하고 평가하는 일은 데이터 업무를 담당하는 모든 사람에게 필수 작업입니다. 이번 7장의 기술은 데이터 과학자가 분석할 때 어떤 데이터가 가장 효과적인지 판단하는 데 도움이 되도록 선택했습니다.

> **TIP_** 7장의 일부 레시피는 집계 함수와 **GROUP BY** 절을 사용합니다. 그룹화에 익숙하지 않다면, 적어도 부록의 A.1절에서 다루는 '그룹화'를 읽어보세요.

7.1 평균 계산하기

문제 테이블의 모든 행 또는 행의 일부 부분 집합에 대해 열의 평균값을 계산하려고 합니다. 예를 들어 모든 사원의 평균 급여와 각 부서의 평균 급여를 찾을 수 있습니다.

해법 모든 사원 급여의 평균을 계산할 때 해당 급여가 포함된 열에 **AVG** 함수를 적용하면 됩니다. WHERE 절을 제외하면 NULL이 아닌 모든 값에 대한 평균이 계산됩니다.

```
1 select avg(sal) as avg_sal
2   from emp

   AVG_SAL
----------
2073.21429
```

각 부서의 평균 급여를 계산하려면 GROUP BY 절을 사용하여 각 부서에 해당하는 그룹을 생성합니다.

```
1 select deptno, avg(sal) as avg_sal
2   from emp
3  group by deptno

   DEPTNO    AVG_SAL
---------- ----------
       10  2916.66667
       20        2175
       30  1566.66667
```

설명 전체 테이블이 그룹 또는 윈도인 평균을 찾을 때 GROUP BY 절을 사용하지 않고 관심 있는 열에 AVG 함수를 적용하면 됩니다. AVG 함수가 NULL을 무시한다는 점을 인식해야 합니다. NULL 값이 무시되는 효과는 여기에서 확인할 수 있습니다.

```
create table t2(sal integer)
insert into t2 values (10)
insert into t2 values (20)
insert into t2 values (null)

select avg(sal)      select distinct 30/2
  from t2              from t2

  AVG(SAL)                    30/2
----------            ----------
        15                    15
```

```
select avg(coalesce(sal,0))       select distinct 30/3
  from t2                           from t2


AVG(COALESCE(SAL,0))                   30/3
--------------------               ----------
                  10                       10
```

COALESCE 함수는 전달한 값 목록에서 찾은 NULL이 아닌 첫 번째 값을 반환합니다. NULL SAL 값이 0으로 변환하면 평균이 변경됩니다. 집계 함수를 호출할 때는 항상 null 처리 방법을 고려해야 합니다.

해법의 두 번째 부분에서는 GROUP BY(3행)를 사용하여 사원 레코드를 부서 소속에 따라 그룹으로 나눕니다. GROUP BY는 AVG와 같은 집계 함수를 자동으로 실행하고 각 그룹에 대한 결과를 반환합니다. 이 예에서 AVG는 각 부서소속 사원 레코드 그룹에 대해 한 번씩 실행됩니다.

그러나 select 목록에 GROUP BY 열을 포함할 필요는 없습니다. 예를 들면 다음과 같습니다.

```
select avg(sal)
  from emp
 group by deptno


  AVG(SAL)
----------
2916.66667
      2175
1566.66667
```

SELECT 절에 없더라도 DEPTNO를 기준으로 그룹화합니다. 물론 SELECT 절에 그룹화하는 열을 포함하면 가독성이 향상하지만 필수는 아닙니다. 하지만 GROUP BY 절에도 없는 열을 SELECT 목록에 배치하지 않는 것은 필수입니다.

참조 GROUP BY에 대한 복습은 부록 A를 참조하세요.

7.2 열에서 최댓값, 최솟값 찾기

문제 주어진 열에서 가장 높은 값과 가장 낮은 값을 찾으려고 합니다. 예를 들어 전 사원에 대한 최고 임금과 최저 임금 및, 각 부서에서의 최고 임금과 최저 임금을 찾으려고 합니다.

해법 모든 사원의 최저 급여와 최고 급여를 검색할 때는 각각 MIN과 MAX 함수를 사용합니다.

```
1 select min(sal) as min_sal, max(sal) as max_sal
2   from emp

   MIN_SAL    MAX_SAL
 ----------  ----------
      800        5000
```

각 부서의 최저 및 최고 급여를 검색할 때는 GROUP BY 절과 함께 MIN 및 MAX 함수를 사용합니다.

```
1 select deptno, min(sal) as min_sal, max(sal) as max_sal
2   from emp
3  group by deptno

   DEPTNO    MIN_SAL    MAX_SAL
 ----------  ----------  ----------
      10        1300        5000
      20         800        3000
      30         950        2850
```

설명 최댓값 또는 최솟값을 검색할 때 전체 테이블이 그룹 또는 윈도인 경우, GROUP BY 절을 사용하지 않고 원하는 열에 MIN 또는 MAX 함수를 적용하면 됩니다. MIN 및 MAX 함수는 NULL을 무시하며 그룹의 열에 대한 NULL 값뿐만 아니라 NULL 그룹을 가질 수도 있습니다.

다음은 GROUP BY를 사용하여 궁극적으로 두 그룹(DEPTNO 10 및 20)에 대해 null 값을 반환하는 쿼리로 이어지는 예제입니다.

```
select deptno, comm
  from emp
 where deptno in (10,30)
 order by 1

    DEPTNO      COMM
---------- ----------
        10
        10
        10
        30       300
        30       500
        30
        30         0
        30      1300
        30

select min(comm), max(comm)
  from emp

 MIN(COMM)   MAX(COMM)
---------- ----------
         0       1300

select deptno, min(comm), max(comm)
  from emp
 group by deptno

    DEPTNO  MIN(COMM)   MAX(COMM)
---------- ---------- ----------
        10
        20
        30          0       1300
```

부록 A에서 지적한 바와 같이, SELECT 절에 집계 함수만 나열되어 있더라도 테이블의 다른 열로 그룹화할 수 있습니다. 예를 들면 다음과 같습니다.

```
select min(comm), max(comm)
  from emp
 group by deptno
```

```
 MIN(COMM)   MAX(COMM)
----------  ----------
         0        1300
```

여기서는 SELECT 절에 없더라도 DEPTNO로 그룹화합니다. 그룹화하는 열을 SELECT 절에 포함하면 가독성이 향상하지만 필수는 아닙니다. 그러나 GROUP BY 쿼리의 SELECT 목록에 있는 모든 열은 GROUP BY 절에도 반드시 표시되어야 합니다.

참조 GROUP BY에 대한 복습은 부록 A를 참조하세요.

7.3 열의 값 집계하기

문제 '모든 사원의 급여'와 같은 모든 값의 합계를 열에서 계산하려고 합니다.

해법 전체 테이블이 그룹 또는 윈도인 합계를 계산할 때는 GROUP BY 절을 사용하지 않고, 관심 있는 열에 SUM 함수를 적용합니다.

```
1 select sum(sal)
2   from emp

  SUM(SAL)
----------
     29025
```

여러 그룹 또는 데이터 윈도를 만들 때는 GROUP BY 절과 함께 SUM 함수를 사용하세요. 다음 예는 부서별 사원 급여를 합산합니다.

```
1 select deptno, sum(sal) as total_for_dept
2   from emp
3  group by deptno
```

```
    DEPTNO  TOTAL_FOR_DEPT
---------- ---------------
        10            8750
        20           10875
        30            9400
```

설명 각 부서의 모든 급여 합계를 검색할 때는 데이터 그룹 또는 윈도를 생성합니다. 각 사원의 급여를 합산하여 해당 부서의 총액을 산출합니다. 이는 SQL에서의 집계 사례로, 개별 사원의 급여와 같은 세부 정보가 목표가 아닙니다. 목표는 각 부서의 최종 결과입니다. SUM 함수는 NULL을 무시하지만, 여기에서 볼 수 있듯 NULL 그룹을 가질 수도 있습니다. DEPTNO 10에는 커미션을 받는 사원이 없으므로 COMM의 값을 합산하려고 시도하는 동안 DEPTNO 10으로 그룹화하면 SUM에서 반환된 NULL 값을 가진 그룹이 생성됩니다.

```
select deptno, comm
  from emp
 where deptno in (10,30)
 order by 1

    DEPTNO       COMM
---------- ----------
        10
        10
        10
        30        300
        30        500
        30
        30          0
        30       1300
        30


select sum(comm)
  from emp

SUM(COMM)
----------
      2100
```

```
select deptno, sum(comm)
  from emp
 where deptno in (10,30)
 group by deptno


    DEPTNO    SUM(COMM)
---------- ----------
        10
        30         2100
```

참조 GROUP BY에 대한 복습은 부록 A를 참조하세요.

7.4 테이블의 행 수 계산하기

문제 테이블의 행 수를 세거나 열의 값 수를 세어보려고 합니다. 예를 들어 총 사원 수와 각
부서의 사원 수를 찾으려고 합니다.

해법 전체 테이블이 그룹 또는 윈도인 행을 계산할 때 * 문자와 함께 COUNT 함수를 사용합
니다.

```
1 select count(*)
2   from emp


  COUNT(*)
----------
        14
```

여러 그룹 또는 데이터 윈도를 만들 때는 GROUP BY 절과 함께 COUNT 함수를 사용하세요.

```
1 select deptno, count(*)
2    from emp
3  group by deptno
```

```
    DEPTNO    COUNT(*)
---------- ----------
        10           3
        20           5
        30           6
```

설명 각 부서의 사원 수를 계산할 때 데이터 그룹 또는 윈도를 생성합니다. 찾아낸 각 사원 수를 1씩 증가시켜 해당 부서의 합계를 산출합니다. 개별 사원의 급여 또는 직업과 같은 세부 정보에 초점을 맞추는 게 아닌 만큼 SQL 집계의 예입니다. 목표는 각 부서의 최종 결과입니다. COUNT 함수는 열 이름을 인수로 전달하면 NULL을 무시하지만, * 문자나 상수를 전달하면 NULL을 포함한다는 점에 유의해야 합니다. 다음 사항을 고려하세요.

```
select deptno, comm
  from emp

    DEPTNO      COMM
---------- ----------
        20
        30        300
        30        500
        20
        30       1300
        30
        10
        20
        10
        30          0
        20
        30
        20
        10


select count(*), count(deptno), count(comm), count('hello')
  from emp

  COUNT(*)  COUNT(DEPTNO)   COUNT(COMM)   COUNT('HELLO')
---------- -------------   -----------   --------------
        14            14             4               14
```

```
select deptno, count(*), count(comm), count('hello')
  from emp
 group by deptno

    DEPTNO   COUNT(*)   COUNT(COMM)   COUNT('HELLO')
---------- ---------- ----------- ----------------
        10          3           0                3
        20          5           0                5
        30          6           4                6
```

COUNT에 전달된 열의 모든 행이 null이거나 테이블이 비어 있으면 COUNT는 0을 반환합니다. 또한 SELECT 절에 집계 함수 이외의 다른 함수가 지정되어 있지 않더라도, 테이블의 다른 열로 그룹화할 수 있습니다. 예를 들면 다음과 같습니다.

```
select count(*)
  from emp
 group by deptno

  COUNT(*)
----------
        3
        5
        6
```

SELECT 절에 존재하지 않아도 여전히 DEPTNO로 그룹화됩니다. SELECT 절에 그룹화하는 열을 포함하면 종종 가독성이 향상되지만 필수 사항은 아닙니다. SELECT 목록에 포함할 때는 GROUP BY 절에 반드시 기재되어야 합니다.

참조 GROUP BY에 대한 복습은 부록 A를 참조하세요.

7.5 열의 값 세어보기

문제 열에 있는 NULL이 아닌 값의 수를 세어보려고 합니다. 예를 들어 얼마나 많은 사원이 커미션을 받고 있는지 알아보려고 합니다.

해법 EMP 테이블의 COMM 열에서 NULL이 아닌 값의 개수를 계산합니다.

```
select count(comm)
  from emp

COUNT(COMM)
-----------
          4
```

설명 COUNT(*)에서와 같이 *을 계산할 때, 실제로는 행을 세게 됩니다(실젯값과 관계없이 NULL 및 NULL이 아닌 값이 있는 행을 모두 포함하여 계산하는 이유입니다). 그러나 열을 지정하여 집계하면 해당 열에서 null이 아닌 값의 수만 셉니다. 이전 레시피의 논의에서 이 차이에 관해 다뤘습니다. 이 해법에서 COUNT(COMM)는 COMM 열에서 NULL이 아닌 값의 수를 반환합니다. 커미션을 받은 사원만 커미션 값이 있으므로 COUNT(COMM)의 결과는 해당 사원의 수입니다.

7.6 누계 생성하기

문제 열에 있는 값의 누계running total를 계산하려고 합니다.

해법 예를 들어 다음 해법은 모든 사원의 누적 급여를 계산하는 방법을 보여줍니다. 가독성을 위해 가능할 때마다 SAL에서 결과를 정렬하므로 누계의 집계 상황을 쉽게 확인할 수 있습니다.

```
1 select ename, sal,
2        sum(sal) over (order by sal,empno) as running_total
3   from emp
4  order by 2

ENAME          SAL  RUNNING_TOTAL
---------- --------- -------------
SMITH          800            800
JAMES          950           1750
ADAMS         1100           2850
```

```
WARD        1250        4100
MARTIN      1250        5350
MILLER      1300        6650
TURNER      1500        8150
ALLEN       1600        9750
CLARK       2450        12200
BLAKE       2850        15050
JONES       2975        18025
SCOTT       3000        21025
FORD        3000        24025
KING        5000        29025
```

설명 윈도우 함수 SUM OVER를 사용하면 간단하게 누계를 생성할 수 있습니다. 해법의 ORDER BY 절에는 SAL 열뿐만 아니라 누계에서 중복값을 방지하기 위해 EMPNO 열(기본 키)도 포함합니다.

다음 예제의 RUNNING_TOTAL2 열은 중복으로 인해 발생할 수 있는 문제를 보여줍니다.

```
select empno, sal,
       sum(sal)over(order by sal,empno) as running_total1,
       sum(sal)over(order by sal) as running_total2
  from emp
 order by 2

ENAME           SAL  RUNNING_TOTAL1  RUNNING_TOTAL2
----------  -------- --------------- ---------------
SMITH           800             800             800
JAMES           950            1750            1750
ADAMS          1100            2850            2850
WARD           1250            4100            5350
MARTIN         1250            5350            5350
MILLER         1300            6650            6650
TURNER         1500            8150            8150
ALLEN          1600            9750            9750
CLARK          2450           12200           12200
BLAKE          2850           15050           15050
JONES          2975           18025           18025
SCOTT          3000           21025           24025
FORD           3000           24025           24025
KING           5000           29025           29025
```

여기서 직원 워드(WARD), 마틴(MARTIN), 스콧(SCOTT) 및 포드(FORD)에 대한 RUNNING_TOTAL2 값이 잘못되었습니다. 급여는 두 번 이상 발생하며, 중복된 급여는 총액에 합산했습니다. 이것이 RUNNING_TOTAL1에 표시된 (올바른)결과를 생성하기 위해 고윳값인 EMPNO가 필요한 이유입니다.

예를 들어 애덤스(ADAMS)의 경우에는 RUNNING_TOTAL1 및 RUNNING_TOTAL2에 대해 2,850이 표시됩니다. 이어서 워드의 급여 1,250을 2,850에 더하면 4,100이 되어야 하지만 RUNNING_TOTAL2는 5,350을 반환합니다. 왜 그럴까요?

워드와 마틴은 같은 SAL을 가지므로 2개의 1,250 급여를 합하여 2,500을 산출하고, 그다음 2,850에 더하여 WARD와 MARTIN 모두 5,350가 된 것입니다. 이때 값이 중복되지 않는 순서로 정렬할 열 조합(예: SAL과 EMPNO의 모든 조합이 고유함)을 지정하면 누계가 바르게 진행됩니다.

7.7 누적곱 생성하기

문제 숫자 열에서 누적곱$^{running\ product}$을 계산하려고 합니다. 이 작업은 7.6절과 유사하지만 덧셈 대신 곱셈을 사용합니다.

해법 해법에서는 예를 들어 모두 사원 급여의 누적곱을 계산합니다. 급여의 누적곱이 그렇게 유용하지는 않을 수 있지만, 이 기법은 더 유용한 다른 도메인에 쉽게 적용할 수 있습니다.

윈도우 함수 SUM OVER를 사용하고 로그^{logarithm}를 추가하여 곱셈을 시뮬레이션 할 수 있다는 점을 활용합니다.

```
1 select empno,ename,sal,
2        exp(sum(ln(sal))over(order by sal,empno)) as running_prod
3   from emp
4  where deptno = 10
```

```
EMPNO ENAME         SAL          RUNNING_PROD
----- ----------   ----   --------------------
 7934 MILLER        1300                   1300
 7782 CLARK         2450                3185000
 7839 KING          5000            15925000000
```

0보다 작거나 같은 값의 로그를 계산하는 것은 SQL(공식적으로 말하자면 수학)에서 유효하지 않습니다. 테이블에 이러한 값이 있을 때는 잘못된 값을 SQL의 LN 함수에 전달하지 않도록 해야 합니다. 이 해법에서는 가독성을 위해 잘못된 값 및 NULL에 대한 예방 조치를 하지 않지만, 실제로는 곱셈 코드에 이러한 예방 조치의 배치 여부를 고려해야 합니다. 반드시 음수 및 0 값으로 작업해야 하는 경우라면 이 해법이 맞지 않을 수 있습니다. 나아가, 0이 있다면(하지만 0 미만의 값은 없는 경우) 모든 값에 1을 더하는 것이 일반적인 해결 방법입니다. 여기서 1의 로그는 베이스와 관계없이 항상 0입니다.

SQL Server의 경우는 LN 대신 LOG를 사용합니다.

설명 이 해법은 다음과 같이 두 숫자를 곱할 수 있다는 점을 활용합니다.

1. 각각의 자연로그를 계산합니다.
2. 로그를 합산합니다.
3. 결과를 상수 e의 거듭제곱으로 올립니다(EXP 함수 사용).

이 방식을 사용할 때 한 가지 주의할 점은 0보다 작거나 같은 값은 SQL 로그의 범위를 벗어나므로 0 또는 음숫값의 합에는 사용할 수 없다는 것입니다. 윈도우 함수 SUM OVER의 작동 방식에 대한 설명은 7.6절을 참조하세요.

7.8 일련의 값 평활화하기

문제 월별 판매 수치와 같이 시간에 따라 나타나는 일련의 값이 있습니다. 일반적으로 데이터는 지점 간에 많은 변동을 보여주지만, 전반적인 추세에 더 많은 관심이 있습니다. 따라서 추세를 더 잘 식별하기 위해 가중실행평균과 같은 단순 평활을 구현하려고 합니다.

신문 가판대의 일별 판매 총액을 달러로 계산한다고 가정해봅시다.

```
DATE1            SALES
2020-01-01       647
2020-01-02       561
2020-01-03       741
2020-01-04       978
2020-01-05       1062
2020-01-06       1072
...              ...
```

그러나 판매 데이터의 변동성 때문에 근본적인 추세를 파악하기가 어렵습니다. 아마도 특정 요일이나 월의 매출이 특히 높거나 낮을 것으로 짐작할 수 있습니다. 또는 데이터가 수집되는 방식에 따라 하루 동안의 매출이 다음 날로 이동하여 저점에 이어 최고점이 되기도 하지만, 정확한 날짜에 매출을 할당할 실질적인 방법이 없을 수 있습니다. 따라서 현재 상황을 제대로 파악하려면 며칠 동안의 데이터를 평활화^{smoothing}해야 합니다.

이동평균은 현재 값과 이전 n – 1 값을 합한 후 n으로 나누어 계산할 수 있습니다. 참조를 위해 이전 값도 표시하면 다음과 같은 결과가 나올 것입니다.

```
DATE1          sales   salesLagOne   SalesLagTwo   MovingAverage
-----          ------  -----------   -----------   -------------
2020-01-01     647     NULL          NULl          NULL
2020-01-02     561     647           NULL          NULL
2020-01-03     741     561           647           649.667
2020-01-04     978     741           561           760
2020-01-05     1062    978           741           927
2020-01-06     1072    1062          978           1037.333
2020-01-07     805     1072          1062          979.667
2020-01-08     662     805           1072          846.333
2020-01-09     1083    662           805           850
2020-01-10     970     1083          662           905
```

해법 평균 공식은 잘 알려져 있습니다. 수식에 간단한 가중치를 적용하는 방식으로, 최근의 값에 더 많은 가중치를 부여함으로써 이 작업을 더 타당하게 만들 수 있습니다. 윈도우 함수 LAG를 사용하여 이동평균을 생성합니다.

```
select date1, sales,lag(sales,1) over(order by date1) as salesLagOne,
lag(sales,2) over(order by date1) as salesLagTwo,
(sales
+ (lag(sales,1) over(order by date1))
+ lag(sales,2) over(order by date1))/3 as MovingAverage
from sales
```

설명 가중이동평균은 시계열 데이터(특정 시간 간격에 나타나는 데이터)를 분석하는 간단한 방법 중 하나입니다. 이것은 단순한 이동평균을 계산하는 한 가지 방법일 뿐입니다. 평균으로 파티션을 사용할 수도 있습니다. 우리는 간단한 3점 이동평균을 선택했지만, 적용하려는 데이터의 특성에 따라 점의 개수를 달리하는 수식이 있으며 [.keep-together] # to-#를 통해 이 기술을 실제로 사용하게 됩니다.

예를 들어 가장 최근 데이터 포인트를 강조하는 단순한 3점 가중이동평균은 계수와 분모를 업데이트한 다음 변형 해법으로 구현할 수 있습니다.

```
select date1, sales,lag(sales,1) over(order by date1),
lag(sales,2) over(order by date1),
((3*sales)
+ (2*(lag(sales,1) over(order by date1)))
+ (lag(sales,2) over(order by date1)))/6 as SalesMA
from sales
```

7.9 최빈값 계산하기

문제 열에 있는 값의 최빈값^{mode}(주어진 데이터 집합에서 가장 자주 나타나는 요소)을 찾고 싶습니다. 예를 들어 DEPTNO 20에서 급여 최빈값을 찾으려고 합니다. 기준 급여는 다음과 같습니다.

```
 select sal
   from emp
  where deptno = 20
  order by sal

      SAL
 ----------
      800
     1100
     2975
     3000
     3000
```

이때 최빈값은 3,000입니다.

해법 이 해법은 DB2, MySQL, PostgreSQL, SQL Server, Oracle로 구분됩니다.

DB2, MySQL, PostgreSQL, SQL Server

윈도우 함수 DENSE_RANK를 사용하여 급여 횟수의 순위를 매겨 쉽게 최빈값을 추출합니다.

```
 1 select sal
 2   from (
 3 select sal,
 4        dense_rank()over( order by cnt desc) as rnk
 5   from (
 6 select sal, count(*) as cnt
 8   from emp
 9  where deptno = 20
10  group by sal
11        ) x
12        ) y
13  where rnk = 1
```

Oracle

집계 함수 MAX에 대한 KEEP 확장을 사용하여 최빈값 SAL을 찾을 수 있습니다. 한 가지 중요한 점은 동점이 있는 경우, 즉 여러 행이 같은 동점일 경우 KEEP에서는 가장 높은 급여 하나만 유지합니다. (최빈값이 둘 이상 존재하는 경우) 모든 최빈값을 보려면 이 해법을 수정하거나 이

전에 제시된 DB2 해법을 사용해야 합니다. 이 경우 3,000은 DEPTNO 20의 최빈값 SAL이고 또한 가장 높은 SAL이므로 이 해법으로 충분합니다.

```
1 select max(sal)
2        keep(dense_rank first order by cnt desc) sal
3    from (
4 select sal, count(*) cnt
5    from emp
6   where deptno = 20
7   group by sal
8        )
```

설명 이 설명은 DB2, SQL Server, Oracle로 구분됩니다.

DB2와 SQL Server

인라인 뷰 X는 각 SAL과 발생 횟수를 반환합니다. 인라인 뷰 Y는 윈도우 함수 DENSE_RANK(동점 허용)를 사용하여 결과를 정렬합니다. 결과는 다음과 같이 각 SAL이 발생하는 횟수를 기준으로 순위가 매겨집니다.

```
1 select sal,
2        dense_rank()over(order by cnt desc) as rnk
3    from (
4 select sal,count(*) as cnt
5    from emp
6   where deptno = 20
7   group by sal
8        ) x

  SAL        RNK
 -----   ----------
  3000         1
   800         2
  1100         2
  2975         2
```

쿼리의 가장 바깥쪽 부분은 단순히 RNK가 1인 행을 남겨둡니다.

Oracle

인라인 뷰는 각 SAL과 발생 횟수를 반환하며 다음과 같이 표시됩니다.

```
select sal, count(*) cnt
   from emp
  where deptno=20
  group by sal

   SAL         CNT
  -----     ----------
    800           1
   1100           1
   2975           1
   3000           2
```

다음 단계는 집계 함수 MAX의 KEEP 확장을 사용하여 최빈값을 찾는 것입니다. 여기에 표시된 KEEP 절을 살펴보면 DENSE_RANK, FIRST 및 ORDER BY CNT DESC의 세 가지 하위 절을 볼 수 있습니다.

```
keep(dense_rank first order by cnt desc)
```

이렇게 하면 최빈값을 쉽게 찾을 수 있습니다. KEEP 절은 인라인 뷰에서 반환된 CNT 값을 확인하여 MAX에서 반환할 SAL을 결정합니다. 오른쪽에서 왼쪽으로 작업하면 CNT 값은 내림차순으로 정렬되고, 그다음 첫 번째 값이 DENSE_RANK 순으로 반환된 CNT의 모든 값을 유지합니다. 인라인 뷰에서 결과셋을 보면 3000의 CNT가 2로 가장 높은 것을 알 수 있습니다. 반환된 MAX(SAL)는 가장 큰 CNT를 가진 가장 큰 SAL(이 경우 3000)입니다.

참조 집계 함수에서 Oracle의 KEEP 확장에 관한 자세한 내용은 11장의 '기사값 찾기' 절을 참조하세요.

7.10 중앙값 계산하기

문제 숫자값 열에 대한 중앙값median(정렬된 요소 집합의 중간에 속한 값)을 계산하려고 합니다. 예를 들어 DEPTNO 20에서 급여의 중앙값을 찾으려고 합니다. 기준 급여는 다음과 같습니다.

```
select sal
  from emp
 where deptno = 20
 order by sal

     SAL
----------
     800
    1100
    2975
    3000
    3000
```

이때 중앙값은 2,975입니다.

해법 Oracle 해법(제공된 함수를 사용하여 중앙값을 계산) 외에도 윈도우 함수를 도입하면 기존의 셀프 조인보다 더 효율적으로 해결할 수 있습니다.

DB2와 PostgreSQL

윈도우 함수 PERCENTILE_CONT를 사용하여 중앙값을 찾습니다.

```
1 select percentile_cont(0.5)
2        within group(order by sal)
3   from emp
4  where deptno=20
```

SQL Server

윈도우 함수 PERCENTILE_CONT를 사용하여 중앙값을 찾습니다.

```
1 select percentile_cont(0.5)
2        within group(order by sal)
3        over()
4   from emp
5   where deptno=20
```

SQL Server는 같은 원리로 작동하지만 OVER 절이 필요합니다.

MySQL

MySQL에는 PERCENTILE_CONT 함수가 없으므로 다른 해결 방법이 필요합니다. 한 가지 방법으로 CTE와 함께 CUME_DIST 함수를 사용하여 PERCENTILE_CONT 함수의 효과를 낼 수 있습니다.

```
with rank_tab (sal, rank_sal) as
(
select sal, cume_dist() over (order by sal)
         from emp
         where deptno=20
),

inter as
(
       select sal, rank_sal from rank_tab
       where rank_sal>=0.5
union
       select sal, rank_sal from rank_tab
       where rank_sal<=0.5
)

       select avg(sal) as MedianSal
            from inter
```

Oracle

MEDIAN 또는 PERCENTILE_CONT 함수를 사용합니다.

```
1 select median(sal)
2   from emp
```

```
3  where deptno=20

1 select percentile_cont(0.5)
2         within group(order by sal)
3   from emp
4  where deptno=20
```

설명 이 설명은 Oracle, PostgreSQL, SQL Server, DB2, MySQL로 구분됩니다.

Oracle, PostgreSQL, SQL Server, DB2

Oracle의 MEDIAN 함수를 제외하면 모든 해법의 구조는 동일합니다. 예제의 중앙값은 정의에 따라 50번째 백분위수이지만, PERCENTILE_CONT 함수를 사용하면 이 중앙값의 정의를 직접 지정할 수 있습니다. 따라서 적절한 구문과 함께 이 함수를 적용하고 인수로 0.5를 사용하여 중앙값을 찾습니다.

물론 이 함수에서 다른 백분위수도 사용할 수 있습니다. 예를 들어 5번째 및/또는 95번째 백분위수를 찾을 수 있습니다(7장의 뒷부분에서 중위절대편차median absolute deviation를 설명할 때 특잇값outlier을 찾는 또 다른 방법을 설명합니다).

MySQL

MySQL에는 PERCENTILE_CONT 함수가 없으므로 작업이 더 까다롭습니다. 중앙값을 찾으려면 SAL 값을 가장 낮은 값에서 가장 높은 값 순으로 정렬해야 합니다. CUME_DIST 함수를 사용하여 정렬하고, 백분위수로 각 행에 레이블을 지정합니다. 이렇게 하면 다른 데이터베이스에서 사용된 PERCENTILE_CONT 함수와 같은 결과를 얻을 수 있습니다.

한 가지 문제는 CUME_DIST 함수가 WHERE 절에서 허용되지 않는다는 것입니다. 따라서 CTE에서 먼저 적용해야 합니다.

여기서 유일한 함정은 행 수가 짝수이면 중앙값에 정확히 맞는 행이 없다는 것입니다. 따라서 중앙값 이하에서 가장 높은 값과 중앙값 이상에서 가장 낮은 값의 평균을 찾고자 작성합니다. 이 방법은 홀수 및 짝수 행 모두에 적용하며, 정확한 중앙값을 제공하는 홀수 행이 있을 때는 같은 두 수의 평균을 취합니다.

7.11 총계에서의 백분율 알아내기

문제 특정 열의 값이 총계에 대해 나타내는 백분율을 확인하려고 합니다. 예를 들어 모든 급여에서 몇 퍼센트가 DEPTNO 10의 급여인지, 즉 DEPTNO 10의 급여가 총계에서 차지하는 백분율이 얼마인지를 확인하려고 합니다.

해법 일반적으로 SQL에서 총계에 대한 백분율을 계산하는 것은 종이에 작성하는 과정과 다르지 않습니다. 간단히 나눈 다음 곱하기만 하면 됩니다. 이 예제에서는 EMP 테이블에서 DEPTNO 10이 총급여에서 차지하는 백분율을 찾으려고 합니다. 이를 위해 DEPTNO 10에 대한 급여를 찾은 후 총급여로 나눕니다. 마지막 단계로 100을 곱하여 백분율을 나타내는 값을 반환합니다.

MySQL와 PostgreSQL

DEPTNO 10의 급여 합계를 모든 급여의 합산한 값으로 나눕니다.

```
1 select (sum(
2        case when deptno = 10 then sal end)/sum(sal)
3        )*100 as pct
4   from emp
```

DB2, Oracle, SQL Server

윈도우 함수 SUM OVER와 함께 인라인 뷰를 사용하여 DEPTNO 10의 급여 합계와 함께 전체 급여 합계를 찾습니다. 그런 다음 외부 쿼리에서 나누기와 곱하기를 수행합니다.

```
1 select distinct (d10/total)*100 as pct
2   from (
3 select deptno,
4        sum(sal)over() total,
5        sum(sal)over(partition by deptno) d10
6   from emp
7        ) x
8  where deptno=10
```

이 설명은 MySQL, PostgreSQL, DB2, Oracle, SQL Server로 구분됩니다.

MySQL와 PostgreSQL

CASE 문은 DEPTNO 10의 급여만 반환합니다. 그런 다음 합산하고 모든 급여의 합계로 나눕니다. NULL은 집계에 의해 무시되므로 CASE 문에는 ELSE 절이 필요하지 않습니다. 어떤 값을 나누는지 정확하게 확인하려면 나눗셈 없이 쿼리를 실행합니다.

```
select sum(case when deptno = 10 then sal end) as d10,
       sum(sal)
  from emp


D10   SUM(SAL)
----  ---------
8750     29025
```

SAL을 정의하는 방법에 따라 나눗셈을 할 때 명시적으로 CAST를 사용하여 올바른 데이터 유형을 확인해야 할 수도 있습니다. 예를 들어 DB2, SQL Server 및 PostgreSQL에서 SAL이 정수로 저장된 경우, 여기에 표시된 것처럼 CAST를 적용하여 소수점 값이 반환되도록 할 수 있습니다.

```
select (cast(
          sum(case when deptno = 10 then sal end)
            as decimal)/sum(sal)
        )*100 as pct
  from emp
```

DB2, Oracle, SQL Server

기존 해법의 대안으로 여기서는 윈도우 함수를 사용하여 합계에 대한 백분율을 계산합니다. DB2 및 SQL Server의 경우 SAL을 정수로 저장했을 때 나누기 전에 CAST를 사용해야 합니다.

```
select distinct
       cast(d10 as decimal)/total*100 as pct
  from (
select deptno,
       sum(sal)over() total,
```

```
        sum(sal)over(partition by deptno) d10
  from emp
      ) x
where deptno=10
```

WHERE 절이 평가된 후에 윈도우 함수가 적용된다는 점을 명심합시다. 따라서 DEPTNO에 대한 필터는 인라인 뷰 X에서 수행할 수 없습니다. 인라인 뷰 X에서 DEPTNO에 대한 필터가 있는 것과 없는 것의 결과를 비교해봅시다. 먼저 없는 경우입니다.

```
select deptno,
       sum(sal)over() total,
       sum(sal)over(partition by deptno) d10
  from emp

DEPTNO     TOTAL       D10
------- ---------- ----------
     10      29025       8750
     10      29025       8750
     10      29025       8750
     20      29025      10875
     20      29025      10875
     20      29025      10875
     20      29025      10875
     20      29025      10875
     30      29025       9400
     30      29025       9400
     30      29025       9400
     30      29025       9400
     30      29025       9400
     30      29025       9400
```

다음으로 있는 경우입니다.

```
select deptno,
       sum(sal)over() total,
       sum(sal)over(partition by deptno) d10
  from emp
 where deptno=10
```

```
DEPTNO      TOTAL        D10
------   ---------   ---------
    10       8750        8750
    10       8750        8750
    10       8750        8750
```

윈도우 함수는 WHERE 절 다음에 적용되므로 TOTAL 값은 DEPTNO 10의 모든 급여 합계만 나타냅니다. 그러나 문제를 해결하려면 TOTAL이 모든 급여와 기간의 합계를 나타내기를 원합니다. 따라서 DEPTNO의 필터는 인라인 뷰 X 외부에 있어야 합니다.

7.12 null 허용 열 집계하기

문제 null을 허용하는 열을 집계하려 합니다. 이때 집계의 정확성을 유지하려 하지만, 집계 함수가 null을 무시하는 것이 우려됩니다. 예를 들어 DEPTNO 30의 사원에 대한 평균 커미션을 결정하려고 하지만, 커미션을 받지 않는 사원이 있습니다(해당 사원의 경우 COMM은 null입니다). 집계 시 null이 무시되므로 결과의 정확도가 떨어집니다. 따라서 집계에 null 값을 포함하고 싶습니다.

해법 COALESCE 함수를 사용하여 null을 0으로 변환하여 집계에 포함합니다.

```
1 select avg(coalesce(comm,0)) as avg_comm
2   from emp
3 where deptno=30
```

설명 집계 함수로 작업할 때 null은 무시된다는 점에 유의하세요. COALESCE 함수를 사용하지 않고 처리하면 다음과 같습니다.

```
select avg(comm)
  from emp
 where deptno=30
```

```
AVG(COMM)
---------
      550
```

이 쿼리는 DEPTNO 30에 대해 평균 커미션이 550임을 보여주지만, 해당 행을 다시 살펴봅시다.

```
select ename, comm
  from emp
 where deptno=30
order by comm desc

ENAME         COMM
---------- ---------
BLAKE
JAMES
MARTIN        1400
WARD           500
ALLEN          300
TURNER           0
```

6명의 사원 중 4명만 커미션을 받았음을 보여줍니다. DEPTNO 30의 모든 커미션의 합계는 2,200이며, 평균은 2,200/4가 아니라 2,200/6이어야 합니다. COALESCE함수를 제외하게 되면 "DEPTNO 30의 모든 사원의 평균 커미션은 얼마입니까?"보다는 "DEPTNO 30인 사원 중 커미션을 받는 사원의 평균 커미션은 얼마입니까?"라는 질문에 대한 답이 됩니다. 집계로 작업할 때는 NULL을 어떻게 할지를 생각해야 합니다.

7.13 최댓값과 최솟값을 배제한 평균 계산하기

문제 평균을 계산할 때 최댓값과 최솟값을 제외하여 왜곡의 영향을 줄이려고 합니다. 통계 언어에서 이것은 절사평균trimmed mean으로 알려져 있습니다. 예를 들어 최고 급여와 최저 급여를 제외한 모든 사원의 평균 급여를 계산하려고 합니다.

MySQL과 PostgreSQL

서브쿼리를 사용하여 최댓값과 최솟값을 제외합니다.

```
1 select avg(sal)
2   from emp
3 where sal not in (
4    (select min(sal) from emp),
5    (select max(sal) from emp)
6 )
```

DB2, Oracle, SQL Server

윈도우 함수 MAX OVER 및 MIN OVER와 함께 인라인 뷰를 사용하여 높은 값과 낮은 값을 쉽게 제거할 수 있는 결과셋을 생성합니다.

```
1 select avg(sal)
2   from (
3 select sal, min(sal)over() min_sal, max(sal)over() max_sal
4   from emp
5      ) x
6 where sal not in (min_sal,max_sal)
```

설명 이 설명은 MySQL, PostgreSQL, DB2, Oracle, SQL Server로 구분됩니다.

MySQL과 PostgreSQL

서브쿼리는 테이블에서 가장 높은 급여와 가장 낮은 급여를 반환합니다. 반환한 값에 대해 **NOT IN**을 사용하여 평균에서 최고 및 최저 급여를 제외합니다. 중복이 있는 경우(여러 사원의 급여가 가장 높거나 낮은 경우)에는 모두 평균에서 제외된다는 점을 유의하세요. 높은 값과 낮은 값을 하나씩만 제외하는 것이 목적이라면 SUM에서 값을 뺀 다음 나누기만 하면 됩니다.

```
select (sum(sal)-min(sal)-max(sal))/(count(*)-2)
  from emp
```

DB2, Oracle, SQL Server

인라인 뷰 X는 최고 및 최저 급여와 함께 각 급여를 반환합니다.

```
select sal, min(sal)over() min_sal, max(sal)over() max_sal
  from emp

    SAL   MIN_SAL   MAX_SAL
--------- --------- ---------
    800       800      5000
   1600       800      5000
   1250       800      5000
   2975       800      5000
   1250       800      5000
   2850       800      5000
   2450       800      5000
   3000       800      5000
   5000       800      5000
   1500       800      5000
   1100       800      5000
    950       800      5000
   3000       800      5000
   1300       800      5000
```

모든 행에서 높은 급여와 낮은 급여에 액세스할 수 있으므로, 가장 높은 급여 및/또는 가장 낮은 급여를 찾는 것은 간단합니다. 외부 쿼리는 MIN_SAL 또는 MAX_SAL과 일치하는 급여가 평균에서 제외되도록 인라인 뷰 X에서 반환된 행을 필터링합니다.

> **NOTE_ 강력한 통계 기법**Robust Statistics
> 통계 용어로 최댓값과 최솟값을 제거한 평균을 절사평균trimmed mean이라고 합니다. 이것은 평균의 믿을 만한 추정치로 간주할 수 있으며, 편향과 같은 문제에 덜 민감하므로 소위 '강력한 통계'의 예입니다.
> 7.16절은 강력한 통계 도구의 또 다른 예입니다. RDBMS에서 데이터를 분석하는 담당자에게 이러한 접근 방식은 유용합니다. 두 가지 경우 모두 데이터 분석가가 SQL에서 사용할 수 있는 상대적으로 제한된 범위의 통계 도구로 테스트하기 어렵다고 가정할 필요가 없기 때문입니다.

7.14 영숫자 문자열을 숫자로 변환하기

문제 영숫자 데이터가 있고 숫자만 반환하려고 합니다. 예를 들어 문자열 'paul123f321'에서 숫자 123321을 반환하려고 합니다.

해법 이 해법은 DB2, Oracle, SQL Server, PostgreSQL, MySQL로 구분됩니다.

DB2

TRANSLATE 및 REPLACE 함수를 사용하여 영숫자 문자열에서 숫자 문자를 추출합니다.

```
1 select cast(
2       replace(
3     translate( 'paul123f321',
4                 repeat('#',26),
5                 'abcdefghijklmnopqrstuvwxyz'),'#','')
6        as integer ) as num
7    from t1
```

Oracle, SQL Server, PostgreSQL

TRANSLATE 및 REPLACE 함수를 사용하여 영숫자 문자열에서 숫자 문자를 추출합니다.

```
1 select cast(
2       replace(
3     translate( 'paul123f321',
4                 'abcdefghijklmnopqrstuvwxyz',
5                 rpad('#',26,'#')),'#','')
6        as integer ) as num
7    from t1
```

MySQL

이 책의 집필 시점에서 MySQL은 TRANSLATE 함수를 지원하지 않으므로 해법이 제공되지 않습니다.

설명 두 해법의 유일한 차이점은 구문입니다. DB2는 RPAD 대신 REPEAT 함수를 사용하며, TRANSLATE의 매개변수 목록은 순서가 다릅니다. 다음 설명은 Oracle/PostgreSQL 해법을 사용하지만 DB2와도 관련이 있습니다. 내부적으로 (TRANSLATE로만 시작하는) 쿼리를 실행하면 간단하다는 것을 알 수 있습니다. 우선, TRANSLATE는 숫자가 아닌 문자를 # 인스턴스로 변환합니다.

```
select translate( 'paul123f321',
                  'abcdefghijklmnopqrstuvwxyz',
                  rpad('#',26,'#')) as num
  from t1


NUM
-----------
####123#321
```

이제 숫자가 아닌 모든 문자는 #으로 표시되므로 REPLACE를 사용하여 제거하고 CAST를 사용하여 결과를 숫자로 반환합니다. 이 예제는 데이터가 영숫자이므로 매우 간단합니다. 해당 문자를 검색하는 것보다 추가 문자를 저장할 수 있는 경우, 이 문제에 다르게 접근하기가 더 쉽습니다. 숫자가 아닌 문자를 찾아서 제거하기보다는 모든 숫자를 찾아낸 뒤 거기에 포함되지 않은 것을 제거합니다. 다음 예제는 이 기법을 명확히 설명합니다.

```
select replace(
    translate('paul123f321',
      replace(translate( 'paul123f321',
                         '0123456789',
                         rpad('#',10,'#')),'#',''),
              rpad('#',length('paul123f321'),'#')),'#','') as num
  from t1

NUM
-----------
123321
```

이 해법은 원래보다 약간 복잡해 보이지만 일단 분해해 보면 그리 까다롭지 않습니다. TRANSLATE에 대한 가장 안쪽의 호출을 보세요.

```
select translate( 'paul123f321',
                  '0123456789',
                  rpad('#',10,'#'))
  from t1

TRANSLATE('
-----------
paul###f###
```

따라서 초기 접근 방식은 다릅니다. 숫자가 아닌 각 문자를 # 인스턴스로 바꾸는 대신 각 숫자 문자를 # 인스턴스로 바꿉니다. 다음 단계에서는 #의 모든 인스턴스를 제거하여 숫자가 아닌 문자만 남깁니다.

```
select replace(translate( 'paul123f321',
                          '0123456789',
                          rpad('#',10,'#')),'#','')
  from t1

REPLA
-----
paulf
```

다음 단계는 TRANSLATE를 다시 호출하는 것입니다. 이번에는 (이전 쿼리의) 숫자가 아닌 각 문자를 원래 문자열의 # 인스턴스로 대체합니다.

```
select translate('paul123f321',
       replace(translate( 'paul123f321',
                          '0123456789',
                          rpad('#',10,'#')),'#',''),
            rpad('#',length('paul123f321'),'#'))
  from t1

TRANSLATE('
-----------
####123#321
```

이 시점에서 잠깐 멈추고 TRANSLATE에 대한 가장 바깥쪽의 호출을 검사합니다. RPAD에 대한 두 번째 매개변수(또는 DB2의 경우 REPEAT에 대한 두 번째 매개변수)는 원래 문자열의 길이입니다. 문자가 속한 문자열보다 더 긴 문자가 발생할 수 없으므로 이 문자를 사용하면 편리합니다. 숫자가 아닌 모든 문자가 # 인스턴스로 대체되었으므로 마지막 단계는 REPLACE를 사용하여 #의 모든 인스턴스를 제거하는 것입니다. 이제 숫자만 남았습니다.

7.15 누계에서 값 변경하기

문제 다른 열의 값에 따라 누계, 즉 누적 합계running total의 값을 수정하려고 합니다. 각 거래 후 현재 잔액과 함께 신용카드 계좌의 거래 내역을 표시하는 시나리오를 생각해봅시다. 이 예에서는 다음 뷰 V를 사용합니다.

```
create view V (id,amt,trx)
as
select 1, 100, 'PR' from t1 union all
select 2, 100, 'PR' from t1 union all
select 3, 50,  'PY' from t1 union all
select 4, 100, 'PR' from t1 union all
select 5, 200, 'PY' from t1 union all
select 6, 50,  'PY' from t1

  select * from V

ID        AMT  TRX
--  ---------- --
 1        100  PR
 2        100  PR
 3         50  PY
 4        100  PR
 5        200  PY
 6         50  PY
```

ID 열은 각 거래를 고유하게 식별합니다. AMT 열은 각 거래(구매 또는 지불)에 관련된 금액을 나타냅니다. TRX 열은 트랜잭션 유형을 정의합니다. 지불은 'PY'이고 구매는 'PR'입니다. TRX의 값이 PY이면 누계에서 AMT의 현재 값을 빼고, TRX의 값이 PR이면 AMT의 현재 값을 누계에 더하려고 합니다. 최종적으로 다음 결과셋을 반환하려고 합니다.

```
TRX_TYPE      AMT    BALANCE
---------  ----------  ----------
PURCHASE      100        100
PURCHASE      100        200
PAYMENT        50        150
PURCHASE      100        250
PAYMENT       200         50
PAYMENT        50          0
```

해법 윈도우 함수 SUM OVER를 사용하여 거래 유형을 결정하는 CASE 표현식과 함께 누계를 생성합니다.

```
 1 select case when trx = 'PY'
 2            then 'PAYMENT'
 3            else 'PURCHASE'
 4        end trx_type,
 5        amt,
 6        sum(
 7          case when trx = 'PY'
 8             then -amt else amt
 9          end
10        ) over (order by id,amt) as balance
11 from V
```

설명 CASE 표현식은 누계에서 현재 AMT의 가감 혹은 차감 여부를 결정합니다. 거래가 지불인 경우 AMT가 음숫값으로 변경되므로 누계 금액이 감소합니다. CASE 표현식의 결과는 다음과 같습니다.

```
select case when trx = 'PY'
          then 'PAYMENT'
          else 'PURCHASE'
      end trx_type,
      case when trx = 'PY'
          then -amt else amt
      end as amt
  from V
```

```
TRX_TYPE       AMT
--------  ----------
PURCHASE       100
PURCHASE       100
PAYMENT        -50
PURCHASE       100
PAYMENT       -200
PAYMENT        -50
```

트랜잭션 유형을 평가한 후 AMT 값은 누계에서 더하거나 뺍니다. 윈도우 함수 SUM OVER 또는
스칼라 서브쿼리가 누계를 생성하는 방법에 대한 설명은 7.6절을 참조하세요.

7.16 중위절대편차로 특잇값 찾기

문제 데이터에서 의심스러운 값을 식별하려고 합니다. 값이 의심스러울 수 있는 이유는 여러
가지가 있습니다. 값을 기록하는 미터기 오류와 같은 데이터 수집 문제가 있을 수 있고, 오타
등 데이터 입력 오류가 있을 수도 있습니다. 그 외에 데이터는 정확하지만, 데이터가 생성될 때
비정상적인 상황이 생길 수도 있습니다. 따라서 데이터로부터 어떤 결론을 내릴 때는 주의를
기울여야 합니다. 다시 말해 특잇값outlier을 감지하려고 합니다.

통계학자가 아닌 사람 대상의 수많은 통계학 강좌에서 학습하는 특잇값을 탐지하는 일반적인
방법은, 데이터의 표준편차를 계산하고, 표준편차가 3개 이상(또는 다른 유사한 거리)인 데이
터 포인트data point가 특잇값임을 결정하는 것입니다. 그러나 데이터가 정규 분포를 따르지 않는
경우, 특히 데이터 산포가 대칭적이지 않거나 평균에서 멀어질 때 정규 분포와 같은 방식으로
얇아지지 않을 때는 특잇값을 잘못 식별할 수 있습니다.

해법 먼저 7장 앞부분에서 살펴본 중앙값을 찾는 방법을 사용하여 중앙값을 찾습니다. 추가
쿼리에 사용할 수 있으려면 이 쿼리를 CTE에 넣어야 합니다. 편차는 중앙값과 각 값 사이의 절
대 차absolute difference입니다. 중위절대편차median absolute deviation는 이 값의 중앙값이므로 중앙값을
다시 계산해야 합니다.

SQL Server

SQL Server에는 중앙값을 쉽게 찾을 수 있는 **PERCENTILE_CONT** 함수가 있습니다. 두 개의 다른 중앙값을 찾아서 조작해야 하므로 일련의 CTE가 필요합니다.

```
with median (median)
as
(select distinct percentile_cont(0.5) within group(order by sal)
        over()
from emp),

Deviation (Deviation)
  as
(Select abs(sal-median)
from emp join median on 1=1),

MAD (MAD) as
(select DISTINCT PERCENTILE_CONT(0.5) within group(order by deviation) over()
from Deviation )

select abs(sal- median)/MAD, sal, ename, job
from MAD join emp on 1=1
```

PostgreSQL와 DB2

전체 패턴은 동일하지만, PostgreSQL과 DB2는 **PERCENTILE_CONT**를 윈도우 함수가 아닌 집계 함수로 취급하므로 PERCENTILE_CONT에 대한 구문이 다릅니다.

```
with median (median)
as
(select percentile_cont(0.5) within group(order by sal)
from emp),

devtab (deviation)
  as
(select abs(sal-median)
from emp join median),

MedAbsDeviation (MAD) as
(select percentile_cont (0.5) within group(order by deviation)
from devtab)
```

```
select abs(sal- median)/MAD, sal, ename, job
FROM MedAbsDeviation join emp
```

Oracle

중앙값 함수의 존재로 인해 Oracle 사용자의 레시피가 간소화됩니다. 그러나 여전히 CTE를 사용하여 편차의 스칼라값을 처리해야 합니다.

```
with
Deviation (Deviation)
  as
(select abs(sal-median(sal))
from emp),

MAD (MAD) as
(select median(Deviation)
from Deviation )

select abs(sal- median)/MAD, sal, ename, job
FROM MAD join emp
```

MySQL

중앙값에 대한 이전 절에서 살펴보았듯, 아쉽게도 MySQL에는 MEDIAN 또는 PERCENTILE_ CONT 함수가 없습니다. 즉, 중위절대편차를 계산하는 데 필요한 각 중앙값은 CTE의 두 개의 서브쿼리입니다. 이로 인해 MySQL에서는 조금 장황하게 씁니다.

```
with rank_tab (sal, rank_sal) as (
select sal, cume_dist() over (order by sal)
from emp),
inter as
(
select sal, rank_sal from rank_tab
where rank_sal>=0.5
union
select sal, rank_sal from rank_tab
where rank_sal<=0.5
)
,
```

```
medianSal (medianSal) as

(
select (max(sal)+min(sal))/2
from inter),
deviationSal (Sal,deviationSal) as
(select Sal,abs(sal-medianSal)
from emp join medianSal
on 1=1
)
,

distDevSal (sal,deviationSal,distDeviationSal) as

(
select sal,deviationSal,cume_dist() over (order by deviationSal)
from deviationSal
),

DevInter (DevInter, sal) as
(
select min(deviationSal), sal
from distDevSal
where distDeviationSal >= 0.5

union

select max(DeviationSal), sal
from distDevSal
where distDeviationSal <= 0.5
),

MAD (MedianAbsoluteDeviance) as
(
select abs(emp.sal-(min(devInter)+max(devInter))/2)
from emp join DevInter on 1=1
)

select emp.sal,MedianAbsoluteDeviance,
(emp.sal-deviationSal)/MedianAbsoluteDeviance
from (emp join MAD on 1=1)
        join deviationSal on emp.sal=deviationSal.sal
```

설명 각각의 경우 레시피는 유사한 전략을 따릅니다. 먼저 중앙값을 계산한 다음, 각 값과 중앙값 사이의 차이에 대한 중앙값, 즉 실제 중위절대편차를 계산합니다. 마지막으로, 쿼리를 사용하여 각 값의 편차와 중앙값 편차의 비율을 찾습니다. 이때 표준편차와 유사한 방식으로 결과를 사용할 수 있습니다. 예를 들어 어떤 값이 중앙값에서 3개 이상의 편차가 있는 경우, 공통 해석을 사용하는 특잇값으로 간주할 수 있습니다.

앞서 말한 바와 같이, 이러한 표준편차에 대한 접근 방식의 장점은 데이터에 정규 분포를 표시하지 않더라도 해석이 여전히 유효하다는 것입니다. 가령, 편향될 수 있더라도 절대편차 중앙값은 여전히 바른 답을 제공합니다.

급여 데이터에는 중앙값에서 절대 편차가 3개 이상인 급여가 하나 있습니다. 바로 CEO입니다. CEO 급여의 공정성에 대해서는 대부분의 근로자와 차이가 있지만, 특이한 급여는 CEO의 것이므로 데이터에 대한 이해와 맞아떨어집니다. 다른 맥락으로, 값의 차이가 왜 그렇게 큰지에 대한 명확한 설명이 없다면, 그 값이 정확한지 또는 나머지 값과 함께 측정했을 때 그 값이 합리적이었는지에 대한 의문으로 이어질 수 있습니다(예를 들어 실제로 오류가 아니라면, 둘 이상의 하위 그룹 내에서 데이터를 분석해야 한다고 생각할 수 있습니다).

> **NOTE_** 평균 및 표준편차와 같은 대부분의 일반적인 통계에서는 데이터가 종 모양의 곡선(정규 분포)이라고 가정합니다. 이 분포는 많은 데이터 집합에 적용되는 반면, 해당되지 않는 경우도 많습니다.
> 데이터를 시각화하고 계산하여 데이터 집합이 정규 분포를 따르는지 아닌지를 테스트하는 여러 가지 방법이 있습니다. 일반적으로 통계 패키지에는 이러한 테스트 함수가 포함되지만, SQL에는 그런 함수가 존재하지 않으며 복제하기도 어렵습니다. 다만, 데이터가 특정 형태(비모수적 통계nonparametric statistics)를 취한다고 가정하지 않는 대체 통계 도구가 있으므로, 이러한 도구를 사용하는 것이 더 안전합니다.

7.17 벤포드의 법칙으로 이상 징후 찾기

문제 이전 레시피에서 볼 수 있듯이 특잇값은 쉽게 식별할 수 있는 비정상적인 데이터 형식이지만, 다른 데이터는 문제가 있는지 식별하기가 쉽지 않습니다. 비정상적인 데이터가 있지만 명백한 특잇값이 없는 상황이라면, 이를 탐지하는 한 가지 방법은 일반적으로 벤포드의 법칙

Benford's law을 따를 것으로 예상되는 자릿수의 빈도를 확인하는 것입니다.

벤포드의 법칙은 인위적으로 데이터 집합에 가짜 번호를 추가한 상황과 같은 부정행위를 감지할 때 사용하는 경우가 가장 흔하지만, 예상 패턴을 따르지 않는 데이터 탐지에도 더 일반적으로 사용할 수 있습니다. 예를 들어 특잇값으로 눈에 띄지는 않지만, 중복된 데이터 포인트와 같은 오류를 감지할 수 있습니다.

해법 벤포드의 법칙을 사용하려면 예상되는 자릿수 분포를 계산한 다음, 비교할 실제 분포를 계산해야 합니다. 더욱 정교하게 사용할 때는 첫 번째, 두 번째 및 숫자의 조합도 살펴보지만, 이 예에서는 첫 번째 숫자만 사용합니다.

벤포드의 법칙에 따라 예측된 빈도와 실제 데이터 빈도를 비교합니다. 결국 첫 번째 숫자, 각 첫 번째 숫자 표시 횟수, 벤포드의 법칙에 따라 예측된 첫 번째 숫자의 빈도, 실제 빈도 등 네 개의 열이 필요합니다.

```
with
FirstDigits (FirstDigit)
as
(select left(cast(SAL as CHAR),1) as FirstDigit
        from emp),

TotalCount (Total)
as
 (select count(*)
  from emp),

ExpectedBenford (Digit,Expected)
as
  (select ID,(log10(ID + 1) - log10(ID)) as expected
   from t10
   where ID < 10)

select count(FirstDigit),Digit
,coalesce(count(*)/Total,0) as ActualProportion,Expected
From FirstDigits
    Join TotalCount
    Right Join ExpectedBenford
    on FirstDigits.FirstDigit=ExpectedBenford.Digit
group by Digit
order by Digit;
```

설명 두 개의 다른 계수, 즉 전체 행 중 하나와 각각 다른 첫 번째 숫자를 포함하는 행 중 하나를 사용해야 하므로 CTE를 사용합니다. 엄밀히 말하면, 예상되는 벤포드의 법칙 결과를 CTE 내에서 별도의 쿼리에 넣을 필요는 없지만, 이 경우에는 계수가 0인 숫자를 식별하여 오른쪽 외부 조인을 통해 테이블에 표시할 수 있으므로 그렇게 했습니다.

메인 쿼리에서 `FirstDigits` 개수를 생성할 수도 있지만 `GROUP BY` 절에서 `LEFT(CAST…` 표현식을 반복할 필요가 없으므로 여기서는 가독성을 높이지 않기로 정했습니다.

벤포드의 법칙에 숨겨진 수학은 간단합니다.

$$Expected frequency = log_{10}\left(\frac{d+1}{d}\right)$$

`T10` 피벗 테이블을 사용하여 적절한 값을 생성할 수 있습니다. 여기에서는 먼저 첫 번째 숫자를 식별하여 실제 빈도만 계산하면 됩니다.

벤포드의 법칙은 실제로 적용할 수 있는 비교적 큰 값의 집합이 있고, 이러한 값이 두 자릿수 이상(10, 100, 1,000 등)에 걸쳐 있을 때 가장 잘 작동합니다. 다만 그런 조건들이 여기에서 완벽하게 충족되지는 않습니다. 동시에, 기대치와의 편차는 이러한 값들이 어떤 의미에서는 꾸며진 값이며 더 자세히 조사해볼 가치가 있다고 여전히 의심하게 만듭니다.

7.18 마치며

기업 데이터는 SQL을 지원하는 데이터베이스에 항상 존재하므로 SQL을 사용하여 그러한 데이터를 이해하는 것이 좋습니다. SQL에는 SAS, 통계 프로그래밍 언어 R 또는 파이썬의 통계 라이브러리와 같이 목적에 맞게 구축된 패키지에서 기대할 수 있는 완벽한 통계 도구는 없습니다. 하지만 지금까지 살펴본 바와 같이 데이터의 통계 속성을 깊게 이해할 수 있는 다양한 계산 도구 모음이 있습니다.

CHAPTER 8

날짜 산술

8장에서는 간단한 날짜 산술을 수행하는 기법을 소개합니다. 여기서는 날짜에 일자 추가하기, 날짜 간 영업일수 찾기, 날짜 간 차이 찾기와 같은 일반적인 작업을 다룹니다.

RDBMS의 내장 함수를 잘 활용하여 날짜를 조작한다면 생산성이 크게 향상할 수 있습니다. 8장의 모든 레시피에 대해 각 RDBMS의 내장 함수를 활용하려고 합니다. 또한 모든 레시피에 대해 통일된 날짜 형식인 **DD-MON-YYYY**를 사용할 것입니다. 물론 ISO 표준 형식인 **DD-MM-YYYY**와 같이 일반적으로 사용되는 다양한 형식이 있습니다. 필자는 한 RDBMS로만 작업하여 다른 것을 배우려는 독자들을 위해 **DD-MON-YYYY**로 표준화하기로 했습니다. 일단 하나의 표준 형식을 알고 나면, 기본 날짜 형식을 걱정할 필요 없이 각 RDBMS에서 제공하는 다양한 기법과 함수에 집중할 수 있습니다.

> **TIP_** 8장은 기본적인 날짜 산술에 중점을 두고 설명합니다. 다음 장에서는 더 많은 고급 날짜 레시피를 찾아볼 수 있습니다. 8장에 제시된 레시피는 단순 날짜 데이터 유형을 사용합니다. 더 복잡한 날짜 데이터 유형을 사용하는 경우에는 그에 따라 해법을 약간 응용해야 합니다.

8.1 일, 월, 연도 가감하기

문제 날짜에서 일, 월 또는 연도를 더하거나 빼야 합니다. 예를 들어 사원 클라크(CLARK)에 대해 HIREDATE를 사용하여 6개의 다른 날짜(클라크 고용 전후 5일/ 5개월/ 5년)를 반환하려고 합니다. 클라크는 2006년 6월 9일(09-JUN-2006)에 고용되었으므로 다음과 같은 결과셋을 반환하고자 합니다.

HD_MINUS_5D	HD_PLUS_5D	HD_MINUS_5M	HD_PLUS_5M	HD_MINUS_5Y	HD_PLUS_5Y
04-JUN-2006	14-JUN-2006	09-JAN-2006	09-NOV-2006	09-JUN-2001	09-JUN-2001
12-NOV-2006	22-NOV-2006	17-JUN-2006	17-APR-2007	17-NOV-2001	17-NOV-2001
18-JAN-2007	28-JAN-2007	23-AUG-2006	23-JUN-2007	23-JAN-2002	23-JAN-2002

해법 이 해법은 DB2, Oracle, PostgreSQL, MySQL, SQL Server로 구분됩니다.

DB2

날짜 값에는 표준 덧셈 및 뺄셈이 허용되지만, 날짜에 더하거나 빼는 모든 값 뒤에는 그 값이 나타내는 시간 단위가 와야 합니다.

```
1 select hiredate -5 day   as hd_minus_5D,
2         hiredate +5 day   as hd_plus_5D,
3         hiredate -5 month as hd_minus_5M,
4         hiredate +5 month as hd_plus_5M,
5         hiredate -5 year  as hd_minus_5Y,
6         hiredate +5 year  as hd_plus_5Y
7   from emp
8  where deptno = 10
```

Oracle

일자에 대해 표준 덧셈 및 뺄셈을 사용하고, ADD_MONTHS 함수를 사용하여 월과 연도를 더하고 뺍니다.

```
1 select hiredate-5                     as hd_minus_5D,
2        hiredate+5                     as hd_plus_5D,
3        add_months(hiredate,-5)        as hd_minus_5M,
4        add_months(hiredate,5)         as hd_plus_5M,
5        add_months(hiredate,-5*12)     as hd_minus_5Y,
6        add_months(hiredate,5*12)      as hd_plus_5Y
7   from emp
8  where deptno = 10
```

PostgreSQL

더하거나 뺄 시간 단위를 지정하는 INTERVAL 키워드와 함께 표준 덧셈과 뺄셈을 사용합니다.
INTERVAL 값을 지정할 때 작은따옴표가 필요합니다.

```
1 select hiredate - interval '5 day'   as hd_minus_5D,
2        hiredate + interval '5 day'   as hd_plus_5D,
3        hiredate - interval '5 month' as hd_minus_5M,
4        hiredate + interval '5 month' as hd_plus_5M,
5        hiredate - interval '5 year'  as hd_minus_5Y,
6        hiredate + interval '5 year'  as hd_plus_5Y
7   from emp
8  where deptno=10
```

MySQL

추가하거나 뺄 시간 단위를 지정하는 INTERVAL 키워드와 함께 표준 덧셈과 뺄셈을 사용합니
다. PostgreSQL와는 달리 INTERVAL 값을 작은따옴표로 묶지 않습니다.

```
1 select hiredate - interval 5 day   as hd_minus_5D,
2        hiredate + interval 5 day   as hd_plus_5D,
3        hiredate - interval 5 month as hd_minus_5M,
4        hiredate + interval 5 month as hd_plus_5M,
5        hiredate - interval 5 year  as hd_minus_5Y,
6        hiredate + interval 5 year  as hd_plus_5Y
7   from emp
8  where deptno=10
```

또는 여기에 표시된 DATE_ADD 함수를 사용할 수 있습니다.

```
1 select date_add(hiredate,interval -5 day)   as hd_minus_5D,
2        date_add(hiredate,interval  5 day)   as hd_plus_5D,
3        date_add(hiredate,interval -5 month) as hd_minus_5M,
4        date_add(hiredate,interval  5 month) as hd_plus_5M,
5        date_add(hiredate,interval -5 year)  as hd_minus_5Y,
6        date_add(hiredate,interval  5 year)  as hd_plus_5DY
7   from emp
8  where deptno=10
```

SQL Server

DATEADD 함수를 사용하여 날짜에 다른 시간 단위를 더하거나 뺍니다.

```
1 select dateadd(day,-5,hiredate)   as hd_minus_5D,
2        dateadd(day,5,hiredate)    as hd_plus_5D,
3        dateadd(month,-5,hiredate) as hd_minus_5M,
4        dateadd(month,5,hiredate)  as hd_plus_5M,
5        dateadd(year,-5,hiredate)  as hd_minus_5Y,
6        dateadd(year,5,hiredate)   as hd_plus_5Y
7   from emp
8  where deptno = 10
```

설명 Oracle 해법은 날짜를 계산할 때 정숫값이 '일days'을 나타낸다는 점을 활용합니다. 그러나 이는 DATE 유형의 산술에 국한됩니다. Oracle에는 TIMESTAMP 유형도 있습니다. 이 경우에는 PostgreSQL에 표시된 INTERVAL 해법을 사용해야 합니다. ADD_MONTHS와 같은 구식의 날짜 함수에 TIMESTAMP를 처리하지 않도록 주의하세요. 그렇게 하면 해당 TIMESTAMP 값에 포함될 수 있는 미세한 초정보를 잃을 수 있습니다.

INTERVAL 키워드와 함께 제공되는 문자열 리터럴은 ISO 표준 SQL 구문을 나타냅니다. 표준에서는 구간 값을 작은따옴표로 묶어야 합니다. PostgreSQL(및 Oracle9i 데이터베이스 이상)은 표준을 준수합니다. MySQL은 따옴표에 대한 지원을 생략하므로 약간 다릅니다.

8.2 두 날짜 사이의 일수 알아내기

문제 두 날짜 간의 차이를 찾고 결과를 일 단위로 나타내려고 합니다. 예를 들어 사원 앨런 (ALLEN)과 워드(WARD)의 HIREDATE 간 날짜 차이를 찾으려고 합니다.

해법 이 해법은 DB2, Oracle, PostgreSQL, MySQL, SQL Server로 구분됩니다.

DB2
두 개의 인라인 뷰를 사용하여 워드와 앨런의 HIREDATE를 찾습니다. 그런 다음 DAYS 함수를 사용하여 한 HIREDATE에서 다른 HIREDATE를 뺍니다.

```
 1 select days(ward_hd) - days(allen_hd)
 2    from (
 3 select hiredate as ward_hd
 4    from emp
 5  where ename = 'WARD'
 6        ) x,
 7        (
 8 select hiredate as allen_hd
 9    from emp
10  where ename = 'ALLEN'
11        ) y
```

Oracle과 PostgreSQL
두 개의 인라인 뷰를 사용하여 워드와 앨런의 HIREDATE를 찾은 다음 다른 날짜에서 하나의 날짜를 뺍니다.

```
 1 select ward_hd - allen_hd
 2    from (
 3 select hiredate as ward_hd
 4    from emp
 5  where ename = 'WARD'
 6        ) x,
 7        (
 8 select hiredate as allen_hd
```

```
 9   from emp
10  where ename = 'ALLEN'
11        ) y
```

MySQL와 SQL Server

DATEDIFF 함수를 사용하여 두 날짜 사이의 일수를 찾습니다. MySQL의 DATEDIFF에는 두 개의 매개변수(차이를 찾을 두 날짜)만 필요하며, 음숫값을 피하고자 두 날짜 중 더 작은 날짜를 먼저 전달해야 합니다(SQL Server와 반대). SQL Server의 함수에서는 반환값을 어떻게 표시할지 지정할 수 있습니다(이 예제에서는 차이를 일 단위로 반환합니다). 다음 해법은 SQL Server 버전을 사용합니다.

```
 1 select datediff(day,allen_hd,ward_hd)
 2   from (
 3 select hiredate as ward_hd
 4   from emp
 5  where ename = 'WARD'
 6        ) x,
 7        (
 8 select hiredate as allen_hd
 9   from emp
10  where ename = 'ALLEN'
11        ) y
```

MySQL 사용자는 함수의 첫 번째 인수를 제거하고 ALLEN_HD 및 WARD_HD가 넘겨진 순서를 뒤집으면 됩니다.

설명 모든 해법에 대해 인라인 뷰 X와 Y는 각각 워드 및 앨런에 대한 HIREDATE를 반환합니다. 예를 들면 다음과 같습니다.

```
select ward_hd, allen_hd
    from (
select hiredate as ward_hd
  from emp
 where ename = 'WARD'
       ) y,
       (
```

```
 select hiredate as allen_hd
   from emp
 where ename = 'ALLEN'
       ) x


WARD_HD     ALLEN_HD
----------- -----------
22-FEB-2006 20-FEB-2006
```

X와 Y 사이에 조인이 지정되지 않았으므로 데카르트 곱이 생성됨을 알 수 있습니다. 이 경우 X
와 Y의 카디널리티가 모두 1이므로 조인이 없어도 상관없습니다. 따라서 결과셋은 궁극적으로
하나의 행을 갖습니다(1 × 1 = 1이므로). 일 단위의 차이를 얻으려면 데이터베이스에 적합한
방법을 사용하여 다른 값에서 반환된 두 값 중 하나를 빼면 됩니다.

8.3 두 날짜 사이의 영업일수 알아내기

문제 두 개의 날짜가 주어졌을 때, 두 날짜 자체를 포함하여 두 날짜 사이에 '영업일'이 며칠인
지 확인하려 합니다. 예를 들어 1월 10일이 월요일이고 1월 11일이 화요일이면 두 날짜 모두
일반 영업일이므로 이 두 날짜 사이의 영업일은 2일입니다. 여기에서 '영업일'은 토요일이나 일
요일이 아닌 모든 날로 정의합니다.

해법 예제는 블레이크(BLAKE)와 존스(JONES)의 HIREDATE 사이의 영업일수를 찾습니다. 두
날짜 사이의 영업일수를 확인하려면, 피벗 테이블을 사용하여 두 날짜 사이의 날짜(시작 날짜
와 종료 날짜 포함)에 대한 행을 반환할 수 있습니다. 그런 다음 영업일수를 찾을 때는 단순하
게 토요일이나 일요일이 아닌 반환된 날짜를 셉니다.

> **TIP_** 휴일도 제외하려면 HOLIDAYS 테이블을 만들어서 처리합니다. 해법에서 간단한 **NOT IN** 술어를 추가
> 하여 HOLIDAYS에 나열된 날짜를 제외합니다.

DB2

피벗 테이블 T500을 사용하여 두 날짜 사이에 필요한 행 수(일을 나타내는 수)를 생성합니다. 그런 다음 주말이 아닌 매일을 셉니다. `DAYNAME` 함수를 사용하여 각 날짜의 요일명을 반환합니다. 예를 들면 다음과 같습니다.

```
1 select sum(case when dayname(jones_hd+t500.id day -1 day)
2                    in ( 'Saturday','Sunday' )
3                    then 0 else 1
4          end) as days
5   from (
6 select max(case when ename = 'BLAKE'
7                  then hiredate
8            end) as blake_hd,
9        max(case when ename = 'JONES'
10                 then hiredate
11           end) as jones_hd
12   from emp
13  where ename in ( 'BLAKE','JONES' )
14        ) x,
15        t500
16  where t500.id <= blake_hd-jones_hd+1
```

MySQL

피벗 테이블 T500을 사용하여 두 날짜 사이에 필요한 행 수(일)를 생성합니다. 그런 다음 주말이 아닌 매일을 셉니다. `DATE_ADD` 함수를 사용하여 각 날짜에 일을 추가합니다. `DATE_FORMAT` 함수를 사용하여 각 날짜의 요일명을 가져옵니다.

```
1 select sum(case when date_format(
2                    date_add(jones_hd,
3                        interval t500.id-1 DAY),'%a')
4                    in ( 'Sat','Sun' )
5                    then 0 else 1
6          end) as days
7   from (
8 select max(case when ename = 'BLAKE'
9                  then hiredate
10           end) as blake_hd,
11       max(case when ename = 'JONES'
```

```
12              then hiredate
13         end) as jones_hd
14   from emp
15  where ename in ( 'BLAKE','JONES' )
16         ) x,
17         t500
18  where t500.id <= datediff(blake_hd,jones_hd)+1
```

Oracle

피벗 테이블 T500을 사용하여 두 날짜 사이에 필요한 행(일) 수를 생성한 다음 주말이 아닌 각 날짜를 계산합니다. TO_CHAR 함수를 사용하여 각 날짜의 요일명을 가져옵니다.

```
 1 select sum(case when to_char(jones_hd+t500.id-1,'DY')
 2                     in ( 'SAT','SUN' )
 3                     then 0 else 1
 4           end) as days
 5   from (
 6 select max(case when ename = 'BLAKE'
 7                     then hiredate
 8             end) as blake_hd,
 9        max(case when ename = 'JONES'
10                     then hiredate
11             end) as jones_hd
12   from emp
13  where ename in ( 'BLAKE','JONES' )
14         ) x,
15         t500
16  where t500.id <= blake_hd-jones_hd+1
```

PostgreSQL

피벗 테이블 T500을 사용하여 두 날짜 사이에 필요한 행(일) 수를 생성합니다. 그다음 주말이 아닌 각 날짜를 계산합니다. TO_CHAR 함수를 사용하여 각 날짜의 요일명을 가져옵니다.

```
 1 select sum(case when trim(to_char(jones_hd+t500.id-1,'DAY'))
 2                     in ( 'SATURDAY','SUNDAY' )
 3                     then 0 else 1
 4           end) as days
 5   from (
```

```
 6 select max(case when ename = 'BLAKE'
 7                  then hiredate
 8             end) as blake_hd,
 9        max(case when ename = 'JONES'
10                  then hiredate
11             end) as jones_hd
12   from emp
13  where ename in ( 'BLAKE','JONES' )
14          ) x,
15          t500
16  where t500.id <= blake_hd-jones_hd+1
```

SQL Server

피벗 테이블 T500을 사용하여 두 날짜 사이에 필요한 행(일) 수를 생성한 다음 주말이 아닌 날짜를 계산합니다. DATENAME 함수를 사용하여 각 날짜의 요일명을 가져옵니다.

```
 1 select sum(case when datename(dw,jones_hd+t500.id-1)
 2                  in ( 'SATURDAY','SUNDAY' )
 3                  then 0 else 1
 4             end) as days
 5   from (
 6 selectmax(case when ename = 'BLAKE'
 7                  then hiredate
 8             end) as blake_hd,
 9        max(case when ename = 'JONES'
10                  then hiredate
11             end) as jones_hd
12   from emp
13  where ename in ( 'BLAKE','JONES' )
14          ) x,
15          t500
16  where t500.id <= datediff(day,jones_hd-blake_hd)+1
```

설명 각 RDBMS는 요일명을 결정하기 위해 각기 다른 내장 함수를 사용하지만, 전체적인 접근 방식은 같습니다. 해법은 다음과 같이 두 단계로 나눌 수 있습니다.

1. 시작 날짜와 종료 날짜 사이의 날짜(포함)를 반환합니다.
2. 주말을 제외하고 며칠(행)이 있는지 계산합니다.

인라인 뷰 X는 1단계를 수행합니다. 인라인 뷰 X를 살펴보면 레시피에서 null을 제거하는 데 사용하는 집계 함수 MAX를 사용합니다. MAX의 사용이 불분명한 경우라면 다음 출력이 이해하는 데 도움이 될 수 있습니다. 출력 결과는 MAX가 없는 인라인 뷰 X의 결과를 보여줍니다.

```
select case when ename = 'BLAKE'
            then hiredate
       end as blake_hd,
       case when ename = 'JONES'
            then hiredate
       end as jones_hd
  from emp
 where ename in ( 'BLAKE','JONES' )


BLAKE_HD    JONES_HD
----------- -----------
            02-APR-2006
01-MAY-2006
```

MAX가 없으면 두 행을 반환합니다. MAX를 사용하면 두 행이 아닌 하나의 행만 반환되고 null은 제거됩니다.

```
select max(case when ename = 'BLAKE'
            then hiredate
       end) as blake_hd,
       max(case when ename = 'JONES'
            then hiredate
       end) as jones_hd
  from emp
 where ename in ( 'BLAKE','JONES' )


BLAKE_HD    JONES_HD
----------- -----------
01-MAY-2006 02-APR-2006
```

여기에서 두 날짜 사이의 일수는 30입니다. 두 날짜가 한 행에 있으므로 다음 단계는 각 30일에 대해 하나의 행을 생성하는 것입니다. 30일(행)을 반환하려면 테이블 T500을 사용합니다. 테이블 T500의 ID에 대한 각 값은 이전 값보다 단순히 하나 더 크므로, T500에서 반환된 각 행을 두 날짜 중 더 빠른 날짜(JONES_HD)에 추가하여 JONES_HD부터 BLAKE_HD까지 연속 날짜를 생성합니다. 이 추가의 결과는 여기에 표시됩니다(Oracle 구문 사용).

```
select x.*, t500.*, jones_hd+t500.id-1
  from (
select max(case when ename = 'BLAKE'
              then hiredate
          end) as blake_hd,
      max(case when ename = 'JONES'
              then hiredate
          end) as jones_hd
  from emp
 where ename in ( 'BLAKE','JONES' )
      ) x,
      t500
 where t500.id <= blake_hd-jones_hd+1
```

```
BLAKE_HD    JONES_HD            ID JONES_HD+T5
----------- ----------- ---------- -----------
01-MAY-2006 02-APR-2006          1 02-APR-2006
01-MAY-2006 02-APR-2006          2 03-APR-2006
01-MAY-2006 02-APR-2006          3 04-APR-2006
01-MAY-2006 02-APR-2006          4 05-APR-2006
01-MAY-2006 02-APR-2006          5 06-APR-2006
01-MAY-2006 02-APR-2006          6 07-APR-2006
01-MAY-2006 02-APR-2006          7 08-APR-2006
01-MAY-2006 02-APR-2006          8 09-APR-2006
01-MAY-2006 02-APR-2006          9 10-APR-2006
01-MAY-2006 02-APR-2006         10 11-APR-2006
01-MAY-2006 02-APR-2006         11 12-APR-2006
01-MAY-2006 02-APR-2006         12 13-APR-2006
01-MAY-2006 02-APR-2006         13 14-APR-2006
01-MAY-2006 02-APR-2006         14 15-APR-2006
01-MAY-2006 02-APR-2006         15 16-APR-2006
01-MAY-2006 02-APR-2006         16 17-APR-2006
01-MAY-2006 02-APR-2006         17 18-APR-2006
01-MAY-2006 02-APR-2006         18 19-APR-2006
01-MAY-2006 02-APR-2006         19 20-APR-2006
01-MAY-2006 02-APR-2006         20 21-APR-2006
01-MAY-2006 02-APR-2006         21 22-APR-2006
01-MAY-2006 02-APR-2006         22 23-APR-2006
01-MAY-2006 02-APR-2006         23 24-APR-2006
01-MAY-2006 02-APR-2006         24 25-APR-2006
01-MAY-2006 02-APR-2006         25 26-APR-2006
01-MAY-2006 02-APR-2006         26 27-APR-2006
01-MAY-2006 02-APR-2006         27 28-APR-2006
01-MAY-2006 02-APR-2006         28 29-APR-2006
```

01-MAY-2006 02-APR-2006	29 30-APR-2006
01-MAY-2006 02-APR-2006	30 01-MAY-2006

WHERE 절을 살펴보면 BLAKE_HD와 JONES_HD의 차이에 1을 더하여 필요한 30개 행을 생성함을 알 수 있습니다(그렇지 않으면 29개 행이 생성됩니다). 또한 ID 값이 1에서 시작하고 JONES_HD에 1을 더하면 JONES_HD가 최종 개수에서 제외될 수 있으므로, 외부 쿼리의 SELECT 목록에 있는 T500.ID에서 1을 빼는 것을 확인할 수 있습니다.

결과셋에 필요한 행 수를 생성한 후에는 CASE 표현식을 사용하여 반환된 각 요일이 평일인지 주말인지 여부를 '표시(flag)'합니다(평일에는 1을, 주말에는 0을 반환). 마지막 단계는 집계 함수 SUM을 사용하여 1인 수를 집계하여 최종 답을 도출합니다.

8.4 두 날짜 사이의 월 또는 년 수 알아내기

문제 월 또는 연도 측면에서 두 날짜의 차이를 찾고 싶습니다. 예를 들어 처음으로 고용한 사원과 마지막으로 고용한 사원 사이의 개월 수를 찾고 그 값을 년 수로 표현하려고 합니다.

해법 1년은 항상 12개월이므로 두 날짜 사이의 개월 수를 찾은 다음 12로 나누어 연도를 구할 수 있습니다. 해법에 익숙해지면 원하는 연도에 따라 결과를 반올림합니다. 예를 들어 EMP 테이블의 첫 번째 HIREDATE는 17-DEC-1980이고 마지막은 12-JAN-1983입니다. 연도(1983-1980)에 대해 계산하면 3년이 되지만, 개월 차이는 (2년이 조금 넘는) 약 25개월입니다. 적합하다고 판단되는 쪽으로 조정해야 합니다. 다음 해법에서는 25개월 및 약 2년을 반환합니다.

DB2와 MySQL
YEAR 및 MONTH 함수를 사용하여 제공된 날짜에 대해 4자리 연도와 2자리 월을 반환합니다.

```
1 select mnth, mnth/12
2   from (
```

```
3 select (year(max_hd) - year(min_hd))*12 +
4        (month(max_hd) - month(min_hd)) as mnth
5   from (
6 select min(hiredate) as min_hd, max(hiredate) as max_hd
7   from emp
8        ) x
9        ) y
```

Oracle

MONTHS_BETWEEN 함수를 사용하여 월의 두 날짜 간 차이를 찾습니다(연도를 얻으려면 간단히 12로 나누면 됩니다).

```
1 select months_between(max_hd,min_hd),
2        months_between(max_hd,min_hd)/12
3   from (
4 select min(hiredate) min_hd, max(hiredate) max_hd
5   from emp
6        ) x
```

PostgreSQL

EXTRACT 함수를 사용하여 주어진 날짜에 대해 4자리 연도와 2자리 월을 반환합니다.

```
1 select mnth, mnth/12
2   from (
3 select ( extract(year from max_hd)
4          extract(year from min_hd) ) * 12
5        +
6        ( extract(month from max_hd)
7          extract(month from min_hd) ) as mnth
8   from (
9 select min(hiredate) as min_hd, max(hiredate) as max_hd
10   from emp
11        ) x
12        ) y
```

SQL Server

DATEDIFF 함수를 사용하여 두 날짜 간 차이를 찾고 DATEPART 인수[4]를 사용하여 반환된 시간 단위로 월과 연도를 지정합니다.

```
1 select datediff(month,min_hd,max_hd),
2        datediff(year,min_hd,max_hd)
3  from (
4 select min(hiredate) min_hd, max(hiredate) max_hd
5   from emp
6       ) x
```

설명 이 설명은 DB2, MySQL, PostgreSQL, Oracle, SQL Server로 구분됩니다.

DB2, MySQL, PostgreSQL

PostgreSQL 해법에서 MIN_HD 및 MAX_HD의 연도와 월을 추출하면, MIN_HD와 MAX_HD 사이의 월과 연도를 찾는 방법은 세 RDBMS 모두 같습니다. 이 설명에서는 세 가지 해법을 모두 다룹니다.

인라인 뷰 X는 EMP 테이블에서 가장 이른 날짜와 가장 최근의 HIREDATE를 반환하며 여기에 표시됩니다.

```
select min(hiredate) as min_hd,
       max(hiredate) as max_hd
  from emp

MIN_HD      MAX_HD
----------- -----------
17-DEC-1980 12-JAN-1983
```

MAX_HD와 MIN_HD 사이의 월을 찾으려면 MIN_HD와 MAX_HD 사이의 연도 차이에 12를 곱한 다음 MAX_HD와 MIN_HD 사이의 월 차이를 더합니다. 이것이 어떻게 작동하는지 확인하기 어려우면, 각 날짜에 대한 날짜 구성 요소를 반환하세요. 연도와 월의 숫자값이 여기에 표시됩니다.

----

4 옮긴이_ 다음 문서를 참조하세요.
https://docs.microsoft.com/en-us/sql/t-sql/functions/datediff-transact-sql?view=sql-server-ver15#arguments

```
select year(max_hd) as max_yr, year(min_hd) as min_yr,
       month(max_hd) as max_mon, month(min_hd) as min_mon
  from (
select min(hiredate) as min_hd, max(hiredate) as max_hd
  from emp
       ) x


MAX_YR    MIN_YR    MAX_MON    MIN_MON
------    ----------    ----------    ----------
  1983      1980           1         12
```

이 결과를 살펴보면 MAX_HD와 MIN_HD 사이의 월은 간단히 $(1983 - 1980) \times 12 + (1 - 12)$
입니다. MIN_HD와 MAX_HD 사이의 연도 수를 찾으려면 월 수를 12로 나눕니다. 재차 말하지만,
찾고 있는 결과에 따라 값을 반올림할 수도 있습니다.

Oracle과 SQL Server

인라인 뷰 X는 EMP 테이블에서 가장 이른 날짜와 가장 최근의 HIREDATE를 반환하며 여기에 표
시됩니다.

```
select min(hiredate) as min_hd, max(hiredate) as max_hd
  from emp

MIN_HD        MAX_HD
-----------   -----------
17-DEC-1980   12-JAN-1983
```

Oracle 및 SQL Server에서 제공하는 함수(각각 MONTHS_BETWEEN 및 DATEDIFF)는 지정한
두 날짜 사이의 개월 수를 반환합니다. 연도를 찾으려면 월 수를 12로 나눕니다.

8.5 두 날짜 사이의 시, 분, 초 알아내기

문제 두 날짜 간 차이를 초 단위로 반환하려고 합니다. 예를 들어 앨런과 워드의 HIREDATE의
차이를 시, 분, 초 단위로 반환하려고 합니다.

해법 두 날짜 사이의 일수를 알 수 있으면 하루를 구성하는 시간 단위인 시, 분, 초를 찾을 수 있습니다.

DB2

DAYS 함수를 사용하여 ALLEN_HD와 WARD_HD의 차이(일)를 찾습니다. 그런 다음 각 시간 단위로 곱하여 찾습니다.

```
 1 select dy*24 hr, dy*24*60 min, dy*24*60*60 sec
 2   from (
 3 select ( days(max(case when ename = 'WARD'
 4                   then hiredate
 5             end)) -
 6         days(max(case when ename = 'ALLEN'
 7                   then hiredate
 8             end))
 9         ) as dy
10   from emp
11       ) x
```

MySQL

DATEDIFF 함수를 사용하여 ALLEN_HD와 WARD_HD 사이의 일수를 반환합니다. 그런 다음 각 시간 단위로 곱하여 찾습니다.

```
 1 select datediff(day,allen_hd,ward_hd)*24 hr,
 2        datediff(day,allen_hd,ward_hd)*24*60 min,
 3        datediff(day,allen_hd,ward_hd)*24*60*60 sec
 4   from (
 5 select max(case when ename = 'WARD'
 6                 then hiredate
 7            end) as ward_hd,
 8        max(case when ename = 'ALLEN'
 9                 then hiredate
10            end) as allen_hd
11   from emp
12       ) x
```

SQL Server

DATEDIFF 함수를 사용하여 ALLEN_HD와 WARD_HD 사이의 일수를 반환합니다. 그런 다음 DATEPART 인수를 사용하여 원하는 시간 단위를 지정합니다.

```
 1 select datediff(day,allen_hd,ward_hd,hour) as hr,
 2        datediff(day,allen_hd,ward_hd,minute) as min,
 3        datediff(day,allen_hd,ward_hd,second) as sec
 4   from (
 5 select max(case when ename = 'WARD'
 6                 then hiredate
 7            end) as ward_hd,
 8        max(case when ename = 'ALLEN'
 9                 then hiredate
10            end) as allen_hd
11   from emp
12        ) x
```

Oracle과 PostgreSQL

뺄셈을 사용하여 ALLEN_HD와 WARD_ HD 사이의 일수를 반환합니다. 그런 다음 각 시간 단위를 곱합니다.

```
 1 select dy*24 as hr, dy*24*60 as min, dy*24*60*60 as sec
 2   from (
 3 select (max(case when ename = 'WARD'
 4                  then hiredate
 5             end) -
 6         max(case when ename = 'ALLEN'
 7                  then hiredate
 8             end)) as dy
 9   from emp
10        ) x
```

설명 모든 해법에 대한 인라인 뷰 X는 여기에 표시된 대로 워드와 앨런의 HIREDATE를 반환합니다.

```
select max(case when ename = 'WARD'
                then hiredate
```

```
        end) as ward_hd,
     max(case when ename = 'ALLEN'
             then hiredate
         end) as allen_hd
  from emp


WARD_HD      ALLEN_HD
----------- -----------
22-FEB-2006 20-FEB-2006
```

WARD_HD와 ALLEN_HD 사이의 일수에 24(하루의 시간), 1,440(하루의 분) 및 86,400(하루의 초)을 곱하세요.

8.6 1년 중 평일 발생 횟수 계산하기

문제 1년 동안 평일이 발생하는 횟수를 세고 싶습니다.

해법 1년 동안 평일의 발생 횟수를 찾는 순서는 다음과 같습니다.

1. 연도에 가능한 모든 날짜를 생성합니다.
2. 해당 요일의 이름이 나오도록 날짜 형식을 지정합니다.
3. 각 요일의 발생 횟수를 셉니다.

DB2

재귀 **WITH**를 사용하면 행이 366개 이상인 테이블에 대해 **SELECT** 할 필요가 없습니다. **DAYNAME** 함수를 사용하여 각 날짜에 대한 요일명을 얻은 다음 각 요일의 발생 횟수를 계산합니다.

```
1 with x (start_date,end_date)
2 as (
3 select start_date,
4        start_date + 1 year end_date
5   from (
```

```
 6 select (current_date
 7          dayofyear(current_date) day)
 8          +1 day as start_date
 9   from t1
10          ) tmp
11  union all
12 select start_date + 1 day, end_date
13   from x
14  where start_date + 1 day < end_date
15 )
16 select dayname(start_date),count(*)
17   from x
18  group by dayname(start_date)
```

MySQL

테이블 T500에 대해 선택하여 해당 연도의 모든 일을 반환하기에 충분한 행을 생성합니다. DATE_FORMAT 함수를 사용하여 각 날짜의 요일명을 얻은 다음 요일별 발생 횟수를 계산합니다.

```
 1 select date_format(
 2          date_add(
 3              cast(
 4            concat(year(current_date),'-01-01')
 5                  as date),
 6                  interval t500.id-1 day),
 7                  '%W') day,
 8        count(*)
 9   from t500
10  where t500.id <= datediff(
11                      cast(
12                    concat(year(current_date)+1,'-01-01')
13                          as date),
14                      cast(
15                    concat(year(current_date),'-01-01')
16                          as date))
17  group by date_format(
18          date_add(
19              cast(
20            concat(year(current_date),'-01-01')
21                  as date),
22                  interval t500.id-1 day),
23                  '%W')
```

Oracle

재귀 CONNECT BY를 사용하여 1년의 모든 일을 반환할 수 있습니다.

```
 1 with x as (
 2 select level lvl
 3   from dual
 4   connect by level <= (
 5     add_months(trunc(sysdate,'y'),12)-trunc(sysdate,'y')
 6   )
 7 )
 8 select to_char(trunc(sysdate,'y')+lvl-1,'DAY'), count(*)
 9   from x
10   group by to_char(trunc(sysdate,'y')+lvl-1,'DAY')
```

PostgreSQL

내장 함수 GENERATE_SERIES를 사용하여 1년 중 매일을 각각 하나의 행으로 생성합니다. 그런 다음 TO_CHAR 함수를 사용하여 각 날짜의 요일명을 얻습니다. 마지막으로 요일별 발생 횟수를 셉니다. 예를 들면 다음과 같습니다.

```
 1 select to_char(
 2          cast(
 3    date_trunc('year',current_date)
 4              as date) + gs.id-1,'DAY'),
 5        count(*)
 6   from generate_series(1,366) gs(id)
 7  where gs.id <= (cast
 8                    ( date_trunc('year',current_date) +
 9                      interval '12 month' as date) -
10 cast(date_trunc('year',current_date)
11                    as date))
12  group by to_char(
13          cast(
14    date_trunc('year',current_date)
15          as date) + gs.id-1,'DAY')
```

SQL Server

366행 이상 있는 테이블에 대해 SELECT할 필요가 없도록 재귀 WITH를 사용합니다. DATENAME

함수를 사용하여 각 날짜의 요일 이름을 얻은 다음 요일별 발생 횟수를 계산합니다. 예를 들면 다음과 같습니다.

```
1 with x (start_date,end_date)
2 as (
3 select start_date,
4        dateadd(year,1,start_date) end_date
5   from (
6 select cast(
7        cast(year(getdate()) as varchar) + '-01-01'
8            as datetime) start_date
9   from t1
10       ) tmp
11 union all
12 select dateadd(day,1,start_date), end_date
13   from x
14  where dateadd(day,1,start_date) < end_date
15 )
16 select datename(dw,start_date),count(*)
17   from x
18  group by datename(dw,start_date)
19 OPTION (MAXRECURSION 366)
```

설명 이 설명은 DB2, MySQL, Oracle, PostgreSQL, SQL Server로 구분됩니다.

DB2

재귀 **WITH** 뷰 X의 인라인 뷰 **TMP**는 현재 연도의 첫 번째 날을 반환하며 여기에 표시됩니다.

```
select (current_date
        dayofyear(current_date) day)
       +1 day as start_date
  from t1

START_DATE
------------
01-JAN-2005
```

다음 단계는 START_DATE에 1년을 더하여 시작일과 종료일을 지정하는 것입니다. 1년에 매일 을 생성하기를 원하므로 둘 다 알아야 합니다. **START_DATE** 및 **END_DATE**가 표시됩니다.

```
select start_date,
       start_date + 1 year end_date
  from (
select (current_date
         dayofyear(current_date) day)
         +1 day as start_date
  from t1
       ) tmp

START_DATE  END_DATE
----------- ------------
01-JAN-2005 01-JAN-2006
```

다음 단계는 START_DATE를 하루씩 반복하여 증가시켜 END_DATE와 같아지기 전에 중지하는 것입니다. 다음 쿼리에 재귀 뷰 X에서 반환된 행의 일부가 표시됩니다.

```
with x (start_date,end_date)
as (
select start_date,
       start_date + 1 year end_date
  from (
select (current_date -
         dayofyear(current_date) day)
         +1 day as start_date
  from t1
       ) tmp
 union all
select start_date + 1 day, end_date
  from x
 where start_date + 1 day < end_date
)
select * from x

START_DATE  END_DATE
----------- -----------
01-JAN-2005 01-JAN-2006
02-JAN-2005 01-JAN-2006
03-JAN-2005 01-JAN-2006
...
29-JAN-2005 01-JAN-2006
30-JAN-2005 01-JAN-2006
31-JAN-2005 01-JAN-2006
```

```
...
01-DEC-2005 01-JAN-2006
02-DEC-2005 01-JAN-2006
03-DEC-2005 01-JAN-2006

...
29-DEC-2005 01-JAN-2006
30-DEC-2005 01-JAN-2006
31-DEC-2005 01-JAN-2006
```

마지막 단계는 재귀 뷰 X에서 반환된 행에 DAYNAME 함수를 사용하고 각 요일이 몇 번 발생하는지 계산하는 것입니다. 최종 결과가 다음과 같이 표시됩니다.

```
with x (start_date,end_date)
as (
select start_date,
       start_date + 1 year end_date
  from (
select (
             current_date -
        dayofyear(current_date) day)
        +1 day as start_date
  from t1
        ) tmp
 union all
select start_date + 1 day, end_date
  from x
 where start_date + 1 day < end_date
)
select dayname(start_date),count(*)
  from x
 group by dayname(start_date)


START_DATE   COUNT(*)
---------- ----------
FRIDAY           52
MONDAY           52
SATURDAY         53
SUNDAY           52
THURSDAY         52
TUESDAY          52
WEDNESDAY        52
```

MySQL

이 해법은 테이블 T500을 기준으로 1년의 매일을 각각 하나의 행으로 생성합니다. 4행의 명령문은 현재 연도의 첫 번째 날을 반환합니다. 이 작업은 CURRENT_DATE 함수에서 반환된 날짜의 연도를 반환한 다음, MySQL의 기본 날짜 형식 다음에 월과 날짜를 추가하는 방식으로 수행됩니다. 결과는 다음과 같이 표시됩니다.

```
select concat(year(current_date),'-01-01')
  from t1

START_DATE
-----------
01-JAN-2005
```

현재 연도의 첫 번째 날이 있으므로 DATEADD 함수를 사용하여 T500.ID의 각 행에 값을 추가하여 연도의 각 날짜를 생성합니다. DATE_FORMAT 함수를 사용하여 날짜별로 요일을 반환합니다. 테이블 T500에서 필요한 행 수를 생성하려면, 현재 연도의 첫 번째 날과 다음 해의 첫 번째 날 사이의 일수 차이를 찾고 그 수의 행(365 또는 366)을 반환합니다. 다음은 그 결과의 일부입니다.

```
select date_format(
        date_add(
            cast(
         concat(year(current_date),'-01-01')
                as date),
                interval t500.id-1 day),
                '%W') day
  from t500
 where t500.id <= datediff(
                    cast(
                 concat(year(current_date)+1,'-01-01')
                     as date),
                    cast(
                 concat(year(current_date),'-01-01')
                     as date))

DAY
-----------
01-JAN-2005
```

```
02-JAN-2005
03-JAN-2005

…

29-JAN-2005
30-JAN-2005
31-JAN-2005

…

01-DEC-2005
02-DEC-2005
03-DEC-2005

…

29-DEC-2005
30-DEC-2005
31-DEC-2005
```

이제 현재 연도의 매일을 반환할 수 있으므로 DAYNAME 함수에서 반환한 각 요일의 발생 횟수를 계산합니다. 최종 결과는 다음과 같습니다.

```
select date_format(
          date_add(
             cast(
          concat(year(current_date),'-01-01')
                 as date),
                 interval t500.id-1 day),
                 '%W') day,
       count(*)
  from t500
 where t500.id <= datediff(
                     cast(
                  concat(year(current_date)+1,'-01-01')
                        as date),
                     cast(
                  concat(year(current_date),'-01-01')
                        as date))
 group by date_format(
            date_add(
               cast(
            concat(year(current_date),'-01-01')
                   as date),
                   interval t500.id-1 day),
                   '%W')
```

```
DAY        COUNT(*)
---------  ----------
FRIDAY           52
MONDAY           52
SATURDAY         53
SUNDAY           52
THURSDAY         52
TUESDAY          52
WEDNESDAY        52
```

Oracle

제시된 해법은 피벗 테이블 T500에 대해 선택하거나 재귀 CONNECT BY 및 WITH를 사용하여 현재 연도의 매일에 대한 행을 생성합니다. TRUNC 함수를 호출하면 현재 날짜를 현재 연도의 첫 번째 날로 자릅니다.

CONNECT BY/WITH를 사용하는 경우 의사—열 LEVEL을 사용하여 1부터 시작하는 일련번호를 생성할 수 있습니다. 여기에서 필요한 행 수를 생성하려면 현재 연도의 첫 번째 날과 다음 해의 첫 번째 날 사이의 일수 차이(365일 또는 366일)에 대해 ROWNUM 또는 LEVEL을 필터링합니다. 다음 단계는 현재 연도의 첫 번째 날에 ROWNUM 또는 LEVEL을 추가하여 하루씩 증가시키는 것입니다. 일부 결과가 다음과 같이 표시됩니다.

```
/* Oracle 9i 이상 버전 */
with x as (
select level lvl
  from dual
 connect by level <= (
   add_months(trunc(sysdate,'y'),12)-trunc(sysdate,'y')
 )
)
select trunc(sysdate,'y')+lvl-1      from x
```

피벗 테이블을 사용하는 경우 366개 이상의 행이 있는 테이블이나 뷰를 사용할 수 있습니다. Oracle에는 ROWNUM이 있으므로, 1부터 시작하는 증분값을 가지는 테이블이 필요하지 않습니다. 피벗 테이블 T500을 사용하여 현재 연도의 매일을 반환하는 다음 예제를 살펴봅시다.

```
/* Oracle 8i 이하 버전 */
select trunc(sysdate,'y')+rownum-1 start_date
  from t500
 where rownum <= (add_months(trunc(sysdate,'y'),12)
                    - trunc(sysdate,'y'))

START_DATE
-----------
01-JAN-2005
02-JAN-2005
03-JAN-2005

...
29-JAN-2005
30-JAN-2005
31-JAN-2005

...
01-DEC-2005
02-DEC-2005
03-DEC-2005

...
29-DEC-2005
30-DEC-2005
31-DEC-2005
```

어떤 방식을 택하든 결국 TO_CHAR 함수를 사용하여 각 날짜에 대한 요일명을 반환한 다음, 각 이름의 발생 횟수를 계산해야 합니다. 최종 결과는 다음과 같습니다.

```
/* Oracle 9i 이상 버전 */
with x as (
select level lvl
  from dual
 connect by level <= (
    add_months(trunc(sysdate,'y'),12)-trunc(sysdate,'y')
 )
)
select to_char(trunc(sysdate,'y')+lvl-1,'DAY'), count(*)
  from x
 group by to_char(trunc(sysdate,'y')+lvl-1,'DAY')

/* Oracle 8i 이하 버전 */
select to_char(trunc(sysdate,'y')+rownum-1,'DAY') start_date,
       count(*)
```

```
   from t500
 where rownum <= (add_months(trunc(sysdate,'y'),12)
                   - trunc(sysdate,'y'))
 group by to_char(trunc(sysdate,'y')+rownum-1,'DAY')

START_DATE   COUNT(*)
----------   ----------
FRIDAY             52
MONDAY             52
SATURDAY           53
SUNDAY             52
THURSDAY           52
TUESDAY            52
WEDNESDAY          52
```

PostgreSQL

첫 번째 단계는 DATE_TRUNC 함수를 사용하여 현재 날짜의 연도를 반환하는 것입니다(여기에 표시된 것처럼 T1에서 select하므로 하나의 행만 반환합니다).

```
select cast(
        date_trunc('year',current_date)
        as date) as start_date
  from t1

START_DATE
----------
01-JAN-2005
```

다음 단계는 366개 이상의 행이 있는 행 소스(모든 테이블 표현식)에 대해 선택하는 것입니다. 여기서는 GENERATE_SERIES 함수를 행 소스로 사용합니다. 물론 테이블 T500을 대신 사용할 수도 있습니다. 그런 다음 일년의 매일을 반환할 때까지 올해의 첫날에 하루씩 추가합니다.

```
select cast( date_trunc('year',current_date)
             as date) + gs.id-1 as start_date
  from generate_series (1,366) gs(id)
 where gs.id <= (cast
                  ( date_trunc('year',current_date) +
                     interval '12 month' as date) -
```

```
        cast(date_trunc('year',current_date)
                    as date))

START_DATE
-----------
01-JAN-2005
02-JAN-2005
03-JAN-2005

...
29-JAN-2005
30-JAN-2005
31-JAN-2005

...
01-DEC-2005
02-DEC-2005
03-DEC-2005

...
29-DEC-2005
30-DEC-2005
31-DEC-2005
```

마지막 단계는 TO_CHAR 함수를 사용하여 각 날짜의 요일명을 반환한 다음, 각 이름의 발생 횟수를 계산하는 것입니다. 최종 결과가 다음과 같이 표시됩니다.

```
select to_char(
        cast(
    date_trunc('year',current_date)
            as date) + gs.id-1,'DAY') as start_dates,
        count(*)
  from generate_series(1,366) gs(id)
 where gs.id <= (cast
                    ( date_trunc('year',current_date) +
                        interval '12 month' as date) -
    cast(date_trunc('year',current_date)
                    as date))
 group by to_char(
            cast(
     date_trunc('year',current_date)
        as date) + gs.id-1,'DAY')
```

```
START_DATE   COUNT(*)
----------   ----------
FRIDAY          52
MONDAY          52
SATURDAY        53
SUNDAY          52
THURSDAY        52
TUESDAY         52
WEDNESDAY       52
```

SQL Server

재귀 WITH 뷰 X의 인라인 뷰 TMP는 현재 연도의 첫 번째 날을 반환하며 표시합니다.

```
select cast(
       cast(year(getdate()) as varchar) + '-01-01'
           as datetime) start_date
  from t1

START_DATE
-----------
01-JAN-2005
```

올해의 첫날을 반환한 후 시작일과 종료일이 표시되도록 START_DATE에 1년을 추가합니다.
1년의 매일을 생성하기를 원하므로 두 날짜 모두 알아야 합니다. START_DATE와 END_DATE는
다음과 같습니다.

```
select start_date,
       dateadd(year,1,start_date) end_date
  from (
select cast(
       cast(year(getdate()) as varchar) + '-01-01'
           as datetime) start_date
  from t1
      ) tmp

START_DATE  END_DATE
----------- -----------
01-JAN-2005 01-JAN-2006
```

다음으로, START_DATE를 하루씩 반복하여 증가시키고 END_DATE가 되기 전에 중지합니다. 재귀 뷰 X에서 반환된 행의 일부는 다음과 같습니다.

```
with x (start_date,end_date)
 as (
select start_date,
        dateadd(year,1,start_date) end_date
   from (
select cast(
        cast(year(getdate()) as varchar) + '-01-01'
            as datetime) start_date
   from t1
        ) tmp
union all
select dateadd(day,1,start_date), end_date
   from x
 where dateadd(day,1,start_date) < end_date
 )
select * from x
OPTION (MAXRECURSION 366)

START_DATE  END_DATE
----------- -----------
01-JAN-2005 01-JAN-2006
02-JAN-2005 01-JAN-2006
03-JAN-2005 01-JAN-2006
...
29-JAN-2005 01-JAN-2006
30-JAN-2005 01-JAN-2006
31-JAN-2005 01-JAN-2006
...
01-DEC-2005 01-JAN-2006
02-DEC-2005 01-JAN-2006
03-DEC-2005 01-JAN-2006
...
29-DEC-2005 01-JAN-2006
30-DEC-2005 01-JAN-2006
31-DEC-2005 01-JAN-2006
```

마지막 단계는 재귀 뷰 X에서 반환된 행에 DATENAME 함수를 사용하고 각 요일이 발생하는 횟수를 세는 것입니다. 최종 결과는 다음과 같이 표시됩니다.

```
with x(start_date,end_date)
 as (
 select start_date,
        dateadd(year,1,start_date) end_date
   from (
 select cast(
        cast(year(getdate()) as varchar) + '-01-01'
             as datetime) start_date
   from t1
        ) tmp
 union all
 select dateadd(day,1,start_date), end_date
   from x
  where dateadd(day,1,start_date) < end_date
 )
 select datename(dw,start_date), count(*)
   from x
  group by datename(dw,start_date)
 OPTION (MAXRECURSION 366)

START_DATE    COUNT(*)
---------     ----------
FRIDAY            52
MONDAY            52
SATURDAY          53
SUNDAY            52
THURSDAY          52
TUESDAY           52
WEDNESDAY         52
```

8.7 현재 레코드와 다음 레코드 간의 날짜 차이 알아내기

문제 두 날짜(특히 다른 두 행에 저장된 날짜) 간의 일 차이를 확인하려고 합니다. 예를 들어 DEPTNO 10의 모든 사원의 채용일자와 (다른 부서에 있을 수 있는) 다음 사원의 채용일자 간의 일수를 확인하려고 합니다.

해법 이 문제의 해결 요령은 현재 사원이 채용된 후 가장 **빠른** HIREDATE를 찾는 것입니다. 그 뒤에 8.2절의 기법을 사용하여 날짜 차이를 찾습니다.

DB2

스칼라 서브쿼리를 사용하여 현재 HIREDATE에 따라 다음 HIREDATE를 찾습니다. 그런 다음 DAYS 함수를 사용하여 일자 차이를 찾습니다.

```
1 select x.*,
2        days(x.next_hd) - days(x.hiredate) diff
3   from (
4 select e.deptno, e.ename, e.hiredate,
5        lead(hiredate)over(order by hiredate) next_hd
6   from emp e
7  where e.deptno = 10
8        ) x
```

MySQL과 SQL Server

lead 함수를 사용하여 다음 행에 액세스합니다. SQL Server에서의 DATEDIFF가 여기에서 사용됩니다.

```
1 select x.ename, x.hiredate, x.next_hd,
2        datediff(x.hiredate,x.next_hd,day) as diff
3   from (
4 select deptno, ename, hiredate,
5        lead(hiredate)over(order by hiredate) as next_hd
6   from emp e
7        ) x
8  where e.deptno=10
```

MySQL은 첫 번째 인수('day')를 제외하고 나머지 두 인수의 순서를 바꾸면 됩니다.

```
2        datediff(x.next_hd, x.hiredate) diff
```

Oracle

윈도우 함수 LEAD OVER를 사용하여 현재 행을 기준으로 다음 HIREDATE에 액세스하여 빼기를 합니다.

```
1 select ename, hiredate, next_hd,
2        next_hd - hiredate diff
3   from (
4 select deptno, ename, hiredate,
5        lead(hiredate)over(order by hiredate) next_hd
6   from emp
7        )
8  where deptno=10
```

PostgreSQL

스칼라 서브쿼리를 사용하여 현재 HIREDATE에 대한 다음 HIREDATE를 찾습니다. 그런 다음 간단한 빼기를 사용하여 일 단위의 차이를 찾습니다.

```
1 select x.*,
2        x.next_hd - x.hiredate as diff
3   from (
4 select e.deptno, e.ename, e.hiredate,
5        lead(hiredate)over(order by hiredate) as next_hd
7   from emp e
8  where e.deptno = 10
9        ) x
```

설명 구문의 차이는 있지만 접근 방식은 모든 해법에서 같습니다. 윈도우 함수 LEAD를 사용한 다음, 8.2절에서 설명한 기술을 사용하여 두 날짜 간의 차이를 찾습니다.

추가적인 조인 없이 현재 행 주변의 행에 액세스하여 더 읽기 쉽고 효율적인 코드를 제공합니다. 윈도우 함수를 사용할 때 WHERE 절 이후에 평가되므로 이 해법에서는 인라인 뷰가 필요합니다. DEPTNO의 필터를 인라인 뷰로 이동하면 결과가 바뀝니다(DEPTNO 10의 HIREDATE만 고려됩니다). Oracle의 LEAD 및 LAG 함수를 논의할 때 언급해야 할 중요 사항 중 하나는 중복 항목이 있을 때의 작동입니다. 서문에서 우리는 코드를 망치게 만드는, 미처 예측할 수 없는 조건이 너무 많으므로 이러한 해법들을 '수동적으로' 코딩하지 않는다고 언급했습니다. 또는 모든 문제를 예측할 수 있더라도 SQL을 읽을 수 없는 결과를 초래하기도 합니다. 따라서 대부분 해법의 목표는 운영 시스템에서 사용할 수 있는 기술을 도입하는 것입니다. 이들 기술은 여러분의 특정 데이터에 맞게 테스트하고 여러 번 조정해야 합니다. 하지만 이 경우에는 해결 방법이 명확하지 않을 수 있으므로, 잠깐 논의해야 할 상황이 있습니다. 특히 Oracle이 아닌 시스템을 사용하는 고객의 경우라면 더 그렇습니다. 이 예에서는 EMP 테이블에 중복된 HIREDATE가 없지만, 테이블에 중복된 날짜 값이 있을 수 있습니다.

DEPTNO 10의 사원과 HIREDATE를 살펴봅시다.

```
select ename, hiredate
  from emp
 where deptno=10
 order by 2

ENAME  HIREDATE
------ -----------
CLARK  09-JUN-2006
KING   17-NOV-2006
MILLER 23-JAN-2007
```

이 예제에서는 11월 17일자로 킹(KING)을 포함한 5명의 사원을 고용하도록 4개의 중복 항목을 삽입하겠습니다.

```
insert into emp (empno,ename,deptno,hiredate)
values (1,'ant',10,to_date('17-NOV-2006'))
insert into emp (empno,ename,deptno,hiredate)
values (2,'joe',10,to_date('17-NOV-2006'))

insert into emp (empno,ename,deptno,hiredate)
values (3,'jim',10,to_date('17-NOV-2006'))

insert into emp (empno,ename,deptno,hiredate)
values (4,'choi',10,to_date('17-NOV-2006'))

select ename, hiredate
  from emp
 where deptno=10
 order by 2
```

```
ENAME  HIREDATE
------ -----------
CLARK  09-JUN-2006
ant    17-NOV-2006
joe    17-NOV-2006
KING   17-NOV-2006
jim    17-NOV-2006
choi   17-NOV-2007
MILLER 23-JAN-2007
```

이제 같은 날 DEPTNO 10에 여러 명의 사원이 고용되었습니다. 이 결과셋에서 제안된 해법을 사용하려고 하면(필터를 인라인 뷰로 이동하여 DEPTNO 10 및 해당 HIREDATE의 사원만 고려함) 다음과 같은 결과가 나옵니다.

```
select ename, hiredate, next_hd,
       next_hd - hiredate diff
  from (
select deptno, ename, hiredate,
       lead(hiredate)over(order by hiredate) next_hd
  from emp
 where deptno=10
        )

ENAME  HIREDATE    NEXT_HD         DIFF
------ ----------- ----------- ----------
CLARK  09-JUN-2006 17-NOV-2006      161
ant    17-NOV-2006 17-NOV-2006        0
joe    17-NOV-2006 17-NOV-2006        0
KING   17-NOV-2006 17-NOV-2006        0
jim    17-NOV-2006 17-NOV-2006        0
choi   17-NOV-2006 23-JAN-2007       67
MILLER 23-JAN-2007 (null)       (null)
```

같은 날 고용된 5명의 사원 중 4명의 DIFF 값을 보면 0임을 알 수 있습니다. 이것은 올바르지 않습니다. 같은 날에 고용된 모든 사원은 사원이 고용된 다음 날짜의 HIREDATE를 기준으로 평가해야 합니다(즉, 11월 17일에 고용된 모든 사원은 밀러(MILLER)의 HIREDATE에 대해 평가해야 합니다).

여기서 문제는 LEAD 함수가 HIREDATE에 따라 행을 정렬하지만, 중복에 대해 건너뛰지 않는다는 점입니다. 예를 들어 사원 앤트(ANT)의 HIREDATE와 사원 조(JOE)의 HIREDATE를 비교하면 차이는 0이므로 앤트에 대한 DIFF 값은 0입니다. 다행히 Oracle은 이와 같은 상황에 대한 간단한 해결 방법을 제공합니다. LEAD 함수를 호출할 때 LEAD에 인수를 전달하여 미래 행이 정확히 어디에 있는지 지정할 수 있습니다(즉, 다음 행인지 아니면 10 행 이후인지 등입니다).

따라서 사원 앤트의 입장에서는 1개 행 앞이 아니라 5개 행 앞을 보아야 합니다(다른 모든 중복 항목을 건너뛰려 합니다). 여기에 밀러가 있기 때문입니다. 조를 보면 밀러에서 4행, 짐(JIM)은 밀러에서 3행, 킹은 밀러에서 2행, 초이(CHOI)는 밀러에서 1행입니다. 정답을 맞추려면 LEAD에 대한 인수로 각 사원이 밀러와 얼마나 떨어져 있는지를 전달하면 됩니다. 다음은 그 해결 방법입니다.

```
select ename, hiredate, next_hd,
       next_hd - hiredate diff
  from (
select deptno, ename, hiredate,
       lead(hiredate,cnt-rn+1)over(order by hiredate) next_hd
  from (
select deptno,ename,hiredate,
       count(*)over(partition by hiredate) cnt,
       row_number()over(partition by hiredate order by empno) rn
  from emp
 where deptno=10
       )
       )

ENAME  HIREDATE    NEXT_HD        DIFF
------ ----------- ----------- ----------
CLARK  09-JUN-2006 17-NOV-2006      161
ant    17-NOV-2006 23-JAN-2007       67
joe    17-NOV-2006 23-JAN-2007       67
jim    17-NOV-2006 23-JAN-2007       67
choi   17-NOV-2006 23-JAN-2007       67
KING   17-NOV-2006 23-JAN-2007       67
MILLER 23-JAN-2007 (null)        (null)
```

이제 결과가 정확합니다. 같은 날 고용된 모든 사원은 자신과 일치하는 HIREDATE가 아니라 다음 HIREDATE와 비교하여 HIREDATE를 평가합니다. 해결 방법이 당장 명확하게 와 닿지 않을 때는 쿼리를 분석하면 됩니다. 인라인 뷰부터 살펴보겠습니다.

```
select deptno,ename,hiredate,
       count(*)over(partition by hiredate) cnt,
       row_number()over(partition by hiredate order by empno) rn
  from emp
 where deptno=10

DEPTNO ENAME  HIREDATE          CNT         RN
------ ------ ----------- ---------- ----------
    10 CLARK  09-JUN-2006           1          1
    10 ant    17-NOV-2006           5          1
    10 joe    17-NOV-2006           5          2
    10 jim    17-NOV-2006           5          3
    10 choi   17-NOV-2006           5          4
    10 KING   17-NOV-2006           5          5
    10 MILLER 23-JAN-2007           1          1
```

윈도우 함수 COUNT OVER는 각 HIREDATE가 발생하는 횟수를 세어서 이 값을 각 행에 반환합니다. 중복 HIREDATE의 경우 해당 HIREDATE의 각 행에 대해 5가 반환됩니다. 윈도우 함수 ROW_NUMBER OVER는 EMPNO로 각 사원의 순위를 매깁니다. 순위는 HIREDATE에 의해 구분되므로 중복된 HIREDATE가 없는 경우 사원의 순위는 1이 됩니다. 이 시점에서 모든 중복 항목이 계산되고 순위가 매겨지며 순위는 다음 HIREDATE까지의 차이 역할을 합니다(밀러의 HIREDATE). LEAD를 호출할 때 CNT에서 RN을 빼고 각 행에 1을 더하면 알 수 있습니다.

```
select deptno, ename, hiredate,
       cnt-rn+1 distance_to_miller,
       lead(hiredate,cnt-rn+1)over(order by hiredate) next_hd
  from (
select deptno,ename,hiredate,
       count(*)over(partition by hiredate) cnt,
       row_number()over(partition by hiredate order by empno) rn
  from emp
 where deptno=10
       )

DEPTNO ENAME  HIREDATE    DISTANCE_TO_MILLER NEXT_HD
------ ------ ----------- ------------------ -----------
    10 CLARK  09-JUN-2006                  1 17-NOV-2006
    10 ant    17-NOV-2006                  5 23-JAN-2007
    10 joe    17-NOV-2006                  4 23-JAN-2007
    10 jim    17-NOV-2006                  3 23-JAN-2007
```

```
10 choi   17-NOV-2006          2 23-JAN-2007
10 KING   17-NOV-2006          1 23-JAN-2007
10 MILLER 23-JAN-2007          1 (null)
```

보다시피 앞으로 이동할 적절한 값을 전달하면 LEAD 함수가 정확한 날짜에 빼기를 수행합니다.

8.8 마치며

날짜는 일반적인 데이터 유형이지만, 단순한 숫자 데이터 유형보다 구조가 더 복잡한 만큼 독특합니다. 벤더 간 표준화는 다른 영역보다 상대적으로 적지만, 모든 구현에는 구문이 약간 다르더라도 같은 작업을 수행하는 핵심 함수들이 있습니다. 이 핵심 함수들을 마스터하면 날짜를 쉽게 처리할 수 있습니다.

CHAPTER 9

날짜 조작 기법

9장에서는 날짜를 검색 및 수정하는 방법을 소개합니다. 날짜와 관련한 쿼리는 매우 일반적입니다. 따라서 날짜를 작업할 때 어떻게 생각해야 할지 알아야 하며 RDBMS 플랫폼이 날짜를 조작하기 위해 제공하는 함수를 잘 이해해야 합니다. 9장의 해법은 날짜뿐만 아니라 시간도 포함하는 더 복잡한 쿼리로 확장되어 향후 작업을 위한 중요한 토대를 형성합니다.

본격적으로 시작하기에 앞서, 이러한 해법을 특정 문제 해결을 위한 지침으로 사용한다는 개념을 강화하고자 합니다. '큰 그림'을 생각하세요. 예를 들어 레시피가 이번 달의 문제를 해결할 경우, 레시피에 사용한 월뿐만 아니라 다른 월(사소한 수정 포함)에서도 이 레시피를 사용할 수 있습니다. 다시 말해, 이들 레시피는 절대적으로 최종 옵션인 가이드라인입니다.

이 책에 여러분의 모든 문제에 대한 답을 다 담을 수는 없지만, 여기에서 제시하는 내용을 이해한다면 제시된 해법을 필요에 맞게 간단하게 수정하여 사용할 수 있습니다. 또한 이러한 해법의 대체 버전도 고려해 보길 바랍니다. 예를 들어 해법이 RDBMS에서 제공하는 특정 함수를 사용할 경우, 여기에 제시된 것보다 더 효율적인 대안이 있는지 알아보는 데 시간과 노력을 기울여야 합니다. 옵션을 알면 더 나은 SQL 프로그래머가 될 것입니다.

> **TIP_** 9장에 제시된 레시피는 단순 날짜 데이터 유형을 사용합니다. 더 복잡한 날짜 데이터 유형을 사용한다면 그에 따라 해법을 조정해야 합니다.

9.1 연도의 윤년 여부 결정하기

문제 현재 연도가 윤년인지 확인하려고 합니다.

해법 이미 SQL에서 작업한 경험이 있다면 이 문제를 해결하는 몇 가지 기법을 접해보았을 것입니다. 우리가 접했던 대부분의 해법이 잘 작동하겠지만, 아마 여기서 제시하는 해법이 가장 간단할 것입니다. 이 해법은 2월의 마지막 날만 확인합니다. 만약 29일이면 현재 연도는 윤년입니다.

DB2

재귀 **WITH** 절을 사용하여 2월의 매일을 반환합니다. 집계 함수 **MAX**를 사용하여 2월의 마지막 날을 알아냅니다.

```
 1   with x (dy,mth)
 2     as (
 3 select dy, month(dy)
 4   from (
 5 select (current_date -
 6          dayofyear(current_date) days +1 days)
 7           +1 months as dy
 8   from t1
 9        ) tmp1
10  union all
11 select dy+1 days, mth
12   from x
13  where month(dy+1 day) = mth
14 )
15 select max(day(dy))
16   from x
```

Oracle

LAST_DAY 함수를 사용하여 2월의 마지막 날을 찾습니다.

```
1 select to_char(
```

```
2          last_day(add_months(trunc(sysdate,'y'),1)),
3          'DD')
4   from t1
```

PostgreSQL

GENERATE_SERIES 함수를 사용하여 2월의 매일을 반환한 다음, 집계 함수 MAX를 사용하여 2월의 마지막 날을 찾습니다.

```
 1 select max(to_char(tmp2.dy+x.id,'DD')) as dy
 2   from (
 3 select dy, to_char(dy,'MM') as mth
 4   from (
 5 select cast(cast(
 6           date_trunc('year',current_date) as date)
 7                     + interval '1 month' as date) as dy
 8   from t1
 9       ) tmp1
10       ) tmp2, generate_series (0,29) x(id)
11  where to_char(tmp2.dy+x.id,'MM') = tmp2.mth
```

MySQL

LAST_DAY 함수를 사용하여 2월의 마지막 날을 찾습니다.

```
1 select day(
2       last_day(
3       date_add(
4       date_add(
5       date_add(current_date,
6               interval -dayofyear(current_date) day),
7               interval 1 day),
8               interval 1 month))) dy
9   from t1
```

SQL Server

SQL Server의 DAY 함수를 사용하여 현재 연도의 2월 29일 날짜를 가져오려 합니다. 2월 29일

이 유효하지 않으면 DAY 함수는 null을 반환합니다. COALESCE 함수는 유효한 경우 DAY 함수의
값을 반환하고 그렇지 않은 경우 28을 반환합니다.

```
select coalesce
        (day
            (cast(concat
            (year(getdate()),'-02-29')
            as date))
            ,28);
```

설명 이 설명은 DB2, Oracle, PostgreSQL, MySQL, SQL Server로 구분됩니다.

DB2

재귀 뷰 X의 인라인 뷰 TMP1은 2월의 첫날을 반환합니다.

1. 현재 날짜부터 시작합니다.
2. DAYOFYEAR를 사용하여 현재 날짜가 포함된 연도의 일수를 결정합니다.
3. 현재 날짜에서 해당 일수를 빼서 전년도 12월 31일을 얻은 다음, 1을 더하여 현재 연도의 1월 1일을 가져옵니다.
4. 1개월을 추가하여 2월 1일을 가져옵니다.

이 모든 계산의 결과가 다음과 같습니다.

```
select (current_date
        dayofyear(current_date) days +1 days) +1 months as dy
  from t1

DY
-----------
01-FEB-2005
```

다음 단계는 MONTH 함수를 사용하여 인라인 뷰 TMP1에서 반환한 날짜의 월을 반환하는 것입니다.

```
select dy, month(dy) as mth
  from (
select (current_date
          dayofyear(current_date) days +1 days) +1 months as dy
  from t1
      ) tmp1

DY          MTH
----------- ---
01-FEB-2005  2
```

지금까지 제시된 결과는 2월의 매일을 생성하는 재귀 연산의 시작점을 제공합니다. 2월의 매일을 반환하려면 2월이 아닐 때까지 반복해서 하루를 DY에 추가합니다. WITH 연산의 일부 결과가 다음과 같이 표시됩니다.

```
  with x (dy,mth)
    as (
select dy, month(dy)
  from (
select (current_date -
          dayofyear(current_date) days +1 days) +1 months as dy
  from t1
      ) tmp1
 union all
 select dy+1 days, mth
   from x
  where month(dy+1 day) = mth
 )
 select dy,mth
   from x

DY          MTH
----------- ---
01-FEB-2005  2
...
10-FEB-2005  2
...
28-FEB-2005  2
```

마지막 단계는 DY 열에서 MAX 함수를 사용하여 2월의 마지막 날을 반환하는 것입니다. 29일이면 윤년입니다.

Oracle

첫 번째 단계는 TRUNC 함수를 사용하여 연도의 시작을 찾습니다.

```
select trunc(sysdate,'y')
  from t1

DY
-----------
01-JAN-2005
```

한 해의 첫 번째 날이 1월 1일이므로 다음 단계는 2월 1일에 도달하기 위해 한 달을 추가하는 것입니다.

```
select add_months(trunc(sysdate,'y'),1) dy
  from t1

DY
-----------
01-FEB-2005
```

다음 단계는 LAST_DAY 함수를 사용하여 2월의 마지막 날을 찾는 것입니다.

```
select last_day(add_months(trunc(sysdate,'y'),1)) dy
  from t1

DY
-----------
28-FEB-2005
```

마지막 단계는 선택사항으로 TO_CHAR을 사용하여 28 또는 29를 반환하는 것입니다.

PostgreSQL

첫 번째 단계는 인라인 뷰 TMP1에서 반환된 결과를 검사하는 것입니다. DATE_TRUNC 함수를 사용하여 현재 연도의 시작을 찾고 그 결과를 DATE로 캐스트합니다.

```
select cast(date_trunc('year',current_date) as date) as dy
  from t1

DY
-----------
01-JAN-2005
```

다음 단계는 현재 연도의 첫 번째 날에 한 달을 더하여 2월의 첫 번째 날을 가져오고, 그 결과를 날짜로 캐스팅하는 것입니다.

```
select cast(cast(
            date_trunc('year',current_date) as date)
                      + interval '1 month' as date) as dy
  from t1

DY
-----------
01-FEB-2005
```

다음으로, DY의 월 숫자와 마찬가지로 인라인 뷰 TMP1에서 DY를 반환합니다. TO_CHAR 함수를 사용하여 월 숫자를 반환합니다.

```
select dy, to_char(dy,'MM') as mth
   from (
 select cast(cast(
            date_trunc('year',current_date) as date)
                      + interval '1 month' as date) as dy
   from t1
       ) tmp1

DY          MTH
----------- ---
01-FEB-2005  2
```

지금까지 표시된 결과는 인라인 뷰 TMP2의 결과셋을 구성합니다. 다음 단계는 매우 유용한 함수 GENERATE_SERIES를 사용하여 29개의 행(값 1~29)을 반환하는 것입니다. GENERATE_SERIES(별칭 X)에 의해 반환된 모든 행은 인라인 뷰 TMP2에서 DY에 추가됩니다. 다음과 같이 일부 결과가 표시됩니다.

```
select tmp2.dy+x.id as dy, tmp2.mth
  from (
select dy, to_char(dy,'MM') as mth
  from (
select cast(cast(
          date_trunc('year',current_date) as date)
                      + interval '1 month' as date) as dy
  from t1
      ) tmp1
      ) tmp2, generate_series (0,29) x(id)
 where to_char(tmp2.dy+x.id,'MM') = tmp2.mth

DY          MTH
----------- ---
01-FEB-2005  02
...
10-FEB-2005  02
...
28-FEB-2005  02
```

마지막 단계는 MAX 함수를 사용하여 2월의 마지막 날을 반환하는 것입니다. TO_CHAR 함수를
해당 값에 적용하여 28 또는 29를 반환합니다.

MySQL

첫 번째 단계는 현재 날짜에서 해당 연도의 일수를 뺀 다음, 1일을 더하여 현재 연도의 첫 번째
날을 찾는 것입니다. DATE_ADD 함수로 이 작업을 수행합니다.

```
select date_add(
       date_add(current_date,
               interval -dayofyear(current_date) day),
               interval 1 day) dy
  from t1

DY
-----------
01-JAN-2005
```

그런 다음 DATE_ADD 함수를 사용하여 한 달을 다시 추가합니다.

```
select date_add(
       date_add(
       date_add(current_date,
               interval -dayofyear(current_date) day),
               interval 1 day),
               interval 1 month) dy
  from t1

DY
-----------
01-FEB-2005
```

이제 2월이 되었으니 **LAST_DAY** 함수를 사용하여 월의 마지막 날을 찾습니다.

```
select last_day(
       date_add(
       date_add(
       date_add(current_date,
               interval -dayofyear(current_date) day),
               interval 1 day),
               interval 1 month)) dy
  from t1

DY
-----------
28-FEB-2005
```

마지막 단계(선택 사항)는 **DAY** 함수를 사용하여 28 또는 29를 반환하는 것입니다.

SQL Server

인식된 날짜 형식의 문자열을 만들고 **CAST**를 사용하여 형식을 변경하면 대부분의 RDBMS에서 새 날짜를 만들 수 있습니다. 따라서 현재 날짜에서 연도를 뽑아서 현재 연도를 사용할 수 있습니다. SQL Server에서는 **YEAR**를 **GET_DATE**에 적용하여 수행합니다.

```
select YEAR(GETDATE());
```

연도를 정수로 반환합니다. 그런 다음 **CONCAT**와 **CAST**를 사용하여 2월 29일을 만들 수 있습니다.

```
select cast(concat
              (year(getdate()),'-02-29');
```

그러나 올해가 윤년이 아니라면 이것은 실제 날짜가 아닙니다. 예를 들어 '2019-02-29'라는 날짜는 존재하지 않습니다. 따라서 DAY와 같은 연산자를 사용하여 해당 부분을 찾으려 하면 null을 반환합니다. 따라서 COALESCE 및 DAY를 사용하여 해당 월에 29일이 있는지 여부를 확인합니다.

9.2 연도의 날짜 수 알아내기

문제 현재 연도의 일수를 계산하려고 합니다.

해법 현재 연도의 일수는 다음 해의 첫날과 올해의 첫날(일)간 차이입니다. 각 해법에 대한 단계는 다음과 같습니다.

1. 올해의 첫 번째 날을 찾습니다.
2. 다음 해의 첫 번째 날을 알기 위해 1년을 해당 날짜에 추가합니다.
3. 2단계의 결과에서 현재 연도를 뺍니다.

해법에서는 내장 함수만 사용하여 이러한 단계를 처리합니다.

DB2

DAYOFYEAR 함수를 사용하여 현재 연도의 첫 번째 날을 찾고 DAYS를 사용하여 현재 연도의 일수를 찾습니다.

```
1 select days((curr_year + 1 year)) - days(curr_year)
2   from (
3 select (current_date -
4           dayofyear(current_date) day +
5             1 day) curr_year
```

```
6   from t1
7       ) x
```

Oracle

TRUNC 함수를 사용하여 현재 연도의 시작을 찾고 ADD_MONTHS를 사용하여 내년의 시작을 찾습니다.

```
1 select add_months(trunc(sysdate,'y'),12) - trunc(sysdate,'y')
2   from dual
```

PostgreSQL

현재 연도의 시작을 찾으려면 DATE_TRUNC 함수를 사용합니다. 그런 다음 구간 연산interval arithmetic을 사용하여 내년의 시작을 알아냅니다.

```
1 select cast((curr_year + interval '1 year') as date) - curr_year
2   from (
3 select cast(date_trunc('year',current_date) as date) as curr_year
4   from t1
5       ) x
```

MySQL

ADDDATE를 사용하면 현재 연도의 시작을 찾을 수 있습니다. DATEDIFF 및 구간 연산을 사용하여 연도의 일수를 결정합니다.

```
1 select datediff((curr_year + interval 1 year),curr_year)
2   from (
3 select adddate(current_date,-dayofyear(current_date)+1) curr_year
4   from t1
5       ) x
```

SQL Server

DATEADD 함수를 사용하여 현재 연도의 첫 번째 날을 찾습니다. DATEDIFF를 사용하여 현재 연도의 일수를 반환합니다.

```
1 select datediff(d,curr_year,dateadd(yy,1,curr_year))
2   from (
3 select dateadd(d,-datepart(dy,getdate())+1,getdate()) curr_year
4   from t1
5       ) x
```

설명 이 설명은 DB2, Oracle, PostgreSQL, MySQL, SQL Server로 구분됩니다.

DB2

첫 번째 단계는 올해의 첫 번째 날을 찾는 것입니다. **DAYOFYEAR**를 사용하여 현재 연도에 있는 일수를 알아냅니다. 현재 날짜에서 해당 값을 빼서 작년의 마지막 날을 구한 다음 1을 더합니다.

```
select (current_date
        dayofyear(current_date) day +
          1 day) curr_year
  from t1

CURR_YEAR
-----------
01-JAN-2005
```

올해의 첫 번째 날을 구했으므로 여기에 1년을 더하면 내년의 첫 번째 날을 알 수 있습니다. 그리고 다음 연도의 시작에서 현재 연도의 시작을 뺍니다.

Oracle

첫 번째 단계는 내장 **TRUNC** 함수를 호출하고 Y를 두 번째 인수로 전달하여 현재 연도의 첫 번째 날을 쉽게 찾을 수 있습니다.

```
select select trunc(sysdate,'y') curr_year
  from dual

CURR_YEAR
-----------
01-JAN-2005
```

그런 다음 1년을 더하여 다음 해의 첫 번째 날에 다다릅니다. 마지막으로 두 날짜를 빼서 현재 연도의 일수를 찾습니다.

PostgreSQL

올해의 첫 번째 날부터 찾습니다. 이를 수행하려면 다음과 같이 DATE_TRUNC 함수를 호출합니다.

```
select cast(date_trunc('year',current_date) as date) as curr_year
  from t1

CURR_YEAR
-----------
01-JAN-2005
```

그런 다음 연도를 쉽게 추가하여 내년의 첫 번째 날을 계산할 수 있습니다. 이제 두 날짜를 빼기만 하면 됩니다. 이후 날짜에서 이전 날짜를 빼야 합니다. 결괏값은 현재 연도의 일수입니다.

MySQL

첫 번째 단계는 올해의 첫 번째 날을 찾는 것입니다. DAYOFYEAR를 사용하여 현재 연도의 일수를 찾습니다. 현재 날짜에서 해당 값을 빼고 1을 더합니다.

```
select adddate(current_date,-dayofyear(current_date)+1) curr_year
  from t1

CURR_YEAR
-----------
01-JAN-2005
```

이제 올해의 첫 번째 날이 있으므로, 여기에 1년을 더하여 내년의 첫 번째 날을 가져옵니다. 그런 다음 내년의 첫 번째 날에서 올해의 첫 번째 날을 뺍니다. 결과는 현재 연도의 일수입니다.

SQL Server

첫 번째 단계는 올해의 첫 번째 날을 찾는 것입니다. DATEADD 및 DATEPART를 사용하여 현재 날짜에서 현재 날짜가 있는 연도의 일수를 뺀 후 1을 더합니다.

```
select dateadd(d,-datepart(dy,getdate())+1,getdate()) curr_year
  from t1

CURR_YEAR
-----------
01-JAN-2005
```

이제 올해의 첫 번째 날이 있으므로 여기에 1년을 더하여 내년의 첫 번째 날을 가져옵니다. 그런 다음 내년의 시작에서 올해의 시작을 뺍니다. 결과는 현재 연도의 일수입니다.

9.3 날짜에서 시간 단위 추출하기

문제 현재 날짜를 연, 월, 일, 시, 분, 초의 여섯 부분으로 나누고 그 결과를 숫자로 반환하려고 합니다.

해법 임의로 현재 날짜를 사용하겠습니다. 이 레시피는 다른 날짜에도 얼마든지 적용할 수 있습니다. 대부분의 벤더는 현재 날짜의 일부를 추출하려고 ANSI 표준 함수인 **EXTRACT**를 채택하지만, SQL Server는 예외적으로 자체적인 기존 방법을 유지합니다.

DB2

DB2는 날짜의 일부를 쉽게 추출할 수 있도록 하는 일련의 내장 함수를 구현합니다. 함수 **HOUR, MINUTE, SECOND, DAY, MONTH** 및 **YEAR**는 반환할 수 있는 시간 단위와 일치합니다. 요일을 원하면 **DAY**를 사용하고 시간은 **HOUR**를 사용하는 등입니다. 예를 들면 다음과 같습니다.

```
1 select     hour( current_timestamp ) hr,
2          minute( current_timestamp ) min,
3          second( current_timestamp ) sec,
4             day( current_timestamp ) dy,
5           month( current_timestamp ) mth,
6            year( current_timestamp ) yr
7   from t1
```

```
select
        extract(hour from current_timestamp)
      , extract(minute from current_timestamp
      , extract(second from current_timestamp)
      , extract(day from current_timestamp)
      , extract(month from current_timestamp)
      , extract(year from current_timestamp)


  HR   MIN   SEC    DY   MTH    YR
 ----  ----- -----  ----- ----- -----
  20    28    36    15     6   2005
```

Oracle

TO_CHAR 및 TO_NUMBER 함수를 사용하여 날짜에서 특정 시간 단위를 반환합니다.

```
1  select to_number(to_char(sysdate,'hh24')) hour,
2         to_number(to_char(sysdate,'mi')) min,
3         to_number(to_char(sysdate,'ss')) sec,
4         to_number(to_char(sysdate,'dd')) day,
5         to_number(to_char(sysdate,'mm')) mth,
6         to_number(to_char(sysdate,'yyyy')) year
7    from dual

  HOUR   MIN   SEC   DAY   MTH  YEAR
 ------ ----- ----- ----- ----- -----
   20    28    36    15     6   2005
```

PostgreSQL

TO_CHAR 및 TO_NUMBER 함수를 사용하여 날짜에서 특정 시간 단위를 반환합니다.

```
1 select to_number(to_char(current_timestamp,'hh24'),'99') as hr,
2        to_number(to_char(current_timestamp,'mi'),'99') as min,
3        to_number(to_char(current_timestamp,'ss'),'99') as sec,
4        to_number(to_char(current_timestamp,'dd'),'99') as day,
5        to_number(to_char(current_timestamp,'mm'),'99') as mth,
6        to_number(to_char(current_timestamp,'yyyy'),'9999') as yr
7    from t1
```

```
 HR   MIN   SEC   DAY   MTH    YR
----  ----  ----  ----  ----  -----
 20    28    36    15     6   2005
```

MySQL

DATE_FORMAT 함수를 사용하여 날짜에서 특정 시간 단위를 반환합니다.

```
1 select date_format(current_timestamp,'%k') hr,
2        date_format(current_timestamp,'%i') min,
3        date_format(current_timestamp,'%s') sec,
4        date_format(current_timestamp,'%d') dy,
5        date_format(current_timestamp,'%m') mon,
6        date_format(current_timestamp,'%Y') yr
7   from t1

 HR   MIN   SEC   DAY   MTH    YR
----  ----  ----  ----  ----  -----
 20    28    36    15     6   2005
```

SQL Server

DATEPART 함수를 사용하여 날짜에서 특정 시간 단위를 반환합니다.

```
1 select datepart( hour, getdate()) hr,
2        datepart( minute,getdate()) min,
3        datepart( second,getdate()) sec,
4        datepart( day, getdate()) dy,
5        datepart( month, getdate()) mon,
6        datepart( year, getdate()) yr
7   from t1

 HR   MIN   SEC   DAY   MTH    YR
----  ----  ----  ----  ----  -----
 20    28    36    15     6   2005
```

설명 이러한 해법에는 별다른 것이 없습니다. 이미 알고 있는 지식을 활용하셔도 됩니다. 시간이 된다면, 사용 가능한 날짜 함수를 알아보길 바랍니다. 이 레시피는 각 해법에 제시된 함수의 겉핥기일 뿐입니다. 각 함수는 더 많은 인수를 취하여 현재 레시피가 제공하는 것보다 더 많은 정보를 반환할 수 있습니다.

9.4 월의 첫 번째 요일과 마지막 요일 알아내기

문제 이번 달의 첫 번째 요일과 마지막 요일을 확인하려고 합니다.

해법 여기에 제시한 해법은 해당 월의 첫 번째 요일과 마지막 요일을 찾기 위한 것입니다. 임의로 현재 월을 사용하겠습니다. 약간만 조정하면 원하는 월에 대해 해법을 적용할 수 있습니다.

DB2

DAY 함수를 사용하여 현재 날짜가 나타내는 현재 월의 일수를 반환합니다. 현재 날짜에서 이 값을 뺀 다음 1을 더하여 월의 첫 번째 값을 얻습니다. 해당 월의 마지막 날을 알려면 현재 날짜에 한 달을 더한 날짜에 적용된 DAY 함수가 반환한 값을 뺍니다.

```
1 select (date(current_date) - day(date(current_date)) day + 1 day) firstday,
2         (date(current_date)+1 month)
3          - day(date(current_date)+1 month) day) lastday
4   from t1
```

Oracle

TRUNC 함수를 사용하여 월의 1일을 찾고 LAST_DAY 함수를 사용하여 해당 월의 마지막 날을 찾습니다.

```
1 select trunc(sysdate,'mm') firstday,
2        last_day(sysdate) lastday
3   from dual
```

PostgreSQL

DATE_TRUNC 함수를 사용하여 현재 날짜를 현재 월의 1일로 자릅니다. 여기에 한 달을 더하고 하루를 빼서 이번 달의 마지막 날을 찾습니다.

```
1 select firstday,
2        cast(firstday + interval '1 month'
3                     - interval '1 day' as date) as lastday
4   from (
5 select cast(date_trunc('month',current_date) as date) as firstday
6   from t1
7        ) x
```

MySQL

DATE_ADD 및 DAY 함수를 사용하여 현재 날짜가 있는 월의 일수를 찾습니다. 그런 다음 현재 날짜에서 해당 값을 빼고 1을 더하여 해당 월의 1일을 찾습니다. 이번 달의 마지막 날을 찾으려면 LAST_DAY 함수를 사용합니다.

```
1 select date_add(current_date,
2                interval -day(current_date)+1 day) firstday,
3        last_day(current_date) lastday
4   from t1
```

SQL Server

DATEADD 및 DAY 함수를 사용하여 현재 날짜가 나타내는 월의 일수를 찾습니다. 그런 다음, 현재 날짜에서 해당 값을 빼고 1을 더하여 해당 월의 1일을 찾습니다. 해당 월의 마지막 날을 찾으려면 현재 날짜에 한 달을 더한 다음, DAY 및 DATEADD 함수를 다시 사용하여 현재 날짜에 적용된 DAY 함수가 반환한 값을 뺍니다.

```
1 select dateadd(day,-day(getdate())+1,getdate()) firstday,
2        dateadd(day,
```

```
3                -day(dateadd(month,1,getdate())),
4                dateadd(month,1,getdate())) lastday
5        from t1
```

설명 이 설명은 DB2, Oracle, PostgreSQL, MySQL, SQL Server로 구분됩니다.

DB2

월의 첫 번째 날을 찾으려면 해당 월의 현재 날짯값을 찾은 다음 현재 날짜에서 이 값을 뺍니다. 예를 들어 날짜가 3월 14일이면 날짯값은 14입니다. 3월 14일에서 14일을 빼면 2월의 마지막 날이 됩니다. 여기에서 하루를 추가하면 이번 달의 첫 번째 날짜로 이동합니다. 달의 마지막 날을 가져오는 기법은 첫 번째 날짜와 유사합니다. 이전 달의 마지막 날을 가져오려면 현재 날짜에서 날짯값을 뺍니다. 이전 달의 마지막 날이 아닌 이번 달의 마지막 날을 원하므로 현재 날짜에 한 달을 추가해야 합니다.

Oracle

해당 월의 첫 번째 날을 찾으려면 TRUNC 함수를 사용하여 두 번째 인수에 'mm'을 지정하여 현재 날짜를 해당 월의 첫 번째 날짜로 잘라냅니다. 해당 월의 마지막 날을 찾으려면 LAST_DAY 함수를 사용합니다.

PostgreSQL

해당 월의 첫 번째 날을 찾으려면 두 번째 인수로 'month'와 함께 DATE_TRUNC 함수를 사용하여 현재 날짜를 해당 월의 첫 번째 날짜로 잘라냅니다. 해당 월의 마지막 날을 찾으려면 월의 첫 번째 날에 한 달을 더한 다음 하루를 뺍니다.

MySQL

월의 첫 번째 날을 찾으려면 DAY 함수를 사용합니다. DAY 함수는 전달된 날짜의 일을 반환합니다. 현재 날짜에서 DAY(CURRENT_DATE)에 의해 반환된 값을 빼면 이전 달의 마지막 날이 됩니다. 1일을 추가하면 이번 달의 첫 번째 날을 알 수 있습니다. 이번 달의 마지막 날을 찾으려면 LAST_DAY 함수를 사용합니다.

SQL Server

월의 첫 번째 날을 찾으려면 DAY 함수를 사용합니다. DAY 함수는 전달된 날짜의 일을 편리하게 반환합니다. 현재 날짜에서 DAY(GETDATE())로 반환된 값을 빼면 이전 달의 마지막 날이 됩니다. 이번 달의 첫 번째 날을 얻으려면 1일을 추가합니다. 이번 달의 마지막 날을 찾으려면 DATEADD 함수를 사용합니다. 현재 날짜에 한 달을 더한 다음 DAY(GETDATE())에서 반환한 값을 빼서 현재 달의 마지막 날을 가져옵니다. 현재 날짜에 한 달을 더한 다음 DAY(DATEADD(MONTH, 1, GETDATE()))에서 반환한 값을 빼서 현재 달의 첫 번째 날을 가져옵니다.

9.5 연도의 특정 요일의 모든 날짜 알아내기

문제 연도의 특정 요일에 해당하는 모든 날짜를 찾으려고 합니다. 예를 들어 올해의 금요일 목록을 생성하려고 합니다.

해법 벤더와 관계없이 해법의 핵심은 현재 연도의 매일을 반환하고 관심 있는 요일에 해당하는 날짜만 남기는 것입니다. 해법 예제는 모든 금요일을 남기려 합니다.

DB2

재귀 WITH 절을 사용하여 현재 연도의 매일을 반환합니다. 그런 다음 DAYNAME 함수를 사용하여 금요일만 남겨둡니다.

```
1   with x (dy,yr)
2     as (
3  select dy, year(dy) yr
4    from (
5  select (current_date -
6          dayofyear(current_date) days +1 days) as dy
7    from t1
8         ) tmp1
9  union all
10 select dy+1 days, yr
```

```
11   from x
12  where year(dy +1 day) = yr
13 )
14 select dy
15   from x
16  where dayname(dy) = 'Friday'
```

Oracle

재귀 CONNECT BY 절을 사용하여 현재 연도의 매일을 반환합니다. 그런 다음 TO_CHAR 함수를 사용하여 금요일만 남겨둡니다.

```
1   with x
2     as (
3 select trunc(sysdate,'y')+level-1 dy
4   from t1
5   connect by level <=
6       add_months(trunc(sysdate,'y'),12)-trunc(sysdate,'y')
7 )
8 select *
9   from x
10  where to_char( dy, 'dy') = 'fri'
```

PostgreSQL

재귀 CTE를 사용하여 한 해의 매일을 생성하고 금요일이 아닌 날을 걸러냅니다. 이 버전은 ANSI 표준 EXTRACT를 사용하므로 다양한 RDBMS에서도 실행됩니다.

```
1   with recursive cal (dy)
2     as (
3   select current_date
4     -(cast
5      (extract(doy from current_date) as integer)
6     -1)
7   union all
8   select dy+1
9   from cal
10  where extract(year from dy)=extract(year from (dy+1))
11       )
```

```
12
13    select dy,extract(dow from dy) from cal
14    where cast(extract(dow from dy) as integer) = 5
```

MySQL

재귀 CTE를 사용하여 연도의 매일을 찾습니다. 그런 다음 금요일을 제외한 모든 날짜를 필터링합니다.

```
1       with recursive cal (dy,yr)
2     as
3     (
4     select dy, extract(year from dy) as yr
5     from
6     (select adddate
7             (adddate(current_date, interval - dayofyear(current_date)
8     day), interval 1 day) as dy) as tmp1
9     union all
10      select date_add(dy, interval 1 day), yr
11    from cal
12    where extract(year from date_add(dy, interval 1 day)) = yr
13    )
14      select dy from cal
15      where dayofweek(dy) = 6
```

SQL Server

재귀 WITH 절을 사용하여 현재 연도의 매일을 반환합니다. 그런 다음 DAYNAME 함수를 사용하여 금요일만 남겨둡니다.

```
1    with x (dy,yr)
2       as (
3  select dy, year(dy) yr
4    from (
5  select getdate()-datepart(dy,getdate())+1 dy
6    from t1
7         ) tmp1
8   union all
9  select dateadd(dd,1,dy), yr
10    from x
```

```
11  where year(dateadd(dd,1,dy)) = yr
12 )
13 select x.dy
14   from x
15  where datename(dw,x.dy) = 'Friday'
16 option (maxrecursion 400)
```

설명 이 설명은 DB2, Oracle, PostgreSQL, MySQL, SQL Server로 구분됩니다.

DB2

올해의 모든 금요일을 찾으려면 올해의 매일을 반환할 수 있어야 합니다. 첫 번째 단계는 DAYOFYEAR 함수를 사용하여 연도의 첫 번째 날을 찾는 것입니다. 현재 날짜에서 DAYOFYEAR (CURRENT_DATE)가 반환한 값을 빼서 전년도 12월 31일을 얻은 다음 1을 더하여 현재 연도의 첫 번째 날을 얻습니다.

```
select (current_date
        dayofyear(current_date) days +1 days) as dy
  from t1


DY
-----------
01-JAN-2005
```

이제 연도의 첫 번째 날이 있으므로 WITH 절을 사용하여 현재 연도에 더 속하지 않을 때까지 해당 연도의 첫 번째 날에 하루를 반복해서 추가합니다. 결과셋은 현재 연도의 매일입니다(재 귀 뷰 X에서 반환된 일부 행이 다음 결과셋에 나타납니다).

```
 with x (dy,yr)
   as (
select dy, year(dy) yr
  from (
select (current_date
        dayofyear(current_date) days +1 days) as dy
  from t1
        ) tmp1
union all
select dy+1 days, yr
```

```
   from x
 where year(dy +1 day) = yr
)
select dy
  from x

DY
-----------
01-JAN-2020
...
15-FEB-2020
...
22-NOV-2020
...
31-DEC-2020
```

마지막 단계는 **DAYNAME** 함수를 사용하여 금요일 행만 유지하는 것입니다.

Oracle

현재 연도의 모든 금요일을 찾으려면 현재 연도의 매일을 반환해야 합니다. 먼저 TRUNC 함수를 사용하여 연도의 첫 번째 날을 찾습니다.

```
select trunc(sysdate,'y') dy
  from t1

DY
-----------
01-JAN-2020
```

다음으로 **CONNECT BY** 절을 사용하여 현재 연도의 매일을 반환합니다(**CONNECT BY**를 사용하여 행을 생성하는 방법을 이해하려면 10.5절을 참조하세요).

> **TIP_** 이 레시피는 **WITH** 절을 사용하지만, 이와 별개로 인라인 뷰도 사용할 수 있습니다.

다음은 뷰 X에서 반환된 결과셋의 일부입니다.

```
 with x
   as (
select trunc(sysdate,'y')+level-1 dy
from t1
 connect by level <=
    add_months(trunc(sysdate,'y'),12)-trunc(sysdate,'y')
)
select *
from x

DY
-----------
01-JAN-2020
...
15-FEB-2020
...
22-NOV-2020
...
31-DEC-2020
```

마지막 단계는 **TO_CHAR** 함수를 사용하여 금요일만 남기는 것입니다.

PostgreSQL

금요일을 찾으려면 먼저 모든 요일을 찾습니다. 현재 연도의 첫 번째 날을 찾은 다음 재귀 CTE를 사용하여 나머지 날짜를 채웁니다. PostgreSQL은 재귀 CTE를 식별하기 위해 **RECURSIVE** 키워드를 사용해야 합니다.

MySQL

현재 연도의 모든 금요일을 찾으려면 현재 연도의 매일을 반환해야 합니다. 첫 번째 단계는 현재 연도의 첫 번째 날을 찾는 것입니다. 현재 날짜에서 **DAYOFYEAR(CURRENT_DATE)**가 반환한 값을 뺀 다음 1을 더하여 현재 연도의 첫 번째 날을 가져옵니다.

```
select adddate(
      adddate(current_date,
             interval -dayofyear(current_date) day),
             interval 1 day ) dy
  from t1
```

```
DY
-----------
01-JAN-2020
```

연도의 첫 번째 날이 정해지면 재귀 CTE를 사용하여 1년의 매일을 간단히 추가할 수 있습니다.

```
with cal (dy) as
(select current

union all
select dy+1

DY
-----------
01-JAN-2020
...
15-FEB-2020
...
22-NOV-2020
...
31-DEC-2020
```

마지막 단계는 DAYNAME 함수를 사용하여 금요일만 남기는 것입니다.

SQL Server

현재 연도의 모든 금요일을 찾으려면 현재 연도의 매일을 반환해야 합니다. 첫 번째 단계는 DATEPART 함수를 사용하여 연도의 첫 번째 날을 찾는 것입니다. 현재 날짜에서 DATEPART(DY, GETDATE())가 반환한 값을 뺀 다음, 1을 더하여 현재 연도의 첫 번째 날을 가져옵니다.

```
select getdate()-datepart(dy,getdate())+1 dy
  from t1

DY
-----------
01-JAN-2005
```

이제 연도의 첫 번째 날이 있으므로 WITH 절과 DATEADD 함수를 사용하여 현재 연도가 아닐 때까지 연도의 첫 번째 날에 하루를 반복해서 추가합니다. 결과셋은 현재 연도의 매일입니다(다음은 재귀 뷰 X에서 반환된 행의 일부입니다).

```
with x (dy,yr)
  as (
select dy, year(dy) yr
  from (
select getdate()-datepart(dy,getdate())+1 dy
  from t1
       ) tmp1
 union all
select dateadd(dd,1,dy), yr
  from x
 where year(dateadd(dd,1,dy)) = yr
)
select x.dy
  from x
option (maxrecursion 400)

DY
-----------
01-JAN-2020
...
15-FEB-2020
...
22-NOV-2020
...
31-DEC-2020
```

마지막으로 DATENAME 함수를 사용하여 금요일인 행만 남겨둡니다. 이 해법이 제대로 작동하려면 MAXRECURSION을 최소 366으로 설정해야 합니다(재귀 뷰 X에서 연도 부분에 대한 필터는 366개 이상의 행을 생성하지 않음을 보장합니다).

9.6 월의 특정 요일의 첫 번째 및 마지막 발생일 알아내기

문제 예를 들어 이번 달의 첫 번째 및 마지막 월요일을 찾으려고 합니다.

해법 임의로 월요일과 이번 달을 대상으로 진행하겠습니다. 이 해법에서 제시하는 방법은 평일 및 월에 상관없이 사용할 수 있습니다. 각 평일은 7일씩 차이가 나므로, 원하는 요일의 해당 월의 첫 번째 날짜가 있으면 7일을 추가하여 두 번째를 얻고 14일을 더하여 세 번째를 얻을 수 있습니다. 마찬가지로, 해당 월의 마지막 날짜가 있는 경우 7일을 빼서 세 번째를 얻고 14일을 빼서 두 번째를 얻을 수 있습니다.

DB2

재귀 **WITH** 절을 사용하여 현재 월의 매일을 생성하고 **CASE** 식을 사용하여 모든 월요일에 플래그를 지정합니다. 첫 번째 및 마지막 월요일은 플래그가 지정된 날짜 중 가장 빠르고 가장 늦은 월요일입니다.

```
 1   with x (dy,mth,is_monday)
 2     as (
 3 select dy,month(dy),
 4        case when dayname(dy)='Monday'
 5             then 1 else 0
 6        end
 7   from (
 8 select (current_date-day(current_date) day +1 day) dy
 9   from t1
10        ) tmp1
11  union all
12 select (dy +1 day), mth,
13        case when dayname(dy +1 day)='Monday'
14             then 1 else 0
15        end
16   from x
17  where month(dy +1 day) = mth
18 )
19 select min(dy) first_monday, max(dy) last_monday
20   from x
21  where is_monday = 1
```

Oracle

NEXT_DAY 및 LAST_DAY 함수를 약간의 날짜 산술과 함께 사용하여 현재 월의 첫 번째 및 마지막 월요일을 찾습니다.

```
select next_day(trunc(sysdate,'mm')-1,'MONDAY') first_monday,
       next_day(last_day(trunc(sysdate,'mm'))-7,'MONDAY') last_monday
  from dual
```

PostgreSQL

DATE_TRUNC 함수를 사용하여 현재 월의 첫 번째 날을 찾습니다. 월의 첫 번째 날이 있으면 평일의 숫자값(일~토는 1~7)을 포함하는 간단한 계산을 통해 이번 달의 첫 번째와 마지막 월요일을 찾을 수 있습니다.

```
 1 select first_monday,
 2        case to_char(first_monday+28,'mm')
 3             when mth then first_monday+28
 4                      else first_monday+21
 5        end as last_monday
 6   from (
 7 select case sign(cast(to_char(dy,'d') as integer)-2)
 8             when 0
 9             then dy
10             when -1
11             then dy+abs(cast(to_char(dy,'d') as integer)-2)
12             when 1
13             then (7-(cast(to_char(dy,'d') as integer)-2))+dy
14        end as first_monday,
15        mth
16   from (
17 select cast(date_trunc('month',current_date) as date) as dy,
18        to_char(current_date,'mm') as mth
19   from t1
20        ) x
21        ) y
```

MySQL

ADDDATE 함수를 사용하여 해당 월의 첫 번째 날을 찾습니다. 월의 첫 번째 날이 있으면 평일의 숫자값(일~토는 1~7)에 대한 간단한 산술을 사용하여 이번 달의 첫 번째와 마지막 월요일을 찾을 수 있습니다.

```sql
1 select first_monday,
2        case month(adddate(first_monday,28))
3             when mth then adddate(first_monday,28)
4                      else adddate(first_monday,21)
5        end last_monday
6   from (
7 select case sign(dayofweek(dy)-2)
8             when 0 then dy
9             when -1 then adddate(dy,abs(dayofweek(dy)-2))
10            when 1 then adddate(dy,(7-(dayofweek(dy)-2)))
11        end first_monday,
12        mth
13   from (
14 select adddate(adddate(current_date,-day(current_date)),1) dy,
15        month(current_date) mth
16   from t1
17        ) x
18        ) y
```

SQL Server

재귀 WITH 절을 사용하여 이번 달의 매일을 생성한 후, CASE 식을 사용하여 모든 월요일에 플래그를 지정합니다. 첫 번째와 마지막은 플래그가 지정된 날짜 중 가장 빠른 월요일과 가장 늦은 월요일입니다.

```sql
1    with x (dy,mth,is_monday)
2      as (
3 select dy,mth,
4        case when datepart(dw,dy) = 2
5             then 1 else 0
6        end
7   from (
8 select dateadd(day,1,dateadd(day,-day(getdate()),getdate())) dy,
9        month(getdate()) mth
```

```
10    from t1
11         ) tmp1
12  union all
13 select dateadd(day,1,dy),
14         mth,
15         case when datepart(dw,dateadd(day,1,dy)) = 2
16              then 1 else 0
17         end
18   from x
19  where month(dateadd(day,1,dy)) = mth
20 )
21 select min(dy) first_monday,
22         max(dy) last_monday
23   from x
24  where is_monday = 1
```

설명 이 설명은 DB2, SQL Server, Oracle, PostgreSQL, MySQL로 구분됩니다.

DB와 SQL Server

DB2와 SQL Server는 이 문제를 해결하기 위해 다른 함수를 사용하지만 기법은 완전히 같습니다. 두 해법을 모두 살펴보면 유일한 차이점은 날짜가 추가되는 방식입니다. 이 설명에서는 DB2의 코드를 사용하여 중간 단계의 결과를 보여주는 두 해법을 모두 다룹니다.

> **TIP_** 실행 중인 SQL Server 또는 DB2 버전에서 재귀 **WITH** 절에 액세스할 수 없는 경우, 대신 PostgreSQL의 기법을 사용할 수 있습니다.

이번 달의 첫 번째 및 마지막 월요일을 찾는 첫 번째 단계는 해당 월의 첫 번째 날을 반환하는 것입니다. 재귀 뷰 **X**의 인라인 뷰 **TMP1**은 먼저 현재 날짜, 특히 현재 날짜에 대한 일을 찾아서 현재 달의 첫 번째 날을 찾습니다. 현재 날짜의 일은 해당 월의 일수를 나타냅니다(예: 4월 10일은 4월의 10번째 날입니다). 현재 날짜에서 이 날짜 값을 빼면 이전 달의 마지막 날이 됩니다(예: 4월 10일에서 10을 빼면 3월의 마지막 날입니다). 이 뺄셈 후에 단순히 1일을 더하면 이번 달의 첫 번째 날이 됩니다.

```
select (current_date-day(current_date) day +1 day) dy
  from t1

DY
-----------
01-JUN-2005
```

다음으로 MONTH 함수와 간단한 CASE 표현식을 사용하여 현재 날짜의 월을 찾아 해당 월의 첫 번째 날이 월요일인지 확인합니다.

```
select dy, month(dy) mth,
       case when dayname(dy)='Monday'
            then 1 else 0
       end is_monday
  from (
select (current_date-day(current_date) day +1 day) dy
  from t1
       ) tmp1

DY          MTH  IS_MONDAY
----------- ---  ----------
01-JUN-2005  6           0
```

그런 다음 WITH 절의 재귀 기능을 사용하여 이번 달이 아닐 때까지 해당 월의 첫 번째 날에 하루를 반복해서 추가합니다. 이 과정에서 CASE 표현식을 사용하여 해당 월 중 어느 날이 월요일인지 확인합니다(월요일은 1로 표시됩니다). 다음은 재귀 뷰 X의 출력 일부입니다.

```
with x (dy,mth,is_monday)
     as (
select dy,month(dy) mth,
       case when dayname(dy)='Monday'
            then 1 else 0
       end is_monday
  from (
select (current_date-day(current_date) day +1 day) dy
  from t1
       ) tmp1
 union all
select (dy +1 day), mth,
       case when dayname(dy +1 day)='Monday'
```

```
            then 1 else 0
        end
    from x
  where month(dy +1 day) = mth
  )
  select *
    from x

  DY          MTH  IS_MONDAY
  ----------- ---  ----------
  01-JUN-2005   6           0
  02-JUN-2005   6           0
  03-JUN-2005   6           0
  04-JUN-2005   6           0
  05-JUN-2005   6           0
  06-JUN-2005   6           1
  07-JUN-2005   6           0
  08-JUN-2005   6           0
  ...
```

월요일만 IS_MONDAY에 대해 1의 값을 가지므로 마지막 단계는 IS_MONDAY가 1인 행에서 집계
함수 MIN 및 MAX를 사용하여 해당 월의 첫 번째와 마지막 월요일을 찾습니다.

Oracle

NEXT_DAY 함수를 사용하면 이 문제를 쉽게 해결할 수 있습니다. 이번 달의 첫 번째 월요일을
찾으려면 먼저 TRUNC 함수가 포함된 날짜 계산으로 이전 달의 마지막 날을 반환합니다.

```
select trunc(sysdate,'mm')-1 dy
  from dual

DY
-----------
31-MAY-2005
```

그런 다음 NEXT_DAY 함수를 사용하여 이전 달의 마지막 날 이후의 첫 번째 월요일(즉, 이번 달
의 첫 번째 월요일)을 찾습니다.

```
select next_day(trunc(sysdate,'mm')-1,'MONDAY') first_monday
  from dual

FIRST_MONDAY
------------
06-JUN-2005
```

이번 달의 마지막 월요일을 찾으려면 우선 TRUNC 함수를 사용하여 이번 달의 첫 번째 날을 반환합니다.

```
select trunc(sysdate,'mm') dy
  from dual

DY
-----------
01-JUN-2005
```

다음 단계는 해당 월의 마지막 주(마지막 7일)를 찾는 것입니다. LAST_DAY 함수를 사용하여 해당 월의 마지막 날을 찾은 다음 7일을 뺍니다.

```
select last_day(trunc(sysdate,'mm'))-7 dy
  from dual

DY
-----------
23-JUN-2005
```

바로 알 수 없는 경우, 해당 월의 마지막 날로부터 7일 뒤로 돌아가서 해당 월의 평일 중 적어도 하나가 남아 있는지 확인합니다. 마지막 단계는 NEXT_DAY 함수를 사용하여 해당 월의 다음(및 마지막) 월요일을 찾는 것입니다.

```
select next_day(last_day(trunc(sysdate,'mm'))-7,'MONDAY') last_monday
  from dual

LAST_MONDAY
-----------
27-JUN-2005
```

PostgreSQL와 MySQL

PostgreSQL과 MySQL의 접근 방식은 같습니다. 차이점은 호출하는 함수에 있습니다. 길이가 길지만 쿼리 자체는 매우 간단합니다. 조금만 생각하면 이번 달의 첫 번째 월요일과 마지막 월요일을 찾을 수 있습니다.

첫 번째 단계는 이번 달의 첫 번째 날을 찾는 것입니다. 다음 단계는 이번 달의 첫 번째 월요일을 찾는 것입니다. 주어진 요일의 다음 날짜를 찾는 함수가 없으므로 약간의 산술을 사용해야 합니다. 두 해법의 7행에서 시작하는 CASE 표현식은 해당 월의 첫 번째 요일에 대한 숫자값과 월요일에 해당하는 숫자값 간의 차이를 평가합니다. (PostgreSQL)TO_CHAR 함수는 D 또는 d 형식으로 호출하는 반면, (MySQL)DAYOFWEEK 함수는 일요일부터 토요일까지를 나타내는 1에서 7까지의 숫자값을 반환한다는 점을 고려하여, 월요일은 항상 2로 표시됩니다. CASE에 의해 평가되는 첫 번째 테스트는 월 1일의 숫자값(무엇이든 상관없음)에서 월요일의 숫자값(2)을 뺀 값입니다. 결과가 0이면 이번 달의 첫 번째 날이 월요일에 해당하며, 해당 월의 첫 번째 월요일이 됩니다. 결과가 –1이면 해당 월의 첫 번째 날이 일요일이므로, 해당 월의 첫 번째 월요일을 찾으려면 월의 첫 번째 날에 2와 1 사이(각각 월요일과 일요일의 숫자값)의 차이를 더하면 됩니다.

> **TIP_** 작동 원리를 이해하기 어렵다면, 평일 이름은 잊고 계산만 하세요. 예를 들어 화요일에 시작하고 다음 금요일을 찾고 있다고 가정하겠습니다. d 형식의 **TO_CHAR** 또는 **DAYOFWEEK**를 사용하는 경우 금요일은 6이고 화요일은 3입니다. 3에서 6을 얻으려면 차이(6 – 3 = 3)를 가져와서 더 작은 값((6 – 3) + 3 = 6)에 더하면 됩니다. 따라서 실제 날짜와 관계없이 시작하는 날짜의 숫자값이 검색하려는 날짜의 숫자값보다 작을 때는 두 날짜 간 차이를 시작 날짜에 더하면 여러분이 원하는 날짜가 됩니다.

SIGN의 결과가 1이면 해당 월의 첫 번째 날은 화요일과 토요일 사이에 있습니다. 월의 첫 번째 날의 숫자값이 2보다 크면, 해당 값과 월요일의 숫자값(2)을 뺀 값을 7에서 뺍니다. 그런 다음 해당 값을 첫 번째 날에 추가하면, 여러분이 원하는 요일(이 경우 월요일)이 됩니다.

> **TIP_** 다시 말해, 이것이 어떻게 작동하는지 이해하는 데 어려움이 있다면 평일 이름을 잊어버리고 계산만 하세요. 예를 들어 다음 화요일을 찾으려고 하고 금요일부터 시작한다고 가정합니다. 화요일(3)은 금요일(6)보다 작습니다. 6에서 3을 얻으려면 7에서 두 값의 차이를 빼고 (7 – (|3 – 6|) = 4)이므로 결과(4)를 금요일 시작일에 더합니다(|3 – 6|의 수직선은 그 차이의 절댓값을 생성합니다). 여기서는 4에서 6을 더하는 것(10)이 아니라, 금요일에 4일을 추가하여 다음 주 화요일이 됩니다.

CASE 표현식의 기본 개념은 PostgreSQL 및 MySQL을 위한 일종의 '다음 날' 함수를 만드는 것입니다. 월의 첫 번째 날로 시작하지 않으면 DY 값은 CURRENT_DATE에서 반환한 값이 되고 CASE 표현식의 결과는 현재 날짜부터 다음 월요일의 날짜를 반환합니다(CURRENT_DATE가 월요일이 아니면 해당 날짜가 반환됩니다).

이제 월의 첫 번째 월요일이 있으므로 21일 또는 28일을 추가하여 해당 월의 마지막 월요일을 찾습니다. 2~5행의 CASE 표현식은 28일이 다음 달로 넘어가는지 여부를 확인하여 21일 또는 28일을 추가할지 여부를 결정합니다. CASE 표현식은 다음 절차를 통해 이를 수행합니다.

1. FIRST_MONDAY 값에 28을 더합니다.
2. CAS 표현식은 (PostgreSQL) TO_CHAR 또는 MONTH를 사용하여 FIRST_MONDAY + 28의 결과에서 현재 월의 이름을 추출합니다.
3. 2단계의 결과를 인라인 뷰의 MTH 값과 비교합니다. MTH 값은 CURRENT_DATE에서 파생한 현재 월의 이름입니다. 두 값이 일치하면 28일을 추가해야 할 만큼 월이 큽니다. CASE 표현식은 FIRST_MONDAY + 28일을 반환합니다. 두 값이 일치하지 않으면 28일을 추가할 공간이 없습니다. CASE 표현식은 대신 FIRST_MONDAY + 21일을 반환합니다. 다행히도, 월에 대해서 우리가 추가를 고려할 값으로 28과 21이 유일합니다.

> **TIP_** 해법을 확장하여 7일과 14일을 추가하면 각각 해당 월의 두 번째 및 세 번째 월요일을 찾을 수 있습니다.

9.7 달력 만들기

문제 이번 달 달력을 만들고 싶습니다. 달력은 책상 위에 있는 일반적인 달력과 같은 형식이어야 합니다. 보통 달력은 가로 7열, 세로 5행 구성입니다.

해법 각 해법은 각기 조금씩 다르게 보이지만 모두 같은 방식으로 문제를 해결합니다. 이번 달의 매일을 반환한 다음, 매주 요일을 중심으로 달력을 만듭니다.

달력에 사용할 수 있는 다양한 형식이 있습니다. 예를 들어 Unix CAL 명령은 일요일부터 토요일까지의 날짜 형식을 지정합니다. 이 해법의 예는 ISO를 기반으로 하므로 월요일부터 금요일까지 생성하는 것이 가장 편리합니다. 일단 해법에 익숙해지면, 원하는 대로 형식을 다시 지정하는 문제는 단순히 피벗하기 전에 ISO 주에서 할당한 값을 수정하면 된다는 걸 알게 될 것입니다.

> **TIP_** 읽을 수 있는 출력을 만들기 위해 SQL에서 다양한 형태의 형식을 사용하기 시작하면 쿼리가 길어집니다. 긴 쿼리에 부담을 갖지 마세요. 여기서 제시하는 쿼리는 한 번 세분화하여 하나씩 실행하면 매우 간단합니다.

DB2

재귀 **WITH** 절을 사용하여 이번 달의 매일을 반환합니다. 그런 다음 **CASE** 및 **MAX**를 사용하여 요일을 기준으로 피벗합니다.

```
 1   with x(dy,dm,mth,dw,wk)
 2   as (
 3 select (current_date -day(current_date) day +1 day) dy,
 4         day((current_date -day(current_date) day +1 day)) dm,
 5         month(current_date) mth,
 6         dayofweek(current_date -day(current_date) day +1 day) dw,
 7         week_iso(current_date -day(current_date) day +1 day) wk
 8   from t1
 9  union all
10 select dy+1 day, day(dy+1 day), mth,
11         dayofweek(dy+1 day), week_iso(dy+1 day)
12   from x
13  where month(dy+1 day) = mth
14 )
15 select max(case dw when 2 then dm end) as Mo,
16        max(case dw when 3 then dm end) as Tu,
17        max(case dw when 4 then dm end) as We,
18        max(case dw when 5 then dm end) as Th,
19        max(case dw when 6 then dm end) as Fr,
20        max(case dw when 7 then dm end) as Sa,
21        max(case dw when 1 then dm end) as Su
22   from x
23  group by wk
24  order by wk
```

Oracle

재귀 CONNECT BY 절을 사용하여 이번 달의 매일을 반환합니다. 그런 다음 CASE 및 MAX를 사용하여 요일을 기준으로 피벗합니다.

```
 1  with x
 2    as (
 3 select *
 4   from (
 5 select to_char(trunc(sysdate,'mm')+level-1,'iw') wk,
 6        to_char(trunc(sysdate,'mm')+level-1,'dd') dm,
 7        to_number(to_char(trunc(sysdate,'mm')+level-1,'d')) dw,
 8        to_char(trunc(sysdate,'mm')+level-1,'mm') curr_mth,
 9        to_char(sysdate,'mm') mth
10   from dual
11  connect by level <= 31
12        )
13  where curr_mth = mth
14 )
15 select max(case dw when 2 then dm end) Mo,
16        max(case dw when 3 then dm end) Tu,
17        max(case dw when 4 then dm end) We,
18        max(case dw when 5 then dm end) Th,
19        max(case dw when 6 then dm end) Fr,
20        max(case dw when 7 then dm end) Sa,
21        max(case dw when 1 then dm end) Su
22   from x
23  group by wk
24  order by wk
```

PostgreSQL

GENERATE_SERIES 함수를 사용하여 이번 달의 매일을 반환합니다. 그런 다음 MAX 및 CASE를 사용하여 요일을 기준으로 피벗합니다.

```
 1 select max(case dw when 2 then dm end) as Mo,
 2        max(case dw when 3 then dm end) as Tu,
 3        max(case dw when 4 then dm end) as We,
 4        max(case dw when 5 then dm end) as Th,
 5        max(case dw when 6 then dm end) as Fr,
 6        max(case dw when 7 then dm end) as Sa,
```

```
 7          max(case dw when 1 then dm end) as Su
 8    from (
 9 select *
10    from (
11 select cast(date_trunc('month',current_date) as date)+x.id,
12          to_char(
13             cast(
14    date_trunc('month',current_date)
15                 as date)+x.id,'iw') as wk,
16          to_char(
17             cast(
18    date_trunc('month',current_date)
19                 as date)+x.id,'dd') as dm,
20          cast(
21    to_char(
22             cast(
23    date_trunc('month',current_date)
24                 as date)+x.id,'d') as integer) as dw,
25           to_char(
26              cast(
27    date_trunc('month',current_date)
28                 as date)+x.id,'mm') as curr_mth,
29           to_char(current_date,'mm') as mth
30    from generate_series (0,31) x(id)
31         ) x
32   where mth = curr_mth
33         ) y
34   group by wk
35   order by wk
```

MySQL

재귀 CTE를 사용하여 이번 달의 매일을 반환합니다. 그런 다음 MAX 및 CASE를 사용하여 요일을 기준으로 피벗합니다.

```
with recursive   x(dy,dm,mth,dw,wk)
       as (
   select dy,
          day(dy) dm,
          datepart(m,dy) mth,
          datepart(dw,dy) dw,
          case when datepart(dw,dy) = 1
```

```
                then datepart(ww,dy)-1
                else datepart(ww,dy)
        end wk
  from (
select date_add(day,-day(getdate())+1,getdate()) dy
  from t1
        ) x
 union all
 select dateadd(d,1,dy), day(date_add(d,1,dy)), mth,
        datepart(dw,dateadd(d,1,dy)),
          case when datepart(dw,date_add(d,1,dy)) = 1
                then datepart(wk,date_add(d,1,dy))-1
                else datepart(wk,date_add(d,1,dy))
          end
    from x
   where datepart(m,date_add(d,1,dy)) = mth
)
select max(case dw when 2 then dm end) as Mo,
       max(case dw when 3 then dm end) as Tu,
       max(case dw when 4 then dm end) as We,
       max(case dw when 5 then dm end) as Th,
       max(case dw when 6 then dm end) as Fr,
       max(case dw when 7 then dm end) as Sa,
       max(case dw when 1 then dm end) as Su
  from x
 group by wk
 order by wk;
```

SQL Server

재귀 **WITH** 절을 사용하여 이번 달의 매일을 반환합니다. 그런 다음 **CASE** 및 **MAX**를 사용하여 요일을 기준으로 피벗합니다.

```
1   with x(dy,dm,mth,dw,wk)
2     as (
3 select dy,
4        day(dy) dm,
5        datepart(m,dy) mth,
6        datepart(dw,dy) dw,
7        case when datepart(dw,dy) = 1
8             then datepart(ww,dy)-1
9             else datepart(ww,dy)
```

```
10          end wk
11    from (
12  select dateadd(day,-day(getdate())+1,getdate()) dy
13    from t1
14          ) x
15  union all
16  select dateadd(d,1,dy), day(dateadd(d,1,dy)), mth,
17          datepart(dw,dateadd(d,1,dy)),
18          case when datepart(dw,dateadd(d,1,dy)) = 1
19                then datepart(wk,dateadd(d,1,dy))  -1
20                else datepart(wk,dateadd(d,1,dy))
21          end
22    from x
23    where datepart(m,dateadd(d,1,dy)) = mth
24  )
25  select max(case dw when 2 then dm end) as Mo,
26          max(case dw when 3 then dm end) as Tu,
27          max(case dw when 4 then dm end) as We,
28          max(case dw when 5 then dm end) as Th,
29          max(case dw when 6 then dm end) as Fr,
30          max(case dw when 7 then dm end) as Sa,
31          max(case dw when 1 then dm end) as Su
32    from x
33    group by wk
34    order by wk
```

설명 이 설명은 DB2, Oracle, MySQL, PostgreSQL, SQL Server로 구분됩니다.

DB2

첫 번째 단계는 달력을 만들려는 월의 매일을 반환하는 것으로, 재귀 **WITH** 절로 작업합니다. 각 날짜(**DM**)와 함께 요일(**DW**), 현재 작업 중인 월(**MTH**) 및 해당 월의 각 날짜에 대한 ISO 주 (**WK**)와 같은 각 날짜의 다른 부분을 반환해야 합니다. 재귀가 발생하기 전의 재귀 뷰 **X**의 결과 (**UNION ALL**의 상단 부분)는 다음과 같습니다.

```
select (current_date -day(current_date) day +1 day) dy,
       day((current_date -day(current_date) day +1 day)) dm,
       month(current_date) mth,
       dayofweek(current_date -day(current_date) day +1 day) dw,
       week_iso(current_date -day(current_date) day +1 day) wk
  from t1
```

```
DY          DM MTH      DW WK
----------- -- --- ----------- --
01-JUN-2005 01  06           4 22
```

다음 단계는 이번 달에 속하지 않을 때까지 DM 값을 반복해서 늘리는 것입니다(월별 날짜 이동). 월의 매일을 이동하면서 각 요일과 해당 월의 현재 날짜가 속하는 ISO 주를 반환합니다. 결과의 일부는 다음과 같습니다.

```
with x(dy,dm,mth,dw,wk)
  as (
select (current_date -day(current_date) day +1 day) dy,
       day((current_date -day(current_date) day +1 day)) dm,
       month(current_date) mth,
       dayofweek(current_date -day(current_date) day +1 day) dw,
       week_iso(current_date -day(current_date) day +1 day) wk
  from t1
 union all
 select dy+1 day, day(dy+1 day), mth,
        dayofweek(dy+1 day), week_iso(dy+1 day)
   from x
  where month(dy+1 day) = mth
)
select *
  from x

DY          DM MTH      DW WK
----------- -- --- ----------- --
01-JUN-2020 01  06           4 22
02-JUN-2020 02  06           5 22
...
21-JUN-2020 21  06           3 25
22-JUN-2020 22  06           4 25
...
30-JUN-2020 30  06           5 26
```

이 시점에서 반환하는 내용은 다음과 같습니다. 현재 월의 매일, 두 자리 숫자의 일, 두 자리 숫자의 월, 한 자리의 요일(일~토의 경우 1~7), 그리고 일별 두 자리의 ISO 주가 있습니다. 이 모든 정보를 사용할 수 있으므로 CASE 표현식을 사용하여 DM의 각 값(해당 월의 매일)이 속하는 요일을 결정할 수 있습니다. 결과의 일부는 다음과 같습니다.

```
with x(dy,dm,mth,dw,wk)
  as (
select (current_date -day(current_date) day +1 day) dy,
       day((current_date -day(current_date) day +1 day)) dm,
       month(current_date) mth,
       dayofweek(current_date -day(current_date) day +1 day) dw,
       week_iso(current_date -day(current_date) day +1 day) wk
  from t1
 union all
 select dy+1 day, day(dy+1 day), mth,
        dayofweek(dy+1 day), week_iso(dy+1 day)
   from x
  where month(dy+1 day) = mth
)
 select wk,
        case dw when 2 then dm end as Mo,
        case dw when 3 then dm end as Tu,
        case dw when 4 then dm end as We,
        case dw when 5 then dm end as Th,
        case dw when 6 then dm end as Fr,
        case dw when 7 then dm end as Sa,
        case dw when 1 then dm end as Su
   from x

WK MO TU WE TH FR SA SU
-- -- -- -- -- -- -- --
22    01
22       02
22          03
22             04
22                05
23 06
23    07
23       08
23          09
23             10
23                11
23                   12
```

이 출력 결과에서 알 수 있듯이 매주의 매일이 행으로 반환됩니다. 지금 할 일은 요일을 주별로 그룹화한 다음, 각 주에 대한 모든 요일을 하나의 행으로 줄이는 것입니다. 집계 함수 MAX를 사용하고 WK(ISO 주)별로 그룹화하여 일주일 동안의 모든 요일을 하나의 행으로 반환합니다. 달

력의 형식과 날짜를 바른 형식으로 처리하기 위해 WK로 결과를 정렬합니다. 최종 출력 결과가
다음과 같이 표시됩니다.

```
with x(dy,dm,mth,dw,wk)
  as (
select (current_date -day(current_date) day +1 day) dy,
       day((current_date -day(current_date) day +1 day)) dm,
       month(current_date) mth,
       dayofweek(current_date -day(current_date) day +1 day) dw,
       week_iso(current_date -day(current_date) day +1 day) wk
  from t1
 union all
 select dy+1 day, day(dy+1 day), mth,
        dayofweek(dy+1 day), week_iso(dy+1 day)
   from x
  where month(dy+1 day) = mth
)
select max(case dw when 2 then dm end) as Mo,
       max(case dw when 3 then dm end) as Tu,
       max(case dw when 4 then dm end) as We,
       max(case dw when 5 then dm end) as Th,
       max(case dw when 6 then dm end) as Fr,
       max(case dw when 7 then dm end) as Sa,
       max(case dw when 1 then dm end) as Su
  from x
 group by wk
 order by wk

MO TU WE TH FR SA SU
-- -- -- -- -- -- --
      01 02 03 04 05
06 07 08 09 10 11 12
13 14 15 16 17 18 19
20 21 22 23 24 25 26
27 28 29 30
```

Oracle

재귀 CONNECT BY 절을 사용하여 달력을 생성하려는 달의 각 요일에 대한 행을 생성합니다. 다
만 Oracle 9i 데이터베이스 이상 버전에서 실행하지 않을 때는 이 방식으로 CONNECT BY를 사
용할 수 없습니다. 대신 다른 데이터베이스 해법에서 사용된 재귀적 CTE를 쓸 수 있습니다.

매월의 각 요일과 함께 해당 월의 몇 번째 일(DM), 요일(DW), 작업 중인 월(MTH) 및 각 요일에 대한 ISO 주(WK)와 같은 정보를 반환해야 합니다. 이번 달의 첫 번째 날에 대한 WITH 뷰 X의 결과는 다음과 같습니다.

```
select trunc(sysdate,'mm') dy,
       to_char(trunc(sysdate,'mm'),'dd') dm,
       to_char(sysdate,'mm') mth,
       to_number(to_char(trunc(sysdate,'mm'),'d')) dw,
       to_char(trunc(sysdate,'mm'),'iw') wk
  from dual


DY          DM  MT       DW  WK
----------  --  --  -------  --
01-JUN-2020 01  06        4  22
```

다음 단계는 이번 달에 속하지 않을 때까지 DM 값을 반복해서 늘리는(일을 이동하는) 것입니다. 월의 매일을 이동하면서 매일의 요일과 현재 날짜가 속하는 ISO 주도 반환합니다. 일부 결과가 다음과 같이 표시됩니다(가독성을 위해 매일의 전체 날짜가 추가됩니다).

```
with x
  as (
select *
  from (
select trunc(sysdate,'mm')+level-1 dy,
       to_char(trunc(sysdate,'mm')+level-1,'iw') wk,
       to_char(trunc(sysdate,'mm')+level-1,'dd') dm,
       to_number(to_char(trunc(sysdate,'mm')+level-1,'d')) dw,
       to_char(trunc(sysdate,'mm')+level-1,'mm') curr_mth,
       to_char(sysdate,'mm') mth
  from dual
 connect by level <= 31
       )
 where curr_mth = mth
)
select *
  from x


DY          WK DM     DW CU MT
----------- -- -- ---------- -- --
01-JUN-2020 22 01         4 06 06
02-JUN-2020 22 02         5 06 06
```

```
…
21-JUN-2020 25 21        3 06 06
22-JUN-2020 25 22        4 06 06
…
30-JUN-2020 26 30        5 06 06
```

이 시점에서 반환하는 것은 이번 달의 각 날짜에 대한 행입니다. 해당 행에는 두 자리 숫자로
된 일, 두 자리 숫자로 된 월, 한 자리 숫자 요일(일~토의 1~7), 두 자리 ISO 주 번호가 있습
니다. 이 모든 정보를 사용할 수 있으므로 CASE 표현식을 사용하여 DM의 각 값(해당 월의 매
일)의 요일을 결정할 수 있습니다. 결과의 일부를 살펴봅시다.

```
with x
  as (
select *
  from (
select trunc(sysdate,'mm')+level-1 dy,
       to_char(trunc(sysdate,'mm')+level-1,'iw') wk,
       to_char(trunc(sysdate,'mm')+level-1,'dd') dm,
       to_number(to_char(trunc(sysdate,'mm')+level-1,'d')) dw,
       to_char(trunc(sysdate,'mm')+level-1,'mm') curr_mth,
       to_char(sysdate,'mm') mth
  from dual
 connect by level <= 31
       )
 where curr_mth = mth
)
select wk,
       case dw when 2 then dm end as Mo,
       case dw when 3 then dm end as Tu,
       case dw when 4 then dm end as We,
       case dw when 5 then dm end as Th,
       case dw when 6 then dm end as Fr,
       case dw when 7 then dm end as Sa,
       case dw when 1 then dm end as Su
  from x

WK MO TU WE TH FR SA SU
-- -- -- -- -- -- -- --
22          01
22             02
22                03
```

```
22           04
22             05
23 06
23    07
23       08
23          09
23             10
23                11
23                   12
```

부분 출력 결과에서 볼 수 있듯이 각 주의 매일이 행으로 반환되지만, 요일 번호는 요일에 해당하는 7개 열 중 하나입니다. 이제 우리가 할 일은 요일을 매주 한 행으로 통합하는 것입니다. 집계 함수 MAX 및 group by WK(ISO 주)를 사용하여 일주일 동안의 모든 요일을 하나의 행으로 반환합니다. 날짜가 올바른 순서인지 확인하려면 WK로 정렬합니다. 최종 출력 결과가 다음과 같이 표시됩니다.

```sql
with x
  as (
select *
  from (
select to_char(trunc(sysdate,'mm')+level-1,'iw') wk,
       to_char(trunc(sysdate,'mm')+level-1,'dd') dm,
       to_number(to_char(trunc(sysdate,'mm')+level-1,'d')) dw,
       to_char(trunc(sysdate,'mm')+level-1,'mm') curr_mth,
       to_char(sysdate,'mm') mth
  from dual
 connect by level <= 31
       )
 where curr_mth = mth
)
select max(case dw when 2 then dm end) Mo,
       max(case dw when 3 then dm end) Tu,
       max(case dw when 4 then dm end) We,
       max(case dw when 5 then dm end) Th,
       max(case dw when 6 then dm end) Fr,
       max(case dw when 7 then dm end) Sa,
       max(case dw when 1 then dm end) Su
  from x
 group by wk
 order by wk
```

```
MO TU WE TH FR SA SU
-- -- -- -- -- -- --
      01 02 03 04 05
06 07 08 09 10 11 12
13 14 15 16 17 18 19
20 21 22 23 24 25 26
27 28 29 30
```

MySQL, PostgreSQL, SQL Server

이들 해법은 날짜의 호출에 사용하는 특정 함수가 다르다는 점만 제외하면 같습니다. 설명을 위해 임의로 SQL Server를 사용합니다. 매월 매일 한 행을 반환하며 시작합니다. 이때 재귀 WITH 절로 작업할 수 있습니다. 반환하는 각 행에 대해 해당 월의 몇 번째 일(DM), 요일(DW), 작업 중인 월(MTH) 및 각 요일의 ISO 주(WK) 항목이 필요합니다. 재귀가 발생하기 전의 재귀 뷰 X의 결과(UNION ALL의 상단)는 다음과 같습니다.

```
select dy,
       day(dy) dm,
       datepart(m,dy) mth,
       datepart(dw,dy) dw,
       case when datepart(dw,dy) = 1
            then datepart(ww,dy)-1
            else datepart(ww,dy)
       end wk
  from (
select dateadd(day,-day(getdate())+1,getdate()) dy
  from t1
       ) x

DY          DM MTH        DW WK
----------- -- ---------- -- --
01-JUN-2005  1   6         4 23
```

다음 단계는 이번 달에 속하지 않을 때까지 DM 값을 반복해서 증가시키는 것입니다. 월의 일별로 이동하면서 요일과 ISO 주 숫자도 반환합니다. 일부 결과가 다음과 같이 표시됩니다.

```
    with x(dy,dm,mth,dw,wk)
      as (
 select dy,
        day(dy) dm,
        datepart(m,dy) mth,
        datepart(dw,dy) dw,
        case when datepart(dw,dy) = 1
             then datepart(ww,dy)-1
             else datepart(ww,dy)
        end wk
   from (
 select dateadd(day,-day(getdate())+1,getdate()) dy
   from t1
      ) x
   union all
   select dateadd(d,1,dy), day(dateadd(d,1,dy)), mth,
         datepart(dw,dateadd(d,1,dy)),
         case when datepart(dw,dateadd(d,1,dy)) = 1
              then datepart(wk,dateadd(d,1,dy))-1
              else datepart(wk,dateadd(d,1,dy))
         end
   from x
  where datepart(m,dateadd(d,1,dy)) = mth
 )
 select *
   from x


 DY          DM MTH      DW WK
 ----------- -- --- ----------- --
 01-JUN-2005 01 06           4 23
 02-JUN-2005 02 06           5 23

 ...
 21-JUN-2005 21 06           3 26
 22-JUN-2005 22 06           4 26

 ...
 30-JUN-2005 30 06           5 27
```

현재 월의 매일에 대해 두 자리 숫자로 된 일, 두 자리 숫자 월, 한 자리 요일 숫자(일~토의 1~7), 두 자리 ISO 주 숫자가 있습니다.

이제 CASE 표현식을 사용하여 DM의 각 값(매월)이 속하는 요일을 결정합니다. 다음은 결과의 일부입니다.

```
    with x(dy,dm,mth,dw,wk)
      as (
select dy,
       day(dy) dm,
       datepart(m,dy) mth,
       datepart(dw,dy) dw,
       case when datepart(dw,dy) = 1
            then datepart(ww,dy)-1
            else datepart(ww,dy)
       end wk
  from (
select dateadd(day,-day(getdate())+1,getdate()) dy
  from t1
       ) x
 union all
 select dateadd(d,1,dy), day(dateadd(d,1,dy)), mth,
        datepart(dw,dateadd(d,1,dy)),
        case when datepart(dw,dateadd(d,1,dy)) = 1
             then datepart(wk,dateadd(d,1,dy))-1
             else datepart(wk,dateadd(d,1,dy))
        end
   from x
  where datepart(m,dateadd(d,1,dy)) = mth
)
select case dw when 2 then dm end as Mo,
       case dw when 3 then dm end as Tu,
       case dw when 4 then dm end as We,
       case dw when 5 then dm end as Th,
       case dw when 6 then dm end as Fr,
       case dw when 7 then dm end as Sa,
       case dw when 1 then dm end as Su
  from x

WK MO TU WE TH FR SA SU
-- -- -- -- -- -- -- --
22       01
22          02
22             03
22                04
22                   05
23 06
23    07
23       08
23          09
```

23	10	
23		11
23		12

주별 매일은 별도의 행으로 반환됩니다. 각 행에서 요일 번호가 포함된 열은 요일에 해당합니다. 이제 각 주의 요일을 하나의 행으로 통합해야 합니다. 행을 WK(ISO 주)별로 그룹화하고 MAX 함수를 다른 열에 적용합니다. 결과는 다음과 같이 달력 형식으로 표시됩니다.

```
with x(dy,dm,mth,dw,wk)
    as (
select dy,
       day(dy) dm,
       datepart(m,dy) mth,
       datepart(dw,dy) dw,
       case when datepart(dw,dy) = 1
            then datepart(ww,dy)-1
            else datepart(ww,dy)
       end wk
  from (
select dateadd(day,-day(getdate())+1,getdate()) dy
  from t1
       ) x
 union all
 select dateadd(d,1,dy), day(dateadd(d,1,dy)), mth,
        datepart(dw,dateadd(d,1,dy)),
        case when datepart(dw,dateadd(d,1,dy)) = 1
             then datepart(wk,dateadd(d,1,dy))-1
             else datepart(wk,dateadd(d,1,dy))
        end
   from x
  where datepart(m,dateadd(d,1,dy)) = mth
)
select max(case dw when 2 then dm end) as Mo,
       max(case dw when 3 then dm end) as Tu,
       max(case dw when 4 then dm end) as We,
       max(case dw when 5 then dm end) as Th,
       max(case dw when 6 then dm end) as Fr,
       max(case dw when 7 then dm end) as Sa,
       max(case dw when 1 then dm end) as Su
  from x
 group by wk
 order by wk
```

```
MO TU WE TH FR SA SU
-- -- -- -- -- -- --
      01 02 03 04 05
06 07 08 09 10 11 12
13 14 15 16 17 18 19
20 21 22 23 24 25 26
27 28 29 30
```

9.8 해당 연도의 분기 시작일 및 종료일 나열하기

문제 주어진 연도의 4개 분기에 대한 시작 및 종료 날짜를 반환하려고 합니다.

해법 1년에 4개 분기가 있으므로 4개의 행을 생성해야 합니다. 원하는 수의 행을 생성한 후 RDBMS에서 제공하는 날짜 함수를 사용하여 시작 및 종료 날짜가 속하는 분기로 돌아갑니다. 우리의 목표는 다음과 같은 결과셋을 생성하는 것입니다(다시 말하지만, 임의로 현재의 연도를 사용했습니다).

```
QTR Q_START     Q_END
--- ----------- -----------
  1 01-JAN-2020 31-MAR-2020
  2 01-APR-2020 30-JUN-2020
  3 01-JUL-2020 30-SEP-2020
  4 01-OCT-2020 31-DEC-2020
```

DB2

EMP 테이블과 윈도우 함수 ROW_NUMBER OVER를 사용하여 4개의 행을 생성합니다. 또는 (많은 해법에서 했던 것처럼) WITH 절을 사용하여 행을 생성하거나, 행이 4개 이상인 테이블에 대해 쿼리할 수 있습니다. 다음은 ROW_NUMBER OVER 방식으로 접근하는 과정입니다.

```
1 select quarter(dy-1 day) QTR,
2        dy-3 month Q_start,
```

```
 3          dy-1 day Q_end
 4    from (
 5 select (current_date -
 6            (dayofyear(current_date)-1) day
 7              + (rn*3) month) dy
 8    from (
 9 select row_number()over() rn
10    from emp
11   fetch first 4 rows only
12          ) x
13          ) y
```

Oracle

ADD_MONTHS 함수를 사용하여 각 분기의 시작 및 종료 날짜를 찾습니다. ROWNUM을 사용하여 시작 및 종료 날짜가 속한 분기를 나타냅니다. 다음 해법은 EMP 테이블을 사용하여 4개의 행을 생성합니다.

```
1 select rownum qtr,
2          add_months(trunc(sysdate,'y'),(rownum-1)*3) q_start,
3          add_months(trunc(sysdate,'y'),rownum*3)-1 q_end
4    from emp
5   where rownum <= 4
```

PostgreSQL

현재 날짜를 기준으로 올해의 첫 번째 날을 찾고, 각 분기의 마지막 날을 찾기 전에 재귀 CTE 를 사용하여 나머지 3분기의 첫 번째 날짜를 입력합니다.

```
with recursive x (dy,cnt)
  as (
select
     current_date -cast(extract(day from current_date)as integer) +1 dy
     , id
  from t1
 union all
select cast(dy  + interval '3 months' as date) , cnt+1
  from x
 where cnt+1 <= 4
```

```
      )
   select   cast(dy - interval '3 months' as date) as Q_start
           , dy-1 as Q_end
      from x
```

MySQL

현재 날짜로부터 올해의 첫 번째 날을 찾고 CTE를 사용하여 분기당 하나씩 4개의 행을 만듭니다. **ADDDATE**를 사용하여 각 분기의 마지막 날을 찾습니다(이전 분기의 마지막 날 이후 3개월 또는 분기의 첫 번째 날에서 1을 뺍니다).

```
1              with recursive x (dy,cnt)
2     as (
3              select
4         adddate(current_date,(-dayofyear(current_date))+1) dy
5          ,id
6          from t1
7        union all
8              select adddate(dy, interval 3 month ), cnt+1
9              from x
10       where cnt+1 <= 4
11        )
12
13       select quarter(adddate(dy,-1)) QTR
14     , date_add(dy, interval -3 month) Q_start
15     , adddate(dy,-1)  Q_end
16     from x
17     order by 1;
```

SQL Server

재귀 **WITH** 절을 사용하여 4개의 행을 생성합니다. **DATEADD** 함수를 사용하여 시작 및 종료 날짜를 찾습니다. **DATEPART** 함수를 사용하여 시작 및 종료 날짜가 속하는 분기를 알아냅니다.

```
1  with x (dy,cnt)
2    as (
3 select dateadd(d,-(datepart(dy,getdate())-1),getdate()),
4        1
5    from t1
```

```
 6  union all
 7 select dateadd(m,3,dy), cnt+1
 8   from x
 9  where cnt+1 <= 4
10 )
11 select datepart(q,dateadd(d,-1,dy)) QTR,
12           dateadd(m,-3,dy) Q_start,
13           dateadd(d,-1,dy) Q_end
14    from x
15 order by 1
```

설명 이 설명은 DB2, Oracle, PostgreSQL, MySQL, SQL Server로 구분됩니다.

DB2

첫 번째 단계는 연도의 각 분기에 대해 4개의 행(1~4 값 포함)을 생성하는 것입니다. 인라인 뷰 X는 윈도우 함수 ROW_NUMBER OVER와 FETCH FIRST 절을 사용하여 EMP 테이블에서 4개의 행만 반환합니다. 결과는 다음과 같습니다.

```
select row_number()over() rn
  from emp
 fetch first 4 rows only


RN
--
 1
 2
 3
 4
```

다음 단계는 그 해의 첫 번째 날을 찾은 다음 n개월을 더하는 것입니다. 여기서 n은 RN의 세 배입니다(해당 연도의 첫 번째 날에 3, 6, 9, 12개월을 추가합니다). 결과는 다음과 같습니다.

```
select (current_date
         (dayofyear(current_date)-1) day
           + (rn*3) month) dy
  from (
select row_number()over() rn
  from emp
```

```
    fetch first 4 rows only
            ) x

DY
-----------
01-APR-2005
01-JUL-2005
01-OCT-2005
01-JAN-2005
```

이 시점에서 DY의 값은 각 분기의 종료일로부터 1일 후입니다. 다음 단계는 각 분기의 시작 및 종료 날짜를 가져오는 것입니다. DY에서 하루를 빼서 각 분기의 마지막을 구하고 DY에서 3개월을 빼서 각 분기의 시작을 얻습니다. DY - 1(각 분기의 종료 날짜)에서 QUARTER 함수를 사용하여 시작 및 종료 날짜가 속하는 분기를 알아냅니다.

Oracle

ROWNUM, TRUNC 및 ADD_MONTHS의 조합으로 해결합니다. 각 분기의 시작을 찾으려면 해당 연도의 첫날에 n개월을 더합니다. 여기서 n은 (ROWNUM - 1) * 3(0, 3, 6, 9를 의미)입니다. 각 분기의 끝을 찾으려면 해당 연도의 첫 번째 날(n은 ROWNUM * 3)에 n개월을 더하고 1일을 뺍니다. 여담으로, 분기 작업을 할 때 Q 형식 옵션과 TO_CHAR 및/또는 TRUNC를 함께 사용하는 것이 유용할 수도 있습니다.

PostgreSQL, MySQL, SQL Server

이전 해법 일부와 마찬가지로, 여기서는 세 가지 RDBMS에서 같은 구조를 사용하여 구현하지만 날짜 연산에 대해서는 다른 구문을 사용합니다. 첫 번째 단계는 해당 연도의 첫 번째 날을 찾은 다음 반복해서 n개월을 더하는 것입니다. 여기서 n은 현재 반복값의 3배입니다(4회 반복이 있으므로 3 * 1개월, 3 * 2개월 등을 추가합니다). DATEADD 함수 또는 이와 유사한 함수를 사용합니다. 결과는 다음을 참조하세요.

```
with x (dy,cnt)
    as (
select dateadd(d,-(datepart(dy,getdate())-1),getdate()),
        1
   from t1
```

```
 union all
select dateadd(m,3,dy), cnt+1
  from x
 where cnt+1 <= 4
)
select dy
  from x

DY
-----------
01-APR-2020
01-JUL-2020
01-OCT-2020
01-JAN-2020
```

DY의 값은 각 분기 종료 후 1일 뒤입니다. 각 분기의 마지막을 얻으려면 DATEADD 함수를 사용하여 DY에서 1일만 빼면 됩니다. 각 분기의 시작을 찾으려면 DATEADD 함수를 사용하여 DY에서 3개월을 뺍니다. 각 분기의 종료 날짜에 DATEPART 함수를 사용하여 시작 및 종료 날짜가 속하는 분기 또는 이에 상응하는 분기를 구분합니다. PostgreSQL을 사용하는 경우 시작 날짜에 3개월을 추가한 후 데이터 유형의 정렬을 위해 CAST를 해야 합니다. 그렇지 않으면 데이터 유형이 달라지고 재귀 CTE의 UNION ALL이 실패합니다.

9.9 지정 분기의 시작일 및 종료일 알아내기

문제 YYYYQ(4자리 연도, 1자리 분기) 형식으로 연도와 분기를 지정하고 분기의 시작 및 종료 날짜를 반환하려고 합니다.

해법 이 해법의 핵심은 YYYYQ 값에 대한 모듈러 함수modulus function를 사용하여 분기를 찾는 것입니다(이 방식의 대안으로, 연도 형식이 4자리이므로 마지막 숫자를 간단히 substring으로 변환하여 분기를 알 수도 있습니다). 분기가 있으면 3을 곱하여 분기의 종료 월을 구합니다.

다음 해법에서 인라인 뷰 X는 4년 및 분기 조합을 모두 반환합니다. 인라인 뷰 X의 결과셋은 다음과 같습니다.

```
select 20051 as yrq from t1 union all
select 20052 as yrq from t1 union all
select 20053 as yrq from t1 union all
select 20054 as yrq from t1
   YRQ
-------
 20051
 20052
 20053
 20054
```

DB2

SUBSTR 함수를 사용하여 인라인 뷰 X에서 연도를 반환합니다. MOD 함수를 사용하여 분기를 결정합니다.

```
 1 select (q_end-2 month) q_start,
 2        (q_end+1 month)-1 day q_end
 3   from (
 4 select date(substr(cast(yrq as char(4)),1,4) ||'-'||
 5        rtrim(cast(mod(yrq,10)*3 as char(2))) ||'-1') q_end
 6   from (
 7 select 20051 yrq from t1 union all
 8 select 20052 yrq from t1 union all
 9 select 20053 yrq from t1 union all
10 select 20054 yrq from t1
11        ) x
12        ) y
```

Oracle

SUBSTR 함수를 사용하여 인라인 뷰 X에서 연도를 반환합니다. MOD 함수를 사용하여 분기를 결정합니다.

```
 1 select add_months(q_end,-2) q_start,
 2        last_day(q_end) q_end
 3   from (
 4 select to_date(substr(yrq,1,4)||mod(yrq,10)*3,'yyyymm') q_end
 5   from (
```

```
6 select 20051 yrq from dual union all
7 select 20052 yrq from dual union all
8 select 20053 yrq from dual union all
9 select 20054 yrq from dual
10        ) x
11        ) y
```

PostgreSQL

SUBSTR 함수를 사용하여 인라인 뷰 X에서 연도를 반환합니다. MOD 함수를 사용하여 분기를 결
정합니다.

```
1 select date(q_end-(2*interval '1 month')) as q_start,
2        date(q_end+interval '1 month'-interval '1 day') as q_end
3   from (
4 select to_date(substr(yrq,1,4)||mod(yrq,10)*3,'yyyymm') as q_end
5   from (
6 select 20051 as yrq from t1 union all
7 select 20052 as yrq from t1 union all
8 select 20053 as yrq from t1 union all
9 select 20054 as yrq from t1
10        ) x
11        ) y
```

MySQL

SUBSTR 함수를 사용하여 인라인 뷰 X에서 연도를 반환합니다. MOD 함수를 사용하여 분기를 결
정합니다.

```
1 select date_add(
2        adddate(q_end,-day(q_end)+1),
3           interval -2 month) q_start,
4        q_end
5   from (
6 select last_day(
7     str_to_date(
8         concat(
9         substr(yrq,1,4),mod(yrq,10)*3),'%Y%m')) q_end
10    from (
```

```
11 select 20051 as yrq from t1 union all
12 select 20052 as yrq from t1 union all
13 select 20053 as yrq from t1 union all
14 select 20054 as yrq from t1
15          ) x
16          ) y
```

SQL Server

SUBSTRING 함수를 사용하여 인라인 뷰 X에서 연도를 반환합니다. 절댓값 함수(%)를 사용하여 찾고 있는 분기를 결정합니다.

```
 1 select dateadd(m,-2,q_end) q_start,
 2        dateadd(d,-1,dateadd(m,1,q_end)) q_end
 3   from (
 4 select cast(substring(cast(yrq as varchar),1,4)+'-'+
 5        cast(yrq%10*3 as varchar)+'-1' as datetime) q_end
 6   from (
 7 select 20051 as yrq from t1 union all
 8 select 20052 as yrq from t1 union all
 9 select 20052 as yrq from t1 union all
10 select 20054 as yrq from t1
11          ) x
12          ) y
```

설명 이 설명은 DB2, Oracle, PostgreSQL, MySQL, SQL Server로 구분됩니다.

DB2

첫 번째 단계는 작업 중인 연도와 분기를 찾는 것입니다. SUBSTR 함수를 사용하여 인라인 뷰 X(X.YRQ)에서 연도를 SUBSTR으로 지정합니다. 분기를 얻으려면 YRQ에 계수 10을 사용합니다. 분기가 도출되면 3을 곱하여 분기의 종료 월을 구합니다. 다음 결과를 살펴봅시다.

```
select substr(cast(yrq as char(4)),1,4) yr,
       mod(yrq,10)*3 mth
  from (
select 20051 yrq from t1 union all
select 20052 yrq from t1 union all
select 20053 yrq from t1 union all
```

```
select 20054 yrq from t1
       ) x


YR     MTH
----   ------
2005     3
2005     6
2005     9
2005    12
```

이 시점에서 각 분기에 대한 연도 및 종료 월이 있습니다. 이 값을 사용하여 날짜, 특히 각 분기에 대한 지난달의 첫 번째 날을 알 수 있습니다. 연결 연산자 ||를 사용하여 연도와 월을 이어붙인 다음 DATE 함수를 사용하여 날짜로 변환합니다.

```
select date(substr(cast(yrq as char(4)),1,4) ||'-'||
       rtrim(cast(mod(yrq,10)*3 as char(2))) ||'-1') q_end
  from (
select 20051 yrq from t1 union all
select 20052 yrq from t1 union all
select 20053 yrq from t1 union all
select 20054 yrq from t1
       ) x

Q_END
-----------
01-MAR-2005
01-JUN-2005
01-SEP-2005
01-DEC-2005
```

Q_END의 값은 각 분기 마지막 달의 첫 번째 날입니다. 해당 월의 마지막 날에 도달하려면 Q_END에 1개월을 더한 다음 하루를 뺍니다. 각 분기의 시작 날짜를 찾으려면 Q_END에서 2개월을 뺍니다.

Oracle

첫 번째 단계는 작업 중인 연도와 분기를 찾는 것입니다. SUBSTR 함수를 사용하여 인라인 뷰 X(X.YRQ)에서 연도를 걸러냅니다. 분기를 얻으려면 YRQ에 계수 10을 사용합니다. 분기가 도출되면 3을 곱하여 분기의 종료 월을 구합니다. 결과는 다음과 같습니다.

```
select substr(yrq,1,4) yr, mod(yrq,10)*3 mth
  from (
select 20051 yrq from t1 union all
select 20052 yrq from t1 union all
select 20053 yrq from t1 union all
select 20054 yrq from t1
      ) x

YR      MTH
----    ------
2005      3
2005      6
2005      9
2005     12
```

이때 각 분기에 대한 연도 및 종료 월이 있습니다. 이들 값을 사용하여 날짜, 특히 각 분기에 대한 마지막 달의 첫 번째 날을 찾습니다. 연결 연산자 ||를 사용하여 연도와 월을 붙인 다음 TO_DATE 함수를 사용하여 날짜로 변환합니다.

```
select to_date(substr(yrq,1,4)||mod(yrq,10)*3,'yyyymm') q_end
  from (
select 20051 yrq from t1 union all
select 20052 yrq from t1 union all
select 20053 yrq from t1 union all
select 20054 yrq from t1
      ) x

Q_END
-----------
01-MAR-2005
01-JUN-2005
01-SEP-2005
01-DEC-2005
```

Q_END 값은 각 분기 마지막 달의 첫 번째 날입니다. 월의 마지막 날로 이동하려면 Q_END에서 LAST_DAY 함수를 사용합니다. 각 분기의 시작 날짜를 찾으려면 ADD_MONTHS 함수를 사용하여 Q_END에서 2개월을 뺍니다.

PostgreSQL

첫 번째 단계는 작업 중인 연도와 분기를 찾는 것입니다. SUBSTR 함수를 사용하여 인라인 뷰 X(X.YRQ)에서 연도를 부분 문자열로 찾아냅니다. 분기를 얻으려면 YRQ에 계수 10을 사용합니다. 분기가 도출되면 3을 곱하여 분기의 종료 월을 구합니다. 결과는 다음과 같습니다.

```
select substr(cast(yrq as varchar),1,4) yr, mod(yrq,10)*3 mth
  from (
select 20051 yrq from t1 union all
select 20052 yrq from t1 union all
select 20053 yrq from t1 union all
select 20054 yrq from t1
      ) x

YR      MTH
----    -------
2005       3
2005       6
2005       9
2005      12
```

이 시점에서 각 분기에 대한 연도 및 종료 월이 있습니다. 이들 값을 사용하여 날짜, 특히 각 분기에 대한 마지막 달의 첫 번째 날을 구성할 수 있습니다. 연결 연산자 ||를 사용하여 연도와 월을 붙인 다음 TO_ DATE 함수를 사용하여 날짜로 변환합니다.

```
select to_date(substr(yrq,1,4)||mod(yrq,10)*3,'yyyymm') q_end
  from (
select 20051 yrq from t1 union all
select 20052 yrq from t1 union all
select 20053 yrq from t1 union all
select 20054 yrq from t1
      ) x

Q_END
-----------
01-MAR-2005
01-JUN-2005
01-SEP-2005
01-DEC-2005
```

Q_END 값은 각 분기 마지막 달의 첫 번째 날입니다. 월의 마지막 날이 되려면 Q_END에 1개월을 추가하고 하루를 뺍니다. 각 분기의 시작 날짜를 찾으려면 Q_END에서 2개월을 뺍니다. 최종 결과를 날짜로 캐스팅합니다.

MySQL

첫 번째 단계는 작업 중인 연도와 분기를 찾는 것입니다. SUBSTR 함수를 사용하여 인라인 뷰 X(X.YRQ)에서 연도를 부분 문자열로 찾습니다. 분기를 얻으려면 YRQ에 계수 10을 사용합니다. 분기가 도출되면 3을 곱하여 분기의 종료 월을 구합니다. 결과는 다음과 같습니다.

```
select substr(cast(yrq as varchar),1,4) yr, mod(yrq,10)*3 mth
  from (
select 20051 yrq from t1 union all
select 20052 yrq from t1 union all
select 20053 yrq from t1 union all
select 20054 yrq from t1
      ) x

YR    MTH
----  ------
2005     3
2005     6
2005     9
2005    12
```

이 시점에서 각 분기에 대한 연도 및 종료 월이 있습니다. 이들 값을 사용하여 날짜, 특히 각 분기의 마지막 날을 알 수 있습니다. CONCAT 함수를 사용하여 연도와 월을 붙인 다음 STR_TO_DATE 함수를 사용하여 날짜로 변환합니다. LAST_DAY 함수를 사용하여 각 분기의 마지막 날을 찾습니다.

```
select last_day(
    str_to_date(
        concat(
        substr(yrq,1,4),mod(yrq,10)*3),'%Y%m')) q_end
  from (
select 20051 as yrq from t1 union all
select 20052 as yrq from t1 union all
select 20053 as yrq from t1 union all
```

```
select 20054 as yrq from t1
      ) x

Q_END
-----------
31-MAR-2005
30-JUN-2005
30-SEP-2005
31-DEC-2005
```

각 분기의 종료일이 있으므로 이제 각 분기의 시작 날짜만 찾으면 됩니다. DAY 함수를 사용하여 각 분기의 종료일을 반환하고 ADDDATE 함수를 사용하여 Q_END에서 이를 빼면 이전 달의 마지막을 알려 줍니다. 각 분기 마지막 달의 첫 번째 날로 이동하려면 1일을 추가하면 됩니다. 마지막 단계로 DATE_ADD 함수를 사용하여 각 분기 마지막 달의 첫 번째 날로부터 2개월을 빼서 각 분기의 시작 날짜를 알 수 있습니다.

SQL Server

첫 번째 단계는 작업 중인 연도와 분기를 찾는 것입니다. SUBSTRING 함수를 사용하여 인라인 뷰 X(X.YRQ)에서 연도를 부분 문자열로 추출합니다. 분기를 얻으려면 YRQ에 계수 10을 사용합니다. 분기가 있으면 3을 곱하여 분기의 종료 월을 구할 수 있습니다. 다음은 그 결과입니다.

```
select substring(yrq,1,4) yr, yrq%10*3 mth
  from (
select 20051 yrq from t1 union all
select 20052 yrq from t1 union all
select 20053 yrq from t1 union all
select 20054 yrq from t1
      ) x

YR      MTH
----    ------
2005      3
2005      6
2005      9
2005     12
```

이 시점에서 각 분기에 대한 연도 및 종료 월이 있습니다. 이들 값을 사용하여 날짜, 특히 각 분기에 대한 지난달의 첫 번째 날을 찾아냅니다. 연결 연산자 +를 사용하여 연도와 월을 붙인 다음 CAST 함수를 사용하여 날짜로 변환합니다.

```
select cast(substring(cast(yrq as varchar),1,4)+'-'+
       cast(yrq%10*3 as varchar)+'-1' as datetime) q_end
  from (
select 20051 yrq from t1 union all
select 20052 yrq from t1 union all
select 20053 yrq from t1 union all
select 20054 yrq from t1
       ) x

Q_END
-----------
01-MAR-2005
01-JUN-2005
01-SEP-2005
01-DEC-2005
```

Q_END의 값은 각 분기의 마지막 달 1일입니다. 해당 월의 마지막 날을 얻으려면 Q_END에 1개월을 더하고 DATEADD 함수를 사용하여 하루를 뺍니다. 각 분기의 시작일을 찾으려면 DATEADD 함수를 사용하여 Q_END에서 2개월을 뺍니다.

9.10 누락된 날짜 채우기

문제 주어진 범위 내에서 모든 날짜(또는 매월, 매주 또는 연도)에 대해 행을 생성해야 합니다. 이러한 행 집합은 종종 요약 보고서를 생성하는 데 사용됩니다. 예를 들어 사원의 고용일에 따라 매월 고용된 사원 수를 집계하려고 합니다. 고용된 모든 사원의 채용일을 살펴보면 2000년부터 2003년까지 고용되었습니다.

```
select distinct
       extract(year from hiredate) as year
```

```
  from emp

YEAR
-----
 2000
 2001
 2002
 2003
```

2000년부터 2003년까지 매월 고용된 사원 수를 확인하려고 합니다. 원하는 결과셋의 일부는 다음과 같습니다.

```
MTH          NUM_HIRED
-----------  ----------
01-JAN-2001          0
01-FEB-2001          2
01-MAR-2001          0
01-APR-2001          1
01-MAY-2001          1
01-JUN-2001          1
01-JUL-2001          0
01-AUG-2001          0
01-SEP-2001          2
01-OCT-2001          0
01-NOV-2001          1
01-DEC-2001          2
```

해법 여기서 요령은 사원이 고용되지 않은 경우에도 매월 행을 반환하는 것입니다(즉, 개수가 0이 됩니다). 2000년과 2003년 사이에 매월 사원을 고용하지는 않았으므로, 해당 월을 직접 생성한 다음 HIREDATE를 EMP 테이블에 외부 조인해야 합니다(가능한 경우 생성된 월과 일치할 수 있도록 실제 HIREDATE를 해당 월로 자릅니다).

DB2

재귀 WITH 절을 사용하여 매월(2000년 1월 1일부터 2003년 12월 1일까지 매월 1일)을 생성합니다. 필요한 날짜 범위에 대한 모든 월이 만들어지면 EMP 테이블에 외부 조인하고 집계 함수 COUNT를 사용하여 매월 고용 수를 계산합니다.

```
 1   with x (start_date,end_date)
 2     as (
 3 select (min(hiredate)
 4           dayofyear(min(hiredate)) day +1 day) start_date,
 5        (max(hiredate)
 6           dayofyear(max(hiredate)) day +1 day) +1 year end_date
 7   from emp
 8  union all
 9 select start_date +1 month, end_date
10   from x
11  where (start_date +1 month) < end_date
12 )
13 select x.start_date mth, count(e.hiredate) num_hired
14   from x left join emp e
15     on (x.start_date = (e.hiredate-(day(hiredate)-1) day))
16  group by x.start_date
17  order by 1
```

Oracle

CONNECT BY 절을 사용하여 2000년과 2003년 사이에 매월을 생성합니다. 그런 다음 EMP 테이블에 외부 조인하고 집계 함수 COUNT를 사용하여 매월 고용된 사원 수를 계산합니다.

```
 1   with x
 2     as (
 3 select add_months(start_date,level-1) start_date
 4   from (
 5 select min(trunc(hiredate,'y')) start_date,
 6        add_months(max(trunc(hiredate,'y')),12) end_date
 7   from emp
 8        )
 9  connect by level <= months_between(end_date,start_date)
10 )
11 select x.start_date MTH, count(e.hiredate) num_hired
12   from x left join emp e
13     on (x.start_date = trunc(e.hiredate,'mm'))
14  group by x.start_date
15  order by 1
```

PostgreSQL

CTE를 사용하여 최초 고용일 이후 월을 입력한 다음, 생성된 각 월의 월과 연도를 사용하여 EMP 테이블에 LEFT OUTER JOIN을 사용하여 각 기간의 고용 일수를 계산할 수 있습니다.

```
   with recursive x (start_date, end_date)
as
(
   select
   cast(min(hiredate) - (cast(extract(day from min(hiredate))
   as integer) - 1) as date)
   , max(hiredate)
   from emp
  union all
   select cast(start_date + interval '1 month' as date)
   , end_date
   from x
   where start_date < end_date
)

select x.start_date,count(hiredate)
from x left join emp
 on (extract(month from start_date) =
            extract(month from emp.hiredate)
      and extract(year from start_date)
      = extract(year from emp.hiredate))
      group by x.start_date
      order by 1
```

MySQL

재귀 CTE를 사용하여 시작일과 종료일 사이에 매월을 생성한 다음 EMP 테이블에 대한 외부 조인을 사용하여 고용 내역을 확인합니다.

```
with recursive x (start_date,end_date)
    as
    (
     select
         adddate(min(hiredate),
         -dayofyear(min(hiredate))+1)  start_date
         ,adddate(max(hiredate),
```

```
        -dayofyear(max(hiredate))+1)  end_date
        from emp
    union all
        select date_add(start_date,interval 1 month)
        , end_date
        from x
        where date_add(start_date, interval 1 month) < end_date
    )

    select x.start_date mth, count(e.hiredate) num_hired
    from x left join emp e
    on (extract(year_month from start_date)
        =
        extract(year_month from e.hiredate))
    group by x.start_date
    order by 1;
```

SQL Server

재귀 **WITH** 절을 사용하여 매월(2000년 1월 1일부터 2003년 12월 1일까지 매월 1일)을 생성합니다. 필요한 날짜 범위에 대한 모든 월이 있으면 EMP 테이블에 외부 조인하고 집계 함수 COUNT를 사용하여 매월 고용 일수를 계산합니다.

```
1   with x (start_date,end_date)
2     as (
3  select (min(hiredate) -
4           datepart(dy,min(hiredate))+1) start_date,
5          dateadd(yy,1,
6           (max(hiredate) -
7           datepart(dy,max(hiredate))+1)) end_date
8    from emp
9  union all
10 select dateadd(mm,1,start_date), end_date
11   from x
12  where dateadd(mm,1,start_date) < end_date
13 )
14 select x.start_date mth, count(e.hiredate) num_hired
15   from x left join emp e
16     on (x.start_date =
17            dateadd(dd,-day(e.hiredate)+1,e.hiredate))
18 group by x.start_date
19 order by 1
```

이 설명은 DB2, Oracle, PostgreSQL, MySQL, SQL Server로 구분됩니다.

DB2

첫 번째 단계는 2000년부터 2003년까지 매월(실제로는 매월 1일)을 생성하는 것입니다. MIN 및 MAX HIREDATE에서 DAYOFYEAR 함수를 사용하여 월 범위를 찾습니다.

```
select (min(hiredate)
        dayofyear(min(hiredate)) day +1 day) start_date,
       (max(hiredate)
        dayofyear(max(hiredate)) day +1 day) +1 year end_date
  from emp

START_DATE  END_DATE
----------- -----------
01-JAN-2000 01-JAN-2004
```

다음 단계는 START_DATE에 반복해서 월을 추가하여 최종 결과셋에 필요한 모든 월을 반환하는 것입니다. END_DATE의 값이 예상보다 하루 더 많지만 상관없습니다. START_DATE에 반복해서 월을 추가하면 END_DATE에 도달하기 전에 중지할 수 있습니다. 생성된 월의 일부는 다음과 같습니다.

```
with x (start_date,end_date)
  as (
select (min(hiredate)
        dayofyear(min(hiredate)) day +1 day) start_date,
       (max(hiredate)
        dayofyear(max(hiredate)) day +1 day) +1 year end_date
  from emp
 union all
select start_date +1 month, end_date
  from x
 where (start_date +1 month) < end_date
)
select *
  from x

START_DATE  END_DATE
----------- -----------
01-JAN-2000 01-JAN-2004
```

```
01-FEB-2000 01-JAN-2004
01-MAR-2000 01-JAN-2004

...

01-OCT-2003 01-JAN-2004
01-NOV-2003 01-JAN-2004
01-DEC-2003 01-JAN-2004
```

이 시점에서 필요한 모든 월이 있으며 EMP.HIREDATE에 간단히 외부 조인할 수 있습니다. 각
START_DATE의 날짜는 해당 월의 1일이므로 EMP.HIREDATE를 해당 월의 1일로 바꿉니다. 마지
막으로 EMP.HIREDATE에 집계 함수 COUNT를 사용합니다.

Oracle

첫 번째 단계는 2000년부터 2003년까지 매달 첫 번째 날을 생성하는 것입니다. TRUNC 및
ADD_MONTHS를 MIN 및 MAX HIREDATE 값과 함께 사용하여 범위 월을 찾습니다.

```
select min(trunc(hiredate,'y')) start_date,
       add_months(max(trunc(hiredate,'y')),12) end_date
  from emp

START_DATE  END_DATE
----------- -----------
01-JAN-2000 01-JAN-2004
```

그런 다음 START_DATE에 반복해서 월을 추가하여 최종 결과셋에 필요한 모든 월을 반환합니
다. END_DATE의 값이 예상보다 하루 더 많지만 괜찮습니다. START_DATE에 반복해서 월을 추
가할 때 END_DATE에 도달하기 전에 중지할 수 있습니다. 생성된 월의 일부가 다음과 같이 나타
납니다.

```
with x as (
select add_months(start_date,level-1) start_date
  from (
select min(trunc(hiredate,'y')) start_date,
       add_months(max(trunc(hiredate,'y')),12) end_date
  from emp
      )
 connect by level <= months_between(end_date,start_date)
)
```

```
select *
  from x

START_DATE
-----------
01-JAN-2000
01-FEB-2000
01-MAR-2000

...
01-OCT-2003
01-NOV-2003
01-DEC-2003
```

이제 필요한 모든 월이 있으며 EMP.HIREDATE에 간단히 외부 조인할 수 있습니다. 각 START_
DATE의 날짜가 해당 월의 1일이므로 EMP.HIREDATE를 해당 월의 1일로 바꿉니다. 마지막 단계
는 EMP.HIREDATE에 집계 함수 COUNT를 사용하는 것입니다.

PostgreSQL

이 해법은 CTE를 사용하여 필요한 개월 수를 생성하며 이후에 등장하는 MySQL 및 SQL
Server의 해법과 유사합니다. 첫 번째 단계는 집계 함수를 사용하여 범위 날짜를 만드는 것입
니다. MIN 및 MAX 함수를 사용하여 가장 빠른 고용 날짜와 가장 최근 고용 날짜를 찾을 수 있지
만, 가장 빠른 고용 날짜가 포함된 월의 첫 번째 날을 찾으면 더 적절하게 출력됩니다.

MySQL

먼저 DAYOFYEAR 및 ADDDATE 함수와 함께 집계 함수 MIN 및 MAX를 사용하여 범위 날짜를 찾습
니다. 여기에 표시된 결과셋은 인라인 뷰 X에서 가져온 것입니다.

```
with recursive x (start_date,end_date)
    as (
        select
         adddate(min(hiredate),
        -dayofyear(min(hiredate))+1)  start_date
        ,adddate(max(hiredate),
        -dayofyear(max(hiredate))+1)  end_date
        from emp
      union all
      select date_add(start_date,interval 1 month)
```

```
        , end_date
        from x
        where date_add(start_date, interval 1 month) < end_date
          )
  select * from x
```

```
select adddate(min(hiredate),-dayofyear(min(hiredate))+1) min_hd,
       adddate(max(hiredate),-dayofyear(max(hiredate))+1) max_hd
  from emp

MIN_HD      MAX_HD
----------- -----------
01-JAN-2000 01-JAN-2003
```

다음으로 CTE로 MAX_HD를 해당 연도의 마지막 월까지 증가시킵니다.

```
MTH
-----------
01-JAN-2000
01-FEB-2000
01-MAR-2000

...
01-OCT-2003
01-NOV-2003
01-DEC-2003
```

이제 최종 결과셋에 필요한 모든 월을 얻었으므로 EMP.HIREDATE에 대한 외부 조인(EMP.HIREDATE를 해당 월의 첫 번째 날로 자름)하고 EMP.HIREDATE의 집계 함수 COUNT를 사용하여 매월 고용된 사원 수를 계산합니다.

SQL Server

우선 2000년부터 2003년까지 매월(실제로는 매월 1일)을 생성합니다. 그런 다음 MIN 및 MAX HIREDATE에 DAYOFYEAR 함수를 적용하여 범위 월을 찾습니다.

```
select (min(hiredate) -
        datepart(dy,min(hiredate))+1) start_date,
       dateadd(yy,1,
       (max(hiredate) -
```

```
            datepart(dy,max(hiredate))+1)) end_date
  from emp


START_DATE  END_DATE
----------- -----------
01-JAN-2000 01-JAN-2004
```

다음 단계는 START_DATE에 반복해서 월을 추가하여 최종 결과셋에 필요한 모든 월을 반환하는 것입니다. END_DATE의 값은 END_DATE에 도달하기 전에 START_DATE에 월을 재귀적으로 추가하는 것을 중지할 수 있으므로 상관없습니다. 생성된 월의 일부는 다음과 같습니다.

```
with x (start_date,end_date)
  as (
select (min(hiredate) -
         datepart(dy,min(hiredate))+1) start_date,
       dateadd(yy,1,
         (max(hiredate) -
          datepart(dy,max(hiredate))+1)) end_date
  from emp
 union all
select dateadd(mm,1,start_date), end_date
  from x
 where dateadd(mm,1,start_date) < end_date
)
select *
  from x


START_DATE  END_DATE
----------- -----------
01-JAN-2000 01-JAN-2004
01-FEB-2000 01-JAN-2004
01-MAR-2000 01-JAN-2004
...
01-OCT-2003 01-JAN-2004
01-NOV-2003 01-JAN-2004
01-DEC-2003 01-JAN-2004
```

이제 필요한 모든 월이 있습니다. EMP.HIREDATE에 간단하게 외부 조인합니다. 각 START_DATE의 날짜가 해당 월의 1일이므로 EMP.HIREDATE를 해당 월의 1일로 바꿉니다. 마지막 단계는 EMP.HIREDATE에 집계 함수 COUNT를 사용하는 것입니다.

9.11 특정 시간 단위 검색하기

문제 주어진 월, 요일 또는 기타 시간 단위와 일치하는 날짜를 검색하려고 합니다. 예를 들어 2월 또는 12월에 고용된 모든 사원과 화요일에 고용된 사원을 찾으려고 합니다.

해법 RDBMS에서 제공하는 함수를 사용하여 날짜의 월 및 요일명을 찾습니다. 이 해법은 다양한 상황에서 유용할 수 있습니다. HIREDATE를 검색하고 싶지만 월(또는 관심이 있는 HIREDATE의 다른 부분)을 추출하고 연도는 무시하려면 그렇게 할 수 있습니다. 이 문제에 대한 예제 해법은 월 및 요일명으로만 검색합니다. RDBMS에서 제공하는 날짜 형식 지정 함수를 알아 두면 이를 응용하여 연도, 분기, 연도 및 분기 조합, 월 및 연도 조합 등으로 쉽게 검색할 수 있습니다.

DB2와 MySQL

MONTHNAME 및 DAYNAME 함수를 사용하여 사원이 고용된 월 및 요일의 이름을 각각 찾습니다.

```
1 select ename
2   from emp
3 where monthname(hiredate) in ('February','December')
4    or dayname(hiredate) = 'Tuesday'
```

Oracle과 PostgreSQL

TO_CHAR 함수를 사용하여 사원이 고용된 월과 요일의 이름을 찾습니다. RTRIM 함수를 사용하여 후행 공백을 제거합니다.

```
1 select ename
2   from emp
3 where rtrim(to_char(hiredate,'month')) in ('february','december')
4    or rtrim(to_char(hiredate,'day')) = 'tuesday'
```

SQL Server

DATENAME 함수를 사용하여 사원이 고용된 월과 요일의 이름을 찾습니다.

```
1 select ename
2   from emp
3 where datename(m,hiredate) in ('February','December')
4    or datename(dw,hiredate) = 'Tuesday'
```

설명 각 해법의 핵심은 사용할 함수와 사용 방법을 아는 것입니다. 반환값이 무엇인지 확인하려면 함수를 SELECT 절에 넣고 출력 결과를 검사합니다. 다음은 DEPTNO 10의 사원에 대한 결과셋입니다(SQL Server 구문을 사용합니다).

```
select ename,datename(m,hiredate) mth,datename(dw,hiredate) dw
  from emp
 where deptno = 10

ENAME   MTH        DW
------  ---------  -----------
CLARK   June       Tuesday
KING    November   Tuesday
MILLER  January    Saturday
```

함수가 반환하는 내용을 알고 나면, 각 해법에 나온 함수를 사용하여 행을 쉽게 찾을 수 있습니다.

9.12 날짜의 특정 부분으로 레코드 비교하기

문제 같은 달과 요일에 고용된 사원이 누구인지 확인하려고 합니다. 예를 들어 한 사원이 2008년 3월 10일 월요일에 고용되었고 다른 사원이 2001년 3월 2일 월요일에 고용된 경우, 그 두 사람은 요일 및 월이 일치하므로 '일치'로 표시되기를 원합니다. EMP 테이블에서는 세 명의 사원만이 요구 사항을 충족합니다. 따라서 다음 결과셋을 반환하려고 합니다.

```
MSG
-----------------------------------------------------
JAMES was hired on the same month and weekday as FORD
SCOTT was hired on the same month and weekday as JAMES
SCOTT was hired on the same month and weekday as FORD
```

해법 한 사원의 HIREDATE를 다른 사원의 HIREDATE와 비교하려면 EMP 테이블에 셀프 조인해야 합니다. 이를 통해 HIREDATE의 가능한 조합을 비교할 수 있습니다. 그런 다음 각 HIREDATE에서 요일과 월을 추출하고 비교합니다.

DB2

EMP 테이블을 셀프 조인한 뒤에 DAYOFWEEK 함수를 사용하여 요일 숫자를 반환합니다. MONTHNAME 함수를 사용하여 월 이름을 반환합니다.

```
1 select a.ename ||
2        ' was hired on the same month and weekday as '||
3        b.ename msg
4   from emp a, emp b
5 where (dayofweek(a.hiredate),monthname(a.hiredate)) =
6        (dayofweek(b.hiredate),monthname(b.hiredate))
7   and a.empno < b.empno
8 order by a.ename
```

Oracle과 PostgreSQL

EMP 테이블을 셀프 조인한 뒤에 TO_CHAR 함수를 사용하여 비교를 위해 HIREDATE를 요일 및 월로 지정합니다.

```
1 select a.ename ||
2        ' was hired on the same month and weekday as '||
3        b.ename as msg
4   from emp a, emp b
5 where to_char(a.hiredate,'DMON') =
6        to_char(b.hiredate,'DMON')
7   and a.empno < b.empno
8 order by a.ename
```

MySQL

EMP 테이블을 셀프 조인한 뒤에 DATE_FORMAT 함수를 사용하여 비교를 위해 HIREDATE를 요일 및 월로 지정합니다.

```
1 select concat(a.ename,
2          ' was hired on the same month and weekday as ',
3          b.ename) msg
4   from emp a, emp b
5  where date_format(a.hiredate,'%w%M') =
6          date_format(b.hiredate,'%w%M')
7    and a.empno < b.empno
8 order by a.ename
```

SQL Server

EMP 테이블을 셀프 조인한 뒤에 DATENAME 함수를 사용하여 비교를 위해 HIREDATE를 요일 및 월로 지정합니다.

```
1 select a.ename +
2          ' was hired on the same month and weekday as '+
3          b.ename msg
4   from emp a, emp b
5  where datename(dw,a.hiredate) = datename(dw,b.hiredate)
6    and datename(m,a.hiredate) = datename(m,b.hiredate)
7    and a.empno < b.empno
8 order by a.ename
```

설명 해법 간 유일한 차이점은 HIREDATE를 정의하는 데 사용하는 날짜 함수입니다. 이 설명에서는 (입력하는 내용이 가장 짧은) Oracle/PostgreSQL 해법을 사용할 것입니다. 설명은 다른 해법에서도 마찬가지로 같습니다.

첫 번째 단계는 각 사원이 다른 사원의 HIREDATE에 액세스할 수 있도록 EMP에 셀프 조인하는 것입니다. 여기에 표시된 쿼리 결과를 살펴봅시다(사원명 스콧(SCOTT)으로 필터링됩니다).

```
select a.ename as scott, a.hiredate as scott_hd,
       b.ename as other_emps, b.hiredate as other_hds
  from emp a, emp b
```

```
    where a.ename = 'SCOTT'
      and a.empno != b.empno

SCOTT      SCOTT_HD    OTHER_EMPS OTHER_HDS
---------- ----------- ---------- -----------
SCOTT      09-DEC-2002 SMITH      17-DEC-2000
SCOTT      09-DEC-2002 ALLEN      20-FEB-2001
SCOTT      09-DEC-2002 WARD       22-FEB-2001
SCOTT      09-DEC-2002 JONES      02-APR-2001
SCOTT      09-DEC-2002 MARTIN     28-SEP-2001
SCOTT      09-DEC-2002 BLAKE      01-MAY-2001
SCOTT      09-DEC-2002 CLARK      09-JUN-2001
SCOTT      09-DEC-2002 KING       17-NOV-2001
SCOTT      09-DEC-2002 TURNER     08-SEP-2001
SCOTT      09-DEC-2002 ADAMS      12-JAN-2003
SCOTT      09-DEC-2002 JAMES      03-DEC-2001
SCOTT      09-DEC-2002 FORD       03-DEC-2001
SCOTT      09-DEC-2002 MILLER     23-JAN-2002
```

EMP 테이블의 셀프 조인을 통해 스콧의 HIREDATE를 다른 모든 사원의 HIREDATE와 비교할 수 있습니다. EMPNO에 대한 필터는 스콧의 HIREDATE가 OTHER_HDS 중 하나로 반환되지 않도록 합니다. 다음 단계는 RDBMS에서 제공하는 날짜 형식 지정 함수를 사용하여 HIREDATE의 요일과 월을 비교하고 일치하는 날짜만 남기는 것입니다.

```
select a.ename as emp1, a.hiredate as emp1_hd,
       b.ename as emp2, b.hiredate as emp2_hd
  from emp a, emp b
 where to_char(a.hiredate,'DMON') =
       to_char(b.hiredate,'DMON')
   and a.empno != b.empno
 order by 1

EMP1       EMP1_HD     EMP2       EMP2_HD
---------- ----------- ---------- -----------
FORD       03-DEC-2001 SCOTT      09-DEC-2002
FORD       03-DEC-2001 JAMES      03-DEC-2001
JAMES      03-DEC-2001 SCOTT      09-DEC-2002
JAMES      03-DEC-2001 FORD       03-DEC-2001

SCOTT      09-DEC-2002 JAMES      03-DEC-2001
SCOTT      09-DEC-2002 FORD       03-DEC-2001
```

이때 HIREDATE는 정확하게 일치하지만, 결과셋에는 이 레시피의 '문제' 절에 있는 세 개 행이 아니라 여섯 개 행이 있습니다. 행이 추가된 이유는 EMPNO의 필터 때문입니다. '같지 않음 (!=)'을 사용하여 역수를 필터링하지 않습니다. 예를 들어 첫 번째 행은 포드와 스콧이 일치하고 마지막 행은 스콧과 포드가 일치합니다. 결과셋의 6개 행은 기술적으로는 맞지만 중복됩니다. 중복성을 제거하려면 '미만(<)'을 사용합니다(중간 쿼리를 최종 결과셋에 가깝게 하고자 HIREDATE는 제거됩니다).

```
select a.ename as emp1, b.ename as emp2
  from emp a, emp b
 where to_char(a.hiredate,'DMON') =
       to_char(b.hiredate,'DMON')
   and a.empno < b.empno
 order by 1


EMP1       EMP2
---------- ----------
JAMES      FORD
SCOTT      JAMES
SCOTT      FORD
```

마지막 단계는 단순히 결과셋을 연결하여 메시지를 구성하는 것입니다.

9.13 중복 날짜 범위 식별하기

문제 기존 프로젝트를 종료하기 전에 새 프로젝트를 시작하는 사원의 경우를 모두 찾으려고 합니다. EMP_PROJECT 테이블을 살펴봅시다.

```
select *
  from emp_project


EMPNO ENAME      PROJ_ID PROJ_START  PROJ_END
----- ---------- ------- ----------- -----------
7782  CLARK            1 16-JUN-2005 18-JUN-2005
7782  CLARK            4 19-JUN-2005 24-JUN-2005
```

```
7782  CLARK          7 22-JUN-2005 25-JUN-2005
7782  CLARK         10 25-JUN-2005 28-JUN-2005
7782  CLARK         13 28-JUN-2005 02-JUL-2005
7839  KING           2 17-JUN-2005 21-JUN-2005
7839  KING           8 23-JUN-2005 25-JUN-2005
7839  KING          14 29-JUN-2005 30-JUN-2005
7839  KING          11 26-JUN-2005 27-JUN-2005
7839  KING           5 20-JUN-2005 24-JUN-2005
7934  MILLER         3 18-JUN-2005 22-JUN-2005
7934  MILLER        12 27-JUN-2005 28-JUN-2005
7934  MILLER        15 30-JUN-2005 03-JUL-2005
7934  MILLER         9 24-JUN-2005 27-JUN-2005
7934  MILLER         6 21-JUN-2005 23-JUN-2005
```

사원 킹(KING)의 결과를 보면 킹이 PROJ_ID = 5를 마치기 전에 PROJ_ID = 8을 시작했고 PROJ_ID = 2를 끝내기 전에 PROJ_ID = 5를 시작했음을 알 수 있습니다. 이때 다음 결과셋을 반환하려고 합니다.

```
EMPNO ENAME       MSG
----- ----------  ------------------------------
7782  CLARK       project 7 overlaps project 4
7782  CLARK       project 10 overlaps project 7
7782  CLARK       project 13 overlaps project 10
7839  KING        project 8 overlaps project 5
7839  KING        project 5 overlaps project 2
7934  MILLER      project 12 overlaps project 9
7934  MILLER      project 6 overlaps project 3
```

해법 여기서 핵심은 새 프로젝트가 시작되는 날짜인 PROJ_START가 다른 프로젝트의 PROJ_START 날짜 또는 그 이후에, 그리고 다른 프로젝트의 PROJ_END 날짜 또는 그 이전에 발생하는 행을 찾는 것입니다. 그러려면 (같은 사원에 대해) 각 프로젝트를 다른 프로젝트와 비교할 수 있어야 합니다. 사원에 대해 EMP_PROJECT를 셀프 조인하여 각 사원에 대해 두 프로젝트의 가능한 모든 조합을 생성합니다. 겹치는 부분을 찾으려면 같은 사원에 대해 PROJ_ID의 PROJ_START가 다른 PROJ_ID의 PROJ_START와 PROJ_END 사이에 있는 행을 찾습니다.

DB2, PostgreSQL, Oracle

EMP_PROJECT를 셀프 조인합니다. 그런 다음 연결 연산자 ||를 사용하여 어떤 프로젝트가 겹치는지를 설명하는 메시지를 구성합니다.

```
1 select a.empno,a.ename,
2        'project '||b.proj_id||
3        ' overlaps project '||a.proj_id as msg
4   from emp_project a,
5        emp_project b
6  where a.empno = b.empno
7    and b.proj_start >= a.proj_start
8    and b.proj_start <= a.proj_end
9    and a.proj_id != b.proj_id
```

MySQL

EMP_PROJECT에 셀프 조인합니다. 그런 다음 CONCAT 함수를 사용하여 겹치는 프로젝트를 설명하는 메시지를 구성합니다.

```
1 select a.empno,a.ename,
2        concat('project ',b.proj_id,
3         ' overlaps project ',a.proj_id) as msg
4   from emp_project a,
5        emp_project b
6  where a.empno = b.empno
7    and b.proj_start >= a.proj_start
8    and b.proj_start <= a.proj_end
9    and a.proj_id != b.proj_id
```

SQL Server

EMP_PROJECT를 셀프 조인합니다. 그런 다음 연결 연산자 +를 사용하여 어떤 프로젝트가 겹치는지를 설명하는 메시지를 구성합니다.

```
1 select a.empno,a.ename,
2        'project '+b.proj_id+
3        ' overlaps project '+a.proj_id as msg
4   from emp_project a,
```

```
5         emp_project b
6   where a.empno = b.empno
7     and b.proj_start >= a.proj_start
8     and b.proj_start <= a.proj_end
9     and a.proj_id != b.proj_id
```

설명 해법 간 유일한 차이점은 문자열 연결입니다. 따라서 DB2 구문을 사용하는 사례로 세 가지 해법을 모두 다루겠습니다. 첫 번째 단계로, 서로 다른 프로젝트 간에 `PROJ_START` 날짜를 비교할 수 있도록 `EMP_PROJECT`를 셀프 조인합니다. 사원 킹에 대한 셀프 조인 출력 결과가 다음과 같이 표시됩니다. 각 프로젝트가 다른 프로젝트를 어떻게 '보는지' 관찰할 수 있습니다.

```
select a.ename,
       a.proj_id as a_id,
       a.proj_start as a_start,
       a.proj_end as a_end,
       b.proj_id as b_id,
       b.proj_start as b_start
  from emp_project a,
       emp_project b
 where a.ename = 'KING'
   and a.empno = b.empno
   and a.proj_id != b.proj_id
order by 2

ENAME  A_ID  A_START      A_END        B_ID  B_START
------ ----- ------------ ------------ ----- ------------
KING      2  17-JUN-2005  21-JUN-2005     8  23-JUN-2005
KING      2  17-JUN-2005  21-JUN-2005    14  29-JUN-2005
KING      2  17-JUN-2005  21-JUN-2005    11  26-JUN-2005
KING      2  17-JUN-2005  21-JUN-2005     5  20-JUN-2005
KING      5  20-JUN-2005  24-JUN-2005     2  17-JUN-2005
KING      5  20-JUN-2005  24-JUN-2005     8  23-JUN-2005
KING      5  20-JUN-2005  24-JUN-2005    11  26-JUN-2005
KING      5  20-JUN-2005  24-JUN-2005    14  29-JUN-2005
KING      8  23-JUN-2005  25-JUN-2005     2  17-JUN-2005
KING      8  23-JUN-2005  25-JUN-2005    14  29-JUN-2005
KING      8  23-JUN-2005  25-JUN-2005     5  20-JUN-2005
KING      8  23-JUN-2005  25-JUN-2005    11  26-JUN-2005
KING     11  26-JUN-2005  27-JUN-2005     2  17-JUN-2005
KING     11  26-JUN-2005  27-JUN-2005     8  23-JUN-2005
KING     11  26-JUN-2005  27-JUN-2005    14  29-JUN-2005
```

```
KING      11 26-JUN-2005 27-JUN-2005     5 20-JUN-2005
KING      14 29-JUN-2005 30-JUN-2005     2 17-JUN-2005
KING      14 29-JUN-2005 30-JUN-2005     8 23-JUN-2005
KING      14 29-JUN-2005 30-JUN-2005     5 20-JUN-2005
KING      14 29-JUN-2005 30-JUN-2005    11 26-JUN-2005
```

결과셋에서 볼 수 있듯이 셀프 조인을 사용하면 겹치는 날짜를 쉽게 찾을 수 있습니다. A_START와 A_END 사이에 B_START가 발생하는 각 행을 반환하면 됩니다. 해법의 7행과 8행에 있는 WHERE 절을 보면 다음과 같습니다.

```
and b.proj_start >= a.proj_start
and b.proj_start <= a.proj_end
```

그렇습니다. 필요한 행이 있다면 메시지 구성은 반환값을 연결하는 문제일 뿐입니다. Oracle 사용자는 사원당 최대 프로젝트 수가 고정된 경우, 윈도우 함수 LEAD OVER를 사용하여 셀프 조인을 피할 수 있습니다. 셀프 조인이 특정 결과에 대해 비용이 많이 들 경우(셀프 조인에 LEAD OVER에 필요한 정렬보다 더 많은 리소스가 필요한 경우) 특히 유용할 수 있습니다.

예를 들어보겠습니다. LEAD OVER를 사용하여 사원 킹의 경우를 살펴봅시다.

```
select empno,
       ename,
       proj_id,
       proj_start,
       proj_end,
       case
       when lead(proj_start,1)over(order by proj_start)
            between proj_start and proj_end
       then lead(proj_id)over(order by proj_start)
       when lead(proj_start,2)over(order by proj_start)
            between proj_start and proj_end
       then lead(proj_id)over(order by proj_start)
       when lead(proj_start,3)over(order by proj_start)
            between proj_start and proj_end
       then lead(proj_id)over(order by proj_start)
       when lead(proj_start,4)over(order by proj_start)
            between proj_start and proj_end
       then lead(proj_id)over(order by proj_start)
       end is_overlap
```

```
   from emp_project
 where ename = 'KING'


EMPNO ENAME  PROJ_ID PROJ_START  PROJ_END    IS_OVERLAP
----- ------ ------- ----------- ----------- ----------
 7839 KING         2 17-JUN-2005 21-JUN-2005          5
 7839 KING         5 20-JUN-2005 24-JUN-2005          8
 7839 KING         8 23-JUN-2005 25-JUN-2005
 7839 KING        11 26-JUN-2005 27-JUN-2005
 7839 KING        14 29-JUN-2005 30-JUN-2005
```

킹의 경우 프로젝트 수가 5개로 고정되어 있으므로 LEAD OVER를 사용하여 셀프 조인 없이 모
든 프로젝트의 날짜를 확인할 수 있습니다. 여기에서 최종 결과셋을 쉽게 생성할 수 있습니다.
IS_OVERLAP이 null이 아닌 행을 유지하면 됩니다.

```
select empno,ename,
       'project '||is_overlap||
       ' overlaps project '||proj_id msg
  from (
select empno,
       ename,
       proj_id,
       proj_start,
       proj_end,
       case
       when lead(proj_start,1)over(order by proj_start)
            between proj_start and proj_end
       then lead(proj_id)over(order by proj_start)
       when lead(proj_start,2)over(order by proj_start)
            between proj_start and proj_end
       then lead(proj_id)over(order by proj_start)
       when lead(proj_start,3)over(order by proj_start)
            between proj_start and proj_end
       then lead(proj_id)over(order by proj_start)
       when lead(proj_start,4)over(order by proj_start)
            between proj_start and proj_end
       then lead(proj_id)over(order by proj_start)
       end is_overlap
  from emp_project
 where ename = 'KING'
      )
 where is_overlap is not null
```

```
EMPNO ENAME  MSG
----- ------ -------------------------------
7839   KING   project 5 overlaps project 2
7839   KING   project 8 overlaps project 5
```

해법이 킹 외에도 모든 사원에 대해 작동하도록 하려면 LEAD OVER 함수에서 ENAME으로 분할
합니다.

```
select empno,ename,
       'project '||is_overlap||
       ' overlaps project '||proj_id msg
  from (
select empno,
       ename,
       proj_id,
       proj_start,
       proj_end,
       case
       when lead(proj_start,1)over(partition by ename
                                        order by proj_start)
            between proj_start and proj_end
       then lead(proj_id)over(partition by ename
                                   order by proj_start)
       when lead(proj_start,2)over(partition by ename
                                        order by proj_start)
            between proj_start and proj_end
       then lead(proj_id)over(partition by ename
                                   order by proj_start)
       when lead(proj_start,3)over(partition by ename
                                        order by proj_start)
            between proj_start and proj_end
       then lead(proj_id)over(partition by ename
                                   order by proj_start)
       when lead(proj_start,4)over(partition by ename
                                        order by proj_start)
            between proj_start and proj_end
       then lead(proj_id)over(partition by ename
                                   order by proj_start)
       end is_overlap
  from emp_project
       )
 where is_overlap is not null
```

```
EMPNO ENAME  MSG
----- ------ ------------------------------
7782  CLARK  project 7 overlaps project 4
7782  CLARK  project 10 overlaps project 7
7782  CLARK  project 13 overlaps project 10
7839  KING   project 5 overlaps project 2
7839  KING   project 8 overlaps project 5
7934  MILLER project 6 overlaps project 3
7934  MILLER project 12 overlaps project 9
```

9.14 마치며

날짜 조작은 데이터베이스를 다루는 모두에게 일반적인 문제입니다. 날짜와 함께 저장된 일련
의 이벤트는 비즈니스 사용자가 창의적인 날짜 기반 질문을 하도록 유도합니다. 동시에, 날짜
는 SQL에서 벤더 간 표준화가 덜 이루어진 영역 중 하나입니다. 9장을 통해 구문은 서로 다를
지언정, 날짜를 사용하는 쿼리에 공통으로 적용할 수 있는 일반적인 논리가 있다는 점을 알아
두시길 바랍니다.

CHAPTER 10

범위 관련 작업하기

10장은 범위를 포함하여 '일상적으로 쓰이는' 쿼리에 관해 설명합니다. 범위는 일상에서 일반적인 개념입니다. 예를 들어 우리가 작업하는 프로젝트는 연속된 기간에 걸친 범위가 지정됩니다. SQL에서는 범위를 검색하거나, 범위를 생성하거나, 범위 기반 데이터를 조작해야 하는 경우가 많습니다. 여기서 학습할 쿼리는 이전 장에서 보았던 쿼리보다 조금 더 복잡하지만, 일반적인 쿼리이므로 잘 숙지한다면 SQL이 어떤 이점을 제공할 수 있고 무엇을 할 수 있는지 더 잘이해할 수 있습니다.

10.1 연속 값의 범위 찾기

문제 연속된 프로젝트 범위를 나타내는 행을 결정하려고 합니다. 프로젝트 및 시작 및 종료날짜에 대한 데이터가 포함된 뷰 V의 다음 결과셋을 살펴봅시다.

```
select *
  from V

PROJ_ID PROJ_START  PROJ_END
------- ----------- -----------
      1 01-JAN-2020 02-JAN-2020
```

```
 2 02-JAN-2020 03-JAN-2020
 3 03-JAN-2020 04-JAN-2020
 4 04-JAN-2020 05-JAN-2020
 5 06-JAN-2020 07-JAN-2020
 6 16-JAN-2020 17-JAN-2020
 7 17-JAN-2020 18-JAN-2020
 8 18-JAN-2020 19-JAN-2020
 9 19-JAN-2020 20-JAN-2020
10 21-JAN-2020 22-JAN-2020
11 26-JAN-2020 27-JAN-2020
12 27-JAN-2020 28-JAN-2020
13 28-JAN-2020 29-JAN-2020
14 29-JAN-2020 30-JAN-2020
```

첫 번째 행을 제외하고, 각 행의 PROJ_START는 이전 행의 PROJ_END와 같아야 합니다('이전 프로젝트'는 현재 행에 대해 PROJ_ID − 1로 정의됩니다). 뷰 V에서 처음 5개 행을 조사하면 PROJ_ID 1~3은 각 PROJ_END가 그다음 행의 PROJ_START와 같으므로 같은 '그룹'의 일부입니다. 연속된 프로젝트의 날짜 범위를 찾으려 하므로, 현재 PROJ_END가 다음 행의 PROJ_START와 같은 모든 행을 반환하려고 합니다. 처음 5개 행이 전체 결과셋을 구성했다면 처음 3개 행만 반환합니다. (뷰 V의 14개 행을 모두 사용한) 최종 결과셋은 다음과 같아야 합니다.

```
PROJ_ID PROJ_START  PROJ_END
------- ----------- -----------
      1 01-JAN-2020 02-JAN-2020
      2 02-JAN-2020 03-JAN-2020
      3 03-JAN-2020 04-JAN-2020
      6 16-JAN-2020 17-JAN-2020
      7 17-JAN-2020 18-JAN-2020
      8 18-JAN-2020 19-JAN-2020
     11 26-JAN-2020 27-JAN-2020
     12 27-JAN-2020 28-JAN-2020
     13 28-JAN-2020 29-JAN-2020
```

PROJ_ID가 4, 5, 9, 10 및 14인 행은 각 행의 PROJ_END가 다음 행의 PROJ_START와 일치하지 않으므로 이 결과셋에서 제외됩니다.

해법 이 해법은 윈도우 함수 LEAD OVER를 활용하여 '다음' 행의 BEGIN_DATE를 확인하므로, 윈도우 함수가 도입되기 전에 필요했던 셀프 조인이 필요하지 않습니다.

```
1 select proj_id, proj_start, proj_end
2   from (
3 select proj_id, proj_start, proj_end,
4        lead(proj_start)over(order by proj_id) next_proj_start
5   from V
6        ) alias
7 where next_proj_start = proj_end
```

설명 이 설명은 DB2, MySQL, PostgreSQL, SQL Server, Oracle로 구분됩니다.

DB2, MySQL, PostgreSQL, SQL Server, Oracle

셀프 조인을 사용하여 해결할 수도 있지만, 윈도우 함수 LEAD OVER가 이러한 유형의 문제에 적합하고 더 직관적입니다. LEAD OVER 함수를 사용하면 셀프 조인을 수행하지 않고도 다른 행을 확인할 수 있습니다(함수가 이를 수행하려면 결과셋에 순서를 부과해야 합니다). ID 1 및 4에 대한 인라인 뷰(3~5행)의 결과를 봅시다.

```
select *
  from (
select proj_id, proj_start, proj_end,
       lead(proj_start)over(order by proj_id) next_proj_start
  from v
       )
 where proj_id in ( 1, 4 )

PROJ_ID PROJ_START  PROJ_END    NEXT_PROJ_START
------- ----------- ----------- ---------------
      1 01-JAN-2020 02-JAN-2020 02-JAN-2020
      4 04-JAN-2020 05-JAN-2020 06-JAN-2020
```

이 코드 조각과 결과셋을 살펴보면, PROJ_ID = 4가 전체 해법의 최종 결과셋에서 제외된 이유를 쉽게 알 수 있습니다. PROJ_END 날짜인 2020년 1월 5일이 '다음' 프로젝트의 시작 날짜인 2020년 1월 6일과 일치하지 않기 때문입니다.

LEAD OVER 함수는 특히 부분 결과를 검토할 때와 같은 상황에서 매우 유용합니다. 윈도우 함수로 작업할 때는 FROM 및 WHERE 절 이후에 평가되므로 이전 쿼리의 LEAD OVER 함수가 인라인 뷰 내에 포함되어야 합니다. 그렇지 않으면 WHERE 절이 PROJ_ID의 1과 4를 제외한 모든 행을 필터링한 후, LEAD OVER 함수를 결과셋에 적용합니다.

이제 데이터를 보는 방법에 따라 최종 결과셋에 PROJ_ID = 4를 포함하는 것이 좋습니다. 뷰 V
의 처음 5개 행을 봅시다.

```
select *
  from V
 where proj_id <= 5

PROJ_ID PROJ_START  PROJ_END
------- ----------- -----------
      1 01-JAN-2020 02-JAN-2020
      2 02-JAN-2020 03-JAN-2020
      3 03-JAN-2020 04-JAN-2020
      4 04-JAN-2020 05-JAN-2020
      5 06-JAN-2020 07-JAN-2020
```

PROJ_ID = 4가 실제로 연속되며(PROJ_ID = 4의 PROJ_ START가 PROJ_ID = 3의 PROJ_END
와 일치하므로) PROJ_ ID = 5만 폐기되어야 하는 요구사항이 있을 때, 여기서 제안된 해법은
적합하지 않거나 조금 미흡합니다.

```
select proj_id, proj_start, proj_end
  from (
select proj_id, proj_start, proj_end,
       lead(proj_start)over(order by proj_id) next_start
  from V
where proj_id <= 5
      )
where proj_end = next_start

PROJ_ID PROJ_START  PROJ_END
------- ----------- -----------
      1 01-JAN-2020 02-JAN-2020
      2 02-JAN-2020 03-JAN-2020
      3 03-JAN-2020 04-JAN-2020
```

PROJ_ID = 4가 포함되어야 한다고 판단되면 LAG OVER를 쿼리에 추가하고 WHERE 절에 추가
필터를 사용합니다.

```
select proj_id, proj_start, proj_end
  from (
select proj_id, proj_start, proj_end,
       lead(proj_start)over(order by proj_id) next_start,
       lag(proj_end)over(order by proj_id) last_end
  from V
where proj_id <= 5
      )
where proj_end = next_start
   or proj_start = last_end


PROJ_ID PROJ_START  PROJ_END
------- ----------- -----------
      1 01-JAN-2020 02-JAN-2020
      2 02-JAN-2020 03-JAN-2020
      3 03-JAN-2020 04-JAN-2020
      4 04-JAN-2020 05-JAN-2020
```

이제 PROJ_ID = 4가 최종 결과셋에 포함되고 고약한 PROJ_ID = 5만 제외됩니다. 실제로 이러한 레시피를 코드에 적용할 때 정확한 요구 사항을 파악하도록 합시다.

10.2 같은 그룹 또는 파티션의 행 간 차이 찾기

문제 같은 부서의 사원 간 SAL 차이와 함께, 각 사원의 DEPTNO, ENAME 및 SAL을 반환하려고 합니다(즉, 같은 DEPTNO 값을 가집니다). 현재 각 사원과 최근 고용된 사원 간의 차이는 다음과 같습니다('부서별' 기준으로 근속 연수와 급여 간 상관관계가 있는지 확인하고자 합니다). 자신의 부서에서 마지막으로 고용된 각 사원의 차액은 'N/A'로 반환합니다. 결과셋은 다음과 같습니다.

```
DEPTNO ENAME            SAL HIREDATE     DIFF
------ ----------  ---------- ----------- ----------
    10 CLARK           2450 09-JUN-2006      -2550
    10 KING            5000 17-NOV-2006       3700
    10 MILLER          1300 23-JAN-2007        N/A
```

```
20 SMITH          800 17-DEC-2005      -2175
20 JONES         2975 02-APR-2006        -25
20 FORD          3000 03-DEC-2006          0
20 SCOTT         3000 09-DEC-2007       1900
20 ADAMS         1100 12-JAN-2008        N/A
30 ALLEN         1600 20-FEB-2006        350
30 WARD          1250 22-FEB-2006      -1600
30 BLAKE         2850 01-MAY-2006       1350
30 TURNER        1500 08-SEP-2006        250
30 MARTIN        1250 28-SEP-2006        300
30 JAMES          950 03-DEC-2006        N/A
```

해법 윈도우 함수 LEAD OVER 및 LAG OVER가 유용한 또 다른 경우입니다. 추가 조인 없이 다음 및 이전 행에 쉽게 액세스 할 수 있습니다. 서브쿼리 또는 셀프 조인과 같은 대체 방법도 가능하지만 불편합니다.

```
1  with next_sal_tab (deptno,ename,sal,hiredate,next_sal)
2  as
3  (select deptno, ename, sal, hiredate,
4       lead(sal)over(partition by deptno
5                     order by hiredate) as next_sal
6   from emp )
7
8     select deptno, ename, sal, hiredate
9   ,    coalesce(cast(sal-next_sal as char), 'N/A') as diff
10      from next_sal_tab
```

이 경우에는 다양하게 보여드리고자 서브쿼리 대신 CTE를 사용했습니다. 두 가지 방법 모두 요즘 대부분의 RDBMS에서 작동하나, 보통 가독성 측면에서 CTE를 더 선호합니다.

설명 첫 번째 단계는 LEAD OVER 함수를 사용하여 부서 내 각 사원의 '다음' 급여를 찾는 것입니다. 각 부서에서 마지막으로 고용된 사원은 NEXT_SAL에 대해 null 값을 갖습니다.

```
select deptno,ename,sal,hiredate,
       lead(sal)over(partition by deptno order by hiredate) as next_sal
  from emp
```

```
DEPTNO ENAME            SAL HIREDATE    NEXT_SAL
------ ---------- ---------- ----------- ----------
    10 CLARK            2450 09-JUN-2006       5000
    10 KING             5000 17-NOV-2006       1300
    10 MILLER           1300 23-JAN-2007
    20 SMITH             800 17-DEC-2005       2975
    20 JONES            2975 02-APR-2006       3000
    20 FORD             3000 03-DEC-2006       3000
    20 SCOTT            3000 09-DEC-2007       1100
    20 ADAMS            1100 12-JAN-2008
    30 ALLEN            1600 20-FEB-2006       1250
    30 WARD             1250 22-FEB-2006       2850
    30 BLAKE            2850 01-MAY-2006       1500
    30 TURNER           1500 08-SEP-2006       1250
    30 MARTIN           1250 28-SEP-2006        950
    30 JAMES             950 03-DEC-2006
```

다음 단계는 각 사원의 급여와, 같은 부서에서 바로 다음에 고용된 사원의 급여의 차이를 가져
오는 것입니다.

```
select deptno,ename,sal,hiredate, sal-next_sal diff
  from (
select deptno,ename,sal,hiredate,
       lead(sal)over(partition by deptno order by hiredate) next_sal
  from emp
       )

DEPTNO ENAME            SAL HIREDATE        DIFF
------ ---------- ---------- ----------- ----------
    10 CLARK            2450 09-JUN-2006      -2550
    10 KING             5000 17-NOV-2006       3700
    10 MILLER           1300 23-JAN-2007
    20 SMITH             800 17-DEC-2005      -2175
    20 JONES            2975 02-APR-2006        -25
    20 FORD             3000 03-DEC-2006          0
    20 SCOTT            3000 09-DEC-2007       1900
    20 ADAMS            1100 12-JAN-2008
    30 ALLEN            1600 20-FEB-2006        350
    30 WARD             1250 22-FEB-2006      -1600
    30 BLAKE            2850 01-MAY-2006       1350
    30 TURNER           1500 08-SEP-2006        250
    30 MARTIN           1250 28-SEP-2006        300
    30 JAMES             950 03-DEC-2006
```

다음 단계로, 다음 급여가 없을 때는 COALESCE 함수를 사용하여 'N/A'를 삽입합니다. 'N/A'를 반환하려면 DIFF 값을 문자열로 캐스팅해야 합니다.

```
select deptno,ename,sal,hiredate,
       nvl(to_char(sal-next_sal),'N/A') diff
  from (
select deptno,ename,sal,hiredate,
       lead(sal)over(partition by deptno order by hiredate) next_sal
  from emp
       )

DEPTNO ENAME           SAL HIREDATE    DIFF
------ ---------- ---------- ----------- ---------------
    10 CLARK          2450 09-JUN-2006 -2550
    10 KING           5000 17-NOV-2006 3700
    10 MILLER         1300 23-JAN-2007 N/A
    20 SMITH           800 17-DEC-2005 -2175
    20 JONES          2975 02-APR-2006 -25
    20 FORD           3000 03-DEC-2006 0
    20 SCOTT          3000 09-DEC-2007 1900
    20 ADAMS          1100 12-JAN-2008 N/A
    30 ALLEN          1600 20-FEB-2006 350
    30 WARD           1250 22-FEB-2006 -1600
    30 BLAKE          2850 01-MAY-2006 1350
    30 TURNER         1500 08-SEP-2006 250
    30 MARTIN         1250 28-SEP-2006 300
    30 JAMES           950 03-DEC-2006 N/A
```

이 책에 제공된 대부분의 해법은 (가독성 및 필자의 정신 건강을 위해) '가정' 시나리오를 다루지 않지만, 이러한 방식으로 LEAD OVER 함수를 사용할 때 중복되는 시나리오를 논의해야 합니다. EMP 테이블의 간단한 샘플 데이터에서는 사원이 중복된 HIREDATE를 갖지 않지만, 실제로 그럴 가능성은 희박합니다. 보통 중복과 같은 '가정' 상황에 대해서는 논의하지 않지만(EMP 테이블에는 없지만), LEAD를 통한 해결 방법이 명확하지 않을 수 있습니다. DEPTNO 10의 사원 간 SAL 차이를 반환하는 다음 쿼리를 살펴봅시다(차이는 고용된 순서대로 수행됩니다).

```
select deptno,ename,sal,hiredate,
       lpad(nvl(to_char(sal-next_sal),'N/A'),10) diff
  from (
select deptno,ename,sal,hiredate,
```

```
        lead(sal)over(partition by deptno
                      order by hiredate) next_sal
   from emp
  where deptno=10 and empno > 10
        )

DEPTNO ENAME    SAL HIREDATE    DIFF
------ ------ ----- ----------- ----------
    10 CLARK   2450 09-JUN-2006     -2550
    10 KING    5000 17-NOV-2006      3700
    10 MILLER  1300 23-JAN-2007       N/A
```

EMP 테이블의 데이터를 고려할 때 이 해법은 정확하지만, 중복 행이 있으면 실패합니다. 킹
(KING)과 같은 날 고용된 사원 4명을 더 보여주는 다음 상황을 가정해봅시다.

```
insert into emp (empno,ename,deptno,sal,hiredate)
values (1,'ant',10,1000,to_date('17-NOV-2006'))

insert into emp (empno,ename,deptno,sal,hiredate)
values (2,'joe',10,1500,to_date('17-NOV-2006'))

insert into emp (empno,ename,deptno,sal,hiredate)
values (3,'jim',10,1600,to_date('17-NOV-2006'))

insert into emp (empno,ename,deptno,sal,hiredate)
values (4,'jon',10,1700,to_date('17-NOV-2006'))

select deptno,ename,sal,hiredate,
       lpad(nvl(to_char(sal-next_sal),'N/A'),10) diff
  from (
select deptno,ename,sal,hiredate,
       lead(sal)over(partition by deptno
                     order by hiredate) next_sal
  from emp
 where deptno=10
       )

DEPTNO ENAME    SAL HIREDATE    DIFF
------ ------ ----- ----------- ----------
    10 CLARK   2450 09-JUN-2006       1450
    10 ant     1000 17-NOV-2006       -500
    10 joe     1500 17-NOV-2006      -3500
```

```
10 KING    5000 17-NOV-2006        3400
10 jim     1600 17-NOV-2006        -100
10 jon     1700 17-NOV-2006         400
10 MILLER  1300 23-JAN-2007         N/A
```

존(JON)을 제외하고 같은 날짜(11월 17일)에 고용된 모든 사원은 같은 날짜에 고용된 다른
사원과 비교하여 급여를 평가받습니다! 이것은 올바르지 않습니다. 11월 17일에 고용된 모든
사원은 11월 17일에 고용된 다른 사원이 아니라, 밀러(MILLER)의 급여에 대해 계산된 급여
차이를 가져야 합니다.

예를 들어 사원 앤트(ANT)를 살펴봅시다. 앤트의 SAL이 조(JOE)의 SAL과 비교되고, 조의 SAL
보다 500이 적으므로 앤트의 DIFF 값은 -500입니다. 앤트가 HIREDATE에 고용된 다음 사원
인 밀러보다 300을 적게 받으므로, 앤트의 DIFF에 대한 올바른 값은 -300이어야 합니다.

해법이 작동하지 않는 것처럼 보이는 이유는 Oracle LEAD OVER 함수의 기본 작동 때문입니
다. 기본적으로 LEAD OVER는 한 행 앞만 봅니다. 따라서 사원 앤트의 경우 LEAD OVER는 단순
히 한 행 앞을 보고 중복 항목을 건너뛰지 않으므로 HIREDATE를 기반으로 하는 다음 SAL은 조
의 SAL이 됩니다. 다행스럽게도 Oracle은 이러한 상황을 예상하여 LEAD OVER에 추가 매개변
수를 전달하여 얼마나 앞서야 할지 정할 수 있습니다.

이전 예에서 해법은 단순히 계산 문제였습니다. 11월 17일부터 1월 23일까지 고용된 각 사원
과의 차이(밀러의 HIREDATE)를 찾습니다. 다음은 이를 수행하는 방법을 보여줍니다.

```
select deptno,ename,sal,hiredate,
       lpad(nvl(to_char(sal-next_sal),'N/A'),10) diff
  from (
select deptno,ename,sal,hiredate,
       lead(sal,cnt-rn+1)over(partition by deptno
                         order by hiredate) next_sal
  from (
select deptno,ename,sal,hiredate,
       count(*)over(partition by deptno,hiredate) cnt,
       row_number()over(partition by deptno,hiredate order by sal) rn
  from emp
 where deptno=10
       )
       )
```

```
DEPTNO ENAME    SAL HIREDATE    DIFF
------ ------  ----- ----------- ----------
    10 CLARK   2450 09-JUN-2006       1450
    10 ant     1000 17-NOV-2006       -300
    10 joe     1500 17-NOV-2006        200
    10 jim     1600 17-NOV-2006        300
    10 jon     1700 17-NOV-2006        400
    10 KING    5000 17-NOV-2006       3700
    10 MILLER  1300 23-JAN-2007        N/A
```

이게 정답입니다. 11월 17일에 고용된 모든 사원은 이제 밀러의 급여와 비교하여 급여를 받습니다. 결과를 살펴보면 사원 앤트는 이제 DIFF에 대해 −300의 값을 가지며 이는 우리가 기대했던 결과입니다. 명확하게 이해되지 않는다면 LEAD OVER에 전달된 표현식을 보세요. CNT − RN + 1은 11월 17일에 고용된 각 사원에서 밀러까지의 차이입니다. CNT 및 RN의 값을 보여주는 다음 인라인 뷰를 살펴봅시다.

```
select deptno,ename,sal,hiredate,
       count(*)over(partition by deptno,hiredate) cnt,
       row_number()over(partition by deptno,hiredate order by sal) rn
  from emp
 where deptno=10

DEPTNO ENAME    SAL HIREDATE           CNT         RN
------ ------  ----- ----------- ---------- ----------
    10 CLARK   2450 09-JUN-2006           1          1
    10 ant     1000 17-NOV-2006           5          1
    10 joe     1500 17-NOV-2006           5          2
    10 jim     1600 17-NOV-2006           5          3
    10 jon     1700 17-NOV-2006           5          4
    10 KING    5000 17-NOV-2006           5          5
    10 MILLER  1300 23-JAN-2007           1          1
```

CNT 값은 HIREDATE가 중복된 각 사원에 대해 HIREDATE에 대한 총 중복 수를 나타냅니다. RN 값은 DEPTNO 10의 사원에 대한 순위를 나타냅니다. 순위는 DEPTNO 및 HIREDATE로 분할되므로, 다른 사원의 HIREDATE와 중복된 사원만 1보다 큰 값을 갖습니다. 순위는 SAL별로 정렬됩니다(임의로 SAL을 선택하였으며 EMPNO도 선택할 수 있습니다).

이제 총 중복 수를 알고 각 중복의 순위를 얻었으므로 밀러까지의 차이는 단순히 총 중복 수 −

현재 순위 + 1을 더한 값입니다(CNT − RN + 1). 계산 결과와 그 결과가 LEAD OVER에 미치는 영향이 다음과 같이 표시됩니다.

```
select deptno,ename,sal,hiredate,
       lead(sal)over(partition by deptno
                          order by hiredate) incorrect,
       cnt-rn+1 distance,
       lead(sal,cnt-rn+1)over(partition by deptno
                          order by hiredate) correct
  from (
select deptno,ename,sal,hiredate,
       count(*)over(partition by deptno,hiredate) cnt,
       row_number()over(partition by deptno,hiredate
                          order by sal) rn
  from emp
 where deptno=10
       )

DEPTNO ENAME    SAL HIREDATE    INCORRECT   DISTANCE    CORRECT
------ ------ ----- ----------- ----------- ----------- -----------
    10 CLARK   2450 09-JUN-2006        1000           1        1000
    10 ant     1000 17-NOV-2006        1500           5        1300
    10 joe     1500 17-NOV-2006        1600           4        1300
    10 jim     1600 17-NOV-2006        1700           3        1300
    10 jon     1700 17-NOV-2006        5000           2        1300
    10 KING    5000 17-NOV-2006        1300           1        1300
    10 MILLER  1300 23-JAN-2007                        1
```

이제 LEAD OVER까지 정확한 차이를 계산했을 때의 효과를 명확하게 확인할 수 있습니다. INCORRECT에 대한 행은 기본 차이값 1을 사용하여 LEAD OVER에서 반환된 값을 나타냅니다. CORRECT의 행은 밀러와 중복 HIREDATE가 있는 각 사원에 대해 적절한 차이를 사용하여 LEAD OVER에서 반환된 값을 나타냅니다. 이 시점에서 남은 것은 이미 표시된 각 행에 대해 CORRECT 와 SAL의 차이를 찾는 것입니다.

10.3 연속 값 범위의 시작과 끝 찾기

문제 이 레시피는 이전 레시피의 확장 버전으로, 이전 레시피와 같은 뷰 V를 사용합니다. 연속된 값의 범위를 찾았으므로 이제 시작 지점과 끝 지점만 찾으려고 합니다. 이전 레시피와 달리 행이 연속 값 집합의 일부가 아닌 경우에도 이를 반환하려고 합니다. 이유가 무엇일까요? 이러한 행은 범위의 시작과 끝을 모두 나타내기 때문입니다. 뷰 V의 데이터를 사용합니다.

```
select *
  from V

PROJ_ID PROJ_START  PROJ_END
------- ----------- -----------
      1 01-JAN-2020 02-JAN-2020
      2 02-JAN-2020 03-JAN-2020
      3 03-JAN-2020 04-JAN-2020
      4 04-JAN-2020 05-JAN-2020
      5 06-JAN-2020 07-JAN-2020
      6 16-JAN-2020 17-JAN-2020
      7 17-JAN-2020 18-JAN-2020
      8 18-JAN-2020 19-JAN-2020
      9 19-JAN-2020 20-JAN-2020
     10 21-JAN-2020 22-JAN-2020
     11 26-JAN-2020 27-JAN-2020
     12 27-JAN-2020 28-JAN-2020
     13 28-JAN-2020 29-JAN-2020
     14 29-JAN-2020 30-JAN-2020
```

우리는 최종적으로 다음과 같은 결과셋을 원합니다.

```
PROJ_GRP PROJ_START  PROJ_END
-------- ----------- -----------
       1 01-JAN-2020 05-JAN-2020
       2 06-JAN-2020 07-JAN-2020
       3 16-JAN-2020 20-JAN-2020
       4 21-JAN-2020 22-JAN-2020
       5 26-JAN-2020 30-JAN-2020
```

해법 이 문제는 이전 문제보다 조금 더 복잡합니다. 먼저 범위가 무엇인지 식별해야 합니다. 행 범위는 PROJ_START 및 PROJ_END의 값으로 정의됩니다. 행이 '연속된 것' 또는 그룹의 일부로 간주하려면 해당 PROJ_START 값이 이전 행의 PROJ_END 값과 같아야 합니다. 행의 PROJ_START 값이 이전 행의 PROJ_END 값과 다르고 PROJ_END 값이 다음 행의 PROJ_START 값과 다른 경우, 이는 단일 행 그룹의 인스턴스입니다. 범위를 식별한 후에는 해당 범위의 행들을 묶음으로 그룹화하고 그룹의 시작 및 끝 지점만 반환할 수 있어야 합니다.

원하는 결과셋의 첫 번째 행을 살펴봅시다. PROJ_START는 뷰 V의 PROJ_ID = 1에 대한 PROJ_START이고, PROJ_END는 뷰 V의 PROJ_ID = 4에 대한 PROJ_END입니다. PROJ_ID = 4는 그 뒤에 연속적인 값이 없으므로 첫 번째 그룹에 연속 범위의 마지막으로 포함됩니다.

이 문제에 대한 가장 간단한 접근 방식은 LAG OVER 윈도우 함수를 사용하는 것입니다. LAG OVER를 사용하여 각 이전 행의 PROJ_END가 현재 행의 PROJ_START와 같은지를 확인하면 행을 그룹으로 배치하는 데 도움이 됩니다. 그룹화되면 집계 함수 MIN 및 MAX를 사용하여 시작점과 끝점을 찾습니다.

```
1  select proj_grp, min(proj_start), max(proj_end)
2    from (
3  select proj_id,proj_start,proj_end,
4         sum(flag)over(order by proj_id) proj_grp
5    from (
6  select proj_id,proj_start,proj_end,
7         case when
8              lag(proj_end)over(order by proj_id) = proj_start
9              then 0 else 1
10         end flag
11   from V
12         ) alias1
13         ) alias2
14   group by proj_grp
```

설명 윈도우 함수 LAG OVER는 이 경우에 매우 유용합니다. 셀프 조인, 스칼라 서브쿼리, 뷰가 모두 없어도 각 이전 행의 PROJ_END 값을 검사할 수 있습니다. CASE 표현식이 없는 LAG OVER 함수의 결과는 다음과 같습니다.

```
select proj_id,proj_start,proj_end,
       lag(proj_end)over(order by proj_id) prior_proj_end
  from V

PROJ_ID PROJ_START  PROJ_END    PRIOR_PROJ_END
------- ----------- ----------- --------------
      1 01-JAN-2020 02-JAN-2020
      2 02-JAN-2020 03-JAN-2020 02-JAN-2020
      3 03-JAN-2020 04-JAN-2020 03-JAN-2020
      4 04-JAN-2020 05-JAN-2020 04-JAN-2020
      5 06-JAN-2020 07-JAN-2020 05-JAN-2020
      6 16-JAN-2020 17-JAN-2020 07-JAN-2020
      7 17-JAN-2020 18-JAN-2020 17-JAN-2020
      8 18-JAN-2020 19-JAN-2020 18-JAN-2020
      9 19-JAN-2020 20-JAN-2020 19-JAN-2020
     10 21-JAN-2020 22-JAN-2020 20-JAN-2020
     11 26-JAN-2020 27-JAN-2020 22-JAN-2020
     12 27-JAN-2020 28-JAN-2020 27-JAN-2020
     13 28-JAN-2020 29-JAN-2020 28-JAN-2020
     14 29-JAN-2020 30-JAN-2020 29-JAN-2020
```

전체 해법의 CASE 표현식은 LAG OVER에서 반환된 값을 현재 행의 PROJ_START 값과 비교하기만 하면 됩니다. 같으면 0을 반환하고 그렇지 않으면 1을 반환합니다. 다음 단계는 CASE 표현식에서 반환된 0과 1에 누계를 만들어 각 행을 그룹에 넣는 것입니다. 누계 결과가 다음과 같이 표시됩니다.

```
select proj_id,proj_start,proj_end,
       sum(flag)over(order by proj_id) proj_grp
  from (
select proj_id,proj_start,proj_end,
       case when
            lag(proj_end)over(order by proj_id) = proj_start
            then 0 else 1
       end flag
  from V
       )

PROJ_ID PROJ_START  PROJ_END    PROJ_GRP
------- ----------- ----------- -----------
      1 01-JAN-2020 02-JAN-2020           1
      2 02-JAN-2020 03-JAN-2020           1
```

```
 3 03-JAN-2020 04-JAN-2020          1
 4 04-JAN-2020 05-JAN-2020          1
 5 06-JAN-2020 07-JAN-2020          2
 6 16-JAN-2020 17-JAN-2020          3
 7 17-JAN-2020 18-JAN-2020          3
 8 18-JAN-2020 19-JAN-2020          3
 9 19-JAN-2020 20-JAN-2020          3
10 21-JAN-2020 22-JAN-2020          4
11 26-JAN-2020 27-JAN-2020          5
12 27-JAN-2020 28-JAN-2020          5
13 28-JAN-2020 29-JAN-2020          5
14 29-JAN-2020 30-JAN-2020          5
```

이제 각 행이 그룹에 배치되었으므로 PROJ_START 및 PROJ_END에서 각각 집계 함수 MIN 및 MAX를 사용하고 PROJ_GRP 누계 열에 생성된 값을 기준으로 그룹화합니다.

10.4 값 범위에서 누락된 값 채우기

문제 2005년 이후 10년 동안 매년 고용된 사원 수를 반환하려고 하지만, 사원이 고용되지 않은 연도도 있습니다. 이때 다음과 같은 결과셋을 반환하고 싶습니다.

```
YR      CNT
----  ----------
2005       1
2006      10
2007       2
2008       1
2009       0
2010       0
2011       0
2012       0
2013       0
2014       0
```

해법 이 해법의 비결은 사원을 고용하지 않은 몇 년간은 0을 반환하는 것입니다. 지정된 연도에 사원이 고용되지 않은 경우, 해당 연도의 행은 EMP 테이블에 존재하지 않습니다. 테이블에 연도가 없으면 어떻게 어떤 수, 심지어 0을 반환할 수 있을까요? 이 해법을 사용하려면 외부 조인이 필요합니다. 원하는 모든 연도를 반환하는 결과셋을 제공한 다음, EMP 테이블에 대해 카운트를 수행하여 각 연도에 고용된 사원이 있는지 확인해야 합니다.

DB2

(14개의 행이 있으므로) EMP 테이블을 피벗 테이블로 사용하고 내장 함수 YEAR를 사용하여 2005년 이후 10년 동안 매년 한 행을 생성합니다. EMP 테이블에 외부 조인하고 매년 고용된 사원 수를 계산합니다.

```
 1 select x.yr, coalesce(y.cnt,0) cnt
 2   from (
 3 select year(min(hiredate))over() -
 4        mod(year(min(hiredate))over()),10) +
 5        row_number()over()-1 yr
 6   from emp fetch first 10 rows only
 7        ) x
 8   left join
 9        (
10 select year(hiredate) yr1, count(*) cnt
11   from emp
12  group by year(hiredate)
13        ) y
14     on ( x.yr = y.yr1 )
```

Oracle

Oracle은 DB2 해법과 같은 구조를 따르지만, 고유하게 필요한 부분이 있으므로 처리 구문에 차이가 있습니다.

```
 1 select x.yr, coalesce(cnt,0) cnt
 2   from (
 3 select extract(year from min(hiredate))over() -
 4        mod(extract(year from min(hiredate))over()),10) +
 5        rownum-1 yr
```

```
 6    from emp
 7  where rownum <= 10
 8          ) x
 9   left join
10        (
11 select to_number(to_char(hiredate,'YYYY')) yr, count(*) cnt
12    from emp
13  group by to_number(to_char(hiredate,'YYYY'))
14        ) y
15      on ( x.yr = y.yr )
```

PostgreSQL과 MySQL

(10개의 행이 있으므로) 테이블 T10을 피벗 테이블로 사용하고 내장 함수 EXTRACT를 사용하여 2005년 이후 10년 동안 매년 한 행을 생성합니다. EMP 테이블에 외부 조인하고 매년 고용된 사원 수를 계산합니다.

```
 1 select y.yr, coalesce(x.cnt,0) as cnt
 2   from (
 3 selectmin_year-mod(cast(min_year as int),10)+rn as yr
 4   from (
 5 select (select min(extract(year from hiredate))
 6          from emp) as min_year,
 7        id-1 as rn
 8   from t10
 9        ) a
10        ) y
11   left join
12        (
13 select extract(year from hiredate) as yr, count(*) as cnt
14   from emp
15  group by extract(year from hiredate)
16        ) x
17      on ( y.yr = x.yr )
```

SQL Server

(14개의 행이 있으므로) EMP 테이블을 피벗 테이블로 사용하고 내장 함수 YEAR를 사용하여 2005년 이후 10년 동안 매년 한 행을 생성합니다. EMP 테이블에 외부 조인하고 매년 고용된 사원 수를 계산합니다.

```
1 select x.yr, coalesce(y.cnt,0) cnt
2   from (
3 select top (10)
4        (year(min(hiredate)over()) -
5         year(min(hiredate)over())%10)+
6         row_number()over(order by hiredate)-1 yr
7   from emp
8        ) x
9   left join
10       (
11 select year(hiredate) yr, count(*) cnt
12   from emp
13 group by year(hiredate)
14       ) y
15     on ( x.yr = y.yr )
```

설명 구문 차이가 있긴 하지만 접근 방식은 모든 해법에서 같습니다. 인라인 뷰 X는 먼저 가장 빠른 HIREDATE의 연도인 80년대 초창기 채용 연도를 찾고 매년을 반환합니다. 다음 단계는 가장 이른 연도와 가장 이른 연도의 계수 10의 차이에 RN - 1을 추가하는 것입니다. 이것이 어떻게 작동하는지 보려면 인라인 뷰 X를 실행하고 관련된 각 값을 개별 반환하면 됩니다.

다음은 윈도우 함수 MIN OVER(DB2, Oracle, SQL Server) 및 스칼라 서브쿼리(MySQL, PostgreSQL)를 사용하는 인라인 뷰 X에 대한 결과셋입니다.

```
select year(min(hiredate)over()) -
       mod(year(min(hiredate)over()),10) +
       row_number()over()-1 yr,
       year(min(hiredate)over()) min_year,
       mod(year(min(hiredate)over()),10) mod_yr,
       row_number()over()-1 rn
  from emp fetch first 10 rows only

  YR   MIN_YEAR   MOD_YR        RN
  ---- ---------- ---------- ----------
  2005    2005        0          0
  2006    2005        0          1
  2007    2005        0          2
  2008    2005        0          3
  1984    2005        0          4
  2010    2005        0          5
```

```
2011      2005        0          6
2012      2005        0          7
2013      2005        0          8
2014      2005        0          9
```

```
select min_year-mod(min_year,10)+rn as yr,
       min_year,
       mod(min_year,10) as mod_yr
       rn
  from (
select (select min(extract(year from hiredate))
          from emp) as min_year,
       id-1 as rn
  from t10
       ) x
```

```
   YR    MIN_YEAR    MOD_YR         RN
  ----  ----------  ----------  ----------
  2005     2005        0          0
  2006     2005        0          1
  2007     2005        0          2
  2008     2005        0          3
  2009     2005        0          4
  2010     2005        0          5
  2011     2005        0          6
  2012     2005        0          7
  2013     2005        0          8
  2014     2005        0          9
```

인라인 뷰 Y는 각 HIREDATE의 연도 및 해당 연도 동안 고용된 사원 수를 반환합니다.

```
select year(hiredate) yr, count(*) cnt
  from emp
 group by year(hiredate)
```

```
   YR      CNT
  -----  ----------
  2005      1
  2006     10
  2007      2
  2008      1
```

마지막으로 인라인 뷰 Y를 인라인 뷰 X에 외부 조인하여 고용된 사원이 없는 경우에도 매년 반환하도록 합니다.

10.5 연속된 숫자값 생성하기

문제 쿼리에서 행 소스 생성기row source generator를 사용하기를 원합니다. 행 소스 생성기는 피벗이 필요한 쿼리에 유용합니다. 예를 들어 다음과 같은 결과셋을 지정한 행 개수까지 반환하려고 합니다.

```
ID
---
 1
 2
 3
 4
 5
 6
 7
 8
 9
10
...
```

RDBMS가 동적으로 행을 반환하는 내장 함수를 제공할 경우에는 고정된 수의 행으로 미리 피벗 테이블을 만들 필요가 없습니다. 따라서 동적 행 생성기가 매우 편리할 수 있습니다. 그렇지 않으면 필요한 경우 행을 생성하기 위해 (항상 충분하지는 않을 수 있는) 고정된 수의 행이 있는 기존 피벗 테이블을 사용해야 합니다.

해법 이 해법은 1부터 시작하여 증가하는 숫자의 10개 행을 반환하는 방법을 보여줍니다. 원하는 수만큼의 행을 반환하도록 해법을 쉽게 조정할 수 있습니다.

1에서 증가하는 값을 반환하는 기능은 다른 많은 해법으로 이어집니다. 예를 들어 날짜 시퀀스를 생성하기 위해 날짜에 추가할 값을 생성할 수 있습니다. 이러한 숫자를 사용하여 문자열을 구문 분석할 수도 있습니다.

DB2와 SQL Server

재귀 **WITH** 절을 사용하여 값이 증가하는 일련의 행을 생성합니다. 실제로 오늘날 대부분의
RDBMS에서 재귀 CTE를 사용할 수 있습니다.

```
1 with x (id)
2 as (
3 select 1
4  union all
5 select id+1
6   from x
7  where id+1 <= 10
8 )
9 select * from x
```

Oracle

MODEL 절을 사용하여 행을 생성할 수 있습니다.

```
1 select array id
2   from dual
3  model
4    dimension by (0 idx)
5    measures(1 array)
6    rules iterate (10) (
7      array[iteration_number] = iteration_number+1
8    )
```

PostgreSQL

행을 생성하려는 목적으로 설계된 **GENERATE_SERIES** 함수를 사용하면 편리합니다

```
1 select id
2   from generate_series (1, 10) x(id)
```

설명 이 설명은 DB2, SQL Server, Oracle, PostgreSQL로 구분됩니다.

DB2와 SQL Server

재귀 WITH 절은 WHERE 절이 충족될 때까지 (1에서 시작하는) ID를 증가시킵니다. 시작하려면 값이 1인 행 하나를 생성해야 합니다. 단일 행 테이블에서 1을 선택하거나 DB2의 경우 VALUES 절을 사용하여 단일 행 결과셋을 생성하여 이 작업을 수행할 수 있습니다.

Oracle

MODEL절 해법에는 여러 행을 생성할 수 있는 명시적 ITERATE 명령이 있습니다. ITERATE 절이 없으면 DUAL에 행이 하나만 있으므로 하나의 행만 반환됩니다. 예를 들면 다음과 같습니다.

```
select array id
  from dual
model
  dimension by (0 idx)
  measures(1 array)
  rules ()


ID
--
 1
```

MODEL 절은 행에 대한 배열 액세스를 허용할 뿐만 아니라 선택하려는 테이블에 없는 행을 쉽게 '생성'하거나 반환할 수 있도록 합니다. 이 해법에서 IDX는 배열 인덱스(배열에서 특정 값의 위치)이고 ARRAY(별칭 ID)는 행의 '배열'입니다. 첫 번째 행의 기본값은 1이며 ARRAY[0]로 참조할 수 있습니다. Oracle은 반복 횟수를 추적할 수 있도록 ITERATION_NUMBER 함수를 제공합니다. 해법이 10번 반복되어 ITERATION_NUMBER가 0에서 9로 바뀝니다. 각 값에 1을 더하면 1에서 10까지의 결과가 생성됩니다.

다음 쿼리를 실행하면 MODEL 절에서 일어나는 일을 직접 볼 수 있습니다.

```
select 'array['||idx||'] = '||array as output
  from dual
 model
   dimension by (0 idx)
```

```
   measures(1 array)
   rules iterate (10) (
     array[iteration_number] = iteration_number+1
   )

OUTPUT
------------------
array[0] = 1
array[1] = 2
array[2] = 3
array[3] = 4
array[4] = 5
array[5] = 6
array[6] = 7
array[7] = 8
array[8] = 9
array[9] = 10
```

PostgreSQL

모든 작업은 GENERATE_SERIES 함수가 수행합니다. 이 함수는 세 개의 매개변수, 모든 숫자값을 받습니다. 첫 번째 매개변수는 시작 값이고 두 번째 매개변수는 종료 값이며 세 번째 매개변수는 선택적 '단계' 값입니다(각 값의 증분값). 세 번째 매개변수를 전달하지 않으면 증분은 기본적으로 1로 설정됩니다.

GENERATE_SERIES 함수는 매개변수를 하드 코딩할 필요가 없을 정도로 유연합니다. 예를 들어 값 10에서 시작하여 30으로 끝나는 5개의 행을 반환하려는 경우, 결과셋이 다음과 같도록 5씩 증가합니다.

```
 ID
---
 10
 15
 20
 25
 30
```

여러분은 창의적으로 이렇게 할 수도 있습니다.

```
select id
  from generate_series(
        (select min(deptno) from emp),
        (select max(deptno) from emp),
        5
      ) x(id)
```

여기서 GENERATE_SERIES에 전달된 실젯값은 쿼리가 작성될 때는 알 수 없습니다. 대신 기본
쿼리가 실행될 때 서브쿼리에 의해 생성됩니다.

10.6 마치며

범위를 고려하는 쿼리는 현업 사용자의 매우 일반적인 요청 중 하나입니다. 이는 비즈니스 운
영 방식의 자연스러운 결과입니다. 그러나 범위를 올바르게 적용하려면 어느 정도 요령이나 재
주가 필요하며 10장에서는 그러한 부분을 설명했습니다.

CHAPTER 11

고급 검색

지금까지 이 책에서 다룬 대부분의 내용은 '검색'에 관한 것입니다. 조인, **WHERE** 절 및 그룹화 기법을 사용하여 필요한 결과를 검색하고 반환하는 모든 종류의 쿼리를 살펴보았습니다. 그러나 일부 검색 작업 유형은 검색에 대해 관점이 다른 사고를 한다는 점에서 다른 작업과 차별화됩니다. 이때 한 번에 한 페이지씩 결과셋을 나누어 표시할 수 있습니다. 문제의 절반은 표시할 전체 레코드 집합을 식별(검색)하고, 나머지 절반은 사용자가 보여줄 행들을 순환하면서 표시할 다음 페이지를 반복해서 검색하는 것입니다. 여러분은 아마 페이지 매김을 검색 문제라고 여기지 않을 수도 있지만, 그 반대일 수 있을뿐더러 검색으로 해결할 수 있습니다. 이것이 11장에서 다루는 검색 해법의 유형입니다.

11.1 결과셋을 페이지로 매기기

문제 결과셋을 페이지 매김하거나 '스크롤'하려고 합니다. 예를 들어 **EMP** 테이블에서 처음 5개의 급여를 반환하고 그다음 5개의 급여를 반환하려고 합니다. 목표는 사용자가 한 번에 5개의 레코드를 볼 수 있도록 하면서 다음 버튼을 클릭할 때마다 앞으로 스크롤하는 것입니다.

해법 SQL에는 첫 번째, 마지막 또는 다음 개념이 없으므로 작업 중인 행에 순서를 지정해야 합니다. 순서를 지정해야 행의 범위를 정확하게 반환할 수 있습니다.

윈도우 함수 ROW_NUMBER OVER를 사용하여 순서를 적용하고 WHERE 절에서 반환할 레코드의 윈도우를 지정합니다. 예를 들어 다음과 같이 1행부터 5행까지 반환합니다.

```
select sal
  from (
select row_number() over (order by sal) as rn,
       sal
  from emp
       ) x
 where rn between 1 and 5


 SAL
----
 800
 950
1100
1250
1250
```

그런 다음 다음과 같이 6~10행을 반환합니다.

```
select sal
  from (
select row_number() over (order by sal) as rn,
       sal
  from emp
       ) x
 where rn between 6 and 10

 SAL
-----
1300
1500
1600
2450
2850
```

쿼리의 WHERE 절을 바꾸어 원하는 범위의 행을 반환할 수 있습니다.

설명 인라인 뷰 X의 윈도우 함수 ROW_NUMBER OVER는 각 급여에 고유한 번호를 할당합니다(1부터 시작하는 오름차순입니다). 다음은 인라인 뷰 X의 결과셋입니다.

```
select row_number() over (order by sal) as rn,
       sal
  from emp


RN        SAL
--   ----------
 1        800
 2        950
 3       1100
 4       1250
 5       1250
 6       1300
 7       1500
 8       1600
 9       2450
10       2850
11       2975
12       3000
13       3000
14       5000
```

급여에 번호가 할당되면 RN 값을 지정하여 반환할 범위를 선택합니다. Oracle 사용자의 경우 대안으로 ROW NUMBER OVER 대신 ROWNUM을 사용하여 행의 일련번호를 생성할 수 있습니다.

```
select sal
  from (
select sal, rownum rn
  from (
select sal
  from emp
 order by sal
       )
       )
 where rn between 6 and 10


 SAL
-----
1300
1500
1600
2450
2850
```

ROWNUM을 사용하면 추가 수준의 서브쿼리를 작성할 수 있습니다. 가장 안쪽의 서브쿼리는 급여별로 행을 정렬합니다. 다음으로 바깥쪽의 서브쿼리는 해당 행에 행 번호를 적용하고, 마지막으로 가장 바깥쪽의 SELECT는 다음에 있는 데이터를 반환합니다.

11.2 테이블에서 n개 행 건너뛰기

문제 EMP 테이블의 다른 모든 사원을 반환하는 쿼리를 원합니다. 첫 번째 사원, 세 번째 사원 등을 반환해야 합니다. 예를 들어 다음과 같은 결과셋이 있습니다.

```
ENAME
--------
ADAMS
ALLEN
BLAKE
CLARK
FORD
JAMES
JONES
KING
MARTIN
MILLER
SCOTT
SMITH
TURNER
WARD
```

우리는 다음과 같은 결과를 반환하고자 합니다.

```
ENAME
----------
ADAMS
BLAKE
FORD
JONES
MARTIN
```

```
SCOTT
TURNER
```

해법 결과셋에서 두 번째, 네 번째 또는 n 번째 행을 건너뛰려면 결과셋에 순서를 지정해야 합니다. 그렇지 않으면 첫 번째 또는 다음, 두 번째 또는 네 번째 개념이 존재하지 않습니다.

윈도우 함수 ROW_NUMBER OVER를 사용하여 각 행에 숫자를 할당한 다음, 모듈로 함수modulo function와 함께 사용하여 원하지 않는 행을 건너뛸 수 있습니다. 모듈로 함수는 DB2, MySQL, PostgreSQL 및 Oracle 용 MOD입니다. SQL Server에서는 백분율(%) 연산자를 사용합니다. 다음 예에서는 MOD를 사용하여 짝수 행을 건너뜁니다.

```
1  select ename
2    from (
3  select row_number() over (order by ename) rn,
4         ename
5    from emp
6         ) x
7   where mod(rn,2) = 1
```

설명 인라인 뷰 X에서 윈도우 함수 ROW_NUMBER OVER를 호출하면 각 행에 순위가 할당됩니다(이름이 중복되더라도 같은 순위는 없습니다). 결과는 다음과 같습니다.

```
select row_number() over (order by ename) rn, ename
  from emp

RN ENAME
-- --------
 1 ADAMS
 2 ALLEN
 3 BLAKE
 4 CLARK
 5 FORD
 6 JAMES
 7 JONES
 8 KING
 9 MARTIN
10 MILLER
11 SCOTT
```

```
12 SMITH
13 TURNER
14 WARD
```

마지막 단계는 단순히 계수를 사용하여 다른 모든 행을 건너뛰는 것입니다.

11.3 외부 조인을 사용할 때 OR 로직 통합하기

문제 부서 30 및 40에 대한 부서 정보와 함께 부서 10 및 20의 모든 사원명 및 부서 정보를 반환하려고 합니다(사원 정보는 없습니다). 첫 번째 시도는 다음과 같습니다.

```
select e.ename, d.deptno, d.dname, d.loc
  from dept d, emp e
 where d.deptno = e.deptno
   and (e.deptno = 10 or e.deptno = 20)
 order by 2

ENAME      DEPTNO DNAME          LOC
-------  --------- --------------- -----------
CLARK         10 ACCOUNTING     NEW YORK
KING          10 ACCOUNTING     NEW YORK
MILLER        10 ACCOUNTING     NEW YORK
SMITH         20 RESEARCH       DALLAS
ADAMS         20 RESEARCH       DALLAS
FORD          20 RESEARCH       DALLAS
SCOTT         20 RESEARCH       DALLAS
JONES         20 RESEARCH       DALLAS
```

이 쿼리의 조인은 내부 조인이므로 결과셋에는 DEPTNO 30 및 40에 대한 부서 정보가 포함되지 않습니다. 다음 쿼리를 사용하여 EMP를 DEPT에 외부 조인하려고 시도했지만 여전히 올바른 결과를 얻지 못합니다.

```
select e.ename, d.deptno, d.dname, d.loc
  from dept d left join emp e
    on (d.deptno = e.deptno)
 where e.deptno = 10
    or e.deptno = 20
 order by 2
```

```
ENAME      DEPTNO DNAME        LOC
-------    ---------- ------------ -----------
CLARK         10 ACCOUNTING   NEW YORK
KING          10 ACCOUNTING   NEW YORK
MILLER        10 ACCOUNTING   NEW YORK
SMITH         20 RESEARCH     DALLAS
ADAMS         20 RESEARCH     DALLAS
FORD          20 RESEARCH     DALLAS
SCOTT         20 RESEARCH     DALLAS
JONES         20 RESEARCH     DALLAS
```

궁극적으로 결과셋은 다음과 같습니다.

```
ENAME      DEPTNO DNAME        LOC
-------    ---------- ------------ ---------
CLARK         10 ACCOUNTING   NEW YORK
KING          10 ACCOUNTING   NEW YORK
MILLER        10 ACCOUNTING   NEW YORK
SMITH         20 RESEARCH     DALLAS
JONES         20 RESEARCH     DALLAS
SCOTT         20 RESEARCH     DALLAS
ADAMS         20 RESEARCH     DALLAS
FORD          20 RESEARCH     DALLAS
              30 SALES        CHICAGO
              40 OPERATIONS   BOSTON
```

해법 OR 조건을 JOIN 절로 이동합니다.

```
1  select e.ename, d.deptno, d.dname, d.loc
2    from dept d left join emp e
3      on (d.deptno = e.deptno
4          and (e.deptno=10 or e.deptno=20))
5   order by 2
```

또는 인라인 뷰에서 먼저 `EMP.DEPTNO`를 필터링한 다음 외부 조인을 필터링할 수 있습니다.

```
1  select e.ename, d.deptno, d.dname, d.loc
2    from dept d
3    left join
4        (select ename, deptno
5           from emp
6          where deptno in ( 10, 20 )
7        ) e on ( e.deptno = d.deptno )
8  order by 2
```

설명 이 설명은 DB2, MySQL, PostgreSQL, SQL Server로 구분됩니다.

DB2, MySQL, PostgreSQL, SQL Server

이들 데이터베이스에 대해 두 가지 해법이 있습니다. 첫 번째는 `OR` 조건을 `JOIN` 절로 이동하여 조인 조건의 일부로 만듭니다. 이렇게 하면 DEPT에서 DEPTNO 30 및 40을 잃지 않고 EMP에서 반환된 행을 필터링할 수 있습니다.

두 번째 해법은 필터링을 인라인 뷰로 이동합니다. 인라인 뷰 E는 `EMP.DEPTNO`를 필터링하고 관심 있는 EMP 행을 반환합니다. 그런 다음 DEPT에 외부 조인합니다. DEPT는 외부 조인의 앵커 테이블이므로 30 및 40을 포함한 모든 부서가 반환됩니다.

11.4 역수 행 확인하기

문제 두 테스트의 결과가 포함된 테이블이 있고 어떤 점수 쌍이 역수(서로 반대로 나타난 수)인지 확인하려고 합니다. 뷰 V에서 다음 결과셋을 살펴봅시다.

```
select *
  from V
```

```
TEST1      TEST2
-----    ----------
 20          20
 50          25
 20          20
 60          30
 70          90
 80         130
 90          70
100          50
110          55
120          60
130          80
140          70
```

이 결과를 살펴보면 TEST1의 70점과 TEST2의 90점의 테스트 점수가 역수입니다(TEST1의 경우 90점, TEST2의 경우 70점). 마찬가지로 TEST1의 경우 80점, TEST2의 경우 130점은 TEST1의 경우 130점, TEST2의 경우 80점의 역수입니다. 또한 TEST1의 경우 20점, TEST2의 경우 20점은 TEST2의 경우 20점, TEST1의 경우 20점의 역수입니다. 이처럼 한 세트의 역수만 식별하려고 합니다. 원하는 결과셋은 다음과 같습니다.

```
TEST1      TEST2
-----    ----------
 20          20
 70          90
 80         130
```

이때 다음과 같은 결과셋을 원하는 게 아닙니다.

```
TEST1      TEST2
-----    ----------
 20          20
 20          20
 70          90
 80         130
 90          70
130          80
```

해법 셀프 조인을 사용하여 TEST1이 TEST2와 같은 행과 서로 반대인 행을 식별합니다.

```
select distinct v1.*
  from V v1, V v2
 where v1.test1 = v2.test2
   and v1.test2 = v2.test1
   and v1.test1 <= v1.test2
```

설명 셀프 조인은 모든 TEST1 점수를 모든 TEST2 점수와 비교할 수 있는 데카르트 곱을 생성하며 그 반대의 경우도 마찬가지입니다. 다음 쿼리는 역수를 식별합니다.

```
select v1.*
  from V v1, V v2
 where v1.test1 = v2.test2
   and v1.test2 = v2.test1


TEST1     TEST2
-----     ----------
   20        20
   20        20
   20        20
   20        20
   90        70
  130        80
   70        90
   80       130
```

DISTINCT를 사용하면 최종 결과셋에서 중복 행이 제거됩니다. WHERE 절의 최종 필터(and V1.TEST1 <= V1.TEST2)를 통해 한 쌍의 역수(여기서 TEST1은 더 작거나 같은 값)만 반환되도록 합니다.

11.5 상위 n개 레코드 선택하기

문제 어떤 종류의 순위에 따라 결과셋을 특정 레코드 수로 제한하려고 합니다. 예를 들어 급여가 상위 5위인 사원명과 급여를 반환하려고 합니다.

해법 이 문제에 대한 해결책은 윈도우 함수의 사용에 달려 있습니다. 사용할 윈도우 함수는 동점을 처리하려는 방법에 따라 다릅니다. 다음 해법은 DENSE_RANK를 사용하므로 같은 급여는 총계에 대해 단 하나로 계산됩니다.

```
1  select ename,sal
2    from (
3  select ename, sal,
4         dense_rank() over (order by sal desc) dr
5    from emp
6         ) x
7   where dr <= 5
```

반환된 행의 총 수는 5개를 초과할 수 있지만 고유한 급여 값은 5개뿐입니다. 동점과 관계없이 5개 행을 반환하려면 ROW_NUMBER OVER를 사용합니다(이 함수에는 동점을 허용하지 않습니다).

설명 인라인 뷰 X의 윈도우 함수 DENSE_RANK OVER가 모든 작업을 수행합니다. 다음 예제는 해당 함수를 적용한 후 전체 테이블을 보여줍니다.

```
select ename, sal,
       dense_rank() over (order by sal desc) dr
  from emp

ENAME     SAL       DR
-------  ------  ----------
KING      5000       1
SCOTT     3000       2
FORD      3000       2
JONES     2975       3
BLAKE     2850       4
CLARK     2450       5
```

ALLEN	1600	6
TURNER	1500	7
MILLER	1300	8
WARD	1250	9
MARTIN	1250	9
ADAMS	1100	10
JAMES	950	11
SMITH	800	12

이제 DR이 5보다 작거나 같은 행을 반환하는 문제입니다.

11.6 최댓값과 최솟값을 가진 레코드 찾기

문제 테이블에서 극값extreme value을 찾고 싶습니다. 예를 들어 EMP 테이블에서 가장 높은 급여와 가장 낮은 급여를 받는 사원을 찾으려고 합니다.

해법 이 해법은 DB2, Oracle, SQL Server로 구분됩니다.

DB2, Oracle, SQL Server

윈도우 함수 `MIN OVER` 및 `MAX OVER`를 사용하여 각각 최저 및 최고 급여를 찾습니다.

```
1  select ename
2    from (
3  select ename, sal,
4         min(sal)over() min_sal,
5         max(sal)over() max_sal
6    from emp
7         ) x
8   where sal in (min_sal,max_sal)
```

DB2, Oracle, SQL Server

윈도우 함수 `MIN OVER` 및 `MAX OVER`를 사용하면 각 행에서 최저 및 최고 급여를 파악할 수 있습니다. 인라인 뷰 X의 결과셋은 다음과 같습니다.

```
select ename, sal,
       min(sal)over() min_sal,
       max(sal)over() max_sal
  from emp


ENAME     SAL   MIN_SAL     MAX_SAL
-------  ------ ---------- ----------
SMITH     800      800        5000
ALLEN    1600      800        5000
WARD     1250      800        5000
JONES    2975      800        5000
MARTIN   1250      800        5000
BLAKE    2850      800        5000
CLARK    2450      800        5000
SCOTT    3000      800        5000
KING     5000      800        5000
TURNER   1500      800        5000
ADAMS    1100      800        5000
JAMES     950      800        5000
FORD     3000      800        5000
MILLER   1300      800        5000
```

이 결과셋이 주어지면 SAL이 MIN_SAL 또는 MAX_SAL과 같은 행만 반환하면 됩니다.

11.7 이후 행 조사하기

문제 최근 고용된 사원보다 수입이 적은 사원을 찾고자 합니다. 다음과 같은 결과셋을 기준으로 합니다.

```
ENAME            SAL HIREDATE
----------  ---------- ---------
SMITH              800 17-DEC-80
ALLEN             1600 20-FEB-81
WARD              1250 22-FEB-81
JONES             2975 02-APR-81
BLAKE             2850 01-MAY-81
CLARK             2450 09-JUN-81
TURNER            1500 08-SEP-81
MARTIN            1250 28-SEP-81
KING              5000 17-NOV-81
JAMES              950 03-DEC-81
FORD              3000 03-DEC-81
MILLER            1300 23-JAN-82
SCOTT             3000 09-DEC-82
ADAMS             1100 12-JAN-83
```

스미스(SMITH), 워드(WARD), 마틴(MARTIN), 제임스(JAMES) 및 밀러(MILLER)는 그들이 채용된 이후에 고용된 사람보다 수입이 적으므로 쿼리를 통해 찾고 싶은 사원들입니다.

해법 첫 번째 단계는 '이후'의 의미를 정의하는 것입니다. 행을 다른 값보다 '나중에' 있는 것으로 정의할 수 있으려면, 결과셋에 순서를 적용해야 합니다. 이때 윈도우 함수 LEAD OVER을 사용하여 채용된 다음 사원의 급여에 액세스할 수 있습니다. 그 뒤에 급여가 더 큰지 비교하는 것은 간단한 문제입니다.

```
1  select ename, sal, hiredate
2    from (
3  select ename, sal, hiredate,
4         lead(sal)over(order by hiredate) next_sal
5    from emp
6         ) alias
7   where sal < next_sal
```

설명 윈도우 함수 LEAD OVER는 이와 같은 문제에 최적입니다. LEAD OVER는 데이터베이스의 다른 해법보다 더 읽기 쉬운 쿼리를 만들 뿐만 아니라, 앞으로 몇 개의 행을 표시해야 하는지 결정하는 인수를 전달할 수 있으므로(기본값은 하나) 더 유연한 해법을 제공합니다. 순서를 지정하는 열에 중복되는 경우에는 두 개 이상의 행을 앞당길 수 있는 것이 중요합니다.

다음 예는 고용된 '다음' 사원의 급여를 확인하기 위해 LEAD OVER를 사용하기가 얼마나 쉬운지 보여줍니다.

```
select ename, sal, hiredate,
       lead(sal)over(order by hiredate) next_sal
  from emp

ENAME        SAL HIREDATE    NEXT_SAL
-------  ------ ---------  ----------
SMITH        800 17-DEC-80      1600
ALLEN       1600 20-FEB-81      1250
WARD        1250 22-FEB-81      2975
JONES       2975 02-APR-81      2850
BLAKE       2850 01-MAY-81      2450
CLARK       2450 09-JUN-81      1500
TURNER      1500 08-SEP-81      1250
MARTIN      1250 28-SEP-81      5000
KING        5000 17-NOV-81       950
JAMES        950 03-DEC-81      3000
FORD        3000 03-DEC-81      1300
MILLER      1300 23-JAN-82      3000
SCOTT       3000 09-DEC-82      1100
ADAMS       1100 12-JAN-83
```

마지막 단계는 SAL이 NEXT_SAL보다 작은 행만 반환하는 것입니다. LEAD OVER의 기본 범위인 1행으로 인해 EMP 테이블에 중복 항목이 있는 경우(특히 같은 날짜에 여러 사원을 고용한 경우) SAL을 비교합니다. 이것은 여러분이 의도한 것일 수도 있고 아닐 수도 있습니다. 같은 날에 고용된 다른 사원을 제외하고 각 사원의 SAL을 그다음 고용한 사원의 SAL과 비교하는 것이 목표라면, 다음 해법을 대안으로 사용할 수 있습니다.

```
select ename, sal, hiredate
  from (
select ename, sal, hiredate,
       lead(sal,cnt-rn+1)over(order by hiredate) next_sal
  from (
select ename,sal,hiredate,
       count(*)over(partition by hiredate) cnt,
       row_number()over(partition by hiredate order by empno) rn
  from emp
       )
```

```
    )
where sal < next_sal
```

이 해법의 기본 개념은 현재 행에서 비교해야 하는 행까지의 거리를 찾는 것입니다. 예를 들어 5개의 중복 항목이 있는 경우, 5개 중 첫 번째 항목은 올바른 LEAD OVER 행에 도달하기 위해 5개 행을 건너뛰어야 합니다. CNT 값은 HIREDATE가 중복된 각 사원의 HIREDATE에 대한 총 중복 수를 나타냅니다. RN 값은 DEPTNO 10의 사원에 대한 순위를 나타냅니다. 순위는 HIREDATE로 분할되므로 다른 사원과 중복되는 HIREDATE가 있는 사원만 1보다 큰 값을 갖습니다. 이때 순위는 임의로 EMPNO로 정렬합니다. 이제 총 중복 수를 알고 각 중복의 순위를 알게 되었으므로, 다음 HIREDATE까지의 거리는 간단하게 총 중복 수에서 현재 순위를 빼고 1을 더한 값입니다(CNT-RN+1).

참조 중복이 있는 상태에서 LEAD OVER를 사용하는 추가 예제(및 이 기술과 관련한 보다 자세한 논의)는 8.7절 및 10.2절을 참조하세요.

11.8 행 값 이동하기

문제 각 사원명과 급여를 다음으로 높은 급여와 가장 낮은 급여와 함께 반환하려고 합니다. 더 높거나 더 낮은 급여가 없는 경우 결과를 래핑[5]할 수 있습니다(첫 번째 SAL은 마지막 SAL을 표시하고 그 반대의 경우도 마찬가지입니다). 이때 다음과 같은 결과셋을 반환하려고 합니다.

```
ENAME          SAL    FORWARD      REWIND
---------- ---------- ---------- ----------
SMITH          800        950        5000
JAMES          950       1100         800
ADAMS         1100       1250         950
WARD          1250       1250        1100
MARTIN        1250       1300        1250
```

---

5 옮긴이_ 다음 값이 없는 가장 높은 급여이므로, FORWARD 값은 제일 처음 값(가장 낮은 급여)로 기입하고, 반대로 가장 낮은 급여일 때 REWIND는 가장 마지막 값(가장 높은 급여)으로 기입합니다.

MILLER	1300	1500	1250
TURNER	1500	1600	1300
ALLEN	1600	2450	1500
CLARK	2450	2850	1600
BLAKE	2850	2975	2450
JONES	2975	3000	2850
SCOTT	3000	3000	2975
FORD	3000	5000	3000
KING	5000	800	3000

해법 윈도우 함수 LEAD OVER 및 LAG OVER를 사용하면 이 문제를 쉽게 해결할 수 있으며, 결과 쿼리를 매우 쉽게 읽을 수 있습니다. 윈도우 함수 LAG OVER와 LEAD OVER를 사용하여 현재 행을 기준으로 이전 및 다음 행에 액세스합니다.

```
1  select ename,sal,
2         coalesce(lead(sal)over(order by sal),min(sal)over()) forward,
3         coalesce(lag(sal)over(order by sal),max(sal)over()) rewind
4    from emp
```

설명 윈도우 함수 LAG OVER 및 LEAD OVER는 (기본값 및 별도로 지정되지 않는 한) 각각 현재 행의 전후 행 값을 반환합니다. OVER 절의 ORDER BY 부분에서 '이전' 또는 '이후'가 의미하는 바를 정의합니다. 해법을 살펴보면, 첫 번째 단계는 현재 행을 기준으로 다음 및 이전 행을 SAL 순서로 반환하는 것입니다.

```
select ename,sal,
       lead(sal)over(order by sal) forward,
       lag(sal)over(order by sal) rewind
  from emp

ENAME          SAL   FORWARD     REWIND
---------- ---------- ---------- ----------
SMITH          800       950
JAMES          950      1100        800
ADAMS         1100      1250        950
WARD          1250      1250       1100
MARTIN        1250      1300       1250
MILLER        1300      1500       1250
TURNER        1500      1600       1300
```

```
ALLEN      1600      2450      1500
CLARK      2450      2850      1600
BLAKE      2850      2975      2450
JONES      2975      3000      2850
SCOTT      3000      3000      2975
FORD       3000      5000      3000
KING       5000                3000
```

REWIND는 사원 스미스(SMITH)의 경우 null이고 FORWARD는 사원 킹(KING)의 경우 null입니다. 두 사원은 각각 최저 임금과 최고 임금을 받기 때문입니다. '문제' 절의 요구 사항은 null 값이 FORWARD 또는 REWIND에 존재하는 경우 결과를 '래핑'하는 것입니다. 즉, 가장 높은 SAL일 때 FORWARD는 테이블에서 가장 낮은 SAL의 값이고, 가장 낮은 SAL일 때 REWIND는 테이블에서 가장 높은 SAL 값이어야 합니다. 파티션이나 윈도가 지정되지 않은 윈도우 함수 MIN OVER 및 MAX OVER(즉, OVER 절 뒤의 빈 괄호)는 각각 테이블에서 최저 급여와 최고 급여를 반환합니다. 결과는 다음과 같이 표시됩니다.

```
select ename,sal,
       coalesce(lead(sal)over(order by sal),min(sal)over()) forward,
       coalesce(lag(sal)over(order by sal),max(sal)over()) rewind
  from emp

ENAME           SAL    FORWARD    REWIND
----------  ----------  ----------  ----------
SMITH           800        950      5000
JAMES           950       1100       800
ADAMS          1100       1250       950
WARD           1250       1250      1100
MARTIN         1250       1300      1250
MILLER         1300       1500      1250
TURNER         1500       1600      1300
ALLEN          1600       2450      1500
CLARK          2450       2850      1600
BLAKE          2850       2975      2450
JONES          2975       3000      2850
SCOTT          3000       3000      2975
FORD           3000       5000      3000
KING           5000        800      3000
```

LAG OVER 및 LEAD OVER의 또 다른 유용한 기능은 얼마나 앞으로 또는 뒤로 가고 싶은지 정의하는 기능입니다. 이 예에서는 앞 또는 뒤로 한 행만 이동합니다. 3개 행을 앞으로 이동하고 5개 행을 뒤로 이동하려면 간단합니다. 여기에 표시된 대로 값 3과 5를 지정하면 됩니다.

```
select ename,sal,
       lead(sal,3)over(order by sal) forward,
       lag(sal,5)over(order by sal) rewind
  from emp

ENAME          SAL    FORWARD     REWIND
---------- ---------- ---------- ----------
SMITH          800       1250
JAMES          950       1250
ADAMS         1100       1300
WARD          1250       1500
MARTIN        1250       1600
MILLER        1300       2450        800
TURNER        1500       2850        950
ALLEN         1600       2975       1100
CLARK         2450       3000       1250
BLAKE         2850       3000       1250
JONES         2975       5000       1300
SCOTT         3000                  1500
FORD          3000                  1600
KING          5000                  2450
```

11.9 순위 결과

문제 동점을 허용하면서 EMP 테이블에서 급여 순위를 매겨 다음과 같은 결과셋을 반환하려고 합니다.

```
RNK    SAL
--- -------
  1    800
  2    950
```

3	1100
4	1250
4	1250
5	1300
6	1500
7	1600
8	2450
9	2850
10	2975
11	3000
11	3000
12	5000

해법 윈도우 함수는 순위 쿼리가 매우 간단합니다. DENSE_RANK OVER, ROW_NUMBER OVER 및 RANK OVER의 세 가지 윈도우 함수는 순위 지정에 특히 유용합니다. 동점을 허용하려면 윈도우 함수 DENSE_RANK OVER를 사용하세요.

```
1 select dense_rank() over(order by sal) rnk, sal
2   from emp
```

설명 윈도우 함수 DENSE_RANK OVER는 여기서 모든 작업을 수행합니다. OVER 키워드 뒤의 괄호 안에 ORDER BY 절을 배치하여 행 순위의 순서를 지정합니다. 이 해법은 ORDER BY SAL을 사용하므로 EMP의 행은 급여의 오름차순으로 순위가 매겨집니다.

11.10 중복 방지하기

문제 EMP 테이블에서 다른 직급 유형을 찾되 중복 없이 보려고 합니다. 결과셋은 다음과 같아야 합니다.

```
JOB
---------
ANALYST
CLERK
```

```
MANAGER
PRESIDENT
SALESMAN
```

해법 키워드 DISTINCT는 모든 RDBMS에서 지원하며, 결과셋에서 중복을 숨기는 가장 쉬운 메커니즘입니다. 그러나 여기서는 중복을 방지하는 두 가지 방법도 추가로 다루겠습니다.

DISTINCT와 때로는 GROUP BY를 사용하는 전통적인 방법은 확실히 효과적입니다. 다음 해법은 윈도우 함수 ROW_NUMBER OVER를 사용하는 대안입니다.

```
1  select job
2    from (
3  select job,
4         row_number()over(partition by job order by job) rn
5    from emp
6         ) x
7   where rn = 1
```

전통적인 대안들

DISTINCT 키워드를 사용하여 결과셋에서 중복을 숨깁니다.

```
select distinct job
  from emp
```

또한 GROUP BY를 사용하여 중복을 숨길 수도 있습니다.

```
select job
  from emp
 group by job
```

설명 이 설명은 DB2, Oracle, SQL Server로 구분됩니다.

DB2, Oracle, SQL Server

이 해법은 분할된 윈도우 함수에 대한 몇 가지 기본 개념에 따라 달라집니다. ROW_NUMBER의

OVER 절에서 PARTITION BY를 사용하면, 새 직급이 등장할 때마다 ROW_NUMBER에서 반환된 값을 1로 재설정할 수 있습니다. 다음 결과는 인라인 뷰 X에서 가져온 것입니다.

```
select job,
       row_number()over(partition by job order by job) rn
  from emp

JOB              RN
---------  ----------
ANALYST           1
ANALYST           2
CLERK             1
CLERK             2
CLERK             3
CLERK             4
MANAGER           1
MANAGER           2
MANAGER           3
PRESIDENT         1
SALESMAN          1
SALESMAN          2
SALESMAN          3
SALESMAN          4
```

각 행에는 증가하는 일련번호가 부여되며 해당 번호는 직급이 변경될 때마다 1로 재설정됩니다. 중복을 필터링하려면 RN이 1인 행만 남겨두면 됩니다.

ROW_NUMBER OVER(DB2 제외)를 사용할 때 ORDER BY 절은 필수이지만 결과에 영향을 주지 않습니다. 반환되는 직급은 각 직급 중 아무거나 하나를 반환하는 한 관련이 없습니다.

전통적인 대안들

첫 번째 해법은 키워드 DISTINCT를 사용하여 결과셋에서 중복을 숨기는 방법을 보여줍니다. DISTINCT는 전체 SELECT 목록에 적용됩니다. 추가 열은 결과셋을 바꿀 수 있습니다. 두 쿼리의 차이점을 고려하세요.

```
select distinct job          select distinct job, deptno
  from emp                     from emp
```

```
JOB                          JOB              DEPTNO
---------                    ---------  ----------
ANALYST                      ANALYST          20
CLERK                        CLERK            10
MANAGER                      CLERK            20
PRESIDENT                    CLERK            30
SALESMAN                     MANAGER          10
                             MANAGER          20
                             MANAGER          30
                             PRESIDENT        10
                             SALESMAN         30
```

SELECT 목록에 DEPTNO를 추가하면 EMP 테이블의 JOB/DEPTNO 값의 각 DISTINCT 쌍이 반환됩니다.

두 번째 해법은 GROUP BY를 사용하여 중복을 방지합니다. 이러한 방식으로 GROUP BY를 사용하는 것이 드문 일은 아니지만, GROUP BY와 DISTINCT는 서로 바꿔서 사용할 수 없는 매우 다른 절입니다. 언젠가 이러한 키워드를 접할 것이므로, 여기서 GROUP BY를 포함하여 완성도를 높이는 부분에 관해 설명했습니다.

11.11 기사값 찾기

문제 각 부서에서 각 사원명, 근무하는 부서, 급여, 고용된 날짜 및 마지막으로 고용된 사원의 급여가 포함된 결과셋을 반환하려고 합니다. 기대하는 결과셋은 다음과 같습니다.

```
DEPTNO ENAME          SAL HIREDATE    LATEST_SAL
------ ---------- ---------- ----------- ----------
    10 MILLER        1300 23-JAN-2007       1300
    10 KING          5000 17-NOV-2006       1300
    10 CLARK         2450 09-JUN-2006       1300
    20 ADAMS         1100 12-JAN-2007       1100
    20 SCOTT         3000 09-DEC-2007       1100
    20 FORD          3000 03-DEC-2006       1100
    20 JONES         2975 02-APR-2006       1100
```

20 SMITH		800	17-DEC-2005	1100
30 JAMES		950	03-DEC-2006	950
30 MARTIN		1250	28-SEP-2006	950
30 TURNER		1500	08-SEP-2006	950
30 BLAKE		2850	01-MAY-2006	950
30 WARD		1250	22-FEB-2006	950
30 ALLEN		1600	20-FEB-2006	950

LATEST_SAL 값은 이를 찾는 경로가 체스 게임에서 기사가 움직이는 경로와 유사하여 '기사값 knight value'이라 합니다. 기사가 새 위치를 결정하는 방법대로 이동합니다. 즉, [그림 11-1]과 같이 행으로 점프한 다음 다른 열로 이동하여 점프합니다. LATEST_SAL에 대한 올바른 값을 찾으려면 먼저 각 DEPTNO에서 최신 HIREDATE가 있는 행을 찾은(점프한) 다음 해당 행의 SAL 열을 선택(점프)해야 합니다.

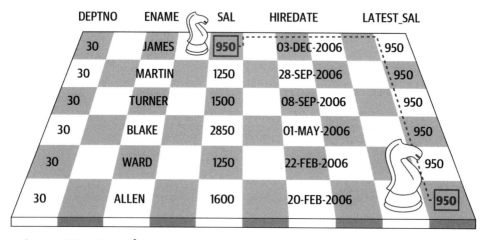

그림 11-1 업 앤 오버up and over[6]에서 비롯된 기사 값

TIP_ 기사값knight value이라는 용어는 필자의 재치 있는 동료인 케이 영Kay Young에 의해 만들어졌습니다. 레시피를 검토한 후 필자는 케이에게 자신이 적절한 명칭을 지을 수 없어서 난감하다는 사실을 인정했습니다. 처음에 한 행을 평가한 다음 '점프'하고 다른 행에서 값을 가져와야 하므로 케이는 기사값이라는 용어를 생각해냈습니다.

---

6 옮긴이_ 체스에서 기사(knight)는 상대의 말을 뛰어넘어 L자 형태로 이동할 수 있으므로 '업 앤 오버'의 패턴으로 이동할 수 있습니다.

이 해법은 DB2, SQL Server, Oracle로 구분됩니다.

DB2와 SQL Server

서브쿼리에 CASE 식을 사용하여 각 DEPTNO에서 마지막으로 고용된 사원의 SAL을 반환합니다. 다른 모든 급여의 경우 0을 반환합니다. 외부 쿼리에서 윈도우 함수 MAX OVER를 사용하여 각 사원의 부서에 대해 0이 아닌 SAL을 반환합니다.

```
1  select deptno,
2         ename,
3         sal,
4         hiredate,
5         max(latest_sal)over(partition by deptno) latest_sal
6    from (
7  select deptno,
8         ename,
9         sal,
10        hiredate,
11        case
12          when hiredate = max(hiredate)over(partition by deptno)
13          then sal else 0
14        end latest_sal
15   from emp
16        ) x
17   order by 1, 4 desc
```

Oracle

윈도우 함수 MAX OVER를 사용하여 각 DEPTNO에 대해 가장 높은 SAL을 반환합니다. DENSE_RANK 및 LAST 함수를 사용하여 지정된 DEPTNO에서 최신 HIREDATE에 대해 가장 높은 SAL을 반환하려면 KEEP 절에서 HIREDATE로 정렬합니다.

```
1  select deptno,
2         ename,
3         sal,
4         hiredate,
5         max(sal)
6           keep(dense_rank last order by hiredate)
```

```
7          over(partition by deptno) latest_sal
8    from emp
9  order by 1, 4 desc
```

설명 이 설명은 DB2, SQL Server, Oracle로 구분됩니다.

DB2와 SQL Server

첫 번째 단계는 CASE 표현식에서 윈도우 함수 MAX OVER를 사용하여 각 DEPTNO에서 마지막으로 또는 가장 최근에 고용된 사원을 찾는 것입니다. 사원의 HIREDATE가 MAX OVER에서 반환된 값과 일치하면 CASE 표현식을 사용하여 해당 사원의 SAL을 반환합니다. 그렇지 않으면 0을 반환합니다. 그 결과는 다음과 같습니다.

```
select deptno,
       ename,
       sal,
       hiredate,
       case
           when hiredate = max(hiredate)over(partition by deptno)
           then sal else 0
       end latest_sal
  from emp

DEPTNO ENAME            SAL HIREDATE    LATEST_SAL
------ ---------- ----------- ----------- ----------
    10 CLARK           2450 09-JUN-2006          0
    10 KING            5000 17-NOV-2006          0
    10 MILLER          1300 23-JAN-2007       1300
    20 SMITH            800 17-DEC-2005          0
    20 ADAMS           1100 12-JAN-2007       1100
    20 FORD            3000 03-DEC-2006          0
    20 SCOTT           3000 09-DEC-2007          0
    20 JONES           2975 02-APR-2006          0
    30 ALLEN           1600 20-FEB-2006          0
    30 BLAKE           2850 01-MAY-2006          0
    30 MARTIN          1250 28-SEP-2006          0
    30 JAMES            950 03-DEC-2006        950
    30 TURNER          1500 08-SEP-2006          0
    30 WARD            1250 22-FEB-2006          0
```

LATEST_SAL의 값은 0 또는 가장 최근에 고용된 사원의 SAL이므로 인라인 뷰에서 이전 쿼리를 래핑하고 MAX OVER를 다시 사용할 수 있지만, 이번에는 각 DEPTNO에 대해 0이 아닌 가장 큰 LATEST_SAL을 반환합니다.

```
select deptno,
       ename,
       sal,
       hiredate,
       max(latest_sal)over(partition by deptno) latest_sal
  from (
select deptno,
       ename,
       sal,
       hiredate,
       case
           when hiredate = max(hiredate)over(partition by deptno)
           then sal else 0
       end latest_sal
  from emp
       ) x
 order by 1, 4 desc

DEPTNO  ENAME           SAL HIREDATE    LATEST_SAL
-------  ---------  ----------  -----------  ----------
    10  MILLER         1300 23-JAN-2007        1300
    10  KING           5000 17-NOV-2006        1300
    10  CLARK          2450 09-JUN-2006        1300
    20  ADAMS          1100 12-JAN-2007        1100
    20  SCOTT          3000 09-DEC-2007        1100
    20  FORD           3000 03-DEC-2006        1100
    20  JONES          2975 02-APR-2006        1100
    20  SMITH           800 17-DEC-2005        1100
    30  JAMES           950 03-DEC-2006         950
    30  MARTIN         1250 28-SEP-2006         950
    30  TURNER         1500 08-SEP-2006         950
    30  BLAKE          2850 01-MAY-2006         950
    30  WARD           1250 22-FEB-2006         950
    30  ALLEN          1600 20-FEB-2006         950
```

Oracle

Oracle 해법의 핵심은 **KEEP** 절을 활용하는 것입니다. **KEEP** 절을 사용하면 그룹/파티션에서 반환된 행의 순위를 매기고 그룹의 첫 번째 또는 마지막 행에 대해 작업할 수 있습니다. **KEEP** 을 사용하지 않는 해법이 어떻게 생겼는지 살펴봅시다.

```
select deptno,
       ename,
       sal,
       hiredate,
       max(sal) over(partition by deptno) latest_sal
  from emp
 order by 1, 4 desc
```

```
DEPTNO ENAME          SAL HIREDATE     LATEST_SAL
------ ---------- ------- ----------- ----------
    10 MILLER        1300 23-JAN-2007       5000
    10 KING          5000 17-NOV-2006       5000
    10 CLARK         2450 09-JUN-2006       5000
    20 ADAMS         1100 12-JAN-2007       3000
    20 SCOTT         3000 09-DEC-2007       3000
    20 FORD          3000 03-DEC-2006       3000
    20 JONES         2975 02-APR-2006       3000
    20 SMITH          800 17-DEC-2005       3000
    30 JAMES          950 03-DEC-2006       2850
    30 MARTIN        1250 28-SEP-2006       2850
    30 TURNER        1500 08-SEP-2006       2850
    30 BLAKE         2850 01-MAY-2006       2850
    30 WARD          1250 22-FEB-2006       2850
    30 ALLEN         1600 20-FEB-2006       2850
```

최근에 고용된 사원의 SAL을 반환하는 대신 MAX OVER는 KEEP 없이 각 DEPTNO에서 가장 높은 급여를 반환합니다. 이 레시피에서 KEEP을 사용하면 ORDER BY HIREDATE를 지정하여 각 DEPTNO에서 HIREDATE별로 급여를 정렬할 수 있습니다. 그런 다음 DENSE_RANK 함수는 오름차순으로 각 HIREDATE에 순위를 할당합니다. 마지막으로 함수 LAST는 집계 함수를 적용할 행을 결정합니다. DENSE_RANK의 순위를 기준으로 '마지막' 행이므로, 이 경우 집계 함수 MAX는 '마지막' HIREDATE가 있는 행의 SAL 열에 적용됩니다. 결국엔 HIREDATE의 SAL은 각 DEPTNO에서 마지막에 위치합니다.

하나의 열(HIREDATE)을 기준으로 각 DEPTNO의 행 순위를 매긴 다음 다른 열(SAL)에 집계 (MAX)를 적용합니다. 한 차원으로 순위를 매기고 다른 차원에 대해 집계하는 이 기능은 다른 해법에서 사용되는 추가 조인 및 인라인 뷰를 방지할 수 있으므로 편리합니다. 마지막으로 KEEP 절 뒤에 OVER 절을 추가하여, 파티션의 각 행에 대해 KEEP으로 '유지된' SAL을 반환할 수 있습니다.

또는 HIREDATE를 내림차순으로 정렬하고 첫 번째 SAL을 '유지'할 수 있습니다. 같은 결과셋을 반환하는 다음 두 쿼리를 비교해봅시다.

```
select deptno,
       ename,
       sal,
       hiredate,
       max(sal)
         keep(dense_rank last order by hiredate)
         over(partition by deptno) latest_sal
  from emp
 order by 1, 4 desc

DEPTNO ENAME          SAL HIREDATE    LATEST_SAL
------ ---------- ---------- ----------- ----------
    10 MILLER        1300 23-JAN-2007       1300
    10 KING          5000 17-NOV-2006       1300
    10 CLARK         2450 09-JUN-2006       1300
    20 ADAMS         1100 12-JAN-2007       1100
    20 SCOTT         3000 09-DEC-2007       1100
    20 FORD          3000 03-DEC-2006       1100
    20 JONES         2975 02-APR-2006       1100
    20 SMITH          800 17-DEC-2005       1100
    30 JAMES          950 03-DEC-2006        950
    30 MARTIN        1250 28-SEP-2006        950
    30 TURNER        1500 08-SEP-2006        950
    30 BLAKE         2850 01-MAY-2006        950
    30 WARD          1250 22-FEB-2006        950
    30 ALLEN         1600 20-FEB-2006        950


select deptno,
       ename,
       sal,
       hiredate,
```

```
      max(sal)
        keep(dense_rank first order by hiredate desc)
        over(partition by deptno) latest_sal
   from emp
 order by 1, 4 desc

DEPTNO ENAME           SAL HIREDATE    LATEST_SAL
------ ---------- ---------- ----------- ----------
    10 MILLER          1300 23-JAN-2007       1300
    10 KING            5000 17-NOV-2006       1300
    10 CLARK           2450 09-JUN-2006       1300
    20 ADAMS           1100 12-JAN-2007       1100
    20 SCOTT           3000 09-DEC-2007       1100
    20 FORD            3000 03-DEC-2006       1100
    20 JONES           2975 02-APR-2006       1100
    20 SMITH            800 17-DEC-2005       1100
    30 JAMES            950 03-DEC-2006        950
    30 MARTIN          1250 28-SEP-2006        950
    30 TURNER          1500 08-SEP-2006        950
    30 BLAKE           2850 01-MAY-2006        950
    30 WARD            1250 22-FEB-2006        950
    30 ALLEN           1600 20-FEB-2006        950
```

11.12 간단한 예측 생성하기

문제 현재 데이터를 기반으로 향후 작업을 나타내는 추가 행과 열을 반환하려고 합니다. 예를 들어 다음 결과셋을 살펴봅시다.

```
ID ORDER_DATE  PROCESS_DATE
-- ----------- ------------
 1 25-SEP-2005 27-SEP-2005
 2 26-SEP-2005 28-SEP-2005
 3 27-SEP-2005 29-SEP-2005
```

결과셋에서 반환된 행마다 3개 행을 반환하려고 합니다(각 행과, 각 주문에 대한 2개의 추가 행). 추가 행과 함께 예상 주문 처리 날짜를 제공하는 두 개의 추가 열을 반환하려고 합니다.

이전 결과셋에서 주문을 처리하는 데 2일이 걸린다는 것을 알 수 있습니다. 이 예에서는 처리 후 다음 단계가 확인이고, 마지막 단계가 발송이라고 가정하겠습니다. 확인은 처리 후 하루, 발송은 확인 후 하루 만에 이루어집니다. 이러한 전체 절차를 표현하는 결과셋을 반환하려고 합니다. 즉, 앞에서 본 결과셋을 다음과 같은 결과셋으로 변환하려고 합니다.

```
ID ORDER_DATE   PROCESS_DATE  VERIFIED     SHIPPED
-- -----------  ------------  -----------  -----------
 1 25-SEP-2005  27-SEP-2005
 1 25-SEP-2005  27-SEP-2005   28-SEP-2005
 1 25-SEP-2005  27-SEP-2005   28-SEP-2005  29-SEP-2005
 2 26-SEP-2005  28-SEP-2005
 2 26-SEP-2005  28-SEP-2005   29-SEP-2005
 2 26-SEP-2005  28-SEP-2005   29-SEP-2005  30-SEP-2005
 3 27-SEP-2005  29-SEP-2005
 3 27-SEP-2005  29-SEP-2005   30-SEP-2005
 3 27-SEP-2005  29-SEP-2005   30-SEP-2005  01-OCT-2005
```

해법 핵심은 데카르트 곱을 사용하여 각 주문에 대해 두 개의 추가 행을 생성한 다음, CASE 표현식을 사용하여 필요한 열 값을 생성하는 것입니다.

DB2, MySQL, SQL Server

재귀 WITH 절을 사용하여 데카르트 곱에 필요한 행을 생성합니다. DB2 및 SQL Server 해법은 현재 날짜를 검색하는 데 사용되는 함수를 제외하고 같습니다. DB2는 CURRENT_DATE를 사용하고 SQL Server는 GET_DATE를 사용합니다. MySQL은 CURDATE를 사용하며 이것이 재귀 CTE임을 나타내기 위해 WITH 뒤에 RECURSIVE 키워드를 삽입해야 합니다. SQL Server 해법은 다음과 같습니다.

```
1 with nrows(n) as (
2 select 1 from t1 union all
3 select n+1 from nrows where n+1 <= 3
4 )
5 select id,
6        order_date,
```

```
 7          process_date,
 8          case when nrows.n >= 2
 9               then process_date+1
10               else null
11          end as verified,
12          case when nrows.n = 3
13               then process_date+2
14               else null
15          end as shipped
16    from (
17 select nrows.n id,
18        getdate()+nrows.n    as order_date,
19        getdate()+nrows.n+2 as process_date
20    from nrows
21        ) orders, nrows
22   order by 1
```

Oracle

계층적 CONNECT BY 절을 사용하여 데카르트 곱에 필요한 3개의 행을 생성합니다. WITH 절을 사용하여 CONNECT BY가 반환한 결과를 다시 호출하지 않고도 재사용할 수 있습니다.

```
 1 with nrows as (
 2 select level n
 3    from dual
 4 connect by level <= 3
 5 )
 6 select id,
 7         order_date,
 8         process_date,
 9         case when nrows.n >= 2
10              then process_date+1
11              else null
12         end as verified,
13         case when nrows.n = 3
14              then process_date+2
15              else null
16         end as shipped
17  from (
18 select nrows.n id,
19        sysdate+nrows.n as order_date,
20        sysdate+nrows.n+2 as process_date
```

```
21   from nrows
22        ) orders, nrows
```

PostgreSQL

다양한 방법으로 데카르트 곱을 만들 수 있습니다. 여기서는 PostgreSQL 함수 `GENERATE_SERIES`를 사용합니다.

```
 1 select id,
 2        order_date,
 3        process_date,
 4        case when gs.n >= 2
 5             then process_date+1
 6             else null
 7        end as verified,
 8        case when gs.n = 3
 9             then process_date+2
10             else null
11        end as shipped
12  from (
13 select gs.id,
14        current_date+gs.id as order_date,
15        current_date+gs.id+2 as process_date
16    from generate_series(1,3) gs (id)
17         ) orders,
18          generate_series(1,3)gs(n)
```

MySQL

MySQL은 행 자동생성 함수를 지원하지 않습니다.

설명 이 설명은 DB2, MySQL, SQL Server, Oracle, PostgreSQL로 구분됩니다.

DB2, MySQL, SQL Server

'문제' 절에 표시된 결과셋은 인라인 뷰 **ORDERS**를 통해 반환되며 다음과 같이 표시됩니다.

```
with nrows(n) as (
select 1 from t1 union all
select n+1 from nrows where n+1 <= 3
)
select nrows.n id,getdate()+nrows.n   as order_date,
       getdate()+nrows.n+2 as process_date
  from nrows


ID ORDER_DATE  PROCESS_DATE
-- ----------- ------------
 1 25-SEP-2005  27-SEP-2005
 2 26-SEP-2005  28-SEP-2005
 3 27-SEP-2005  29-SEP-2005
```

이 쿼리는 단순히 WITH 절을 사용하여 처리해야 하는 주문을 나타내는 3개의 행을 구성합니다. NROWS는 값 1, 2, 3을 반환하고, 그 숫자는 GETDATE(DB2의 경우 CURRENT_DATE, MySQL의 경우 CURDATE에 추가되어 주문 일자를 나타냅니다. '문제' 절에 처리 시간이 2일 걸린다고 명시되어 있으므로, 쿼리는 ORDER_DATE에도 2일을 추가합니다(NROWS에서 반환한 값을 GETDATE에 추가한 다음 2일을 더 추가합니다).

이제 기본 결과셋을 얻었고, 다음 단계는 각 주문에 대해 세 개의 행을 반환해야 하므로 데카르트 곱을 만들 것입니다. NROWS를 사용하여 각 주문에 대해 3개의 행을 반환하는 데카르트 곱을 만듭니다.

```
with nrows(n) as (
select 1 from t1 union all
select n+1 from nrows where n+1 <= 3
)
select nrows.n,
       orders.*
  from (
select nrows.n id,
       getdate()+nrows.n   as order_date,
        getdate()+nrows.n+2 as process_date
  from nrows
      ) orders, nrows
 order by 2,1
```

```
 N  ID  ORDER_DATE  PROCESS_DATE
--- ---  -----------  ------------
  1   1  25-SEP-2005  27-SEP-2005
  2   1  25-SEP-2005  27-SEP-2005
  3   1  25-SEP-2005  27-SEP-2005
  1   2  26-SEP-2005  28-SEP-2005
  2   2  26-SEP-2005  28-SEP-2005
  3   2  26-SEP-2005  28-SEP-2005
  1   3  27-SEP-2005  29-SEP-2005
  2   3  27-SEP-2005  29-SEP-2005
  3   3  27-SEP-2005  29-SEP-2005
```

이제 각 주문에 대해 3개의 행이 있으므로 CASE 표현식을 사용하여 확인 및 발송 상태를 나타내는 추가 열 값을 만듭니다.

각 주문의 첫 번째 행에는 VERIFIED 및 SHIPPED에 대한 null 값이 있어야 합니다. 각 주문의 두 번째 행에는 SHIPPED에 대한 값이 null이어야 합니다. 각 주문의 세 번째 행에는 각 열에 대해 모두 null이 아닌 값이 있어야 합니다. 최종 결과셋은 다음과 같습니다.

```
with nrows(n) as (
select 1 from t1 union all
select n+1 from nrows where n+1 <= 3
)
select id,
       order_date,
       process_date,
       case when nrows.n >= 2
             then process_date+1
             else null

       end as verified,
       case when nrows.n = 3
            then process_date+2
            else null
       end as shipped
   from (
select nrows.n id,
       getdate()+nrows.n   as order_date,
       getdate()+nrows.n+2 as process_date
   from nrows
       ) orders, nrows
```

```
order by 1

ID ORDER_DATE   PROCESS_DATE   VERIFIED     SHIPPED
-- -----------  ------------   -----------  -----------
 1 25-SEP-2005  27-SEP-2005
 1 25-SEP-2005  27-SEP-2005    28-SEP-2005
 1 25-SEP-2005  27-SEP-2005    28-SEP-2005  29-SEP-2005
 2 26-SEP-2005  28-SEP-2005
 2 26-SEP-2005  28-SEP-2005    29-SEP-2005
 2 26-SEP-2005  28-SEP-2005    29-SEP-2005  30-SEP-2005
 3 27-SEP-2005  29-SEP-2005
 3 27-SEP-2005  29-SEP-2005    30-SEP-2005
 3 27-SEP-2005  29-SEP-2005    30-SEP-2005  01-OCT-2005
```

최종 결과셋은 주문을 받은 날부터 발송해야 하는 날까지의 전체 주문 프로세스를 나타냅니다.

Oracle

'문제' 절에 표시된 결과셋은 인라인 뷰 ORDERS를 통해 반환되며 다음과 같이 표시됩니다.

```
with nrows as (
select level n
  from dual
connect by level <= 3
)
select nrows.n id,
       sysdate+nrows.n order_date,
       sysdate+nrows.n+2 process_date
  from nrows

ID ORDER_DATE   PROCESS_DATE
-- -----------  ------------
 1 25-SEP-2005  27-SEP-2005
 2 26-SEP-2005  28-SEP-2005
 3 27-SEP-2005  29-SEP-2005
```

이 쿼리는 단순히 CONNECT BY를 사용하여 처리해야 하는 주문을 나타내는 3개 행으로 구성합니다. WITH 절을 사용하여 CONNECT BY에서 반환할 행을 NROWS.N으로 참조합니다. CONNECT BY는 값 1, 2, 3을 반환하고 해당 숫자는 주문 날짜를 나타내기 위해 SYSDATE에 추가됩니다. '문제' 절에 처리 시간이 2일 걸린다고 명시되어 있으므로 쿼리는 ORDER_DATE에도 2일을 더합니다(GENERATE_ SERIES에서 반환된 값을 SYSDATE에 더한 다음 2일을 더 추가합니다).

이제 기본 결과셋을 얻었으므로 다음 단계는 각 주문에 대해 세 개의 행을 반환하기 위한 데카르트 곱을 만드는 것입니다. NROWS를 사용하여 각 주문에 대해 3개의 행을 반환하는 데카르트 곱을 만듭니다.

```
with nrows as (
select level n
  from dual
connect by level <= 3
)
select nrows.n,
       orders.*
  from (
select nrows.n id,
       sysdate+nrows.n order_date,
       sysdate+nrows.n+2 process_date
  from nrows
  ) orders, nrows


  N  ID ORDER_DATE  PROCESS_DATE
 --- --- ----------- ------------
  1   1 25-SEP-2005  27-SEP-2005
  2   1 25-SEP-2005  27-SEP-2005
  3   1 25-SEP-2005  27-SEP-2005
  1   2 26-SEP-2005  28-SEP-2005
  2   2 26-SEP-2005  28-SEP-2005
  3   2 26-SEP-2005  28-SEP-2005
  1   3 27-SEP-2005  29-SEP-2005
  2   3 27-SEP-2005  29-SEP-2005
  3   3 27-SEP-2005  29-SEP-2005
```

이제 각 주문에 대해 3개의 행이 있으므로 CASE 표현식을 사용하여 확인 및 발송 상태를 나타내는 추가 열 값을 만듭니다.

각 주문의 첫 번째 행에는 VERIFIED 및 SHIPPED에 null 값이 있어야 합니다. 각 주문의 두 번째 행에는 SHIPPED에 대해 null이어야 합니다. 각 주문의 세 번째 행에는 모든 열에 null이 아닌 값이 있어야 합니다. 최종 결과셋은 다음과 같습니다.

```
with nrows as (
select level n
  from dual
connect by level <= 3
)
select id,
       order_date,
       process_date,
       case when nrows.n >= 2
            then process_date+1
            else null
       end as verified,
       case when nrows.n = 3
            then process_date+2
            else null
       end as shipped
  from (
select nrows.n id,
       sysdate+nrows.n order_date,
       sysdate+nrows.n+2 process_date
  from nrows
      ) orders, nrows


ID ORDER_DATE  PROCESS_DATE  VERIFIED     SHIPPED
-- ----------- ------------  -----------  -----------
 1 25-SEP-2005 27-SEP-2005
 1 25-SEP-2005 27-SEP-2005   28-SEP-2005
 1 25-SEP-2005 27-SEP-2005   28-SEP-2005  29-SEP-2005
 2 26-SEP-2005 28-SEP-2005
 2 26-SEP-2005 28-SEP-2005   29-SEP-2005
 2 26-SEP-2005 28-SEP-2005   29-SEP-2005  30-SEP-2005
 3 27-SEP-2005 29-SEP-2005
 3 27-SEP-2005 29-SEP-2005   30-SEP-2005
 3 27-SEP-2005 29-SEP-2005   30-SEP-2005  01-OCT-2005
```

최종 결과셋은 주문을 받은 날부터 발송해야 할 날까지의 전체 주문 프로세스를 나타냅니다.

PostgreSQL

'문제' 절에 표시된 결과셋은 인라인 뷰 ORDERS를 통해 반환되며 다음과 같습니다.

```
select gs.id,
       current_date+gs.id as order_date,
       current_date+gs.id+2 as process_date
 from generate_series(1,3) gs (id)

ID ORDER_DATE  PROCESS_DATE
-- ---------- ------------
 1 25-SEP-2005  27-SEP-2005
 2 26-SEP-2005  28-SEP-2005
 3 27-SEP-2005  29-SEP-2005
```

이 쿼리는 GENERATE_SERIES 함수를 사용하여 처리해야 하는 주문을 나타내는 3개의 행을 구성합니다. GENERATE_SERIES는 1, 2, 3 값을 반환하고 해당 숫자는 CURRENT_DATE에 추가되어 주문 날짜를 나타냅니다. '문제' 절에 처리 시간이 2일 걸린다고 명시되어 있으므로 쿼리는 ORDER_DATE에도 2일을 추가합니다 (GENERATE_SERIES에서 반환된 값을 CURRENT_DATE에 더한 다음 2일을 더 추가합니다). 이제 기본 결과셋을 얻었으므로 다음 단계는 각 주문에 대해 세 개의 행을 반환하는 데카르트 곱을 만드는 것입니다. GENERATE_SERIES 함수를 사용하여 각 주문에 대해 3개의 행을 반환하는 데카르트 곱을 만듭니다.

```
select gs.n,
       orders.*
  from (
select gs.id,
       current_date+gs.id as order_date,
       current_date+gs.id+2 as process_date
  from generate_series(1,3) gs (id)
       ) orders,
        generate_series(1,3)gs(n)

 N ID  ORDER_DATE  PROCESS_DATE
--- --- ---------- ------------
 1   1 25-SEP-2005  27-SEP-2005
 2   1 25-SEP-2005  27-SEP-2005
 3   1 25-SEP-2005  27-SEP-2005
 1   2 26-SEP-2005  28-SEP-2005
 2   2 26-SEP-2005  28-SEP-2005
 3   2 26-SEP-2005  28-SEP-2005
 1   3 27-SEP-2005  29-SEP-2005
 2   3 27-SEP-2005  29-SEP-2005
 3   3 27-SEP-2005  29-SEP-2005
```

이제 각 주문에 대해 3개의 행이 있으므로 CASE 표현식을 사용하여 확인 및 배송 상태를 나타내는 추가 열 값을 만듭니다. 각 주문의 첫 번째 행에는 VERIFIED 및 SHIPPED에 대해 null 값이어야 합니다. 각 주문의 두 번째 행에는 SHIPPED에 null 값이 있습니다. 각 주문의 세 번째 행에는 모든 열에 대해 null이 아닌 값이 있어야 합니다. 최종 결과셋은 다음과 같이 표시됩니다.

```
select id,
       order_date,
       process_date,
       case when gs.n >= 2
            then process_date+1
            else null
       end as verified,
       case when gs.n = 3
            then process_date+2
            else null
       end as shipped
  from (
select gs.id,
       current_date+gs.id as order_date,
       current_date+gs.id+2 as process_date
  from generate_series(1,3) gs(id)
       ) orders,
         generate_series(1,3)gs(n)

ID ORDER_DATE  PROCESS_DATE  VERIFIED     SHIPPED
-- ----------  ------------  -----------  -----------
 1 25-SEP-2005 27-SEP-2005
 1 25-SEP-2005 27-SEP-2005   28-SEP-2005
 1 25-SEP-2005 27-SEP-2005   28-SEP-2005  29-SEP-2005
 2 26-SEP-2005 28-SEP-2005
 2 26-SEP-2005 28-SEP-2005   29-SEP-2005
 2 26-SEP-2005 28-SEP-2005   29-SEP-2005  30-SEP-2005
 3 27-SEP-2005 29-SEP-2005
 3 27-SEP-2005 29-SEP-2005   30-SEP-2005
 3 27-SEP-2005 29-SEP-2005   30-SEP-2005  01-OCT-2005
```

최종 결과셋은 주문을 받은 날부터 발송해야 할 날까지의 전체 주문 프로세스를 나타냅니다.

11.13 마치며

11장의 레시피는 하나의 함수로 해결할 수 없는 실질적인 문제들을 보여줍니다. 현업 사용자가 자주 해결을 요청하는 유형들의 문제입니다.

CHAPTER 12

보고서 작성과 재구성

12장에서는 보고서 작성에 도움이 될 수 있는 쿼리를 소개합니다. 여기에는 일반적으로 다양한 수준의 집계와 더불어 보고서 관련 형식에서의 고려 사항이 포함됩니다. 12장의 또 다른 초점은 결과셋을 전치하거나 피벗하는 것입니다. 즉, 행을 열로 변환하여 데이터의 형태를 변경하는 것입니다.

일반적으로 이러한 레시피는 저장되는 방식과 다른 형식 또는 모양으로 데이터를 표시할 수 있다는 공통점이 있습니다. 피버팅에 익숙해지면, 12장에 제시된 것 이외의 용도로도 활용할 수 있을 것입니다.

12.1 결과셋을 하나의 행으로 피벗하기

문제 행 그룹에서 값을 가져와서 그룹당 단일 행의 열로 변환하려고 합니다. 예를 들어 각 부서의 사원 수를 표시하는 결과셋이 있습니다.

```
DEPTNO      CNT
------  ----------
    10       3
    20       5
    30       6
```

결과셋이 다음과 같이 보이도록 출력을 다시 재구성하려고 합니다.

```
DEPTNO_10   DEPTNO_20   DEPTNO_30
---------   ---------   ---------
        3           5           6
```

이것은 데이터가 저장되는 방식과 다른 형태로 표시되는 전형적인 예입니다.

해법 CASE 및 집계 함수 SUM을 사용하여 결과셋을 바꿉니다.

```
1 select sum(case when deptno=10 then 1 else 0 end) as deptno_10,
2        sum(case when deptno=20 then 1 else 0 end) as deptno_20,
3        sum(case when deptno=30 then 1 else 0 end) as deptno_30
4   from emp
```

설명 이 예제는 피벗에 대한 훌륭한 입문 사례입니다. 개념은 간단합니다. 피벗되지 않은 쿼리에서 반환된 각 행에 대해 CASE 식을 사용하여 행을 열로 분리합니다. 그런 다음, 여기서의 문제는 부서당 사원 수를 계산하는 것이므로 집계 함수 SUM을 사용하여 각 DEPTNO의 발생 횟수를 계산합니다. 이것이 정확히 어떻게 작동하는지 이해가 어렵다면, 집계 함수 SUM으로 쿼리를 실행하고 가독성을 위해 DEPTNO를 포함하세요.

```
select deptno,
       case when deptno=10 then 1 else 0 end as deptno_10,
       case when deptno=20 then 1 else 0 end as deptno_20,
       case when deptno=30 then 1 else 0 end as deptno_30
  from emp
order by 1

DEPTNO   DEPTNO_10   DEPTNO_20   DEPTNO_30
------   ---------   ---------   ---------
    10           1           0           0
    10           1           0           0
    10           1           0           0
    20           0           1           0
    20           0           1           0
    20           0           1           0
    20           0           1           0
    30           0           0           1
```

```
       30           0           0           1
       30           0           0           1
       30           0           0           1
       30           0           0           1
       30           0           0           1
```

각 CASE 표현식을 플래그로 간주하여 행이 속하는 DEPTNO를 판별할 수 있습니다. 이 시점에서 이미 '행에서 열로' 변환이 완료되었습니다. 다음 단계는 DEPTNO_10, DEPTNO_20 및 DEPTNO_30에서 반환된 값을 간단히 합한 다음 DEPTNO로 그룹화하는 것입니다. 다음은 그 결과입니다.

```
select deptno,
       sum(case when deptno=10 then 1 else 0 end) as deptno_10,
       sum(case when deptno=20 then 1 else 0 end) as deptno_20,
       sum(case when deptno=30 then 1 else 0 end) as deptno_30
  from emp
 group by deptno

DEPTNO   DEPTNO_10   DEPTNO_20   DEPTNO_30
------   ---------   ---------   ---------
    10           3           0           0
    20           0           5           0
    30           0           0           6
```

이 결과셋을 살펴보면 출력 결과가 논리적으로 타당함을 알 수 있습니다. 예를 들어 DEPTNO 10에는 DEPTNO_10에 3명의 사원이 있고 다른 부서에는 0명의 사원이 있습니다. 목표는 하나의 행을 반환하는 것이므로, 마지막 단계는 DEPTNO 및 GROUP BY 절을 제거하고 단순히 CASE 표현식을 합산하는 것입니다.

```
select sum(case when deptno=10 then 1 else 0 end) as deptno_10,
       sum(case when deptno=20 then 1 else 0 end) as deptno_20,
       sum(case when deptno=30 then 1 else 0 end) as deptno_30
  from emp

DEPTNO_10   DEPTNO_20   DEPTNO_30
---------   ---------   ---------
        3           5           6
```

다음은 이 같은 부류의 문제에 적용되는 또 다른 접근 방식입니다.

```
select max(case when deptno=10 then empcount else null end) as deptno_10
       max(case when deptno=20 then empcount else null end) as deptno_20,
       max(case when deptno=10 then empcount else null end) as deptno_30
  from (
select deptno, count(*) as empcount
  from emp
 group by deptno
       ) x
```

이 접근 방식은 인라인 뷰를 사용하여 부서당 사원 수를 생성합니다. 기본 쿼리의 CASE 표현식은 행을 열로 변환하여 다음과 같은 결과를 얻습니다.

DEPTNO_10	DEPTNO_20	DEPTNO_30
3	NULL	NULL
NULL	5	NULL
NULL	NULL	6

그런 다음 MAX 함수가 열을 한 행으로 축소합니다.

DEPTNO_10	DEPTNO_20	DEPTNO_30
3	5	6

12.2 결과셋을 여러 행으로 피벗하기

문제 주어진 단일 열의 각 값에 해당하는 열을 만들어 행을 열로 변환하려고 합니다. 다만 이전과 달리 여러 행으로 출력하려 합니다. 여러 행으로 피벗하는 것은 데이터를 재구성하는 기본적인 방법입니다.

예를 들어 각 사원 및 직급(JOB)을 반환하려고 합니다. 현재 다음과 같은 결과셋을 반환하는 쿼리를 사용 중입니다.

```
JOB        ENAME
---------  ----------
ANALYST    SCOTT
ANALYST    FORD
CLERK      SMITH
CLERK      ADAMS
CLERK      MILLER
CLERK      JAMES
MANAGER    JONES
MANAGER    CLARK
MANAGER    BLAKE
PRESIDENT  KING
SALESMAN   ALLEN
SALESMAN   MARTIN
SALESMAN   TURNER
SALESMAN   WARD
```

이때 작업별로 고유한 열을 갖도록 다음과 같은 결과셋을 구성하려고 합니다.

```
CLERKS  ANALYSTS  MGRS   PREZ  SALES
------  --------  -----  ----  ------
MILLER  FORD      CLARK  KING  TURNER
JAMES   SCOTT     BLAKE        MARTIN
ADAMS             JONES        WARD
SMITH                          ALLEN
```

해법 12장의 첫 번째 레시피와 달리, 이 레시피의 결과셋은 두 개 이상의 행으로 구성됩니다. 이전 레시피의 기법은 이 레시피에서 사용할 수 없습니다. 각 JOB에 대한 MAX(ENAME)이 반환되어 각 JOB에 대해 하나의 ENAME이 생성됩니다(즉, 첫 번째 레시피와 같이 하나의 행이 반환됩니다). 이 문제를 해결하려면 각 JOB/ENAME 조합을 고유하게 만들어야 합니다. 그런 다음 집계 함수를 적용하여 null을 제거하면 ENAME이 손실되지 않습니다.

순위 함수 ROW_NUMBER OVER를 사용하여 고유한 JOB/ENAME 조합을 만듭니다. 윈도우 함수에서 반환된 값을 그룹화하는 동안 CASE 식과 집계 함수 MAX를 사용하여 결과셋을 피벗합니다.

```
 1  select max(case when job='CLERK'
 2                   then ename else null end) as clerks,
 3         max(case when job='ANALYST'
 4                   then ename else null end) as analysts,
 5         max(case when job='MANAGER'
 6                   then ename else null end) as mgrs,
 7         max(case when job='PRESIDENT'
 8                   then ename else null end) as prez,
 9         max(case when job='SALESMAN'
10                   then ename else null end) as sales
11    from (
12  select job,
13         ename,
14         row_number()over(partition by job order by ename) rn
15    from emp
16         ) x
17   group by rn
```

설명 첫 번째 단계는 윈도우 함수 ROW_NUMBER OVER를 사용하여 고유한 JOB/ENAME 조합을 만드는 것입니다.

```
select job,
       ename,
       row_number()over(partition by job order by ename) rn
  from emp

JOB        ENAME        RN
---------- ----------  ----------
ANALYST    FORD          1
ANALYST    SCOTT         2
CLERK      ADAMS         1
CLERK      JAMES         2
CLERK      MILLER        3
CLERK      SMITH         4
MANAGER    BLAKE         1
MANAGER    CLARK         2
MANAGER    JONES         3
PRESIDENT  KING          1
SALESMAN   ALLEN         1
SALESMAN   MARTIN        2
SALESMAN   TURNER        3
SALESMAN   WARD          4
```

지정된 작업 내에서 각 ENAME에 고유한 '행 번호'를 부여하면 두 명의 사원이 같은 이름과 직급을 가질 때 발생할 수 있는 문제를 방지할 수 있습니다. 여기서 목표는 MAX 사용으로 인해 결과셋에서 사원을 삭제하지 않고 행 번호(RN)로 그룹화할 수 있는 것입니다. 이 단계는 문제 해결에 있어 가장 중요한 단계입니다. 이 첫 번째 단계가 없으면 외부 쿼리의 집계가 필요한 행을 제거합니다. 첫 번째 레시피에 표시된 것과 같은 기법을 사용하여 ROW_NUMBER OVER를 사용하지 않고, 결과셋이 어떻게 보이는지 살펴봅시다.

```
select max(case when job='CLERK'
               then ename else null end) as clerks,
      max(case when job='ANALYST'
               then ename else null end) as analysts,
      max(case when job='MANAGER'
               then ename else null end) as mgrs,
      max(case when job='PRESIDENT'
               then ename else null end) as prez,
      max(case when job='SALESMAN'
               then ename else null end) as sales
  from emp

CLERKS      ANALYSTS    MGRS       PREZ       SALES
----------  ----------  ---------- ---------- ----------
SMITH       SCOTT       JONES      KING       WARD
```

불행히도 각 JOB에 대해 하나의 행(MAX ENAME을 가진 사원)만 반환됩니다. 결과셋을 피벗할 때가 되면 MIN 또는 MAX를 사용하여, 반환된 ENAME을 제한하는 것이 아니라 결과셋에서 null을 제거하는 수단으로 사용해야 합니다. 이어서 설명을 살펴보면 어떻게 작동하는지 더 명확해질 것입니다.

다음 단계에서는 CASE 표현식을 사용하여 ENAME을 적절한 열(JOB)로 구성합니다.

```
select rn,
      case when job='CLERK'
           then ename else null end as clerks,
      case when job='ANALYST'
           then ename else null end as analysts,
      case when job='MANAGER'
           then ename else null end as mgrs,
      case when job='PRESIDENT'
```

```
            then ename else null end as prez,
        case when job='SALESMAN'
            then ename else null end as sales
   from (
select job,
       ename,
       row_number()over(partition by job order by ename) rn
   from emp
       ) x
```

RN	CLERKS	ANALYSTS	MGRS	PREZ	SALES
1		FORD			
2		SCOTT			
1	ADAMS				
2	JAMES				
3	MILLER				
4	SMITH				
1			BLAKE		
2			CLARK		
3			JONES		
1				KING	
1					ALLEN
2					MARTIN
3					TURNER
4					WARD

이때 행은 열로 전치되며 마지막 단계는 결과셋을 더 읽기 쉽게 만들기 위해 null을 제거하는
것입니다. null을 제거하려면 집계 함수 MAX를 사용하고 RN별로 그룹화합니다(MIN도 사용할
수 있으나 여기서는 임의로 MAX를 사용했습니다. 그룹당 하나의 값만 집계하기 때문입니다).
각 RN/JOB/ENAME 조합에 대해 하나의 값만 있습니다. MAX에 대한 호출에 포함된 CASE 표현식
과 함께 RN별로 그룹화하면 MAX를 호출할 때마다 null 값 그룹에서 하나의 이름만 선택됩니다.

```
select max(case when job='CLERK'
                then ename else null end) as clerks,
       max(case when job='ANALYST'
                then ename else null end) as analysts,
       max(case when job='MANAGER'
                then ename else null end) as mgrs,
       max(case when job='PRESIDENT'
                then ename else null end) as prez,
```

```
       max(case when job='SALESMAN'
              then ename else null end) as sales
  from (
select job,
      ename,
      row_number()over(partition by job order by ename) rn
  from emp
      ) x
group by rn


CLERKS  ANALYSTS  MGRS   PREZ  SALES
------  --------  -----  ----  ------
MILLER  FORD      CLARK  KING  TURNER
JAMES   SCOTT     BLAKE        MARTIN
ADAMS             JONES        WARD
SMITH                          ALLEN
```

ROW_NUMBER OVER를 사용하여 고유한 행 조합을 만드는 기법은 쿼리 결과의 형식을 지정하는데 매우 유용합니다. DEPTNO 및 JOB별로 사원을 표시하는 희소 보고서[sparse report]를 작성하는 다음 쿼리를 살펴봅시다.

```
select deptno dno, job,
      max(case when deptno=10
              then ename else null end) as d10,
      max(case when deptno=20
              then ename else null end) as d20,
      max(case when deptno=30
              then ename else null end) as d30,
      max(case when job='CLERK'
              then ename else null end) as clerks,
      max(case when job='ANALYST'
              then ename else null end) as anals,
      max(case when job='MANAGER'
              then ename else null end) as mgrs,
      max(case when job='PRESIDENT'
              then ename else null end) as prez,
      max(case when job='SALESMAN'
              then ename else null end) as sales
  from (
 Select deptno,
       job,
```

```
        ename,
        row_number()over(partition by job order by ename) rn_job,
        row_number()over(partition by deptno order by ename) rn_deptno
    from emp
      ) x
  group by deptno, job, rn_deptno, rn_job
  order by 1


DNO JOB        D10     D20     D30     CLERKS ANALS MGRS  PREZ SALES
--- ---------- ------  ------  ------  ------ ----- ----- ---- ------
 10 CLERK      MILLER                  MILLER
 10 MANAGER    CLARK                                 CLARK
 10 PRESIDENT  KING                                       KING
 20 ANALYST            FORD                    FORD
 20 ANALYST            SCOTT                   SCOTT
 20 CLERK              ADAMS           ADAMS
 20 CLERK              SMITH           SMITH
 20 MANAGER            JONES                         JONES
 30 CLERK                      JAMES   JAMES
 30 MANAGER                    BLAKE                 BLAKE
 30 SALESMAN                   ALLEN                            ALLEN
 30 SALESMAN                   MARTIN                           MARTIN
 30 SALESMAN                   TURNER                           TURNER
 30 SALESMAN                   WARD                             WARD
```

그룹화 기준(이전 SELECT 목록의 집계되지 않은 항목)을 수정하여 다양한 형식으로 보고서를 생성할 수 있습니다. GROUP BY 절에 포함된 내용에 따라 형식이 어떻게 변경되는지 이해하는 시간을 들이는 것이 좋습니다.

12.3 결과셋 역피벗하기

문제 열을 행으로 변환하려고 합니다. 다음 결과셋을 살펴봅시다.

```
DEPTNO_10  DEPTNO_20  DEPTNO_30
---------- ---------- ----------
```

3	5	6

이 결과셋을 다음과 같은 항목으로 변환하려고 합니다.

```
DEPTNO COUNTS_BY_DEPT
------ --------------
    10              3
    20              5
    30              6
```

일부 독자는 첫 번째 목록이 12장의 첫 번째 레시피에서 나온 결과라는 것을 알아차렸을 수도 있습니다. 그 레시피에 이러한 출력 결과를 사용하려면 다음 쿼리를 사용하여 뷰에 저장합니다.

```
create view emp_cnts as
(
select sum(case when deptno=10 then 1 else 0 end) as deptno_10,
       sum(case when deptno=20 then 1 else 0 end) as deptno_20,
       sum(case when deptno=30 then 1 else 0 end) as deptno_30
    from emp
)
```

이어지는 해법 및 논의에서 쿼리는 이전 쿼리에 의해 생성된 **EMP_CNTS** 뷰를 참조합니다.

해법 원하는 결과셋을 살펴보면 **EMP** 테이블에서 간단한 **COUNT** 및 **GROUP BY**를 실행하여 원하는 결과를 생성할 수 있음을 쉽게 알 수 있습니다. 그러나 여기서 목표는 데이터가 행으로 저장되지 않는다고 가정하는 것입니다. 데이터가 정규화되지 않고, 집계된 값이 여러 열로 저장될 수 있습니다.

열을 행으로 변환하려면 데카르트 곱을 사용합니다. 데카르트 곱을 만드는 데 사용하는 테이블 표현식에는 최소한 전치하려는 열 개수만큼의 카디널리티가 있어야 하므로, 행으로 변환할 열의 수를 미리 알아야 합니다.

비 정규화된 데이터 테이블을 만드는 대신, 이 레시피의 해법에서는 12장의 첫 번째 레시피의 해법을 사용하여 '광범위한' 결과셋을 만듭니다. 전체 해법은 다음을 살펴봅시다.

```
1 select dept.deptno,
2        case dept.deptno
3             when 10 then emp_cnts.deptno_10
4             when 20 then emp_cnts.deptno_20
5             when 30 then emp_cnts.deptno_30
6        end as counts_by_dept
7   from emp_cnts cross join
8        (select deptno from dept where deptno <= 30) dept
```

설명 EMP_CNTS는 비 정규화된 뷰 또는 행으로 변환하려는 '광범위한' 결과셋을 나타내며 다음과 같습니다.

```
DEPTNO_10   DEPTNO_20   DEPTNO_30
---------   ----------  ----------
        3           5           6
```

세 개의 열이 있으므로 세 개의 행을 만듭니다. 먼저 인라인 뷰 EMP_CNTS와 3개 이상의 행이 있는 테이블 표현식 사이에 데카르트 곱을 작성합니다. 다음 코드는 DEPT 테이블을 사용하여 데카르트 곱을 만듭니다. DEPT에는 4개의 행이 있습니다.

```
select dept.deptno,
        emp_cnts.deptno_10,
        emp_cnts.deptno_20,
        emp_cnts.deptno_30
   from (
  Select sum(case when deptno=10 then 1 else 0 end) as deptno_10,
         sum(case when deptno=20 then 1 else 0 end) as deptno_20,
         sum(case when deptno=30 then 1 else 0 end) as deptno_30
    from emp
         ) emp_cnts,
         (select deptno from dept where deptno <= 30) dept

DEPTNO DEPTNO_10  DEPTNO_20  DEPTNO_30
------ ---------- ---------- ---------
    10         3          5          6
    20         3          5          6
    30         3          5          6
```

데카르트 곱을 사용하면 인라인 뷰 EMP_CNTS의 각 열에 대한 행을 반환할 수 있습니다. 최종 결과셋에는 DEPTNO와 해당 DEPTNO의 사원 수만 있어야 하므로 CASE 식을 사용하여 세 열을 하나로 변환합니다.

```
select dept.deptno,
       case dept.deptno
            when 10 then emp_cnts.deptno_10
            when 20 then emp_cnts.deptno_20
            when 30 then emp_cnts.deptno_30
       end as counts_by_dept
   from (
        emp_cnts
cross join (select deptno from dept where deptno <= 30) dept

 DEPTNO COUNTS_BY_DEPT
 ------ --------------
     10              3
     20              5
     30              6
```

12.4 결과셋을 한 열로 역피벗하기

문제 쿼리의 모든 열을 하나의 열로 반환하려고 합니다. 예를 들어 DEPTNO 10에 있는 모든 사원의 ENAME, JOB 및 SAL을 반환하되 하나의 열에 세 값을 모두 반환합니다. 즉, 사원당 3개의 행을 반환하고 사원 사이에는 한 행의 공백을 반환하려고 합니다. 그러면 다음과 같은 결과셋이 만들어집니다.

```
EMPS
----------
CLARK
MANAGER
2450

KING
```

```
PRESIDENT
5000

MILLER
CLERK
1300
```

해법 핵심은 데카르트 곱과 결합한 재귀 CTE를 사용하여 각 사원에 대해 4개의 행을 반환하는 것입니다. 10장에서는 필요한 재귀 CTE를 다루었으며, 부록 B에서 더 자세히 설명합니다. 데카르트 조인^{Cartesian join}을 사용하면 행당 하나의 열 값을 반환하고 사원 간 구분을 위한 추가 행을 가질 수 있습니다.

윈도우 함수 ROW_NUMBER OVER를 사용하여 EMPNO(1~4)를 기준으로 각 행의 순위를 매깁니다. 그런 다음 CASE 표현식을 사용하여 세 개의 열을 하나로 변환합니다(PostgreSQL 및 MySQL에서는 첫 번째 WITH 뒤에 RECURSIVE 키워드가 필요합니다).

```
1    with four_rows (id)
2      as
3    (
4    select 1
5      union all
6    select id+1
7      from four_rows
8      where id < 4
9    )
10   ,
11    x_tab (ename,job,sal,rn )
12      as
13   (
     select  e.ename,e.job,e.sal,
14     row_number()over(partition by e.empno
15     order by e.empno)
16     from emp e
17     join four_rows on 1=1
18   )
19
20   select
21     case rn
22     when 1 then ename
```

```
23    when 2 then job
24    when 3 then cast(sal as char(4))
25    end emps
26  from x_tab
```

설명 첫 번째 단계는 윈도우 함수 ROW_NUMBER OVER를 사용하여 DEPTNO 10에 속한 각 사원에 대한 순위를 만드는 것입니다.

```
select e.ename,e.job,e.sal,
       row_number()over(partition by e.empno
                 order by e.empno) rn
from emp e
 where e.deptno=10

ENAME       JOB          SAL         RN
----------  ---------  ----------  ----------
CLARK       MANAGER      2450          1
KING        PRESIDENT    5000          1
MILLER      CLERK        1300          1
```

이 시점에서 순위는 별 의미가 없습니다. EMPNO로 분할하므로 DEPTNO 10의 세 행 모두에 대해 순위가 1입니다. 데카르트 곱을 추가하면 다음 결과에 표시된 것처럼 순위가 형성되기 시작합니다.

```
with four_rows (id)
  as
(select 1
From dual
  union all
  select id+1
  from four_rows
  where id < 4
  )
 select e.ename,e.job,e.sal,
 row_number()over(partition by e.empno
 order by e.empno)
  from emp e
  join four_rows on 1=1
```

```
ENAME        JOB         SAL         RN
----------   ----------  ----------  ----------
CLARK        MANAGER     2450          1
CLARK        MANAGER     2450          2
CLARK        MANAGER     2450          3
CLARK        MANAGER     2450          4
KING         PRESIDENT   5000          1
KING         PRESIDENT   5000          2
KING         PRESIDENT   5000          3
KING         PRESIDENT   5000          4
MILLER       CLERK       1300          1
MILLER       CLERK       1300          2
MILLER       CLERK       1300          3
MILLER       CLERK       1300          4
```

이 시점에서 잠깐 두 가지 핵심 사항을 이해해야 합니다.

- RN은 더 이상 각 사원에 대해 1이 아니며 1에서 4까지 값의 반복 시퀀스입니다. 그 이유는 FROM 및 WHERE 절이 평가된 후에 윈도우 함수가 적용되기 때문입니다. 따라서 EMPNO로 파티셔닝하면, 사원이 바뀔 때 RN이 1로 재설정됩니다.

- 재귀 CTE를 사용하여 사원별로 4개의 행이 있는지 확인합니다. SQL Server 또는 DB2에는 RECURSIVE 키워드가 필요하지 않지만 Oracle, MySQL, PostgreSQL에는 필요합니다.

이제 까다로운 작업을 완료했습니다. 남은 작업은 CASE 표현식을 사용하여 사원당 하나의 열에 ENAME, JOB 및 SAL을 넣는 것입니다(CAST를 사용하여 SAL을 문자열로 변환해야 CASE가 잘 유지됩니다).

```
with four_rows (id)
  as
(select 1
From dual
  union all
  select id+1
  from four_rows
  where id < 4
  )
  ,
x_tab (ename,job,sal,rn )
  as
(select e.ename,e.job,e.sal,
```

```
row_number()over(partition by e.empno
order by e.empno
 from emp e
 join four_rows on 1=1)

  select case rn
 when 1 then ename
 when 2 then job
 when 3 then cast(sal as char(4))
end emps
 from x_tab

EMPS
----------
CLARK
MANAGER
2450

KING
PRESIDENT
5000

MILLER
CLERK
1300
```

12.5 결과셋에서 반복값 숨기기

문제 보고서를 생성할 때, 두 행의 열에 같은 값이 있으면 해당 값을 한 번만 표시하려고 합니다. 예를 들어 EMP 테이블에서 DEPTNO 및 ENAME을 리턴하되, 각 DEPTNO에 대한 모든 행을 그룹화하여 각 DEPTNO를 한 번만 표시하고자 합니다. 그러면 다음과 같은 결과셋을 반환할 것입니다.

```
DEPTNO ENAME
------ ---------
    10 CLARK
       KING
       MILLER
    20 SMITH
       ADAMS
       FORD
       SCOTT
       JONES
    30 ALLEN
       BLAKE
       MARTIN
       JAMES
       TURNER
       WARD
```

해법 이것은 윈도우 함수 LAG OVER로 쉽게 해결할 수 있는 간단한 서식 문제입니다.

```
1   select
2         case when
3             lag(deptno)over(order by deptno) = deptno then null
4             else deptno end DEPTNO
5       , ename
6     from emp
```

Oracle 사용자는 CASE 대신 DECODE를 사용할 수도 있습니다.

```
1 select to_number(
2         decode(lag(deptno)over(order by deptno),
3             deptno,null,deptno)
4       ) deptno, ename
5     from emp
```

설명 첫 번째 단계는 윈도우 함수 LAG OVER를 사용하여 각 행에 대한 이전 DEPTNO를 반환하는 것입니다.

```
select lag(deptno)over(order by deptno) lag_deptno,
       deptno,
       ename
  from emp

LAG_DEPTNO    DEPTNO ENAME
---------- ---------- ----------
                  10 CLARK
        10        10 KING
        10        10 MILLER
        10        20 SMITH
        20        20 ADAMS
        20        20 FORD
        20        20 SCOTT
        20        20 JONES
        20        30 ALLEN
        30        30 BLAKE
        30        30 MARTIN
        30        30 JAMES
        30        30 TURNER
        30        30 WARD
```

이전 결과셋을 살펴보면 DEPTNO가 LAG_ DEPTNO와 일치하는 위치를 쉽게 확인할 수 있습니다. 해당 행의 경우 DEPTNO를 null로 설정하려고 합니다. 이를 위해 DECODE를 사용합니다(TO_NUMBER는 DEPTNO를 숫자로 캐스팅하는 데 포함됩니다).

```
select to_number(
          CASE WHEN (lag(deptno)over(order by deptno)
= deptno THEN null else deptno END deptno,
              deptno,null,deptno)
       ) deptno, ename
  from emp

DEPTNO ENAME
------ ----------
    10 CLARK
       KING
       MILLER
    20 SMITH
       ADAMS
       FORD
```

```
        SCOTT
        JONES
     30 ALLEN
        BLAKE
        MARTIN
        JAMES
        TURNER
        WARD
```

12.6 행 간 계산하는 결과셋 피벗하기

문제 여러 행의 데이터와 관련한 계산을 수행하려고 합니다. 작업을 더 쉽게 하려면 필요한 모든 값이 단일 행에 있도록 해당 행을 열로 피벗할 수 있습니다.

이 책의 예제 데이터에서 DEPTNO 20은 총급여가 가장 높은 부서입니다. 다음 쿼리를 실행하여 확인할 수 있습니다.

```
select deptno, sum(sal) as sal
  from emp
 group by deptno

DEPTNO       SAL
------- ----------
     10      8750
     20     10875
     30      9400
```

DEPTNO 20과 DEPTNO 10 사이의 급여와, DEPTNO 20과 DEPTNO 30 사이의 급여 차이를 계산하려고 합니다. 최종 결과는 다음과 같습니다.

```
d20_10_diff   d20_30_diff
-----------   ----------
2125          1475
```

해법 집계 함수 SUM과 CASE 표현식을 사용하여 합계를 전치합니다. 그런 다음 select 목록에서 표현식을 작성합니다.

```
1 select d20_sal - d10_sal as d20_10_diff,
2        d20_sal - d30_sal as d20_30_diff
3   from (
4 select sum(case when deptno=10 then sal end) as d10_sal,
5        sum(case when deptno=20 then sal end) as d20_sal,
6        sum(case when deptno=30 then sal end) as d30_sal
7   from emp
8        ) totals_by_dept
```

CTE를 사용하여 이 쿼리를 작성할 수도 있습니다. 어떤 사람들은 이 방식이 가독성이 더 좋다고 생각할 것입니다.

```
with totals_by_dept (d10_sal, d20_sal, d30_sal)
as
(select
         sum(case when deptno=10 then sal end) as d10_sal,
         sum(case when deptno=20 then sal end) as d20_sal,
         sum(case when deptno=30 then sal end) as d30_sal
from emp)

select   d20_sal - d10_sal as d20_10_diff,
         d20_sal - d30_sal as d20_30_diff
  from   totals_by_dept
```

설명 첫 번째 단계는 CASE 표현식을 사용하여 각 DEPTNO의 급여를 행에서 열로 피벗하는 것입니다.

```
select case when deptno=10 then sal end as d10_sal,
       case when deptno=20 then sal end as d20_sal,
       case when deptno=30 then sal end as d30_sal
  from emp


D10_SAL    D20_SAL    D30_SAL
-------    ----------  ----------
              800
                          1600
```

```
                      1250
             2975
                      1250
                      2850
     2450
             3000
     5000
                      1500
             1100
                       950
             3000
     1300
```

다음 단계는 집계 함수 SUM을 각 CASE 표현식에 적용하여 각 DEPTNO에 대한 모든 급여를 합산합니다.

```
select sum(case when deptno=10 then sal end) as d10_sal,
       sum(case when deptno=20 then sal end) as d20_sal,
       sum(case when deptno=30 then sal end) as d30_sal
  from emp

D10_SAL    D20_SAL    D30_SAL
-------   ----------  ----------
   8750      10875        9400
```

마지막 단계는 단순히 이전 SQL을 인라인 뷰로 래핑하고 빼기를 수행합니다.

12.7 고정 크기의 데이터 버킷 생성하기

문제 각 버킷에 미리 지정된 수의 요소를 사용하여 데이터를 같은 크기의 버킷으로 구성하려고 합니다. 총 버킷 수를 알 수 없지만, 각 버킷에 5개의 요소가 있는지 확인하려고 합니다. 예를 들어 다음 결과셋처럼 EMPNO 값을 기준으로 EMP 테이블의 직원을 5개 그룹으로 구성하려고 합니다.

```
GRP        EMPNO ENAME
---   ---------- -------
  1         7369 SMITH
  1         7499 ALLEN
  1         7521 WARD
  1         7566 JONES
  1         7654 MARTIN
  2         7698 BLAKE
  2         7782 CLARK
  2         7788 SCOTT
  2         7839 KING
  2         7844 TURNER
  3         7876 ADAMS
  3         7900 JAMES
  3         7902 FORD
  3         7934 MILLER
```

해법 이 문제의 해법은 행 순위 지정 함수를 사용하면 매우 간단합니다. 행의 순위가 지정되면 5개짜리 버킷을 만드는 것은 단순히 나눈 몫의 수학적 상한값을 취하는 문제입니다.

윈도우 함수 ROW_NUMBER OVER를 사용하여 EMPNO별로 각 사원의 순위를 매깁니다. 그런 다음 5로 나누어 그룹을 만듭니다(SQL Server사용자는 CEIL이 아닌 CEILING을 사용합니다).

```
1 select ceil(row_number()over(order by empno)/5.0) grp,
2        empno,
3        ename
4   from emp
```

설명 윈도우 함수 ROW_NUMBER OVER는 EMPNO로 정렬된 각 행에 순위 또는 '행 번호'를 할당합니다.

```
select row_number()over(order by empno) rn,
       empno,
       ename
  from emp


RN     EMPNO ENAME
-- ---------- ----------
 1      7369 SMITH
```

```
2      7499 ALLEN
3      7521 WARD
4      7566 JONES
5      7654 MARTIN
6      7698 BLAKE
7      7782 CLARK
8      7788 SCOTT
9      7839 KING
10      7844 TURNER
11      7876 ADAMS
12      7900 JAMES
13      7902 FORD
14      7934 MILLER
```

다음 단계는 ROW_ NUMBER OVER를 5로 나눈 후 CEIL(또는 CEILING) 함수를 적용하는 것입니다. 5로 나누면 행이 논리적으로 5개의 그룹으로 구성됩니다(즉, 1보다 작거나 같은 5개의 값, 1보다 크지만 2보다 작거나 같은 5개의 값). 나머지 그룹(14개 이후 마지막 4개 행으로 구성되며, EMP 테이블의 행 수가 5의 배수가 아님)의 값은 2보다 크지만 3보다 작거나 같습니다.

CEIL 함수는 전달된 값보다 큰 최소 정수를 반환합니다. 이것은 정수 그룹을 생성합니다. CEIL 의 분할 및 적용 결과가 다음과 같이 표시됩니다. 왼쪽에서 오른쪽 순으로 RN에서 DIVISION, GRP가 나타납니다.

```
select row_number()over(order by empno) rn,
       row_number()over(order by empno)/5.0 division,
       ceil(row_number()over(order by empno)/5.0) grp,
       empno,
       ename
  from emp


RN   DIVISION GRP EMPNO ENAME
--  ---------- --- ----- ----------
 1         .2   1 7369 SMITH
 2         .4   1 7499 ALLEN
 3         .6   1 7521 WARD
 4         .8   1 7566 JONES
 5          1   1 7654 MARTIN
 6        1.2   2 7698 BLAKE
 7        1.4   2 7782 CLARK
 8        1.6   2 7788 SCOTT
```

```
 9      1.8    2   7839 KING
10        2    2   7844 TURNER
11      2.2    3   7876 ADAMS
12      2.4    3   7900 JAMES
13      2.6    3   7902 FORD
14      2.8    3   7934 MILLER
```

12.8 사전 정의된 수의 버킷 생성하기

문제 데이터를 고정된 수의 버킷으로 구성하려고 합니다. 예를 들어 **EMP** 테이블의 사원을 4개의 버킷으로 구성하려고 하며 결과셋은 다음과 유사해야 합니다.

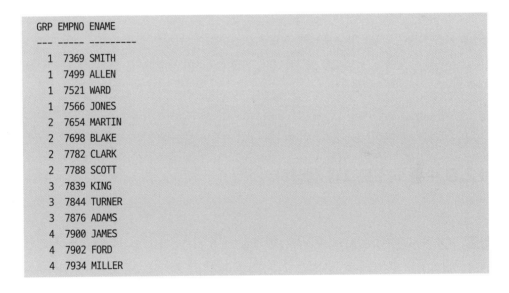

```
GRP EMPNO ENAME
--- ----- ---------
  1  7369 SMITH
  1  7499 ALLEN
  1  7521 WARD
  1  7566 JONES
  2  7654 MARTIN
  2  7698 BLAKE
  2  7782 CLARK
  2  7788 SCOTT
  3  7839 KING
  3  7844 TURNER
  3  7876 ADAMS
  4  7900 JAMES
  4  7902 FORD
  4  7934 MILLER
```

이것은 다양한 분석을 하기 위한 중요한 첫 단계이자 범주형 데이터를 구성하는 일반적인 방법으로, 집합을 더 작은 동일 크기의 집합으로 나눕니다. 예를 들어 급여 또는 기타 값에 대한 그룹의 평균을 구하면, 개별적으로 사례를 볼 때 변동성에 의해 숨겨진 추세를 나타낼 수 있습니다.

이 문제는 버킷 수는 알 수 없지만, 각 버킷에 미리 정해진 수의 요소가 있는 이전 레시피와는 반대입니다. 이 레시피의 목표는 각 버킷에 몇 개의 요소가 있는지 알 수는 없지만, 생성할 고정(알려진) 버킷 수를 정의하는 것입니다.

해법 NTILE 함수를 광범위하게 사용할 수 있다면 이 문제에 대한 해결책은 간단합니다. NTILE은 버킷 수로 정렬하고, 첫 번째 버킷에서 시작하여 사용 가능한 버킷으로 분산된 값들이 있는 집합을 구성합니다. 이 레시피에 대한 결과셋은 다음을 반영합니다. 버킷 1과 2에는 4개의 행이 있고 버킷 3과 4에는 3개의 행이 있습니다.

네 개의 버킷을 생성하기 위해 윈도우 함수 NTILE를 사용합니다.

```
1 select ntile(4)over(order by empno) grp,
2        empno,
3        ename
4   from emp
```

설명 모든 작업은 NTILE 함수에 의해 수행됩니다. ORDER BY 절은 행을 원하는 순서로 배치하고, 함수가 각 행에 그룹 번호를 할당합니다. 예를 들어 (이 경우) 처음 1/4은 그룹 1에, 두 번째 1/4은 그룹 2에 배치됩니다.

12.9 수평 히스토그램 생성하기

문제 SQL을 사용하여 수평으로 확장되는 히스토그램을 생성하려고 합니다. 예를 들어 각 부서의 사원 수를 * 인스턴스로 표시하는 수평 히스토그램으로 표시하고자 합니다. 반환하려는 결과셋은 다음과 같습니다.

```
DEPTNO CNT
------ ----------
    10 ***
    20 *****
    30 ******
```

해법 이 해법의 핵심은 집계 함수 COUNT를 사용하고 GROUP BY DEPTNO를 사용하여 각 DEPTNO의 사원 수를 결정하는 것입니다. COUNT에서 반환된 값은 일련의 * 문자를 생성하는 문자열 함수로 전달됩니다.

DB2

REPEAT 함수를 사용하여 히스토그램을 생성합니다.

```
1 select deptno,
2        repeat('*',count(*)) cnt
3   from emp
4 group by deptno
```

Oracle, PostgreSQL, MySQL

LPAD 함수를 사용하여 필요한 만큼 * 문자로 구성된 문자열을 생성합니다.

```
1 select deptno,
2        lpad('*',count(*),'*') as cnt
3   from emp
4 group by deptno
```

SQL Server

REPLICATE 함수를 사용하여 히스토그램을 생성합니다.

```
1 select deptno,
2        replicate('*',count(*)) cnt
3   from emp
4 group by deptno
```

설명 이 기법은 모든 벤더에서 같습니다. 유일한 차이점은 각 사원에 대해 *를 반환하는 데 사용되는 문자열 함수에 있습니다. 여기서는 Oracle 해법을 사용하지만, 설명은 모든 해법과 연관이 있습니다.

첫 번째 단계는 각 부서의 사원 수를 계산하는 것입니다.

```
select deptno,
       count(*)
  from emp
 group by deptno


DEPTNO   COUNT(*)
------   ----------
    10          3
    20          5
    30          6
```

다음 단계는 COUNT에서 반환된 값을 사용하여 각 부서에 대해 반환할 * 문자 수를 제어하는 것입니다. 문자열 함수 LPAD에 COUNT(*)를 인수로 전달하면 원하는 수의 *가 반환됩니다.

```
select deptno,
       lpad('*',count(*),'*') as cnt
  from emp
 group by deptno

DEPTNO CNT
------ ----------
    10 ***
    20 *****
    30 ******
```

PostgreSQL 사용자의 경우 여기에 표시된 대로 COUNT(*)가 정수를 반환하도록 CAST를 사용해야 합니다.

```
select deptno,
       lpad('*',count(*)::integer,'*') as cnt
  from emp
 group by deptno

DEPTNO CNT
------ ----------
    10 ***
    20 *****
    30 ******
```

PostgreSQL에서는 LPAD에 대한 숫자 인수가 정수여야 하므로 CAST가 필요합니다.

12.10 수직 히스토그램 생성하기

문제 아래에서 위로 증가하는 히스토그램을 생성하려고 합니다. 예를 들어 각 부서의 사원 수를 *로 나타내는 수직 히스토그램vertical histogram으로 표시하려고 합니다. 반환하려는 결과셋은 다음과 같습니다.

```
D10 D20 D30
--- --- ---
         *
     *   *
     *   *
 *   *   *
 *   *   *
 *   *   *
```

해법 이 문제를 해결하는 데 사용하는 기술은 12장의 앞부분에서 소개한 기술에 기반을 둡니다. ROW_NUMBER OVER 함수를 사용하여 각 DEPTNO에 대해 *의 각 인스턴스를 고유하게 식별합니다. 집계 함수 MAX를 사용하여 결과셋을 피벗하고, ROW_NUMBER OVER에서 반환된 값을 기준으로 그룹화합니다(SQL Server 사용자는 ORDER BY 절에서 DESC를 사용하면 안 됩니다).

```
 1 select max(deptno_10) d10,
 2        max(deptno_20) d20,
 3        max(deptno_30) d30
 4   from (
 5 select row_number()over(partition by deptno order by empno) rn,
 6        case when deptno=10 then '*' else null end deptno_10,
 7        case when deptno=20 then '*' else null end deptno_20,
 8        case when deptno=30 then '*' else null end deptno_30
 9   from emp
10        ) x
11  group by rn
12  order by 1 desc, 2 desc, 3 desc
```

설명 첫 번째 단계는 윈도우 함수 ROW_NUMBER를 사용하여 각 부서에서 *의 각 인스턴스를 식별하는 것입니다. CASE 표현식을 사용하여 각 부서의 사원에 대해 *를 반환합니다.

```
select row_number()over(partition by deptno order by empno) rn,
       case when deptno=10 then '*' else null end deptno_10,
       case when deptno=20 then '*' else null end deptno_20,
       case when deptno=30 then '*' else null end deptno_30
  from emp

RN DEPTNO_10  DEPTNO_20  DEPTNO_30
-- ---------- ---------- ---------
 1 *
 2 *
 3 *
 1            *
 2            *
 3            *
 4            *
 5            *
 1                       *
 2                       *
 3                       *
 4                       *
 5                       *
 6                       *
```

다음 단계는 각 CASE 표현식에서 집계 함수 MAX를 사용하여 RN별로 그룹화하여 결과셋에서 null을 제거하는 것입니다. RDBMS가 null을 정렬하는 방법에 따라 ASC 또는 DESC로 정렬합니다.

```
select max(deptno_10) d10,
       max(deptno_20) d20,
       max(deptno_30) d30
  from (
select row_number()over(partition by deptno order by empno) rn,
       case when deptno=10 then '*' else null end deptno_10,
       case when deptno=20 then '*' else null end deptno_20,
       case when deptno=30 then '*' else null end deptno_30
  from emp
       ) x
 group by rn
 order by 1 desc, 2 desc, 3 desc
```

```
D10 D20 D30
--- --- ---
        *
    *   *
    *   *
*   *   *
*   *   *
*   *   *
```

12.11 비 GROUP BY 열 반환하기

문제 GROUP BY 쿼리를 실행 중이고, GROUP BY 절에 나열되지 않은 select 목록의 열을 반환하려고 합니다. 그룹화되지 않은 열은 행별로 단일한 값을 나타내지 않으므로 이러한 작업은 보통 불가능합니다.

각 부서에서 가장 높은 급여와 가장 낮은 급여를 받는 사원 및 각 직급에서 가장 높은 급여와 가장 낮은 급여를 받는 사원을 찾으려고 합니다. 각 사원명, 근무하는 부서, 직책 및 급여를 확인하고자 하며, 다음과 같은 결과셋을 반환하려 합니다.

DEPTNO	ENAME	JOB	SAL	DEPT_STATUS	JOB_STATUS
10	MILLER	CLERK	1300	LOW SAL IN DEPT	TOP SAL IN JOB
10	CLARK	MANAGER	2450		LOW SAL IN JOB
10	KING	PRESIDENT	5000	TOP SAL IN DEPT	TOP SAL IN JOB
20	SCOTT	ANALYST	3000	TOP SAL IN DEPT	TOP SAL IN JOB
20	FORD	ANALYST	3000	TOP SAL IN DEPT	TOP SAL IN JOB
20	SMITH	CLERK	800	LOW SAL IN DEPT	LOW SAL IN JOB
20	JONES	MANAGER	2975		TOP SAL IN JOB
30	JAMES	CLERK	950	LOW SAL IN DEPT	
30	MARTIN	SALESMAN	1250		LOW SAL IN JOB
30	WARD	SALESMAN	1250		LOW SAL IN JOB
30	ALLEN	SALESMAN	1600		TOP SAL IN JOB
30	BLAKE	MANAGER	2850	TOP SAL IN DEPT	

불행히도 SELECT 절에 이러한 모든 열을 포함하면 그룹화가 손상됩니다. 다음 예를 봅시다. 사원 킹(KING)이 가장 높은 급여를 받습니다. 다음 쿼리로 이를 확인하려 합니다.

```
select ename,max(sal)
  from empgroup by ename
```

이전 쿼리는 킹과 그의 급여를 보는 대신 EMP 테이블에서 14개 행을 모두 반환합니다. 그 이유는 그룹화 때문입니다. MAX(SAL)가 각 ENAME에 적용됩니다. 따라서 이전 쿼리는 '가장 높은 급여를 받는 사원 찾기'로 보이지만, 실제로는 'EMP 테이블에서 각 ENAME에 대해 가장 높은 급여 찾기'라고 말할 수 있습니다. 이 레시피는 해당 열을 GROUP BY 할 필요 없이 ENAME을 포함하는 기법을 설명합니다.

해법 인라인 뷰를 사용하여 DEPTNO 및 JOB별 최고 급여와 최저 급여를 찾습니다. 그런 다음 그 급여를 받는 사원만 남겨둡니다.

윈도우 함수 MAX OVER 및 MIN OVER를 사용하여 DEPTNO 및 JOB별로 최고 및 최저 급여를 찾습니다. 그런 다음 급여가 DEPTNO 또는 JOB별로 가장 높거나 가장 낮은 행을 남깁니다.

```
 1 select deptno,ename,job,sal,
 2        case when sal = max_by_dept
 3             then 'TOP SAL IN DEPT'
 4             when sal = min_by_dept
 5             then 'LOW SAL IN DEPT'
 6        end dept_status,
 7        case when sal = max_by_job
 8             then 'TOP SAL IN JOB'
 9             when sal = min_by_job
10             then 'LOW SAL IN JOB'
11        end job_status
12   from (
13 select deptno,ename,job,sal,
14        max(sal)over(partition by deptno) max_by_dept,
15        max(sal)over(partition by job)    max_by_job,
16        min(sal)over(partition by deptno) min_by_dept,
17        min(sal)over(partition by job)    min_by_job
18   from emp
19        ) emp_sals
20  where sal in (max_by_dept,max_by_job,
21                min_by_dept,min_by_job)
```

첫 번째 단계는 윈도우 함수 MAX OVER 및 MIN OVER를 사용하여 DEPTNO 및 JOB별로 최고 및 최저 급여를 찾는 것입니다.

```
select deptno,ename,job,sal,
       max(sal)over(partition by deptno) maxDEPT,
       max(sal)over(partition by job) maxJOB,
       min(sal)over(partition by deptno) minDEPT,
       min(sal)over(partition by job) minJOB
  from emp

DEPTNO ENAME  JOB         SAL MAXDEPT MAXJOB MINDEPT MINJOB
------ ------ --------- ----- ------- ------ ------- ------
    10 MILLER CLERK      1300    5000   1300    1300    800
    10 CLARK  MANAGER    2450    5000   2975    1300   2450
    10 KING   PRESIDENT  5000    5000   5000    1300   5000
    20 SCOTT  ANALYST    3000    3000   3000     800   3000
    20 FORD   ANALYST    3000    3000   3000     800   3000
    20 SMITH  CLERK       800    3000   1300     800    800
    20 JONES  MANAGER    2975    3000   2975     800   2450
    20 ADAMS  CLERK      1100    3000   1300     800    800
    30 JAMES  CLERK       950    2850   1300     950    800
    30 MARTIN SALESMAN   1250    2850   1600     950   1250
    30 TURNER SALESMAN   1500    2850   1600     950   1250
    30 WARD   SALESMAN   1250    2850   1600     950   1250
    30 ALLEN  SALESMAN   1600    2850   1600     950   1250
    30 BLAKE  MANAGER    2850    2850   2975     950   2450
```

이 시점에서 모든 급여는 DEPTNO 및 JOB별로 최고 및 최저 급여와 비교할 수 있습니다. (SELECT 절에 여러 열을 포함하는) 그룹화는 MIN OVER 및 MAX OVER에서 반환되는 값에 영향을 주지 않습니다. 이것이 윈도우 함수의 장점입니다. 집계는 정의된 '그룹' 또는 파티션에 대해 계산되고 각 그룹에 대해 여러 행을 반환합니다. 마지막 단계는 단순히 윈도우 함수를 인라인 뷰로 래핑하고 윈도우 함수에서 반환한 값과 일치하는 행만 유지하는 것입니다. 간단한 CASE 표현식을 사용하여 최종 결과셋에서 각 사원의 상태(JOB_STATUS)를 표시합니다.

```
select deptno,ename,job,sal,
       case when sal = max_by_dept
            then 'TOP SAL IN DEPT'
            when sal = min_by_dept
            then 'LOW SAL IN DEPT'
```

```
        end dept_status,
        case when sal = max_by_job
             then 'TOP SAL IN JOB'
             when sal = min_by_job
             then 'LOW SAL IN JOB'
        end job_status
  from (
select deptno,ename,job,sal,
       max(sal)over(partition by deptno) max_by_dept,
       max(sal)over(partition by job) max_by_job,
       min(sal)over(partition by deptno) min_by_dept,
       min(sal)over(partition by job) min_by_job
  from emp
       ) x
 where sal in (max_by_dept,max_by_job,
               min_by_dept,min_by_job)


DEPTNO ENAME  JOB         SAL DEPT_STATUS     JOB_STATUS
------ ------ --------- ----- --------------- ---------------
    10 MILLER CLERK      1300 LOW SAL IN DEPT TOP SAL IN JOB
    10 CLARK  MANAGER    2450                 LOW SAL IN JOB
    10 KING   PRESIDENT  5000 TOP SAL IN DEPT TOP SAL IN JOB
    20 SCOTT  ANALYST    3000 TOP SAL IN DEPT TOP SAL IN JOB
    20 FORD   ANALYST    3000 TOP SAL IN DEPT TOP SAL IN JOB
    20 SMITH  CLERK       800 LOW SAL IN DEPT LOW SAL IN JOB
    20 JONES  MANAGER    2975                 TOP SAL IN JOB
    30 JAMES  CLERK       950 LOW SAL IN DEPT
    30 MARTIN SALESMAN   1250                 LOW SAL IN JOB
    30 WARD   SALESMAN   1250                 LOW SAL IN JOB
    30 ALLEN  SALESMAN   1600                 TOP SAL IN JOB
    30 BLAKE  MANAGER    2850 TOP SAL IN DEPT
```

12.12 단순 소계 계산하기

문제 이 레시피의 목적에 따라, 단순 소계는 테이블의 총계 값과 함께 한 열의 집곗값을 포함하는 결과셋으로 정의됩니다. 예를 들어 EMP 테이블의 급여를 JOB별로 합산하고, EMP 테이블의 모든 급여 합계도 포함하는 결과셋이 있습니다. JOB별 합산 급여가 소계이고, EMP 테이블에 있는 모든 급여의 합은 총계입니다. 이러한 결과셋은 다음과 같이 나와야 합니다.

```
JOB          SAL
---------  ----------
ANALYST        6000
CLERK          4150
MANAGER        8275
PRESIDENT      5000
SALESMAN       5600
TOTAL         29025
```

해법 GROUP BY 절에 대한 ROLLUP 확장으로 이 문제를 완벽하게 해결합니다. RDBMS에서 ROLLUP을 사용할 수 없을 때는 스칼라 서브쿼리 또는 UNION 쿼리를 사용하여 문제를 조금 더 어렵게 해결할 수 있습니다.

DB2와 Oracle

집계함수 SUM을 사용하여 급여를 합산하고, GROUP BY의 ROLLUP 확장을 사용하여 결과를 (JOB 별) 소계 및 (전체 테이블에 대한) 총계로 구성합니다.

```
1 select case grouping(job)
2             when 0 then job
3             else 'TOTAL'
4        end job,
5        sum(sal) sal
6   from emp
7  group by rollup(job)
```

SQL Server와 MySQL

집계함수 SUM을 사용하여 급여를 합산하고 WITH ROLLUP을 사용하여 결과를 (JOB별) 소계 및 (전체 테이블에 대한) 총계로 구성합니다. 그런 다음 COALESCE를 사용하여 총계 행에 TOTAL 레이블을 지정합니다(그렇지 않으면 JOB 열에 null로 처리합니다).

```
1 select coalesce(job,'TOTAL') job,
2        sum(sal) sal
3   from emp
4  group by job with rollup
```

SQL Server에서는 COALESCE 대신 Oracle/DB2에 표시된 GROUPING 함수를 사용하여 집계 수준을 결정할 수도 있습니다.

PostgreSQL

SQL Server 및 MySQL 해법과 마찬가지로, 구문은 약간 다르지만 GROUP BY 절에 대한 ROLLUP 확장을 사용합니다.

```
select coalesce(job,'TOTAL') job,
       sum(sal) sal
  from emp
 group by rollup(job)
```

설명 이 설명은 DB2, Oracle, SQL Server, MySQL, PostgreSQL로 구분됩니다.

DB2와 Oracle

첫 번째 단계는 JOB별 급여를 합산하기 위해 JOB별로 그룹화하여 집계함수 SUM을 사용하는 것입니다.

```
select job, sum(sal) sal
  from emp
 group by job

JOB        SAL
--------- -----
ANALYST    6000
CLERK      4150
MANAGER    8275
PRESIDENT  5000
SALESMAN   5600
```

다음 단계는 GROUP BY 절에 대한 ROLLUP 확장을 사용하여, 각 JOB의 소계와 모든 급여에 대한 총계를 생성하는 것입니다.

```
select job, sum(sal) sal
  from emp
 group by rollup(job)


JOB         SAL

--------- -------
ANALYST     6000
CLERK       4150
MANAGER     8275
PRESIDENT   5000
SALESMAN    5600
           29025
```

마지막 단계는 JOB 열에서 GROUPING 함수를 사용하여 총계에 대한 레이블을 표시하는 것입니다. JOB 값이 null이면 GROUPING 함수는 1을 반환합니다. 이는 SAL 값이 ROLLUP에 의해 생성된 총계임을 의미합니다. JOB 값이 null이 아니면 GROUPING 함수는 0을 반환합니다. 이는 SAL 값이 ROLLUP이 아니라 GROUP BY의 결과임을 나타냅니다. 직급명 또는 TOTAL 중 하나를 반환하는 CASE 표현식의 GROUPING(JOB) 호출을 전달합니다.

```
select case grouping(job)
          when 0 then job
          else 'TOTAL'
       end job,
       sum(sal) sal
  from emp
 group by rollup(job)


JOB         SAL

--------- ----------
ANALYST     6000
CLERK       4150
MANAGER     8275
PRESIDENT   5000
SALESMAN    5600
TOTAL      29025
```

SQL Server와 MySQL

첫 번째 단계는 집계함수 SUM을 사용하여 결과를 JOB별로 그룹화하여 JOB별 급여 합계를 생성하는 것입니다.

```
select job, sum(sal) sal
  from emp
 group by job


JOB         SAL
---------   -----
ANALYST     6000
CLERK       4150
MANAGER     8275
PRESIDENT   5000
SALESMAN    5600
```

다음 단계는 GROUP BY의 ROLLUP 확장을 사용하여, 각 JOB의 소계와 함께 모든 급여에 대한 총계를 생성하는 것입니다.

```
select job, sum(sal) sal
  from emp
 group by job with rollup

JOB         SAL
---------   -------
ANALYST     6000
CLERK       4150
MANAGER     8275
PRESIDENT   5000
SALESMAN    5600
            29025
```

마지막 단계는 JOB 열에 대해 COEALESCE 함수를 사용하는 것입니다. JOB 값이 null인 경우 SAL 값은 ROLLUP에 의해 생성된 총계입니다. JOB 값이 null이 아닌 경우 SAL 값은 ROLLUP이 아닌 '일반' GROUP BY의 결과입니다.

```
select coalesce(job,'TOTAL') job,
       sum(sal) sal
  from emp
 group by job with rollup


JOB            SAL
---------  ----------
ANALYST       6000
CLERK         4150
MANAGER       8275
PRESIDENT     5000
SALESMAN      5600
TOTAL        29025
```

PostgreSQL

해법의 작동 방식은 이전의 MySQL 및 SQL Server해법과 같습니다. ROLLUP 절의 구문이 유일한 차이점입니다. GROUP BY 뒤에 ROLLUP(JOB)이라고 작성합니다.

12.13 가능한 모든 식 조합의 소계 계산하기

문제 모든 JOB/DEPTNO 조합에 대해 DEPTNO 및 JOB별로 모든 급여 합계를 찾으려고 합니다. 또한 EMP 테이블의 모든 급여에 대한 총계를 원합니다. 이때 다음과 같은 결과셋을 반환하려고 합니다.

```
DEPTNO JOB        CATEGORY                   SAL
------ ---------  ---------------------  -------
    10 CLERK      TOTAL BY DEPT AND JOB     1300
    10 MANAGER    TOTAL BY DEPT AND JOB     2450
    10 PRESIDENT  TOTAL BY DEPT AND JOB     5000
    20 CLERK      TOTAL BY DEPT AND JOB     1900
    30 CLERK      TOTAL BY DEPT AND JOB      950
    30 SALESMAN   TOTAL BY DEPT AND JOB     5600
    30 MANAGER    TOTAL BY DEPT AND JOB     2850
    20 MANAGER    TOTAL BY DEPT AND JOB     2975
```

```
20 ANALYST    TOTAL BY DEPT AND JOB    6000
   CLERK      TOTAL BY JOB             4150
   ANALYST    TOTAL BY JOB             6000
   MANAGER    TOTAL BY JOB             8275
   PRESIDENT  TOTAL BY JOB             5000
   SALESMAN   TOTAL BY JOB             5600
10            TOTAL BY DEPT            8750
30            TOTAL BY DEPT            9400
20            TOTAL BY DEPT           10875
              GRAND TOTAL FOR TABLE   29025
```

해법 최근 몇 년 동안 GROUP BY에 추가된 확장 기능은 이 문제를 해결하기 매우 쉽게 만듭니다. 다양한 수준의 소계를 계산할 확장 기능을 플랫폼이 제공하지 않는 경우, (셀프 조인 또는 스칼라 서브쿼리를 통해) 수동으로 계산해야 합니다.

DB2

DB2의 경우 CAST를 사용하여 GROUPING에서 CHAR(1) 데이터 유형으로 반환해야 합니다.

```
 1 select deptno,
 2        job,
 3        case cast(grouping(deptno) as char(1))||
 4             cast(grouping(job) as char(1))
 5             when '00' then 'TOTAL BY DEPT AND JOB'
 6             when '10' then 'TOTAL BY JOB'
 7             when '01' then 'TOTAL BY DEPT'
 8             when '11' then 'TOTAL FOR TABLE'
 9        end category,
10        sum(sal)
11   from emp
12  group by cube(deptno,job)
13  order by grouping(job),grouping(deptno)
```

Oracle

연결 연산자 ||와 함께 GROUP BY 절에 CUBE 확장을 사용합니다.

```
 1 select deptno,
 2        job,
```

```
 3        case grouping(deptno)||grouping(job)
 4              when '00' then 'TOTAL BY DEPT AND JOB'
 5              when '10' then 'TOTAL BY JOB'
 6              when '01' then 'TOTAL BY DEPT'
 7              when '11' then 'GRAND TOTALFOR TABLE'
 8        end category,
 9        sum(sal) sal
10   from emp
11  group by cube(deptno,job)
12  order by grouping(job),grouping(deptno)
```

SQL Server

GROUP BY 절에 CUBE 확장을 사용합니다. SQL Server의 경우 GROUPING의 결과를 CHAR(1)로 CAST해야 하며, (Oracle의 ||연산자와 다르게) 연결할 때 + 연산자를 사용해야 합니다.

```
 1 select deptno,
 2        job,
 3        case cast(grouping(deptno)as char(1))+
 4             cast(grouping(job)as char(1))
 5             when '00' then 'TOTAL BY DEPT AND JOB'
 6             when '10' then 'TOTAL BY JOB'
 7             when '01' then 'TOTAL BY DEPT'
 8             when '11' then 'GRAND TOTAL FOR TABLE'
 9        end category,
10        sum(sal) sal
11   from emp
12  group by deptno,job with cube
13  order by grouping(job),grouping(deptno)
```

PostgreSQL

PostgreSQL은 이전과 유사하지만 CUBE 연산자 및 연결에 대한 구문이 약간 다릅니다.

```
select deptno,job
,case concat(
cast (grouping(deptno) as char(1)),cast (grouping(job) as char(1))
  )
  when '00' then 'TOTAL BY DEPT AND JOB'
            when '10' then 'TOTAL BY JOB'
```

```
        when '01' then 'TOTAL BY DEPT'
        when '11' then 'GRAND TOTAL FOR TABLE'
    end category
, sum(sal) as sal
  from emp
 group by cube(deptno,job)
```

MySQL

MySQL에는 CUBE 함수가 없으므로 일부 기능은 사용할 수 있지만 완전하지는 않습니다. 따라서 여러 UNION ALL을 사용하여 각각에 대한 합계를 생성합니다.

```
 1 select deptno, job,
 2        'TOTAL BY DEPT AND JOB' as category,
 3        sum(sal) as sal
 4   from emp
 5  group by deptno, job
 6  union all
 7 select null, job, 'TOTAL BY JOB', sum(sal)
 8   from emp
 9  group by job
10  union all
11 select deptno, null, 'TOTAL BY DEPT', sum(sal)
12   from emp
13  group by deptno
14  union all
15 select null,null,'GRAND TOTAL FOR TABLE', sum(sal)
16   from emp
```

설명 이 설명은 Oracle, DB2, SQL Server, MySQL로 구분됩니다.

Oracle, DB2, SQL Server

세 가지 RDBMS 모두 해법은 본질적으로 같습니다. 첫 번째 단계는 집계 함수 SUM을 사용하고, DEPTNO 및 JOB별로 그룹화하여 각 JOB 및 DEPTNO 조합에 대한 총급여를 찾는 것입니다.

```
select deptno, job, sum(sal) sal
  from emp
 group by deptno, job
```

```
DEPTNO JOB            SAL
------ --------- -------
    10 CLERK        1300
    10 MANAGER      2450
    10 PRESIDENT    5000
    20 CLERK        1900
    20 ANALYST      6000
    20 MANAGER      2975
    30 CLERK         950
    30 MANAGER      2850
    30 SALESMAN     5600
```

다음 단계는 전체 테이블에 대한 총합계와 함께 JOB 및 DEPTNO 별로 소계를 작성하는 것입니다. GROUP BY 절에 대한 CUBE 확장을 사용하여 DEPTNO, JOB 및 전체 테이블의 SAL에 대한 집계를 수행합니다.

```
select deptno,
       job,
       sum(sal) sal
  from emp
 group by cube(deptno,job)

DEPTNO JOB            SAL
------ --------- -------
                  29025
       CLERK        4150
       ANALYST      6000
       MANAGER      8275
       SALESMAN     5600
       PRESIDENT    5000
    10               8750
    10 CLERK        1300
    10 MANAGER      2450
    10 PRESIDENT    5000
    20              10875
    20 CLERK        1900
    20 ANALYST      6000
    20 MANAGER      2975
    30               9400
    30 CLERK         950
    30 MANAGER      2850
    30 SALESMAN     5600
```

다음으로, CASE와 함께 GROUPING 함수를 사용하여 결과를 더 유의미한 출력 형식으로 지정합니다. GROUPING (JOB)의 값은 SAL 값이 GROUP BY 또는 CUBE 여부에 따라 1 또는 0입니다. 결과가 CUBE로 인한 경우 값은 1이 되고 그렇지 않으면 0이 됩니다. GROUPING(DEPTNO)도 마찬가지입니다. 해법의 첫 번째 단계를 살펴보면 그룹화가 DEPTNO 및 JOB에 의해 수행되는 것을 볼 수 있습니다. 따라서 행이 DEPTNO와 JOB의 조합을 나타낼 때 GROUPING에 대한 호출에서 예상되는 값은 0입니다. 다음 쿼리에서 이를 확인할 수 있습니다.

```
select deptno,
       job,
       grouping(deptno) is_deptno_subtotal,
       grouping(job) is_job_subtotal,
       sum(sal) sal
  from emp
 group by cube(deptno,job)
 order by 3,4
```

DEPTNO	JOB	IS_DEPTNO_SUBTOTAL	IS_JOB_SUBTOTAL	SAL
10	CLERK	0	0	1300
10	MANAGER	0	0	2450
10	PRESIDENT	0	0	5000
20	CLERK	0	0	1900
30	CLERK	0	0	950
30	SALESMAN	0	0	5600
30	MANAGER	0	0	2850
20	MANAGER	0	0	2975
20	ANALYST	0	0	6000
10		0	1	8750
20		0	1	10875
30		0	1	9400
	CLERK	1	0	4150
	ANALYST	1	0	6000
	MANAGER	1	0	8275
	PRESIDENT	1	0	5000
	SALESMAN	1	0	5600
		1	1	29025

마지막 단계는 CASE 표현식을 사용하여, 연결된 GROUPING(JOB) 및 GROUPING(DEPTNO)에서 반환된 값을 기준으로 각 행이 속하는 범주를 결정하는 것입니다.

```
select deptno,
       job,
       case grouping(deptno)||grouping(job)
            when '00' then 'TOTAL BY DEPT AND JOB'
            when '10' then 'TOTAL BY JOB'
            when '01' then 'TOTAL BY DEPT'
            when '11' then 'GRAND TOTAL FOR TABLE'
       end category,
       sum(sal) sal
  from emp
 group by cube(deptno,job)
 order by grouping(job),grouping(deptno)


DEPTNO JOB        CATEGORY                 SAL
------ ---------  --------------------- -------
    10 CLERK      TOTAL BY DEPT AND JOB    1300
    10 MANAGER    TOTAL BY DEPT AND JOB    2450
    10 PRESIDENT  TOTAL BY DEPT AND JOB    5000
    20 CLERK      TOTAL BY DEPT AND JOB    1900
    30 CLERK      TOTAL BY DEPT AND JOB     950
    30 SALESMAN   TOTAL BY DEPT AND JOB    5600
    30 MANAGER    TOTAL BY DEPT AND JOB    2850
    20 MANAGER    TOTAL BY DEPT AND JOB    2975
    20 ANALYST    TOTAL BY DEPT AND JOB    6000
       CLERK      TOTAL BY JOB             4150
       ANALYST    TOTAL BY JOB             6000
       MANAGER    TOTAL BY JOB             8275
       PRESIDENT  TOTAL BY JOB             5000
       SALESMAN   TOTAL BY JOB             5600
    10            TOTAL BY DEPT            8750
    30            TOTAL BY DEPT            9400
    20            TOTAL BY DEPT           10875
                  GRAND TOTAL FOR TABLE   29025
```

이 Oracle 해법은 두 값을 연결하기 위해 GROUPING 함수의 결과를 문자 유형으로 암시적으로 변환합니다. DB2 및 SQL Server 사용자는 해법에 표시된 대로 GROUPING 함수의 결과를 CHAR(1)로 명시적으로 CAST해야 합니다. 또한 SQL Server 사용자는 ||가 아닌 + 연산자를 사용하여 두 GROUPING의 결과를 하나의 문자열로 연결합니다.

Oracle 및 DB2 사용자의 경우 GROUPING SETS라는 GROUP BY에 대한 추가 확장 기능이 있습니다. 이 기능은 매우 유용합니다. 예를 들어 여기에 표시된 대로 GROUPING SETS를 사용하여

CUBE에서 생성한 출력을 흉내 낼 수 있습니다(DB2 및 SQL Server 사용자는 CAST를 사용하여 GROUPING 함수에서 반환한 값이 CUBE에서와 같은 방식처럼 올바른 형식인지 확인해야 합니다).

```
select deptno,
       job,
       case grouping(deptno)||grouping(job)
            when '00' then 'TOTAL BY DEPT AND JOB'
            when '10' then 'TOTAL BY JOB'
            when '01' then 'TOTAL BY DEPT'
            when '11' then 'GRAND TOTAL FOR TABLE'
       end category,
       sum(sal) sal
  from emp
 group by grouping sets ((deptno),(job),(deptno,job),())

DEPTNO JOB       CATEGORY                   SAL
------ --------- --------------------- -------
    10 CLERK     TOTAL BY DEPT AND JOB    1300
    20 CLERK     TOTAL BY DEPT AND JOB    1900
    30 CLERK     TOTAL BY DEPT AND JOB     950
    20 ANALYST   TOTAL BY DEPT AND JOB    6000
    10 MANAGER   TOTAL BY DEPT AND JOB    2450
    20 MANAGER   TOTAL BY DEPT AND JOB    2975
    30 MANAGER   TOTAL BY DEPT AND JOB    2850
    30 SALESMAN  TOTAL BY DEPT AND JOB    5600
    10 PRESIDENT TOTAL BY DEPT AND JOB    5000
       CLERK     TOTAL BY JOB             4150
       ANALYST   TOTAL BY JOB             6000
       MANAGER   TOTAL BY JOB             8275
       SALESMAN  TOTAL BY JOB             5600
       PRESIDENT TOTAL BY JOB             5000
    10           TOTAL BY DEPT            8750
    20           TOTAL BY DEPT           10875
    30           TOTAL BY DEPT            9400
                 GRAND TOTAL FOR TABLE   29025
```

GROUPING SETS의 장점은 그룹을 정의할 수 있다는 것입니다. 이전 쿼리의 GROUPING SETS 절은 DEPTNO, JOB 및 DEPTNO와 JOB의 조합에 의해 그룹이 생성되도록 하고, 마지막으로 빈 괄호는 총계를 요청합니다. GROUPING SETS는 다양한 수준의 집계로 보고서를 작성할 수 있는 탁월한 유연성을 제공합니다. 예를 들어 이전 예를 수정하여 'GRAND TOTAL'을 제외하려면 GROUPING SETS 절을 수정하여 빈 괄호를 빼기만 하면 됩니다.

```
/* grand total 제외 */
select deptno,
       job,
       case grouping(deptno)||grouping(job)
            when '00' then 'TOTAL BY DEPT AND JOB'
            when '10' then 'TOTAL BY JOB'
            when '01' then 'TOTAL BY DEPT'
            when '11' then 'GRAND TOTAL FOR TABLE'
       end category,
       sum(sal) sal
  from emp
 group by grouping sets ((deptno),(job),(deptno,job))

DEPTNO JOB        CATEGORY                        SAL
------ ---------  --------------------  ----------
    10 CLERK      TOTAL BY DEPT AND JOB          1300
    20 CLERK      TOTAL BY DEPT AND JOB          1900
    30 CLERK      TOTAL BY DEPT AND JOB           950
    20 ANALYST    TOTAL BY DEPT AND JOB          6000
    10 MANAGER    TOTAL BY DEPT AND JOB          2450
    20 MANAGER    TOTAL BY DEPT AND JOB          2975
    30 MANAGER    TOTAL BY DEPT AND JOB          2850
    30 SALESMAN   TOTAL BY DEPT AND JOB          5600
    10 PRESIDENT  TOTAL BY DEPT AND JOB          5000
       CLERK      TOTAL BY JOB                   4150
       ANALYST    TOTAL BY JOB                   6000
       MANAGER    TOTAL BY JOB                   8275
       SALESMAN   TOTAL BY JOB                   5600
       PRESIDENT  TOTAL BY JOB                   5000
    10            TOTAL BY DEPT                  8750
    20            TOTAL BY DEPT                 10875
    30            TOTAL BY DEPT                  9400
```

GROUPING SETS 절에서 DEPTNO를 생략하는 방법으로 DEPTNO의 소계를 제거할 수도 있습니다.

```
/* DEPTNO별 소계 제거 */
select deptno,
       job,
```

```
        case grouping(deptno)||grouping(job)
            when '00' then 'TOTAL BY DEPT AND JOB'
            when '10' then 'TOTAL BY JOB'
            when '01' then 'TOTAL BY DEPT'
            when '11' then 'GRAND TOTAL FOR TABLE'
        end category,
        sum(sal) sal
  from emp
 group by grouping sets ((job),(deptno,job),())
 order by 3
```

```
DEPTNO JOB        CATEGORY                        SAL
------ ---------  --------------------- ----------
                  GRAND TOTAL FOR TABLE         29025
    10 CLERK      TOTAL BY DEPT AND JOB          1300
    20 CLERK      TOTAL BY DEPT AND JOB          1900
    30 CLERK      TOTAL BY DEPT AND JOB           950
    20 ANALYST    TOTAL BY DEPT AND JOB          6000
    20 MANAGER    TOTAL BY DEPT AND JOB          2975
    30 MANAGER    TOTAL BY DEPT AND JOB          2850
    30 SALESMAN   TOTAL BY DEPT AND JOB          5600
    10 PRESIDENT  TOTAL BY DEPT AND JOB          5000
    10 MANAGER    TOTAL BY DEPT AND JOB          2450
       CLERK      TOTAL BY JOB                   4150
       SALESMAN   TOTAL BY JOB                   5600
       PRESIDENT  TOTAL BY JOB                   5000
       MANAGER    TOTAL BY JOB                   8275
       ANALYST    TOTAL BY JOB                   6000
```

보다시피 GROUPING SETS를 사용하면 총계 및 소계를 사용하여 다양한 각도에서 데이터를 쉽게 볼 수 있습니다.

MySQL

첫 번째 단계는 집계 함수 SUM을 사용하고, DEPTNO 및 JOB별로 그룹화하는 것입니다.

```
select deptno, job,
       'TOTAL BY DEPT AND JOB' as category,
       sum(sal) as sal
  from emp
 group by deptno, job
```

```
DEPTNO JOB       CATEGORY                 SAL
------ --------- -------------------- -------
    10 CLERK     TOTAL BY DEPT AND JOB    1300
    10 MANAGER   TOTAL BY DEPT AND JOB    2450
    10 PRESIDENT TOTAL BY DEPT AND JOB    5000
    20 CLERK     TOTAL BY DEPT AND JOB    1900
    20 ANALYST   TOTAL BY DEPT AND JOB    6000
    20 MANAGER   TOTAL BY DEPT AND JOB    2975
    30 CLERK     TOTAL BY DEPT AND JOB     950
    30 MANAGER   TOTAL BY DEPT AND JOB    2850
    30 SALESMAN  TOTAL BY DEPT AND JOB    5600
```

다음 단계는 UNION ALL을 사용하여 TOTAL BY JOB 합계를 추가합니다.

```
select deptno, job,
       'TOTAL BY DEPT AND JOB' as category,
       sum(sal) as sal
  from emp
 group by deptno, job
 union all
select null, job, 'TOTAL BY JOB', sum(sal)
  from emp
 group by job

DEPTNO JOB       CATEGORY                 SAL
------ --------- -------------------- -------
    10 CLERK     TOTAL BY DEPT AND JOB    1300
    10 MANAGER   TOTAL BY DEPT AND JOB    2450
    10 PRESIDENT TOTAL BY DEPT AND JOB    5000
    20 CLERK     TOTAL BY DEPT AND JOB    1900
    20 ANALYST   TOTAL BY DEPT AND JOB    6000
    20 MANAGER   TOTAL BY DEPT AND JOB    2975
    30 CLERK     TOTAL BY DEPT AND JOB     950
    30 MANAGER   TOTAL BY DEPT AND JOB    2850
    30 SALESMAN  TOTAL BY DEPT AND JOB    5600
       ANALYST   TOTAL BY JOB             6000
       CLERK     TOTAL BY JOB             4150
       MANAGER   TOTAL BY JOB             8275
       PRESIDENT TOTAL BY JOB             5000
       SALESMAN  TOTAL BY JOB             5600
```

다음 단계는 DEPTNO의 모든 급여 합계를 UNION ALL로 하는 것입니다.

```
select deptno, job,
       'TOTAL BY DEPT AND JOB' as category,
       sum(sal) as sal
  from emp
 group by deptno, job
 union all
select null, job, 'TOTAL BY JOB', sum(sal)
  from emp
 group by job
 union all
select deptno, null, 'TOTAL BY DEPT', sum(sal)
  from emp
 group by deptno
```

```
DEPTNO JOB       CATEGORY                  SAL
------ --------- -------------------- -------
    10 CLERK     TOTAL BY DEPT AND JOB   1300
    10 MANAGER   TOTAL BY DEPT AND JOB   2450
    10 PRESIDENT TOTAL BY DEPT AND JOB   5000
    20 CLERK     TOTAL BY DEPT AND JOB   1900
    20 ANALYST   TOTAL BY DEPT AND JOB   6000
    20 MANAGER   TOTAL BY DEPT AND JOB   2975
    30 CLERK     TOTAL BY DEPT AND JOB    950
    30 MANAGER   TOTAL BY DEPT AND JOB   2850
    30 SALESMAN  TOTAL BY DEPT AND JOB   5600
       ANALYST   TOTAL BY JOB            6000
       CLERK     TOTAL BY JOB            4150
       MANAGER   TOTAL BY JOB            8275
       PRESIDENT TOTAL BY JOB            5000
       SALESMAN  TOTAL BY JOB            5600
    10           TOTAL BY DEPT           8750
    20           TOTAL BY DEPT          10875
    30           TOTAL BY DEPT           9400
```

마지막 단계로 UNION ALL을 사용하여 전체 급여의 합계를 추가합니다.

```
select deptno, job,
       'TOTAL BY DEPT AND JOB' as category,
       sum(sal) as sal
  from emp
 group by deptno, job
 union all
select null, job, 'TOTAL BY JOB', sum(sal)
```

```
  from emp
 group by job
 union all
select deptno, null, 'TOTAL BY DEPT', sum(sal)
  from emp
 group by deptno
 union all
select null,null, 'GRAND TOTAL FOR TABLE', sum(sal)
  from emp


DEPTNO JOB        CATEGORY                    SAL
------ --------- -------------------- -------
    10 CLERK      TOTAL BY DEPT AND JOB      1300
    10 MANAGER    TOTAL BY DEPT AND JOB      2450
    10 PRESIDENT  TOTAL BY DEPT AND JOB      5000
    20 CLERK      TOTAL BY DEPT AND JOB      1900
    20 ANALYST    TOTAL BY DEPT AND JOB      6000
    20 MANAGER    TOTAL BY DEPT AND JOB      2975
    30 CLERK      TOTAL BY DEPT AND JOB       950
    30 MANAGER    TOTAL BY DEPT AND JOB      2850
    30 SALESMAN   TOTAL BY DEPT AND JOB      5600
       ANALYST    TOTAL BY JOB              6000
       CLERK      TOTAL BY JOB              4150
       MANAGER    TOTAL BY JOB              8275
       PRESIDENT  TOTAL BY JOB              5000
       SALESMAN   TOTAL BY JOB              5600
    10            TOTAL BY DEPT             8750
    20            TOTAL BY DEPT            10875
    30            TOTAL BY DEPT             9400
                  GRAND TOTAL FOR TABLE   29025
```

12.14 소계가 아닌 행 식별하기

문제 GROUP BY 절의 CUBE 확장을 사용하여 보고서를 생성했을 때, 일반 GROUP BY 절로 생성된 행과 CUBE 또는 ROLLUP을 사용하여 생성된 행을 구분할 방법이 필요합니다. 다음은 GROUP BY에 대한 CUBE 확장을 사용하여 EMP 테이블의 급여에 대한 분석을 생성하는 쿼리의 결과셋입니다.

```
DEPTNO JOB            SAL
------ --------- -------
                    29025
       CLERK        4150
       ANALYST      6000
       MANAGER      8275
       SALESMAN     5600
       PRESIDENT    5000
    10              8750
    10 CLERK        1300
    10 MANAGER      2450
    10 PRESIDENT    5000
    20             10875
    20 CLERK        1900
    20 ANALYST      6000
    20 MANAGER      2975
    30              9400
    30 CLERK         950
    30 MANAGER      2850
    30 SALESMAN     5600
```

이 보고서에는 DEPTNO 및 JOB별(즉, DEPTNO 별 각 JOB에 대한) 모든 급여 합계, DEPTNO별 모든 급여 합계, JOB별 모든 급여 합계 및 총계(EMP 테이블의 모든 급여 합계)가 포함됩니다. 여러 수준의 집계를 명확하게 식별하여, 집계된 값이 속한 범주를 식별할 수 있기를 원합니다(예를 들어 SAL 열의 주어진 값이 DEPTNO별 합계인지, JOB별 합계인지 아니면 총합계인지를 구별하고자 합니다). 반환하려는 결과셋은 다음과 같습니다.

```
DEPTNO JOB            SAL DEPTNO_SUBTOTALS JOB_SUBTOTALS
------ --------- ------- ---------------- -------------
                    29025                1             1
       CLERK        4150                1             0
       ANALYST      6000                1             0
       MANAGER      8275                1             0
       SALESMAN     5600                1             0
       PRESIDENT    5000                1             0
    10              8750                0             1
    10 CLERK        1300                0             0
    10 MANAGER      2450                0             0
    10 PRESIDENT    5000                0             0
    20             10875                0             1
    20 CLERK        1900                0             0
```

20	ANALYST	6000	0	0
20	MANAGER	2975	0	0
30		9400	0	1
30	CLERK	950	0	0
30	MANAGER	2850	0	0
30	SALESMAN	5600	0	0

해법 GROUPING 함수를 사용하여 CUBE 또는 ROLLUP에 따른 소계 또는 초집계[superaggregate]로 인해 존재하는 값을 식별할 수 있습니다. 다음은 PostgreSQL, DB2, Oracle의 예입니다.

```
1 select deptno, jo) sal,
2        grouping(deptno) deptno_subtotals,
3        grouping(job) job_subtotals
4   from emp
5  group by cube(deptno,job)
```

SQL Server와 DB2 및 Oracle의 유일한 차이점은 CUBE/ROLLUP 절의 작성 방식에 있습니다.

```
1 select deptno, job, sum(sal) sal,
2        grouping(deptno) deptno_subtotals,
3        grouping(job) job_subtotals
4   from emp
5  group by deptno,job with cube
```

이 레시피는 소계로 작업할 때 CUBE 및 GROUPING 사용을 강조하려는 것입니다. 이 책의 집필 시점에 MySQL은 CUBE 또는 GROUPING을 지원하지 않습니다.

설명 DEPTNO_SUBTOTALS가 0이고 JOB_SUBTOTALS가 1(이 경우 JOB이 null)이면 SAL 값은 CUBE에서 생성한 DEPTNO별 급여의 소계를 나타냅니다. JOB_SUBTOTALS가 0이고 DEPTNO_SUBTOTALS가 1(이 경우 DEPTNO가 null)이면, SAL 값은 CUBE에서 생성한 JOB별 급여의 소계를 나타냅니다. DEPTNO_SUBTOTALS 및 JOB_SUBTOTALS 모두에 대해 0인 행은 일반 집계(각 DEPTNO/JOB 조합에 따른 SAL의 합계)에 의해 생성된 행을 나타냅니다.

12.15 Case 표현식으로 행 플래그 지정하기

문제 EMP 테이블의 JOB 열과 같은 열의 값을 일련의 불리언^{boolean} 플래그에 매핑하려고 합니다. 예를 들어 다음과 같은 결과셋을 반환하려고 합니다.

```
ENAME   IS_CLERK IS_SALES IS_MGR IS_ANALYST IS_PREZ
------  -------- -------- ------ ---------- -------
KING           0        0      0          0       1
SCOTT          0        0      0          1       0
FORD           0        0      0          1       0
JONES          0        0      1          0       0
BLAKE          0        0      1          0       0
CLARK          0        0      1          0       0
ALLEN          0        1      0          0       0
WARD           0        1      0          0       0
MARTIN         0        1      0          0       0
TURNER         0        1      0          0       0
SMITH          1        0      0          0       0
MILLER         1        0      0          0       0
ADAMS          1        0      0          0       0
JAMES          1        0      0          0       0
```

이러한 결과셋은 디버깅에 유용할 수 있으며 전형적인 결과셋과는 다른 데이터 뷰를 제공할 수 있습니다.

해법 CASE 표현식을 사용하여 각 사원의 직급을 평가하고 1 또는 0을 반환하여 해당 직급을 나타냅니다. 하나의 CASE 표현식을 작성하여 가능한 각 직급에 대해 하나의 열을 생성합니다.

```
1 select ename,
2        case when job = 'CLERK'
3             then 1 else 0
4        end as is_clerk,
5        case when job = 'SALESMAN'
6             then 1 else 0
7        end as is_sales,
8        case when job = 'MANAGER'
9             then 1 else 0
10       end as is_mgr,
```

```
11          case when job = 'ANALYST'
12               then 1 else 0
13          end as is_analyst,
14          case when job = 'PRESIDENT'
15               then 1 else 0
16          end as is_prez
17    from emp
18    order by 2,3,4,5,6
```

설명 따로 설명이 필요 없을 정도로 해법 코드는 쉽습니다. 이해하기 어렵다면 SELECT 절에 JOB을 추가합니다.

```
select ename,
       job,
       case when job = 'CLERK'
            then 1 else 0
       end as is_clerk,
       case when job = 'SALESMAN'
            then 1 else 0
       end as is_sales,
       case when job = 'MANAGER'
            then 1 else 0
       end as is_mgr,
       case when job = 'ANALYST'
            then 1 else 0
       end as is_analyst,
       case when job = 'PRESIDENT'
            then 1 else 0
       end as is_prez
  from emp
 order by 2

ENAME   JOB        IS_CLERK IS_SALES IS_MGR IS_ANALYST IS_PREZ
------  ---------  -------- -------- ------ ---------- -------
SCOTT   ANALYST           0        0      0          1       0
FORD    ANALYST           0        0      0          1       0
SMITH   CLERK             1        0      0          0       0
ADAMS   CLERK             1        0      0          0       0
MILLER  CLERK             1        0      0          0       0
JAMES   CLERK             1        0      0          0       0
JONES   MANAGER           0        0      1          0       0
CLARK   MANAGER           0        0      1          0       0
```

```
BLAKE   MANAGER        0       0       1       0       0
KING    PRESIDENT      0       0       0       0       1
ALLEN   SALESMAN       0       1       0       0       0
MARTIN  SALESMAN       0       1       0       0       0
TURNER  SALESMAN       0       1       0       0       0
WARD    SALESMAN       0       1       0       0       0
```

12.16 희소행렬 만들기

문제 EMP 테이블의 DEPTNO 및 JOB 열을 전치하는, 다음과 같은 희소행렬sparse matrix을 만들려고 합니다.

```
D10        D20        D30        CLERKS MGRS  PREZ ANALS SALES
---------- ---------- ---------- ------ ----- ---- ----- ------
           SMITH                 SMITH
                      ALLEN                              ALLEN
                      WARD                               WARD
           JONES                        JONES
                      MARTIN                             MARTIN
                      BLAKE             BLAKE
CLARK                                   CLARK
           SCOTT                                   SCOTT
KING                                          KING
                      TURNER                            TURNER
           ADAMS                 ADAMS
                      JAMES      JAMES
           FORD                                        FORD
MILLER                           MILLER
```

해법 CASE 식을 사용하여 희소 행-열 변환을 만듭니다.

```
1 select case deptno when 10 then ename end as d10,
2        case deptno when 20 then ename end as d20,
3        case deptno when 30 then ename end as d30,
4        case job when 'CLERK' then ename end as clerks,
```

```
5        case job when 'MANAGER' then ename end as mgrs,
6        case job when 'PRESIDENT' then ename end as prez,
7        case job when 'ANALYST' then ename end as anals,
8        case job when 'SALESMAN' then ename end as sales
9   from emp
```

설명 DEPTNO 및 JOB 행을 열로 변환하려면 CASE 표현식을 사용하여 해당 행에서 반환되는 가능한 값을 평가합니다. 그게 전부입니다. 이와 별도로, 보고서를 정교하게 하고 이러한 null 행 중 일부를 제거하려면 그룹화할 항목을 찾아야 합니다. 예를 들어 윈도우 함수 ROW_NUMBER OVER를 사용하여 DEPTNO별로 각 사원의 순위를 지정한 다음 집계 함수 MAX를 사용하여 일부 null을 제거합니다.

```
select max(case deptno when 10 then ename end) d10,
       max(case deptno when 20 then ename end) d20,
       max(case deptno when 30 then ename end) d30,
       max(case job when 'CLERK' then ename end) clerks,
       max(case job when 'MANAGER' then ename end) mgrs,
       max(case job when 'PRESIDENT' then ename end) prez,
       max(case job when 'ANALYST' then ename end) anals,
       max(case job when 'SALESMAN' then ename end) sales
  from (
select deptno, job, ename,
       row_number()over(partition by deptno order by empno) rn
  from emp
       ) x
 group by rn


D10         D20         D30         CLERKS MGRS  PREZ ANALS SALES
----------  ----------  ----------  ------ ----- ---- ----- ------
CLARK       SMITH       ALLEN       SMITH  CLARK             ALLEN
KING        JONES       WARD               JONES KING        WARD
MILLER      SCOTT       MARTIN      MILLER       SCOTT        MARTIN
            ADAMS       BLAKE       ADAMS  BLAKE
            FORD        TURNER             FORD         TURNER
            JAMES       JAMES
```

12.17 시간 단위로 행 그룹화하기

문제 데이터를 일정 시간 간격으로 요약하려고 합니다. 예를 들어 트랜잭션 로그가 있고 5초 간격으로 트랜잭션을 요약하려고 합니다. TRX_LOG 테이블의 행은 다음과 같습니다.

```
select trx_id,
       trx_date,
       trx_cnt
from trx_log

TRX_ID TRX_DATE              TRX_CNT
------ -------------------- ----------
     1 28-JUL-2020 19:03:07      44
     2 28-JUL-2020 19:03:08      18
     3 28-JUL-2020 19:03:09      23
     4 28-JUL-2020 19:03:10      29
     5 28-JUL-2020 19:03:11      27
     6 28-JUL-2020 19:03:12      45
     7 28-JUL-2020 19:03:13      45
     8 28-JUL-2020 19:03:14      32
     9 28-JUL-2020 19:03:15      41
    10 28-JUL-2020 19:03:16      15
    11 28-JUL-2020 19:03:17      24
    12 28-JUL-2020 19:03:18      47
    13 28-JUL-2020 19:03:19      37
    14 28-JUL-2020 19:03:20      48
    15 28-JUL-2020 19:03:21      46
    16 28-JUL-2020 19:03:22      44
    17 28-JUL-2020 19:03:23      36
    18 28-JUL-2020 19:03:24      41
    19 28-JUL-2020 19:03:25      33
    20 28-JUL-2020 19:03:26      19
```

이때 다음과 같은 결과셋을 반환하려고 합니다.

```
GRP TRX_START             TRX_END                 TOTAL
--- -------------------- -------------------- ----------
  1 28-JUL-2020 19:03:07 28-JUL-2020 19:03:11     141
  2 28-JUL-2020 19:03:12 28-JUL-2020 19:03:16     178
```

```
3 28-JUL-2020 19:03:17 28-JUL-2020 19:03:21      202
4 28-JUL-2020 19:03:22 28-JUL-2020 19:03:26      173
```

해법 항목을 5개의 행 버킷으로 그룹화합니다. 논리적 그룹화를 수행하는 방법은 다양합니다. 여기에서는 12.7절에서 설명한 기술을 사용하여 TRX_ID 값을 5로 나눕니다.

'그룹'을 만든 후 집계 함수 MIN, MAX, SUM을 사용하여 각 '그룹'의 시작 시간, 종료 시간 및 총 트랜잭션 수를 찾습니다(SQL Server 사용자는 CEIL 대신 CEILING을 사용합니다).

```
1 select ceil(trx_id/5.0) as grp,
2        min(trx_date)    as trx_start,
3        max(trx_date)    as trx_end,
4        sum(trx_cnt)     as total
5   from trx_log
6 group by ceil(trx_id/5.0)
```

설명 첫 번째 단계이자 전체 해법의 핵심은 행을 논리적으로 그룹화하는 것입니다. 5로 나누고 몫보다 큰 최소 정수를 사용하여 논리 그룹을 만들 수 있습니다. 예를 들면 다음과 같습니다.

```
select trx_id,
       trx_date,
       trx_cnt,
       trx_id/5.0 as val,
       ceil(trx_id/5.0) as grp
from trx_log

TRX_ID TRX_DATE              TRX_CNT    VAL GRP
------ -------------------- ------- ------ ---
     1 28-JUL-2020 19:03:07      44    .20   1
     2 28-JUL-2020 19:03:08      18    .40   1
     3 28-JUL-2020 19:03:09      23    .60   1
     4 28-JUL-2020 19:03:10      29    .80   1
     5 28-JUL-2020 19:03:11      27   1.00   1
     6 28-JUL-2020 19:03:12      45   1.20   2
     7 28-JUL-2020 19:03:13      45   1.40   2
     8 28-JUL-2020 19:03:14      32   1.60   2
     9 28-JUL-2020 19:03:15      41   1.80   2
```

```
10 28-JUL-2020 19:03:16      15   2.00   2
11 28-JUL-2020 19:03:17      24   2.20   3
12 28-JUL-2020 19:03:18      47   2.40   3
13 28-JUL-2020 19:03:19      37   2.60   3
14 28-JUL-2020 19:03:20      48   2.80   3
15 28-JUL-2020 19:03:21      46   3.00   3
16 28-JUL-2020 19:03:22      44   3.20   4
17 28-JUL-2020 19:03:23      36   3.40   4
18 28-JUL-2020 19:03:24      41   3.60   4
19 28-JUL-2020 19:03:25      33   3.80   4
20 28-JUL-2020 19:03:26      19   4.00   4
```

마지막 단계는 적절한 집계 함수를 적용하여, 각 트랜잭션의 시작 및 종료 시간과 함께 5초당 총 트랜잭션 수를 찾는 것입니다.

```
select ceil(trx_id/5.0) as grp,
       min(trx_date) as trx_start,
       max(trx_date) as trx_end,
       sum(trx_cnt) as total
  from trx_log
 group by ceil(trx_id/5.0)

GRP TRX_START            TRX_END               TOTAL
--- -------------------- -------------------- ----------
  1 28-JUL-2020 19:03:07 28-JUL-2005 19:03:11   141
  2 28-JUL-2020 19:03:12 28-JUL-2005 19:03:16   178
  3 28-JUL-2020 19:03:17 28-JUL-2005 19:03:21   202
  4 28-JUL-2020 19:03:22 28-JUL-2005 19:03:26   173
```

데이터가 약간 다른 경우(각 행에 대한 ID가 없을 경우), 각 TRX_DATE 행의 초를 5로 나누어 유사하게 '그룹화'할 수 있습니다. 그런 다음 각 TRX_DATE의 시간을 포함하고 실제 시간 및 논리적 '그룹'인 GRP별로 그룹화합니다. 다음은 이 기법의 예입니다(Oracle의 TO_CHAR 및 TO_NUMBER 함수를 사용하면 플랫폼에 적합한 날짜 및 문자 형식 함수를 사용할 수 있습니다).

```
select trx_date,trx_cnt,
       to_number(to_char(trx_date,'hh24')) hr,
       ceil(to_number(to_char(trx_date-1/24/60/60,'miss'))/5.0) grp
  from trx_log
```

```
TRX_DATE                    20  TRX_CNT         HR       GRP
---------------------------     ----------  ----------  ----------
28-JUL-2020 19:03:07            44          19          62
28-JUL-2020 19:03:08            18          19          62
28-JUL-2020 19:03:09            23          19          62
28-JUL-2020 19:03:10            29          19          62
28-JUL-2020 19:03:11            27          19          62
28-JUL-2020 19:03:12            45          19          63
28-JUL-2020 19:03:13            45          19          63
28-JUL-2020 19:03:14            32          19          63
28-JUL-2020 19:03:15            41          19          63
28-JUL-2020 19:03:16            15          19          63
28-JUL-2020 19:03:17            24          19          64
28-JUL-2020 19:03:18            47          19          64
28-JUL-2020 19:03:19            37          19          64
28-JUL-2020 19:03:20            48          19          64
28-JUL-2020 19:03:21            46          19          64
28-JUL-2020 19:03:22            44          19          65
28-JUL-2020 19:03:23            36          19          65
28-JUL-2020 19:03:24            41          19          65
28-JUL-2020 19:03:25            33          19          65
28-JUL-2020 19:03:26            19          19          65
```

GRP의 실젯값과 관계없이, 여기서 핵심은 5초 단위로 그룹화한다는 것입니다. 여기에서 원래 해법과 같은 방식으로 집계 함수를 적용할 수 있습니다.

```
select hr,grp,sum(trx_cnt) total
  from (
select trx_date,trx_cnt,
       to_number(to_char(trx_date,'hh24')) hr,
       ceil(to_number(to_char(trx_date-1/24/60/60,'miss'))/5.0) grp
  from trx_log
       ) x
 group by hr,grp

HR    GRP        TOTAL
--  ----------  ----------
19       62         141
19       63         178
19       64         202
19       65         173
```

트랜잭션 로그가 여러 시간에 걸쳐 있을 때는 그룹에 시간을 포함하는 것이 유용합니다. DB2 및 Oracle에서는 윈도우 함수 SUM OVER를 사용하여 같은 결과를 생성할 수도 있습니다. 다음 쿼리는 TRX_LOG의 모든 행을 논리 그룹별 TRX_CNT의 누계 및 그룹의 각 행에 대한 TRX_CNT의 TOTAL을 함께 반환합니다.

```
select trx_id, trx_date, trx_cnt,
       sum(trx_cnt)over(partition by ceil(trx_id/5.0)
                        order by trx_date
                   range between unbounded preceding
                       and current row) runing_total,
       sum(trx_cnt)over(partition by ceil(trx_id/5.0)) total,
       case when mod(trx_id,5.0) = 0 then 'X' end grp_end
  from trx_log
```

TRX_ID	TRX_DATE	TRX_CNT	RUNING_TOTAL	TOTAL	GRP_END
1	28-JUL-2020 19:03:07	44	44	141	
2	28-JUL-2020 19:03:08	18	62	141	
3	28-JUL-2020 19:03:09	23	85	141	
4	28-JUL-2020 19:03:10	29	114	141	
5	28-JUL-2020 19:03:11	27	141	141	X
6	28-JUL-2020 19:03:12	45	45	178	
7	28-JUL-2020 19:03:13	45	90	178	
8	28-JUL-2020 19:03:14	32	122	178	
9	28-JUL-2020 19:03:15	41	163	178	
10	28-JUL-2020 19:03:16	15	178	178	X
11	28-JUL-2020 19:03:17	24	24	202	
12	28-JUL-2020 19:03:18	47	71	202	
13	28-JUL-2020 19:03:19	37	108	202	
14	28-JUL-2020 19:03:20	48	156	202	
15	28-JUL-2020 19:03:21	46	202	202	X
16	28-JUL-2020 19:03:22	44	44	173	
17	28-JUL-2020 19:03:23	36	80	173	
18	28-JUL-2020 19:03:24	41	121	173	
19	28-JUL-2020 19:03:25	33	154	173	
20	28-JUL-2020 19:03:26	19	173	173	X

12.18 여러 그룹/파티션 집계를 동시 수행하기

문제 여러 기준의 집계를 동시에 하려고 합니다. 예를 들어 각 사원명, 부서, 부서의 사원 수 (자신 포함), 같은 직급을 가진 사원 수(자신 포함), EMP 테이블의 총 사원 수를 나열하는 결과셋을 반환하려고 합니다. 결과셋은 다음과 같아야 합니다.

```
ENAME   DEPTNO DEPTNO_CNT JOB         JOB_CNT  TOTAL
------  ------ ---------- ---------  --------  ------
MILLER  10              3 CLERK            4    14
CLARK   10              3 MANAGER          3    14
KING    10              3 PRESIDENT        1    14
SCOTT   20              5 ANALYST          2    14
FORD    20              5 ANALYST          2    14
SMITH   20              5 CLERK            4    14
JONES   20              5 MANAGER          3    14
ADAMS   20              5 CLERK            4    14
JAMES   30              6 CLERK            4    14
MARTIN  30              6 SALESMAN         4    14
TURNER  30              6 SALESMAN         4    14
WARD    30              6 SALESMAN         4    14
ALLEN   30              6 SALESMAN         4    14
BLAKE   30              6 MANAGER          3    14
```

해법 집계를 수행할 다른 파티션 또는 데이터 그룹을 지정할 때 COUNT OVER 윈도우 함수를 사용합니다.

```
select ename,
       deptno,
       count(*)over(partition by deptno) deptno_cnt,
       job,
       count(*)over(partition by job) job_cnt,
       count(*)over() total
  from emp
```

설명 이 예제는 윈도우 함수의 힘과 편의성을 보여줍니다. 집계할 다른 파티션 또는 데이터 그룹을 지정만 하면 반복해서 셀프 조인하지 않고, SELECT 목록에 성가시거나 성능이 떨어지는 서브쿼리를 작성할 필요 없이 매우 상세한 보고서를 만들 수 있습니다. 모든 작업은 윈도우 함수 COUNT OVER가 수행합니다. 출력을 이해하려면 각 COUNT 작업에 대한 OVER 절을 눈여겨 봅시다.

```
count(*)over(partition by deptno)

count(*)over(partition by job)

count(*)over()
```

OVER 절의 주요 부분을 주목하세요. 쿼리를 파티션으로 나누는 PARTITION BY 하위 절 및 논리적 순서를 정의하는 ORDER BY 하위 절이 있습니다. DEPTNO로 분할되는 첫 번째 COUNT도 살펴보세요. EMP 테이블의 행은 DEPTNO별로 그룹화되고 COUNT 연산은 각 그룹의 모든 행에서 수행됩니다. 지정된 프레임 또는 윈도 절이 없으므로(ORDER BY 없음) 그룹의 모든 행에 대해 계산됩니다. PARTITION BY 절은 모든 고유 DEPTNO 값을 찾고, COUNT 함수는 각 값이 있는 행 수를 계산합니다. COUNT(*)OVER(PARTITION BY DEPTNO)의 예제에서 PARTITION BY 절은 파티션 또는 그룹을 값 10, 20 및 30으로 식별합니다.

JOB별로 나누는 두 번째 COUNT에도 같은 처리가 적용됩니다. 마지막 COUNT는 아무것도 분할하지 않으며, 단순히 빈 괄호만 있습니다. 빈 괄호는 '전체 테이블'을 의미합니다. 즉, 두 개의 이전 COUNT는 정의한 그룹 또는 파티션을 기반으로 값을 집계하는 반면, 마지막 COUNT는 EMP 테이블의 모든 행을 계산합니다.

> **CAUTION_** 윈도우 함수는 WHERE 절 다음에 적용된다는 점에 유의하세요. 예를 들어 DEPTNO 10의 모든 사원을 제외하는 등 어떤 방식으로든 결과셋을 필터링하는 경우, TOTAL의 값은 14가 아니라 11이 됩니다. 윈도우 함수가 평가된 후 결과를 필터링하려면, 윈도 쿼리를 인라인 뷰로 만든 다음 해당 뷰에서의 결과를 필터링해야 합니다.

12.19 값의 이동 범위에 대한 집계 수행하기

문제 EMP 테이블의 급여에 대한 이동 합계와 같은 이동 집계(moving aggregation)를 계산하려고 합니다. 첫 번째로 고용된 사원의 HIREDATE부터 시작하여 90일마다 합계를 계산하고자 합니다. 첫 번째 고용 사원과 마지막 사원 간에 90일마다 지출이 어떻게 변동했는지 확인하려고 합니다. 이때 다음과 같은 결과셋을 반환합니다.

```
HIREDATE      SAL SPENDING_PATTERN
----------- ------- ----------------
17-DEC-2010     800              800
20-FEB-2011    1600             2400
22-FEB-2011    1250             3650
02-APR-2011    2975             5825
01-MAY-2011    2850             8675
09-JUN-2011    2450             8275
08-SEP-2011    1500             1500
28-SEP-2011    1250             2750
17-NOV-2011    5000             7750
03-DEC-2011     950            11700
03-DEC-2011    3000            11700
23-JAN-2012    1300            10250
09-DEC-2012    3000             3000
12-JAN-2013    1100             4100
```

해법 여러분의 RDBMS가 이러한 함수를 지원하는 경우, 윈도우 함수의 프레임 또는 윈도우 함수 절에서 이동 윈도를 지정할 수 있으면 이 문제를 쉽게 해결할 수 있습니다. 핵심은 윈도우 함수에서 HIREDATE로 정렬한 다음, 가장 먼저 고용된 사원부터 시작하여 90일이라는 기간을 지정하는 것입니다. 합계는 현재 사원의 HIREDATE 기준으로 최대 90일 전에 고용된 사원의 급여를 사용하여 계산됩니다(현재 사원이 합계에 포함됩니다). 사용 가능한 윈도우 함수가 없다면 스칼라 서브쿼리를 사용할 수 있지만 해법은 더 복잡합니다.

DB2와 Oracle

DB2 및 Oracle의 경우 윈도우 함수 SUM OVER를 사용하고 HIREDATE로 정렬합니다. 윈도 또는 '프레임' 절에 90일 범위를 지정하여, 각 사원의 급여에 대한 합계를 계산하고 최대 90일

이전에 고용된 모든 사원의 급여를 포함합니다. DB2에서는 윈도우 함수의 **ORDER BY** 절에 **HIREDATE**를 지정할 수 없으므로(다음 코드의 3행 참조), 대신 **DAYS(HIREDATE)**로 정렬합니다.

```
1 select hiredate,
2        sal,
3        sum(sal)over(order by days(hiredate)
4                        range between 90 preceding
5                          and current row) spending_pattern
6   from emp e
```

Oracle은 윈도우 함수를 datetime 유형별로 정렬할 수 있으므로 DB2보다 더 간단합니다.

```
1 select hiredate,
2        sal,
3        sum(sal)over(order by hiredate
4                        range between 90 preceding
5                          and current row) spending_pattern
6   from emp e
```

MySQL

구문이 약간 변경된 윈도우 함수를 사용합니다.

```
1 select hiredate,
2        sal,
3        sum(sal)over(order by hiredate
4            range interval 90 day preceding ) spending_pattern
5  from emp e
```

PostgreSQL과 SQL Server

스칼라 서브쿼리를 사용하여 각 사원이 고용된 날로부터 최대 90일 전에 고용된 모든 사원의 급여를 합산합니다.

```
1 select e.hiredate,
2        e.sal,
```

```
3          (select sum(sal) from emp d
4            whered.hiredate between e.hiredate-90
5                                   and e.hiredate) as spending_pattern
6    from emp e
7  order by 1
```

설명 이 설명은 DB2, MySQL, Oracle, PostgreSQL, SQL Server로 구분됩니다.

DB2, MySQL, Oracle

DB2, MySQL 및 Oracle은 논리적으로 해법이 같습니다. 해법 간 사소한 차이점이 있다면 윈도우 함수의 ORDER BY 절에 HIREDATE를 지정하는 방법과 MySQL에서 시간 간격을 지정하는 구문입니다. 이 책의 집필 시점 기준으로, DB2에서는 숫자값을 사용하여 윈도의 범위를 설정할 경우 이러한 ORDER BY 절에 DATE 값을 허용하지 않습니다(예를 들어 RANGE BETWEEN UNBOUNDED PRECEDING 및 CURRENT ROW를 사용하면 날짜별로 정렬할 수 있지만, RANGE BETWEEN 90 PRECEDING 및 CURRENT ROW는 불가능합니다).

해법 쿼리가 수행하는 작업을 이해하려면 윈도 절이 수행하는 작업을 이해하면 됩니다. 정의하는 창에서는 HIREDATE까지 모든 사원의 급여를 정렬하고 나서 함수가 합계를 계산합니다. 모든 급여에 대해 합산하지는 않습니다. 대신 처리 방법은 다음과 같습니다.

1. 처음 고용된 사원의 급여를 평가합니다. 첫 번째 사원보다 먼저 고용된 사원이 없으므로 이 시점의 합계는 단순히 첫 번째 사원의 급여입니다.

2. 다음 사원(HIREDATE 기준)의 급여가 평가됩니다. 이 사원의 급여는 최대 90일 이전에 고용된 다른 사원과 함께 이동 합계에 포함됩니다.

첫 번째 사원의 HIREDATE는 2010년 12월 17일이고, 다음 사원의 HIREDATE는 2011년 2월 20일입니다. 두 번째 사원은 첫 번째 사원 고용 이후 90일 이내에 고용되었으므로 두 번째 사원의 이동 합계는 2,400(1,600 + 800) 입니다. SPENDING_PATTERN 값의 도출이 이해하기 어렵다면, 다음 쿼리 및 결과셋을 살펴봅시다.

```
select distinct
       dense_rank()over(order by e.hiredate) window,
       e.hiredate current_hiredate,
       d.hiredate hiredate_within_90_days,
```

```
        d.sal sals_used_for_sum
  from emp e,
       emp d
where d.hiredate between e.hiredate-90 and e.hiredate

WINDOW CURRENT_HIREDATE HIREDATE_WITHIN_90_DAYS SALS_USED_FOR_SUM
------ ---------------- ----------------------- -----------------
     1 17-DEC-2010      17-DEC-2010                           800
     2 20-FEB-2011      17-DEC-2010                           800
     2 20-FEB-2011      20-FEB-2011                          1600
     3 22-FEB-2011      17-DEC-2010                           800
     3 22-FEB-2011      20-FEB-2011                          1600
     3 22-FEB-2011      22-FEB-2011                          1250
     4 02-APR-2011      20-FEB-2011                          1600
     4 02-APR-2011      22-FEB-2011                          1250
     4 02-APR-2011      02-APR-2011                          2975
     5 01-MAY-2011      20-FEB-2011                          1600
     5 01-MAY-2011      22-FEB-2011                          1250
     5 01-MAY-2011      02-APR-2011                          2975
     5 01-MAY-2011      01-MAY-2011                          2850
     6 09-JUN-2011      02-APR-2011                          2975
     6 09-JUN-2011      01-MAY-2011                          2850
     6 09-JUN-2011      09-JUN-2011                          2450
     7 08-SEP-2011      08-SEP-2011                          1500
     8 28-SEP-2011      08-SEP-2011                          1500
     8 28-SEP-2011      28-SEP-2011                          1250
     9 17-NOV-2011      08-SEP-2011                          1500
     9 17-NOV-2011      28-SEP-2011                          1250
     9 17-NOV-2011      17-NOV-2011                          5000
    10 03-DEC-2011      08-SEP-2011                          1500
    10 03-DEC-2011      28-SEP-2011                          1250
    10 03-DEC-2011      17-NOV-2011                          5000
    10 03-DEC-2011      03-DEC-2011                           950
    10 03-DEC-2011      03-DEC-2011                          3000
    11 23-JAN-2012      17-NOV-2011                          5000
    11 23-JAN-2012      03-DEC-2011                           950
    11 23-JAN-2012      03-DEC-2011                          3000
    11 23-JAN-2012      23-JAN-2012                          1300
    12 09-DEC-2012      09-DEC-2012                          3000
    13 12-JAN-2013      09-DEC-2012                          3000
    13 12-JAN-2013      12-JAN-2013                          1100
```

WINDOW 열을 보면 각 합계에 대해 같은 WINDOW 값을 가진 행만 고려합니다. 예를 들어 WINDOW

3을 보면, 해당 기간의 합계에 사용된 급여는 800, 1,600, 1,250으로 총 3,650입니다. '문제' 절에서 최종 결과셋을 보면 2011년 2월 22일(WINDOW 3)의 SPENDING_PATTERN은 3,650입니다. 증명을 위해, 이전 셀프 조인에 정의된 윈도우에 대해 올바른 급여가 포함되는지 확인하려면 SALS_USED_FOR_SUM의 값을 합산하고 CURRENT_DATE별로 그룹화하면 됩니다. 결과가 '문제' 절에 표시된 결과셋과 동일해야 합니다(2011년 12월 3일에 대한 중복 행 포함, 필터링됩니다).

```
select current_hiredate,
       sum(sals_used_for_sum) spending_pattern
  from (
select distinct
       dense_rank()over(order by e.hiredate) window,
       e.hiredate current_hiredate,
       d.hiredate hiredate_within_90_days,
       d.sal sals_used_for_sum
  from emp e,
       emp d
 where d.hiredate between e.hiredate-90 and e.hiredate
       ) x
 group by current_hiredate

CURRENT_HIREDATE SPENDING_PATTERN
---------------- ----------------
17-DEC-2010                   800
20-FEB-2011                  2400
22-FEB-2011                  3650
02-APR-2011                  5825
01-MAY-2011                  8675
09-JUN-2011                  8275
08-SEP-2011                  1500
28-SEP-2011                  2750
17-NOV-2011                  7750
03-DEC-2011                 11700
23-JAN-2012                 10250
09-DEC-2012                  3000
12-JAN-2013                  4100
```

PostgreSQL과 SQL Server

여기에서의 핵심은 HIREDATE를 기준으로 90일마다 합계를 계산하려고 집계 함수 SUM을 사용하는 동안 스칼라 서브쿼리(또는 셀프 조인)를 사용하는 것입니다. 이것이 어떻게 작동하는지 확인할 때 문제가 있다면, 해법을 셀프 조인으로 변환하고 계산에 포함된 행을 확인하세요. 해법과 같은 결과셋을 반환하는 다음 결과셋을 살펴봅시다.

```
select e.hiredate,
       e.sal,
       sum(d.sal) as spending_pattern
  from emp e, emp d
 where d.hiredate
       between e.hiredate-90 and e.hiredate
 group by e.hiredate,e.sal
 order by 1

HIREDATE      SAL   SPENDING_PATTERN
-----------  -----  ----------------
17-DEC-2010   800                800
20-FEB-2011  1600               2400
22-FEB-2011  1250               3650
02-APR-2011  2975               5825
01-MAY-2011  2850               8675
09-JUN-2011  2450               8275
08-SEP-2011  1500               1500
28-SEP-2011  1250               2750
17-NOV-2011  5000               7750
03-DEC-2011   950              11700
03-DEC-2011  3000              11700
23-JAN-2012  1300              10250
09-DEC-2012  3000               3000
12-JAN-2013  1100               4100
```

그래도 명확하지 않으면 집계를 제거하고 데카르트 곱으로 접근해봅시다. 첫 번째 단계는 각 HIREDATE를 다른 모든 HIREDATE와 비교할 수 있도록 EMP 테이블을 사용하여 데카르트 곱을 생성하는 것입니다(EMP의 데카르트 곱에서 반환된 196개의 행(14 × 14)이 있으며 여기에는 결과셋의 일부만 표시합니다).

```
select e.hiredate,
       e.sal,
       d.sal,
       d.hiredate
```

```
    from emp e, emp d

HIREDATE     SAL    SAL HIREDATE
----------- -----  ----- -----------
17-DEC-2010   800    800 17-DEC-2010
17-DEC-2010   800   1600 20-FEB-2011
17-DEC-2010   800   1250 22-FEB-2011
17-DEC-2010   800   2975 02-APR-2011
17-DEC-2010   800   1250 28-SEP-2011
17-DEC-2010   800   2850 01-MAY-2011
17-DEC-2010   800   2450 09-JUN-2011
17-DEC-2010   800   3000 09-DEC-2012
17-DEC-2010   800   5000 17-NOV-2011
17-DEC-2010   800   1500 08-SEP-2011
17-DEC-2010   800   1100 12-JAN-2013
17-DEC-2010   800    950 03-DEC-2011
17-DEC-2010   800   3000 03-DEC-2011
17-DEC-2010   800   1300 23-JAN-2012
20-FEB-2011  1600    800 17-DEC-2010
20-FEB-2011  1600   1600 20-FEB-2011
20-FEB-2011  1600   1250 22-FEB-2011
20-FEB-2011  1600   2975 02-APR-2011
20-FEB-2011  1600   1250 28-SEP-2011
20-FEB-2011  1600   2850 01-MAY-2011
20-FEB-2011  1600   2450 09-JUN-2011
20-FEB-2011  1600   3000 09-DEC-2012
20-FEB-2011  1600   5000 17-NOV-2011
20-FEB-2011  1600   1500 08-SEP-2011
20-FEB-2011  1600   1100 12-JAN-2013
20-FEB-2011  1600    950 03-DEC-2011
20-FEB-2011  1600   3000 03-DEC-2011
20-FEB-2011  1600   1300 23-JAN-2012
```

이전 결과셋을 살펴보면, 12월 17일을 제외한 90일 전 또는 12월 17일과 같은 일자의 HIREDATE가 없음을 알 수 있습니다. 따라서 해당 행의 합계는 800이어야 합니다. 다음 HIREDATE를 검사하면 2월 20일 또는 90일간(전 90일 이내)에 해당하는 HIREDATE가 하나 있으며 이는 12월 17일입니다. (우리는 각 HIREDATE와 같거나 90일 이전의 HIREDATE를 찾고 있으므로) 12월 17일의 SAL과 2월 20일의 SAL을 합하면 2400이 됩니다. 이것이 해당 HIREDATE에 대한 최종 결과입니다.

어떻게 작동하는지 알았으니, 이제 WHERE 절에서 필터를 사용하여 동일하거나 90일 이전인 각

HIREDATE에 대해 반환합니다.

```
select e.hiredate,
       e.sal,
       d.sal sal_to_sum,
       d.hiredate within_90_days
  from emp e, emp d
 where d.hiredate
       between e.hiredate-90 and e.hiredate
 order by 1
HIREDATE     SAL SAL_TO_SUM WITHIN_90_DAYS
----------- ----- ---------- --------------
17-DEC-2010   800        800    17-DEC-2010
20-FEB-2011  1600        800    17-DEC-2010
20-FEB-2011  1600       1600    20-FEB-2011
22-FEB-2011  1250        800    17-DEC-2010
22-FEB-2011  1250       1600    20-FEB-2011
22-FEB-2011  1250       1250    22-FEB-2011
02-APR-2011  2975       1600    20-FEB-2011
02-APR-2011  2975       1250    22-FEB-2011
02-APR-2011  2975       2975    02-APR-2011
01-MAY-2011  2850       1600    20-FEB-2011
01-MAY-2011  2850       1250    22-FEB-2011
01-MAY-2011  2850       2975    02-APR-2011
01-MAY-2011  2850       2850    01-MAY-2011
09-JUN-2011  2450       2975    02-APR-2011
09-JUN-2011  2450       2850    01-MAY-2011
09-JUN-2011  2450       2450    09-JUN-2011
08-SEP-2011  1500       1500    08-SEP-2011
28-SEP-2011  1250       1500    08-SEP-2011
28-SEP-2011  1250       1250    28-SEP-2011
17-NOV-2011  5000       1500    08-SEP-2011
17-NOV-2011  5000       1250    28-SEP-2011
17-NOV-2011  5000       5000    17-NOV-2011
03-DEC-2011   950       1500    08-SEP-2011
03-DEC-2011   950       1250    28-SEP-2011
03-DEC-2011   950       5000    17-NOV-2011
03-DEC-2011   950        950    03-DEC-2011
03-DEC-2011   950       3000    03-DEC-2011
03-DEC-2011  3000       1500    08-SEP-2011
03-DEC-2011  3000       1250    28-SEP-2011
03-DEC-2011  3000       5000    17-NOV-2011
03-DEC-2011  3000        950    03-DEC-2011
```

```
03-DEC-2011  3000      3000   03-DEC-2011
23-JAN-2012  1300      5000   17-NOV-2011
23-JAN-2012  1300       950   03-DEC-2011
23-JAN-2012  1300      3000   03-DEC-2011
23-JAN-2012  1300      1300   23-JAN-2012
09-DEC-2012  3000      3000   09-DEC-2012
12-JAN-2013  1100      3000   09-DEC-2012
12-JAN-2013  1100      1100   12-JAN-2013
```

이제 합산의 이동 윈도에 포함될 SAL을 알았으므로, 집계 함수 SUM을 사용하여 더 보기 좋게 결과셋을 생성합니다.

```
select e.hiredate,
       e.sal,
       sum(d.sal) as spending_pattern
  from emp e, emp d
 where d.hiredate
       between e.hiredate-90 and e.hiredate
 group by e.hiredate,e.sal
 order by 1
```

이전 쿼리에 대한 결과셋과, 여기에 표시된(원래 해법대로 한) 쿼리에 대한 결과셋을 비교하면 동일함을 알 수 있습니다.

```
select e.hiredate,
       e.sal,
       (select sum(sal) from emp d
        where d.hiredate between e.hiredate-90
                            and e.hiredate) as spending_pattern
  from emp e
 order by 1

HIREDATE      SAL SPENDING_PATTERN
----------- ----- ----------------
17-DEC-2010   800              800
20-FEB-2011  1600             2400
22-FEB-2011  1250             3650
02-APR-2011  2975             5825
01-MAY-2011  2850             8675
09-JUN-2011  2450             8275
```

```
08-SEP-2011 1500          1500
28-SEP-2011 1250          2750
17-NOV-2011 5000          7750
03-DEC-2011  950         11700
03-DEC-2011 3000         11700
23-JAN-2012 1300         10250
09-DEC-2012 3000          3000
12-JAN-2013 1100          4100
```

12.20 소계를 사용한 결과셋 피벗하기

문제 소계가 포함된 보고서를 만든 다음, 결과를 전치하여 더 읽기 쉬운 보고서를 제공하려고 합니다. 예를 들어 각 부서, 부서의 관리자 및 해당 관리자에 소속된 사원의 급여 합계를 표시하는 보고서를 작성하라는 요청을 받았습니다. 이때 추가로 두 개의 소계를 반환하고자 합니다. 관리자가 있는 사원에 대한 각 부서의 모든 급여 합계와, 결과셋의 모든 급여 합계(부서 소계 합계) 입니다. 현재 다음과 같은 보고서가 있습니다.

```
DEPTNO    MGR      SAL
------  -------  -------
    10     7782     1300
    10     7839     2450
    10              3750
    20     7566     6000
    20     7788     1100
    20     7839     2975
    20     7902      800
    20             10875
    30     7698     6550
    30     7839     2850
    30              9400
                   24025
```

가독성이 더 좋은 보고서를 제공하기 위해 이전 결과셋을 다음과 같이 변환하면, 보고서의 의미가 훨씬 명확해집니다.

MGR	DEPT10	DEPT20	DEPT30	TOTAL
7566	0	6000	0	
7698	0	0	6550	
7782	1300	0	0	
7788	0	1100	0	
7839	2450	2975	2850	
7902	0	800	0	
	3750	10875	9400	24025

해법 첫 번째 단계는 GROUP BY에 대한 ROLLUP 확장을 사용하여 소계를 생성하는 것입니다. 다음 단계는 전통적인 피벗(집계 및 CASE 표현식)을 수행하여 보고서에 필요한 열을 만드는 것입니다. GROUPING 함수를 사용하면 어떤 값이 소계인지 쉽게 확인할 수 있습니다(즉, ROLLUP으로 인해 존재하지만, ROLLUP이 아니면 일반적으로 존재하지 않습니다). RDBMS가 null 값을 정렬하는 방법에 따라 이전 대상 결과셋처럼 보이도록 해법에 ORDER BY를 추가할 수도 있습니다.

DB2와 Oracle

ROLLUP 확장을 GROUP BY에 사용한 다음 CASE 식을 사용하여 데이터를 더 보기 좋은 보고서로 구성합니다.

```
 1 select mgr,
 2        sum(case deptno when 10 then sal else 0 end) dept10,
 3        sum(case deptno when 20 then sal else 0 end) dept20,
 4        sum(case deptno when 30 then sal else 0 end) dept30,
 5        sum(case flag when '11' then sal else null end) total
 6   from (
 7 select deptno,mgr,sum(sal) sal,
 8        cast(grouping(deptno) as char(1))||
 9        cast(grouping(mgr) as char(1)) flag
10   from emp
11  where mgr is not null
12  group by rollup(deptno,mgr)
13        ) x
14  group by mgr
```

SQL Server

ROLLUP 확장을 GROUP BY에 사용한 다음 CASE 식을 사용하여 데이터를 더 보기 좋은 보고서로 구성합니다.

```
 1 select mgr,
 2         sum(case deptno when 10 then sal else 0 end) dept10,
 3         sum(case deptno when 20 then sal else 0 end) dept20,
 4         sum(case deptno when 30 then sal else 0 end) dept30,
 5         sum(case flag when '11' then sal else null end) total
 6   from (
 7 select deptno,mgr,sum(sal) sal,
 8         cast(grouping(deptno) as char(1))+
 9         cast(grouping(mgr) as char(1)) flag
10   from emp
11  where mgr is not null
12  group by deptno,mgr with rollup
13        ) x
14  group by mgr
```

PostgreSQL

ROLLUP 확장을 GROUP BY에 사용한 다음 CASE 식을 사용하여 데이터를 더 보기 좋은 보고서로 구성합니다.

```
 1  select mgr,
 2          sum(case deptno when 10 then sal else 0 end) dept10,
 3          sum(case deptno when 20 then sal else 0 end) dept20,
 4          sum(case deptno when 30 then sal else 0 end) dept30,
 5          sum(case flag when '11' then sal else null end) total
 6     from (
 7  select deptno,mgr,sum(sal) sal,
 8           concat(cast (grouping(deptno) as char(1)),
 9           cast(grouping(mgr) as char(1))) flag
10   from emp
11   where mgr is not null
12   group by rollup (deptno,mgr)
13         ) x
14   group by mgr
```

MySQL

ROLLUP 확장을 GROUP BY에 사용한 다음 CASE 식을 사용하여 데이터를 더 보기 좋은 보고서로
구성합니다.

```
 1    select mgr,
 2           sum(case deptno when 10 then sal else 0 end) dept10,
 3           sum(case deptno when 20 then sal else 0 end) dept20,
 4           sum(case deptno when 30 then sal else 0 end) dept30,
 5           sum(case flag when '11' then sal else null end) total
 6      from (
 7      select  deptno,mgr,sum(sal) sal,
 8              concat( cast(grouping(deptno) as char(1)) ,
 9              cast(grouping(mgr) as char(1))) flag
10      from emp
11     where mgr is not null
12      group by deptno,mgr with rollup
13           ) x
14      group by mgr;
```

설명 여기에 제공된 해법은 문자열 연결 및 GROUPING 지정 방법을 제외하고 동일합니다. 해
법들이 매우 유사하므로, 다음 논의에서는 중간 결과셋을 강조하고자 SQL Server 해법을 참
조합니다(이 논의는 DB2 및 Oracle과도 관련됩니다).

첫 번째 단계는 MGR당 각 DEPTNO의 사원에 대한 SAL을 합산하는 결과셋을 생성하는 것입니다.
여기서는 특정 부서의 특정 관리자 아래에서 사원이 얼마나 버는지를 보여줍니다. 예를 들어
다음 쿼리를 사용하면 킹(KING) 사원이나 DEPTNO 10에 속한 사원과 DEPTNO 30에 속한 사원
의 급여를 비교할 수 있습니다.

```
select deptno,mgr,sum(sal) sal
  from emp
 where mgr is not null
 group by mgr,deptno
 order by 1,2

DEPTNO       MGR         SAL
------ ---------- ----------
    10      7782        1300
    10      7839        2450
```

20	7566	6000
20	7788	1100
20	7839	2975
20	7902	800
30	7698	6550
30	7839	2850

다음 단계는 GROUP BY에 대한 ROLLUP 확장을 사용하여 각 DEPTNO 및 (관리자가 있는) 모든 사원에 대한 소계를 만드는 것입니다.

```
select deptno,mgr,sum(sal) sal
  from emp
 where mgr is not null
 group by deptno,mgr with rollup

DEPTNO     MGR        SAL
------  ----------  ----------
    10    7782       1300
    10    7839       2450
    10                3750
    20    7566       6000
    20    7788       1100
    20    7839       2975
    20    7902        800
    20              10875
    30    7698       6550
    30    7839       2850
    30               9400
                    24025
```

소계가 생성되면 어떤 값이 실제로 ROLLUP에 의해 생성된 것이고, 어떤 값이 일반 GROUP BY의 결과인지 확인하는 방법이 필요합니다. GROUPING 함수를 사용하여 일반 집곗값에서 소계 값을 식별하는 데 도움이 되는 비트맵bitmap을 만듭니다.

```
select deptno,mgr,sum(sal) sal,
       cast(grouping(deptno) as char(1))+
       cast(grouping(mgr) as char(1)) flag
  from emp
 where mgr is not null
 group by deptno,mgr with rollup
```

```
DEPTNO       MGR       SAL FLAG
------  ----------  ---------- ----
    10        7782        1300 00
    10        7839        2450 00
    10                    3750 01
    20        7566        6000 00
    20        7788        1100 00
    20        7839        2975 00
    20        7902         800 00
    20                   10875 01
    30        7698        6550 00
    30        7839        2850 00
    30                    9400 01
                        24025 11
```

바로 와 닿지 않는다면, FLAG 값이 00인 행은 일반 집계의 결과입니다. FLAG에 대한 값이 01인 행은 DEPTNO에 의해 SAL을 집계한 ROLLUP의 결과입니다(DEPTNO가 ROLLUP에서 첫 번째로 나열되기 때문입니다. 예를 들어 GROUP BY MGR, DEPTNO WITH ROLLUP과 같이 순서를 전환하면 전혀 다른 결과가 표시됩니다). FLAG 값이 11인 행은 ROLLUP이 전체 행에 대해 SAL을 집계한 결과입니다.

여기에서는 단순히 CASE 표현식을 사용하여 유용한 보고서를 만드는 데 필요한 모든 것을 갖추었습니다. 목표는 부서 전체의 각 관리자에 속한 사원 급여를 보여주는 보고서를 제공하는 것입니다. 관리자가 특정 부서에 부하 사원이 없으면 0을 반환하고, 그렇지 않으면 해당 부서에서 해당 관리자 소속 사원에 대한 모든 급여 합계를 반환하려고 합니다. 또한 보고서의 모든 급여 합계를 나타내는 최종 열 TOTAL을 추가할 것입니다. 이러한 모든 요구 사항을 충족하는 해법이 다음과 같이 표시됩니다.

```
select mgr,
       sum(case deptno when 10 then sal else 0 end) dept10,
       sum(case deptno when 20 then sal else 0 end) dept20,
       sum(case deptno when 30 then sal else 0 end) dept30,
       sum(case flag when '11' then sal else null end) total
  from (
select deptno,mgr,sum(sal) sal,
       cast(grouping(deptno) as char(1))+
       cast(grouping(mgr) as char(1)) flag
  from emp
```

```
where mgr is not null
group by deptno,mgr with rollup
      ) x
group by mgr
order by coalesce(mgr,9999)


MGR   DEPT10     DEPT20     DEPT30     TOTAL
----  ---------- ---------- ---------- ----------
7566          0       6000          0
7698          0          0       6550
7782       1300          0          0
7788          0       1100          0
7839       2450       2975       2850
7902          0        800          0
           3750      10875       9400      24025
```

12.21 마치며

데이터베이스는 데이터를 저장하기 위한 것이지만 결국 누군가가 데이터를 검색하여 어딘가에 제시할 수 있어야 합니다. 12장에서는 사용자의 요구에 맞게 데이터를 재구성하거나 형식을 지정할 수 있는 여러 가지 중요한 방법을 알아보았습니다. 사용자에게 필요한 형식으로 데이터를 제공하는 일반적인 목적 외에도, 이러한 기술은 데이터베이스 소유자에게 데이터 웨어하우스를 생성하는 데 중요한 역할을 합니다.

실제 업무에서 현업 사용자를 지원하는 경험이 많이 쌓일수록 더 능숙해지고, 이러한 아이디어를 더 정교한 산출물로 확장할 수 있습니다.

CHAPTER 13

계층적 쿼리

13장에서는 데이터의 계층적 관계를 표현하는 방법을 소개합니다. 계층적 데이터를 사용하면, 데이터를 저장하는 것보다 데이터를 검색하고 계층 구조로 표시하는 것이 더 어렵습니다.

이제 MySQL에서도 재귀 CTE를 사용할 수 있으므로, 사실상 모든 RDBMS에서 재귀 CTE를 사용할 수 있습니다. 결과적으로 재귀 CTE는 계층적 쿼리를 처리하는 표준입니다. 13장에서는 이 기능을 자유롭게 사용하여 데이터의 계층적 구조를 밝히는 데 도움이 되는 방법을 제공합니다.

시작하기 전에, EMP 테이블과 EMPNO 및 MGR 간의 계층 관계를 봅시다.

```
select empno,mgr
  from emp
order by 2


    EMPNO       MGR
---------- ----------
      7788      7566
      7902      7566
      7499      7698
      7521      7698
      7900      7698
      7844      7698
      7654      7698
      7934      7782
      7876      7788
```

7566	7839
7782	7839
7698	7839
7369	7902
7839	

자세히 살펴보면, MGR의 각 값도 EMPNO라는 것을 알 수 있습니다. 즉, EMP 테이블의 각 사원의 관리자도 EMP 테이블의 사원이며 다른 곳에 저장되지 않는다는 의미합니다. MGR과 EMPNO 사이의 관계는 MGR 값이 주어진 EMPNO에 대한 바로 상위라는 점에서 상위-하위 관계입니다(특정 사원의 관리자도 관리자를 가질 수 있으며, 그 관리자들도 상위 관리자가 있을 수 있습니다. 이런 형태로 n-티어^{tier} 계층을 만듭니다). 사원에게 관리자가 없는 경우 MGR은 null입니다.

13.1 상위-하위 관계 표현하기

문제 하위 레코드의 데이터와 함께 상위 정보를 포함하려고 합니다. 예를 들어 각 사원명과 관리자의 이름을 표시하려 할 때 다음과 같은 결과셋을 반환합니다.

```
EMPS_AND_MGRS
-----------------------------
FORD works for JONES
SCOTT works for JONES
JAMES works for BLAKE
TURNER works for BLAKE
MARTIN works for BLAKE
WARD works for BLAKE
ALLEN works for BLAKE
MILLER works for CLARK
ADAMS works for SCOTT
CLARK works for KING
BLAKE works for KING
JONES works for KING
SMITH works for FORD
```

해법 EMP의 MGR 및 EMPNO를 직접 조인하여 각 사원의 관리자 이름을 찾습니다. 그런 다음 문자열 연결을 위해 RDBMS에서 제공하는 함수를 사용하여 원하는 결과셋의 문자열을 생성합니다.

DB2, Oracle, PostgreSQL

EMP를 셀프 조인합니다. 그런 다음 이중 수직선(││) 연결 연산자를 사용합니다.

```
1 select a.ename || ' works for ' || b.ename as emps_and_mgrs
2   from emp a, emp b
3  where a.mgr = b.empno
```

MySQL

EMP를 셀프 조인한 다음, 연결 함수 CONCAT을 사용합니다.

```
1 select concat(a.ename, ' works for ',b.ename) as emps_and_mgrs
2   from emp a, emp b
3  where a.mgr = b.empno
```

SQL Server

EMP를 셀프 조인합니다. 그런 다음 덧셈 기호(+)를 연결 연산자로 사용합니다.

```
1 select a.ename + ' works for ' + b.ename as emps_and_mgrs
2   from emp a, emp b
3  where a.mgr = b.empno
```

설명 모든 해법의 구현은 본질적으로 같습니다. 차이점은 문자열 연결 방법에만 있으므로, 모든 해법을 하나로 설명할 것입니다.

핵심은 MGR과 EMPNO 간의 조인입니다. 첫 번째 단계는 EMP를 셀프 조인하여 데카르트 곱을 만드는 것입니다(다음은 데카르트 곱에서 반환된 일부 행을 표시합니다).

```
select a.empno, b.empno
  from emp a, emp b
```

```
EMPNO      MGR
-----  ----------
 7369       7369
 7369       7499
 7369       7521
 7369       7566
 7369       7654
 7369       7698
 7369       7782
 7369       7788
 7369       7839
 7369       7844
 7369       7876
 7369       7900
 7369       7902
 7369       7934
 7499       7369
 7499       7499
 7499       7521
 7499       7566
 7499       7654
 7499       7698
 7499       7782
 7499       7788
 7499       7839
 7499       7844
 7499       7876
 7499       7900
 7499       7902
 7499       7934
```

보다시피 데카르트 곱을 사용하면 가능한 모든 EMPNO/EMPNO 조합을 반환합니다(EMPNO 7369 의 관리자와 EMPNO 7369를 포함하여 테이블의 전 사원이 보이게 됩니다).

다음 단계는 각 사원과 해당 관리자의 EMPNO만 반환하도록 결과를 필터링하는 것입니다. MGR 및 EMPNO를 조인하여 이 작업을 수행합니다.

```
1 select a.empno, b.empno mgr
2   from emp a, emp b
3  where a.mgr = b.empno
```

```
    EMPNO        MGR
---------- ----------
      7902       7566
      7788       7566
      7900       7698
      7844       7698
      7654       7698
      7521       7698
      7499       7698
      7934       7782
      7876       7788
      7782       7839
      7698       7839
      7566       7839
      7369       7902
```

이제 각 사원과 관리자의 EMPNO가 있으므로 B.EMPNO 대신 B.ENAME을 선택하여 각 관리자의
이름을 반환할 수 있습니다. 실습 후에도 이것이 어떻게 작동하는지 파악이 어렵다면, 셀프 조
인 대신 스칼라 서브쿼리를 사용하여 답을 얻을 수도 있습니다.

```
select a.ename,
       (select b.ename
          from emp b
         where b.empno = a.mgr) as mgr
  from emp a

ENAME      MGR
---------- ----------
SMITH      FORD
ALLEN      BLAKE
WARD       BLAKE
JONES      KING
MARTIN     BLAKE
BLAKE      KING
CLARK      KING
SCOTT      JONES
KING
TURNER     BLAKE
ADAMS      SCOTT
JAMES      BLAKE
FORD       JONES
MILLER     CLARK
```

스칼라 서브쿼리 버전은 한 행을 제외하고는 셀프 조인과 같습니다. 사원 킹(KING)이 결과셋에 있지만, 셀프 조인의 경우는 그렇지 않습니다. null은 그 자신을 포함하여 어떤 것과도 비교할 수 없음을 기억하세요. 셀프 조인에서는 EMPNO와 MGR 간에 동등 조인을 사용하여 MGR에 대해 null을 가진 사원을 필터링합니다. 셀프 조인 방법을 사용할 때 사원 킹을 보려면, 다음 두 쿼리에 표시된 대로 외부 조인해야 합니다. 첫 번째 해법은 ANSI 외부 조인을 사용하고, 두 번째 해법은 Oracle 외부 조인 구문을 사용합니다. 출력 결과는 둘 다 동일하며, 두 번째 쿼리 다음에 표시했습니다.

```
/* ANSI */
select a.ename, b.ename mgr
  from emp a left join emp b
    on (a.mgr = b.empno)

/* Oracle */
select a.ename, b.ename mgr
  from emp a, emp b
 where a.mgr = b.empno (+)

ENAME      MGR
---------- ----------
FORD       JONES
SCOTT      JONES
JAMES      BLAKE
TURNER     BLAKE
MARTIN     BLAKE
WARD       BLAKE
ALLEN      BLAKE
MILLER     CLARK
ADAMS      SCOTT
CLARK      KING
BLAKE      KING
JONES      KING
SMITH      FORD
KING
```

13.2 자식-부모-조부모 관계 표현하기

문제 사원 클라크(CLARK)가 킹(KING) 밑에서 일하고 있다면, 이러한 관계를 표현하기 위해 13장의 첫 번째 방법을 사용할 수 있습니다. 이때 만약 클라크 역시 다른 사원의 관리자라면 어떻게 될까요? 다음 쿼리를 봅시다.

```
select ename,empno,mgr
  from emp
 where ename in ('KING','CLARK','MILLER')


ENAME      EMPNO    MGR
--------- -------- -------
CLARK       7782    7839
KING        7839
MILLER      7934    7782
```

보다시피 사원 밀러(MILLER)는 클라크 아래에서 일하고 있으므로, 킹 아래에서 일하는 것이기도 합니다. 이처럼 밀러부터 킹까지 전체 계층을 표현하는 다음 결과셋을 반환하려고 합니다.

```
LEAF___BRANCH___ROOT
--------------------
MILLER-->CLARK-->KING
```

그러나 이전 단일 셀프 조인 방식으로는 위에서 아래로 전체 관계를 보여주는 것이 충분하지 않습니다. 두 개의 자체 조인을 수행하는 쿼리를 작성할 수 있지만, 실제로 필요한 것은 이러한 계층 구조를 통과하는 일반적인 접근 방식입니다.

해법 이 레시피는 제목에서 알 수 있듯이 이제 3계층 관계에 있으므로 첫 번째 방법과 다릅니다. Oracle의 경우처럼 RDBMS가 트리 구조 데이터를 탐색하는 기능을 제공하지 않는 경우, CTE를 사용하여 이 문제를 해결할 수 있습니다.

DB2, SQL Server

재귀 **WITH** 절을 사용하여 밀러의 관리자인 클라크를 찾은 다음, 클라크의 관리자인 킹을 찾습니다. SQL Server 문자열 연결 연산자 +가 이 해법에서 사용됩니다.

```
1     with  x (tree,mgr,depth)
2       as  (
3  select   cast(ename as varchar(100)),
4           mgr, 0
5    from  emp
6   where  ename = 'MILLER'
7   union  all
8  select  cast(x.tree+'-->'+e.ename as varchar(100)),
9          e.mgr, x.depth+1
10   from  emp e, x
11  where  x.mgr = e.empno
12 )
13 select tree leaf__branch__root
14   from  x
15  where depth = 2
```

이 해법은 연결 연산자를 바꾸면 다른 데이터베이스에서 작동할 수 있습니다. 따라서 DB2의 경우 ||, PostgreSQL의 경우 **CONCAT**으로 변경합니다.

PostgreSQL, MySQL

이전 해법과 유사하지만 **RECURSIVE** 키워드가 필요합니다.

```
1     with recursive x (tree,mgr,depth)
2       as  (
3  select   cast(ename as varchar(100)),
4           mgr, 0
5    from  emp
6   where  ename = 'MILLER'
7   union  all
8  select  cast(concat(x.tree,'-->',emp.ename) as char(100)),
9          e.mgr, x.depth+1
10   from  emp e, x
11  where  x.mgr = e.empno
12 )
13 select tree leaf__branch__root
```

```
14   from x
15   where depth = 2
```

Oracle

밀러를 반환하려면 SYS_CONNECT_BY_PATH 함수를 사용하세요. 밀러의 관리자인 클라크, 클라크의 관리자인 킹이 있습니다. CONNECT BY 절을 사용하여 트리 구조를 살펴봅시다.

```
1  select ltrim(
2           sys_connect_by_path(ename,'-->'),
3           '-->') leaf__branch__root
4    from emp
5    where level = 3
6    start with ename = 'MILLER'
7  connect by prior mgr = empno
```

설명 이 설명은 DB2, SQL Server, PostgreSQL, MySQL, Oracle로 구분됩니다.

DB2, SQL Server, PostgreSQL, MySQL

여기서 접근 방식은 리프 노드에서 시작하여 루트까지 거슬러 올라가는 것입니다(다른 방향으로 해보는 것도 유용한 실습이 될 것입니다). UNION ALL의 윗부분은 단순히 사원 밀러(리프 노드)에 대한 행을 찾습니다. UNION ALL의 다음은 밀러의 관리자인 사원을 찾은 뒤, 그 사람의 관리자를 찾습니다. 이 '0관리자의 관리자' 찾기 과정은 최상위 관리자(루트 노드)에서 멈출 때까지 반복됩니다. DEPTH 값은 0에서 시작하여 관리자를 찾을 때마다 자동으로 1씩 증가합니다. DEPTH는 재귀 쿼리를 실행할 때 DB2가 유지하는 값입니다.

> **TIP_** WITH 절의 재귀적 사용에 초점을 맞춘 흥미롭고 심층적인 소개는 조너선 제닉Jonathan Gennick의 기사 「WITH절의 이해(Understanding the WITH Clause)」[6]를 참조하세요.

다음으로 UNION ALL의 두 번째 쿼리는 재귀 뷰 X를 EMP 테이블에 조인하여 부모–자식 관계를 정의합니다. 이 시점에서 SQL Server의 연결 연산자를 사용한 쿼리는 다음과 같습니다.

---

7 *http://gennick.com/with.htm*

```
   with x (tree,mgr,depth)
     as (
select cast(ename as varchar(100)),
       mgr, 0
  from emp
 where ename = 'MILLER'
 union all
select cast(x.tree+'-->'+e.ename as varchar(100)),
       e.mgr, x.depth+1
  from emp e, x
 where x.mgr = e.empno
)
select tree leaf___branch___root
  from x


TREE         DEPTH
----------   ----------
MILLER               0
CLARK                1
KING                 2
```

이 시점에서 문제의 핵심이 해결되었습니다. 밀러에서 시작하여 아래에서 위로 전체 계층 관계를 반환합니다. 남은 것은 단순히 서식을 지정하는 것입니다. 트리 순회는 재귀적이므로 EMP의 현재 ENAME을 이전 ENAME으로 연결하면 다음과 같은 결과셋이 제공됩니다.

```
   with x (tree,mgr,depth)
     as (
select  cast(ename as varchar(100)),
        mgr, 0
  from emp
 where ename = 'MILLER'
 union all
select cast(x.tree+'-->'+e.ename as varchar(100)),
       e.mgr, x.depth+1
  from emp e, x
 where x.mgr = e.empno
)
select depth, tree
  from x
```

```
DEPTH TREE
----- ----------------------------
    0 MILLER
    1 MILLER-->CLARK
    2 MILLER-->CLARK-->KING
```

마지막 단계는 계층 구조의 마지막 행만 유지하는 것입니다. 이를 수행하는 방법에는 여러 가지가 있지만, 해법은 DEPTH를 사용하여 루트에 도달하는 때를 결정합니다(클라크에게 킹 이외의 관리자가 있는 것이 확실할 경우, DEPTH의 필터를 변경해야 합니다. 이러한 필터가 필요 없는 일반적인 해법은 다음 레시피를 참조하세요).

Oracle

CONNECT BY 절은 Oracle 해법의 모든 작업을 수행합니다. 밀러부터 시작하여 조인 없이 킹까지 따라갑니다. CONNECT BY 절의 표현식은 데이터의 관계와 트리를 따라가는 방법을 정의합니다.

```
select ename
  from emp
 start with ename = 'MILLER'
connect by prior mgr = empno

ENAME
--------
MILLER
CLARK
KING
```

키워드 PRIOR를 사용하면 계층 구조의 이전 레코드 값에 액세스할 수 있습니다. 따라서 주어진 EMPNO에 대해 PRIOR MGR를 사용하여, 해당 사원의 관리자 사번에 액세스 할 수 있습니다. CONNECT BY PRIOR MGR = EMPNO와 같은 절이 보이면, 해당 절은 이 경우 부모와 자식 간 조인을 표현하는 것으로 간주합니다.

---

8 *https://oreil.ly/6yfha*

지금까지 밀러에서 시작하여 킹으로 끝나는 전체 계층을 성공적으로 표시했습니다. 문제는 대부분 해결되었습니다. 이제 형식만 지정하면 됩니다. SYS_CONNECT_BY_PATH 함수를 사용하여 각 ENAME 앞에 추가합니다.

```
 select sys_connect_by_path(ename,'-->') tree
   from emp
  start with ename = 'MILLER'
connect by prior mgr = empno

TREE
--------------------------
-->MILLER
-->MILLER-->CLARK
-->MILLER-->CLARK-->KING
```

전체 계층에만 관심이 있으므로 의사 열pseudo-column[9]을 필터링합니다(다음 레시피에서 더 일반적인 접근 방식이 표시됩니다).

```
 select sys_connect_by_path(ename,'-->') tree
   from emp
  where level = 3
  start with ename = 'MILLER'
connect by prior mgr = empno

TREE
--------------------------
-->MILLER-->CLARK-->KING
```

마지막 단계는 LTRIM 함수를 사용하여, 결과셋에서 제일 앞의 -->을 제거하는 것입니다.

---

9 옮긴이_ 테이블의 열처럼 동작하지만 실제로 테이블에 저장되지 않는 열을 가리킵니다. ROWNUM이 대표적이며 시퀀스에서 사용하는 NEXTVAL이나 CURRVAL 등이 있습니다.

13.3 테이블의 계층 뷰 생성하기

문제 전체 테이블의 계층을 설명하는 결과셋을 반환하려고 합니다. EMP 테이블의 경우, 사원 킹(KING)에게는 관리자가 없으므로 킹이 루트 노드입니다. 킹부터 시작하여 그 아래의 모든 사원과 또 그들 아래에 있는 모든 사원(있는 경우)을 표시하려고 합니다. 궁극적으로 다음과 같은 결과셋을 반환하려고 합니다.

```
EMP_TREE
-----------------------------
KING
KING - BLAKE
KING - BLAKE - ALLEN
KING - BLAKE - JAMES
KING - BLAKE - MARTIN
KING - BLAKE - TURNER
KING - BLAKE - WARD
KING - CLARK
KING - CLARK - MILLER
KING - JONES
KING - JONES - FORD
KING - JONES - FORD - SMITH
KING - JONES - SCOTT
KING - JONES - SCOTT - ADAMS
```

해법 이 해법은 DB2, PostgreSQL, SQL Server, MySQL, Oracle로 구분됩니다.

DB2, PostgreSQL, SQL Server

재귀 WITH 절을 사용하여 킹에서 계층 구조를 시작한 다음, 궁극적으로 모든 사원을 표시합니다. 다음 해법은 DB2 연결 연산자(||)를 사용합니다. SQL Server 사용자는 연결 연산자 (+)를 사용하고 MySQL은 CONCAT 함수를 사용합니다. 연결 연산자를 제외하고는 두 RDBMS에서 동일하게 작동합니다.

```
1   with x (ename,empno)
2      as (
3  select cast(ename as varchar(100)),empno
```

```
 4    from emp
 5   where mgr is null
 6   union all
 7  select cast(x.ename||' - '||e.ename as varchar(100)),
 8          e.empno
 9    from emp e, x
10   where e.mgr = x.empno
11  )
12  select ename as emp_tree
13    from x
14   order by 1
```

MySQL

MySQL는 RECURSIVE 키워드도 필요합니다.

```
 1   with recursive x (ename,empno)
 2      as (
 3  select cast(ename as varchar(100)),empno
 4    from emp
 5   where mgr is null
 6   union all
 7  select cast(concat(x.ename,' - ',e.ename) as varchar(100)),
 8          e.empno
 9    from emp e, x
10   where e.mgr = x.empno
11  )
12  select ename as emp_tree
13    from x
14   order by 1
```

Oracle

CONNECT BY 함수를 사용하여 계층을 정의합니다. SYS_CONNECT_BY_PATH 함수를 사용하여 그에 따라 출력 형식을 지정합니다.

```
 1  select ltrim(
 2          sys_connect_by_path(ename,' - '),
 3          ' - ') emp_tree
 4    from emp
```

```
5    start with mgr is null
6  connect by prior empno=mgr
7    order by 1
```

이 해법은 LEVEL 의사 열에 필터를 포함하지 않는다는 점에서 이전 해법과 다릅니다. 필터가 없으면 가능한 모든 트리(PRIOR EMPNO = MGR)가 표시됩니다.

설명 이 설명은 DB2, MySQL, PostgreSQL, SQL Server, Oracle로 구분됩니다.

DB2, MySQL, PostgreSQL, SQL Server

첫 번째 단계는 재귀 뷰 X에서 UNION ALL의 상단에 있는 루트 행(사원 킹)을 식별하는 것입니다. 다음 단계는 재귀 뷰 X를 EMP 테이블과 조인하여 킹의 사원과 그 아래 사원이 있다면 이를 찾는 것입니다. 모든 사원을 반환할 때까지 재귀가 계속됩니다. 최종 결과셋에 표시되는 형식이 없으면 재귀 뷰 X에서 반환한 결과셋은 다음과 같습니다.

```
with x (ename,empno)
    as (
select cast(ename as varchar(100)),empno
  from emp
 where mgr is null
 union all
select cast(e.ename as varchar(100)),e.empno
  from emp e, x
 where e.mgr = x.empno
 )
 select ename emp_tree
   from x

EMP_TREE
----------------
KING
JONES
SCOTT
ADAMS
FORD
SMITH
BLAKE
ALLEN
WARD
```

```
    MARTIN
    TURNER
    JAMES
    CLARK
    MILLER
```

계층 구조의 모든 행이 반환되지만, 형식이 없으면 관리자가 누구인지 알 수 없습니다. 각 사원을 관리자에게 연결하면 더 의미 있는 결과를 얻을 수 있습니다. 다음을 사용하여 원하는 출력을 간단히 생성합니다.

```
cast(x.ename+','+e.ename as varchar(100))
```

재귀 뷰 X에서 UNION ALL의 아래쪽 부분에 있는 SELECT 절에 둡니다. WITH 절은 쿼리를 수정할 필요 없이 계층 구조가 변경될 수 있으므로(예: 리프 노드가 분기 노드가 됨), 이러한 유형의 문제를 해결하는 데 매우 유용합니다.

Oracle

CONNECT BY 절은 계층 구조의 행을 반환합니다. START WITH 절은 루트 행을 정의합니다. SYS_CONNECT_BY_PATH 없이 실행하면 반환된 행이 맞기는 하지만(유용할 수 있음), 행의 관계를 표현하는 형식이 지정되지 않습니다.

```
select ename emp_tree
  from emp
 start with mgr is null
connect by prior empno = mgr


EMP_TREE
------------------
KING
JONES
SCOTT
ADAMS
FORD
SMITH
BLAKE
ALLEN
WARD
```

```
    MARTIN
    TURNER
    JAMES
    CLARK
    MILLER
```

의사 열 LEVEL과 LPAD 함수를 사용하면 계층 구조를 더 명확하게 보여줄 수 있습니다. 궁극적으로 원하는 출력 결과를 반환하려고 SYS_CONNECT_BY_PATH를 이용하는 이유를 알 수 있습니다.

```
select lpad('.',2*level,'.')||ename emp_tree
   from emp
  start with mgr is null
connect by prior empno = mgr

EMP_TREE
----------------
..KING
....JONES
......SCOTT
........ADAMS
......FORD
........SMITH
....BLAKE
......ALLEN
......WARD
......MARTIN
......TURNER
......JAMES
....CLARK
......MILLER
```

이 출력 결과의 들여쓰기는 관리자 밑에 사원을 배치하여 관리자가 누구인지 나타냅니다. 예를 들어 킹(KING)은 누구의 아래에서도 일하지 않습니다. 존스(JONES)는 킹 소속으로 일합니다. 스콧(SCOTT)은 존스 아래에서 일합니다. 애덤스(ADAMS)는 스콧 아래에서 일합니다.

SYS_CONNECT_BY_PATH를 사용할 때 해당 행을 살펴보면 SYS_CONNECT_BY_PATH가 계층 구조를 찾아 올라가는 것을 알 수 있습니다. 새 노드에 도달하면 이전 노드도 모두 표시됩니다.

```
KING
KING - JONES
KING - JONES - SCOTT
KING - JONES - SCOTT - ADAMS
```

13.4 지정한 상위 행에 대한 모든 하위 행 찾기

문제 직간접적으로 존스(JONES) 아래에서 일하는 모든 사원을 찾고 싶습니다. 존스의 사원 목록이 여기에 표시됩니다(존스도 결과셋에 포함됩니다).

```
ENAME
----------
JONES
SCOTT
ADAMS
FORD
SMITH
```

해법 트리의 절대 상단 또는 하단으로 이동할 수 있다는 것은 매우 유용합니다. 이 해법에는 특별한 서식이 필요하지 않습니다. 목표는 존스 자신을 포함하여 존스 아래에서 일하는 모든 사원을 단순히 반환하는 것입니다. 이러한 유형의 쿼리는 Oracle의 CONNECT BY 및 SQL Server/DB2의 WITH 절과 같은 재귀 SQL 확장의 유용성을 실제로 보여줍니다.

DB2, PostgreSQL, SQL Server

재귀 WITH 절을 사용하여 존스 아래의 모든 사원을 찾습니다. 두 통합 쿼리 중 첫 번째에 WHERE ENAME = JONES를 지정하여 존스부터 시작합니다.

```
1    with x (ename,empno)
2      as (
3 select ename,empno
4    from emp
```

```
 5  where ename = 'JONES'
 6  union all
 7 select e.ename, e.empno
 8    from emp e, x
 9   where x.empno = e.mgr
10 )
11 select ename
12    from x
```

Oracle

CONNECT BY 절을 사용하고 START WITH ENAME = JONES를 지정하여 존스 아래의 모든 사원을 찾습니다.

```
1 select ename
2    from emp
3  start with ename = 'JONES'
4 connect by prior empno = mgr
```

설명 이 설명은 DB2, MySQL, PostgreSQL, SQL Server, Oracle로 구분됩니다.

DB2, MySQL, PostgreSQL, SQL Server

재귀 WITH 절을 사용하면 비교적 간단하게 해결할 수 있습니다. UNION ALL의 위쪽 부분인 WITH 절의 첫 번째 부분은 존스에 대한 행을 반환합니다. 이름을 보기 위해 ENAME과 EMPNO를 조인해서 반환합니다. UNION ALL의 아래쪽 부분은 EMP.MGR을 X.EMPNO에 재귀적으로 조인합니다. 결과셋이 모두 완료될 때까지 조인 조건이 적용됩니다.

Oracle

START WITH 절은 존스를 루트 노드로 만들도록 쿼리에 지시합니다. CONNECT BY 절의 조건은 트리 작업을 구동하고 조건이 참이 아닐 때까지 실행됩니다.

13.5 리프, 분기, 루트 노드 행 확인하기

문제 주어진 행이 어떤 유형의 노드인지 확인하려고 합니다. 리프, 분기 또는 루트일 수 있습니다. 이 예에서 리프 노드는 관리자가 아닌 사원입니다. 분기 노드는 관리자이자, 관리자가 있는 사원입니다. 루트 노드는 관리자가 없는 사원입니다. 계층 구조에서 각 행의 상태를 반영하기 위해 1(TRUE) 또는 0(FALSE)을 반환하려고 합니다. 즉, 다음과 같은 결과셋을 반환하려고 합니다.

```
ENAME        IS_LEAF     IS_BRANCH      IS_ROOT
----------   ----------  ----------     ----------
KING             0           0              1
JONES            0           1              0
SCOTT            0           1              0
FORD             0           1              0
CLARK            0           1              0
BLAKE            0           1              0
ADAMS            1           0              0
MILLER           1           0              0
JAMES            1           0              0
TURNER           1           0              0
ALLEN            1           0              0
WARD             1           0              0
MARTIN           1           0              0
SMITH            1           0              0
```

해법 EMP 테이블이 재귀 계층이 아닌 트리 계층 구조로 설계되고 루트 노드의 MGR 값이 null 이라는 점을 인지해야 합니다. EMP가 재귀 계층을 사용하도록 설계된 경우 루트 노드는 자기 참조가 됩니다(즉, 사원 킹의 MGR 값은 킹의 EMPNO가 됩니다). 자기 참조는 직관적이지 않으므로 루트 노드의 MGR에 null 값을 사용하고 있습니다. CONNECT BY를 사용하는 Oracle 사용자와 WITH를 사용하는 DB2/SQL Server 사용자의 경우, 트리 계층 구조를 사용하기 쉽고 재귀 계층 구조보다 더 효율적일 수 있습니다. 재귀 계층 구조가 있고 CONNECT BY 또는 WITH를 사용하는 상황이라면 주의하세요. SQL에서 루프만 하다가 끝날 수 있습니다. 재귀 계층 구조에 갇힌 경우 이러한 루프를 중심으로 코딩해야 합니다.

DB2, PostgreSQL, MySQL, SQL Server

세 개의 스칼라 서브쿼리를 사용하여 각 노드 유형에 대해 반환할 올바른 불리언 값(1 또는 0)을 결정합니다.

```
 1 select e.ename,
 2        (select sign(count(*)) from emp d
 3          where 0 =
 4            (select count(*) from emp f
 5              where f.mgr = e.empno)) as is_leaf,
 6        (select sign(count(*)) from emp d
 7          where d.mgr = e.empno
 8            and e.mgr is not null) as is_branch,
 9        (select sign(count(*)) from emp d
10          where d.empno = e.empno
11              and d.mgr is null) as is_root
12    from emp e
13 order by 4 desc,3 desc
```

Oracle

스칼라 서브쿼리는 Oracle에서도 작동하며 Oracle Database 10g 이전 버전일 때 사용합니다. 다음은 루트 및 리프 행을 식별하기 위해 Oracle에서 제공하는 (Oracle Database 10g에 도입된) 기본 제공 기능을 강조합니다. 함수는 각각 CONNECT_BY_ROOT 및 CONNECT_BY_ISLEAF입니다.

```
 1 select ename,
 2        connect_by_isleaf is_leaf,
 3        (select count(*) from emp e
 4          where e.mgr = emp.empno
 5            and emp.mgr is not null
 6            and rownum = 1) is_branch,
 7        decode(ename,connect_by_root(ename),1,0) is_root
 8    from emp
 9   start with mgr is null
10 connect by prior empno = mgr
11 order by 4 desc, 3 desc
```

DB2, PostgreSQL, MySQL, SQL Server

이 해법은 단순히 '문제' 절에 정의된 규칙을 적용하여 리프, 분기 및 루트를 결정합니다. 첫 번째 단계는 사원이 리프 노드인지 확인하는 것입니다. 사원이 관리자가 아니면(즉, 아무도 그 아래에서 일하지 않으면) 리프 노드입니다. 첫 번째 스칼라 서브쿼리인 **IS_LEAF**를 표시합니다.

```
select e.ename,
       (select sign(count(*)) from emp d
         where 0 =
           (select count(*) from emp f
             where f.mgr = e.empno)) as is_leaf
   from emp e
order by 2 desc

ENAME        IS_LEAF
-----------  --------
SMITH            1
ALLEN            1
WARD             1
ADAMS            1
TURNER           1
MARTIN           1
JAMES            1
MILLER           1
JONES            0
BLAKE            0
CLARK            0
FORD             0
SCOTT            0
KING             0
```

IS_LEAF의 출력 결과는 0 또는 1이어야 하므로 COUNT(*) 연산의 결과를 가져와야 합니다. 그렇지 않으면 리프 행에 대해 1 대신 14를 얻습니다. 또는 0 또는 1만 반환하려고 하므로, 계산할 행이 하나만 있는 테이블을 사용할 수 있습니다. 예를 들면 다음과 같습니다.

```
select e.ename,
       (select count(*) from t1 d
         where not exists
           (select null from emp f
             where f.mgr = e.empno)) as is_leaf
  from emp e
order by 2 desc

ENAME      IS_LEAF
---------- ----------
SMITH               1
ALLEN               1
WARD                1
ADAMS               1
TURNER              1
MARTIN              1
JAMES               1
MILLER              1
JONES               0
BLAKE               0
CLARK               0
FORD                0
SCOTT               0
KING                0
```

다음 단계는 분기 노드를 찾는 것입니다. 사원이 관리자이고 다른 사람을 위해 일하는 경우에도 해당 사원은 분기 노드입니다. 스칼라 하위 쿼리 IS_BRANCH의 결과가 여기에 표시됩니다.

```
select e.ename,
       (select sign(count(*)) from emp d
         where d.mgr = e.empno
           and e.mgr is not null) as is_branch
  from emp e
order by 2 desc

ENAME      IS_BRANCH
---------- ---------
JONES              1
BLAKE              1
SCOTT              1
CLARK              1
FORD               1
```

```
SMITH       0
TURNER      0
MILLER      0
JAMES       0
ADAMS       0
KING        0
ALLEN       0
MARTIN      0
WARD        0
```

다시금 COUNT(*) 연산의 결과를 취해야 합니다. 그렇지 않으면 노드가 분기일 때 (잠재적으로) 1보다 큰 값을 얻습니다. 스칼라 서브쿼리 IS_LEAF와 마찬가지로 행이 하나인 테이블을 사용할 수 있습니다. 다음 해법은 T1 테이블을 사용합니다.

```
select e.ename,
      (select count(*) from t1 t
        where exists (
          select null from emp f
           where f.mgr = e.empno
             and e.mgr is not null)) as is_branch
   from emp e
order by 2 desc

ENAME           IS_BRANCH
--------------- ----------
JONES                   1
BLAKE                   1
SCOTT                   1
CLARK                   1
FORD                    1
SMITH                   0
TURNER                  0
MILLER                  0
JAMES                   0
ADAMS                   0
KING                    0
ALLEN                   0
MARTIN                  0
WARD                    0
```

마지막 단계는 루트 노드를 찾는 것입니다. 루트 노드는 관리자이지만 다른 사람을 위해 일하지 않는 사원으로 정의됩니다. EMP 테이블에서 킹만 루트 노드입니다. 스칼라 서브쿼리 IS_ROOT를 봅시다.

```
select e.ename,
       (select sign(count(*)) from emp d
          where d.empno = e.empno
            and d.mgr is null) as is_root
  from emp e
order by 2 desc

ENAME        IS_ROOT
----------   ----------
KING               1
SMITH              0
ALLEN              0
WARD               0
JONES              0
TURNER             0
JAMES              0
MILLER             0
FORD               0
ADAMS              0
MARTIN             0
BLAKE              0
CLARK              0
SCOTT              0
```

EMP는 14행의 작은 테이블이므로 사원 킹이 유일한 루트 노드임을 쉽게 알 수 있습니다. 이 경우 COUNT(*) 연산의 SIGN을 사용할 필요가 없습니다. 여러 루트 노드가 있을 수 있다면, SIGN을 사용하거나 IS_BRANCH 및 IS_LEAF에 대해 이전에 본 것처럼 스칼라 서브쿼리에서 1행 테이블을 사용할 수 있습니다.

Oracle

Oracle Database 10g 이전 버전의 Oracle 사용자는 다른 RDBMS에 대한 해법을 따를 수 있습니다. 해당 해법들은 Oracle에서 수정 없이 작동하기 때문입니다. Oracle Database 10g 이상을 사용하는 경우 루트 및 리프 노드 식별을 간단하게 알 수 있도록 각각 CONNECT_

BY_ROOT 및 CONNECT_BY_ISLEAF 의 두 가지 함수를 활용할 수 있습니다. 이 책을 쓰는 시점 기준으로 CONNECT_BY_ROOT 및 CONNECT_BY_ISLEAF를 사용하려면 SQL 문에서 CONNECT BY 를 사용해야 합니다. 첫 번째 단계는 다음과 같이 CONNECT_BY_ISLEAF를 사용하여 리프 노드 를 찾는 것입니다.

```
select ename,
       connect_by_isleaf is_leaf
  from emp
 start with mgr is null
connect by prior empno = mgr
order by 2 desc

ENAME        IS_LEAF
----------   ----------
ADAMS              1
SMITH              1
ALLEN              1
TURNER             1
MARTIN             1
WARD               1
JAMES              1
MILLER             1
KING               0
JONES              0
BLAKE              0
CLARK              0
FORD               0
SCOTT              0
```

다음 단계는 스칼라 서브쿼리를 사용하여 분기 노드를 찾는 것입니다. 분기 노드는 관리자이 자, 다른 사람을 위해 일하는 사원입니다.

```
select ename,
       (select count(*) from emp e
          where e.mgr = emp.empno
            and emp.mgr is not null
            and rownum = 1) is_branch
  from emp
 start with mgr is null
connect by prior empno = mgr
```

```
order by 2 desc

ENAME       IS_BRANCH
----------  ----------
JONES            1
SCOTT            1
BLAKE            1
FORD             1
CLARK            1
KING             0
MARTIN           0
MILLER           0
JAMES            0
TURNER           0
WARD             0
ADAMS            0
ALLEN            0
SMITH            0
```

ROWNUM에 대한 필터는 1 또는 0의 개수만 반환하고 다른 것은 반환하지 않도록 할 때 필요합니다.

마지막 단계는 CONNECT_BY_ROOT 함수를 사용하여 루트 노드를 식별하는 것입니다. 해법은 루트 노드에 대한 ENAME을 찾고 이를 쿼리에서 반환한 모든 행과 비교합니다. 일치하는 항목이 있으면 해당 행이 루트 노드입니다.

```
select ename,
       decode(ename,connect_by_root(ename),1,0) is_root
  from emp
 start with mgr is null
connect by prior empno = mgr
order by 2 desc

ENAME       IS_ROOT
----------  ----------
KING             1
JONES            0
SCOTT            0
ADAMS            0
FORD             0
SMITH            0
```

```
BLAKE              0
ALLEN              0
WARD               0
MARTIN             0
TURNER             0
JAMES              0
CLARK              0
MILLER             0
```

SYS_CONNECT_BY_PATH 함수는 여기에 표시된 것처럼 루트 값에서 시작하는 계층 구조를 추적합니다.

```
select ename,
       ltrim(sys_connect_by_path(ename,','),',') path
  from emp
start with mgr is null
connect by prior empno=mgr

ENAME      PATH
---------- ---------------------------
KING       KING
JONES      KING,JONES
SCOTT      KING,JONES,SCOTT
ADAMS      KING,JONES,SCOTT,ADAMS
FORD       KING,JONES,FORD
SMITH      KING,JONES,FORD,SMITH
BLAKE      KING,BLAKE
ALLEN      KING,BLAKE,ALLEN
WARD       KING,BLAKE,WARD
MARTIN     KING,BLAKE,MARTIN
TURNER     KING,BLAKE,TURNER
JAMES      KING,BLAKE,JAMES
CLARK      KING,CLARK
MILLER     KING,CLARK,MILLER
```

루트 행을 얻으려면 PATH의 첫 번째 NAME을 하위 문자열로 지정합니다.

```
select ename,
       substr(root,1,instr(root,',')-1) root
  from (
select ename,
```

```
          ltrim(sys_connect_by_path(ename,','),',') root
    from emp
start with mgr is null
connect by prior empno=mgr
          )


ENAME       ROOT
----------  ----------
KING
JONES       KING
SCOTT       KING
ADAMS       KING
FORD        KING
SMITH       KING
BLAKE       KING
ALLEN       KING
WARD        KING
MARTIN      KING
TURNER      KING
JAMES       KING
CLARK       KING
MILLER      KING
```

마지막 단계는 ROOT 열의 결과에 플래그를 지정하는 것입니다. null이면 루트 행입니다.

13.6 마치며

모든 벤더 제품에 CTE가 확산되면서 계층적 쿼리에 대한 표준화된 접근 방식과 훨씬 더 가까워 졌습니다. 계층적 관계가 여러 종류의 데이터, 심지어 관계를 반드시 계획할 필요가 없는 데이 터까지도 적용할 수 있게 되었으므로, 쿼리를 작성할 때는 이를 고려해야 합니다.

CHAPTER 14

기타 다양한 기법

14장에서는 다른 장에서 분량 문제로 미처 다루지 못했던 쿼리나, 해결하려는 문제가 지극히 현실적이다 보니 다른 장에 맞지 않는 쿼리들을 다룹니다. 14장의 해법들은 여러분이 실제로 사용하는 것일 수도 있고, 아닐 수도 있다는 점에서 재미 삼아 읽어볼 수도 있습니다. 그렇지만 이러한 쿼리들은 분명 흥미로운 주제인 만큼, 필자가 이 책에서 다뤄보고 싶었습니다.

14.1 SQL Server의 PIVOT 연산자로 교차 분석 보고서 생성하기

문제 결과셋의 행을 열로 변환하고자 교차 분석 보고서를 만들려고 합니다. 전통적인 피벗 방법을 알고 있지만 다른 방법으로 해보고 싶습니다. 특히 CASE 표현식이나 조인을 사용하지 않고 다음 결과셋을 반환하려고 합니다.

```
DEPT_10    DEPT_20     DEPT_30     DEPT_40
-------    -----------  -----------  ----------
      3          5            6           0
```

해법 PIVOT 연산자를 사용하여 CASE 표현식이나 추가적인 조인 없이 필요한 결과셋을 만듭니다.

```
1 select [10] as dept_10,
2        [20] as dept_20,
3        [30] as dept_30,
4        [40] as dept_40
5   from (select deptno, empno from emp) driver
6 pivot (
7        count(driver.empno)
8        for driver.deptno in ( [10],[20],[30],[40] )
9 ) as empPivot
```

설명 PIVOT 연산자는 처음에는 이상하게 보일 수 있지만, 해법에서 수행하는 작업은 기술적으로는 다음과 같이 우리가 익히 알고 있는 전치 쿼리와 같습니다.

```
select sum(case deptno when 10 then 1 else 0 end) as dept_10,
       sum(case deptno when 20 then 1 else 0 end) as dept_20,
       sum(case deptno when 30 then 1 else 0 end) as dept_30,
       sum(case deptno when 40 then 1 else 0 end) as dept_40
  from emp

DEPT_10    DEPT_20    DEPT_30    DEPT_40
-------    ----------  ----------  ----------
      3          5          6          0
```

이제 본질적으로 무슨 일이 일어나고 있는지 알았으니 피벗 연산이 하는 일을 분석해보겠습니다. 해법의 5행에는 DRIVER라는 인라인 뷰가 표시됩니다.

```
from (select deptno, empno from emp) driver
```

이 인라인 뷰(또는 테이블 표현식)의 행이 피벗 연산으로 직접 추가되므로 별칭 DRIVER를 사용했습니다. PIVOT 연산자는 8행의 FOR 목록에 나열된 항목을 평가하고 다음과 같이 행을 열로 회전합니다.

```
for driver.deptno in ( [10],[20],[30],[40] )
```

평가는 다음과 같이 진행됩니다.

1. 값이 10인 DEPTNO가 있는 경우 해당 행에 대해 정의된 집계 연산 COUNT(DRIVER.EMPNO)을 수행합니다.

2. DEPTNO 20, 30, 40에 대해 반복합니다.

8행의 괄호 안에 나열된 항목은 집계가 수행되는 값을 정의할 때뿐만 아니라 결과셋의 열 이름으로도 쓰입니다. 해법의 SELECT 절에서 FOR 목록의 항목이 참조되고 별칭이 지정됩니다. FOR 목록의 항목에 별칭을 지정하지 않으면 열 이름이 FOR 목록의 항목이 됩니다.

흥미롭게도, 인라인 뷰 DRIVER는 인라인 뷰이므로 더 복잡한 SQL을 넣을 수 있습니다. 예를 들어 실제 부서 이름이 열 이름이 되도록 결과셋을 수정하려는 상황을 떠올려봅시다. 다음과 같이 DEPT 테이블의 행이 나열됩니다.

```
select * from dept

DEPTNO DNAME          LOC
------ -------------- --------------
    10 ACCOUNTING     NEW YORK
    20 RESEARCH       DALLAS
    30 SALES          CHICAGO
    40 OPERATIONS     BOSTON
```

PIVOT을 사용하여 다음 결과셋을 반환하려고 합니다.

```
ACCOUNTING   RESEARCH      SALES OPERATIONS
---------- ---------- ---------- ----------
         3          5          6          0
```

인라인 뷰 DRIVER는 사실 유효한 테이블 표현식이 될 수 있으므로 EMP 테이블을 DEPT 테이블로 조인한 다음 PIVOT이 해당 행을 평가하도록 할 수 있습니다. 다음 쿼리는 원하는 결과셋을 반환합니다.

```
select [ACCOUNTING] as ACCOUNTING,
       [SALES]      as SALES,
       [RESEARCH]   as RESEARCH,
       [OPERATIONS] as OPERATIONS
  from (
          select d.dname, e.empno
            from emp e,dept d
           where e.deptno=d.deptno

        ) driver
  pivot (
   count(driver.empno)
   for driver.dname in ([ACCOUNTING],[SALES],[RESEARCH],[OPERATIONS])
  ) as empPivot
```

보다시피 PIVOT은 피벗 결과셋에 대한 흥미로운 우회법을 제공합니다. 기존의 피벗 방법보다 선호하는지 여부와 관계없이 다양한 도구를 알고 있으면 좋습니다.

14.2 SQL Server의 UNPIVOT 연산자로 교차 분석 보고서의 피벗 해제하기

문제 피벗된 결과셋(또는 단순히 실제 테이블)이 있고 결과셋의 피벗을 해제하려고 합니다. 예를 들어 1개의 행과 4개의 열이 있는 결과셋을 갖는 대신, 2개의 열과 4개의 행이 있는 결과셋을 반환하려고 합니다. 이때 이전 레시피의 결과셋을 사용하겠습니다.

```
ACCOUNTING   RESEARCH      SALES OPERATIONS
----------  ----------  ---------- ----------
         3           5           6          0
```

바로 이렇게 말이죠.

```
DNAME                CNT
--------------- ----------
ACCOUNTING            3
RESEARCH             5
SALES                6
OPERATIONS           0
```

해법 SQL Server가 UNPIVOT을 수행하지 않고 PIVOT을 제공하리라 예상하지는 않았나요?
결과셋을 해제하려면 이를 드라이버로 사용하고 UNPIVOT 연산자가 모든 작업을 수행하도록
합니다. 열 이름만 지정하면 됩니다.

```
 1   select DNAME, CNT
 2     from (
 3       select [ACCOUNTING] as ACCOUNTING,
 4              [SALES]      as SALES,
 5              [RESEARCH]   as RESEARCH,
 6              [OPERATIONS] as OPERATIONS
 7        from (
 8                select d.dname, e.empno
 9                  from emp e,dept d
10                 where e.deptno=d.deptno
11
12             ) driver
13         pivot (
14           count(driver.empno)
15           for driver.dname in ([ACCOUNTING],[SALES],[RESEARCH],[OPERATIONS])
16         ) as empPivot
17   ) new_driver
18   unpivot (cnt for dname in (ACCOUNTING,SALES,RESEARCH,OPERATIONS)
19   ) as un_pivot
```

원칙적으로, 이 레시피를 읽기 전에 14.1절의 레시피를 보셔야 합니다. 인라인 뷰 NEW_DRIVER
가 이전 레시피의 코드이기 때문입니다(이해하지 못했다면, 이 레시피를 보기 전에 이전 레시
피를 참조하기 바랍니다). 3~16행은 이미 보았던 코드로 구성되어 있고, 유일하게 새로운 구
문은 18행이며, 여기서 UNPIVOT을 사용합니다.

UNPIVOT 명령은 단순히 NEW_DRIVER의 결과셋을 보고 각 열과 행을 평가합니다. 예를 들
어 UNPIVOT 연산자는 NEW_DRIVER에서 열 이름을 평가합니다. ACCOUNTING을 발견하면,

열 이름 ACCOUNTING을 행 값(DNAME 열 아래)으로 변환합니다. 또한 NEW_DRIVER(3)에서 ACCOUNTING 값을 가져와 ACCOUNTING 행의 일부로 (CNT 열 아래) 반환합니다. UNPIVOT은 FOR 목록에 지정된 각 항목에 대해 이 작업을 수행하고, 각 항목을 행으로 반환하기만 하면 됩니다.

새 결과셋은 이제 두 개의 열 (DNAME 및 CNT)과 네 개의 행이 있습니다.

```
select DNAME, CNT
  from (
    select [ACCOUNTING] as ACCOUNTING,
           [SALES]      as SALES,
           [RESEARCH]   as RESEARCH,
           [OPERATIONS] as OPERATIONS
      from (
            select d.dname, e.empno
              from emp e,dept d
             where e.deptno=d.deptno
          ) driver
    pivot (
      count(driver.empno)
      for driver.dname in ( [ACCOUNTING],[SALES],[RESEARCH],[OPERATIONS] )
    ) as empPivot
) new_driver
unpivot (cnt for dname in (ACCOUNTING,SALES,RESEARCH,OPERATIONS)
) as un_pivot


DNAME             CNT
--------------- -----------
ACCOUNTING          3
RESEARCH            5
SALES               6
OPERATIONS          0
```

14.3 Oracle의 MODEL 절로 결과셋 전송하기

문제 14장의 첫 번째 해법과 같이, 이미 보았던 기존의 피벗 기술의 대안을 찾고자 합니다. 이때 Oracle의 MODEL 절을 직접 사용하고 싶습니다. SQL Server의 PIVOT 연산자와 달리 Oracle의 MODEL 절은 결과셋을 전치하기 위한 것이 아닙니다. 사실 피벗에 MODEL 절을 적용하는 것은 오용이며, MODEL 절의 용도가 불분명하다고 하는 편이 정확할 것입니다. 그런데도 MODEL 절은 문제에 대한 흥미로운 접근 방식을 제공합니다. 이 특정 문제의 경우에는 다음 결과셋을 변환하려고 합니다.

```
select deptno, count(*) cnt
  from emp
 group by deptno

DEPTNO       CNT
------  ----------
    10         3
    20         5
    30         6
```

바로 이렇게 말이지요.

```
        D10        D20        D30
---------- ---------- ----------
         3          5          6
```

해법 기존 기법으로 피벗할 때처럼 MODEL 절에서 집계 및 CASE 식을 사용합니다. 이때 주요 차이점은 배열을 사용하여 집곗값을 저장하고 결과셋에 배열을 반환한다는 것입니다.

```
select max(d10) d10,
       max(d20) d20,
       max(d30) d30
  from (
select d10,d20,d30
  from ( select deptno, count(*) cnt from emp group by deptno )
 model
```

```
    dimension by(deptno d)
     measures(deptno, cnt d10, cnt d20, cnt d30)
     rules(
        d10[any] = case when deptno[cv()]=10 then d10[cv()] else 0 end,
        d20[any] = case when deptno[cv()]=20 then d20[cv()] else 0 end,
        d30[any] = case when deptno[cv()]=30 then d30[cv()] else 0 end
    )
    )
```

설명 MODEL 절은 Oracle SQL 도구에 추가된 강력한 기능입니다. MODEL 작업을 시작하면 반복, 행 값에 대한 배열 액세스, 결과셋에 행을 'upsert'하는 기능, 참조 모델을 작성하는 기능과 같은 유용한 기능을 확인할 수 있습니다. 이 레시피가 MODEL 절이 제공하는 멋진 기능을 활용하지 않는다는 사실을 금방 알 수 있겠지만, 여러 각도에서 문제를 살펴보고 예상치 못한 방식으로 다양한 기능을 사용할 수 있다는 점은 좋은 일입니다(특정 기능이 다른 기능보다 더 유용한 점을 배우는 것 외에 다른 이유가 없다면 말이지요).

해법을 이해하는 첫 번째 단계는 FROM 절의 인라인 뷰를 검토하는 것입니다. 인라인 뷰는 EMP 테이블에 있는 각 DEPTNO의 사원 수를 계산합니다. 결과는 다음과 같습니다.

```
select deptno, count(*) cnt
  from emp
 group by deptno

DEPTNO       CNT
------ -----------
    10         3
    20         5
    30         6
```

이 결과셋은 작업할 MODEL에 제공됩니다. MODEL 절을 살펴보면 DIMENSION BY, MEASURES 및 RULES의 세 가지 하위 절이 두드러집니다. MEASURES부터 살펴봅시다.

MEASURES 목록의 항목은 이 쿼리에 대해 선언하는 배열입니다. 쿼리는 DEPTNO, D10, D20, D30의 네 가지 배열을 사용합니다. SELECT 목록의 열과 마찬가지로 MEASURES 목록의 배열에는 별칭이 있을 수 있습니다. 보다시피 4개의 배열 중 3개는 실제로 인라인 뷰의 CNT입니다.

MEASURES 목록에 배열이 포함되어 있으면 DIMENSION BY 하위 절의 항목은 배열 인덱스입니다. 이점을 생각해봅시다. 배열 D10은 단순히 CNT의 별칭입니다. 이전 인라인 뷰에 대한 결과셋을 보면 CNT에 3, 5, 6의 세 가지 값이 있음을 알 수 있습니다. CNT의 배열을 만들면 세 가지 요소, 즉 세 개의 정수 3, 5, 6으로 이루어진 배열입니다. 이제 배열에서 개별적으로 이러한 값에 액세스하는 방법은 무엇일까요? 배열 인덱스를 사용하는 것입니다. DIMENSION BY 하위 절에 정의된 인덱스의 값은 10, 20, 30입니다. 예를 들어 다음 표현식을 봅시다.

```
d10[10]
```

배열 D10에서 DEPTNO 10의 CNT 값에 액세스하므로 3입니다.

세 배열(D10, D20, D30) 모두 CNT의 값을 가지므로 세 배열 모두 같습니다. 그러면 어떻게 적절한 카운트를 가진 올바른 배열을 만들까요? RULES 하위 절을 입력합니다. 이전에 표시된 인라인 뷰의 결과셋을 보면 DEPTNO의 값이 10, 20, 30임을 알 수 있습니다. RULES 절에서 CASE를 포함하는 표현식은 DEPTNO 배열의 각 값을 평가하기만 하면 됩니다.

- 값이 10이면 DEPTNO 10의 CNT를 D10[10]에 저장하거나 0을 저장합니다.
- 값이 20이면 DEPTNO 20의 CNT를 D20[20]에 저장하거나 0을 저장합니다.
- 값이 30이면 DEPTNO 30의 CNT를 D30[30]에 저장하거나 0을 저장합니다.

여러분, 지금 어찌해야 할지 막막하고 난감하다면 걱정하지 마세요. 그냥 멈춰서 지금까지 논의한 것을 실행해보세요. 다음 결과셋은 지금까지 이야기한 내용을 보여줍니다. 때로는 방금 읽은 내용을 실제로 수행하는 코드를 살펴본 다음, 되돌아가서 다시 읽는 편이 더 쉽습니다. 실제로 작동하는 것을 보면 아주 간단합니다.

```
select deptno, d10,d20,d30
  from ( select deptno, count(*) cnt from emp group by deptno )
 model
  dimension by(deptno d)
  measures(deptno, cnt d10, cnt d20, cnt d30)
  rules(
     d10[any] = case when deptno[cv()]=10 then d10[cv()] else 0 end,
     d20[any] = case when deptno[cv()]=20 then d20[cv()] else 0 end,
     d30[any] = case when deptno[cv()]=30 then d30[cv()] else 0 end
  )
```

```
DEPTNO          D10         D20         D30
------  ----------  ----------  ----------
    10           3           0           0
    20           0           5           0
    30           0           0           6
```

보다시피 RULES 하위 절은 각 배열의 값을 변경했습니다. 여전히 감을 잡을 수 없다면, 같은 쿼리를 실행하고 RULES 하위 클래스의 표현식을 다음과 같이 주석 처리해보세요.

```
select deptno, d10,d20,d30
  from ( select deptno, count(*) cnt from emp group by deptno )
model
 dimension by(deptno d)
  measures(deptno, cnt d10, cnt d20, cnt d30)
  rules(
  /*
   d10[any] = case when deptno[cv()]=10 then d10[cv()] else 0 end,
   d20[any] = case when deptno[cv()]=20 then d20[cv()] else 0 end,
   d30[any] = case when deptno[cv()]=30 then d30[cv()] else 0 end
  */
)

DEPTNO          D10         D20         D30
------  ----------  ----------  ----------
    10           3           3           3
    20           5           5           5
    30           6           6           6
```

COUNT의 별칭이 D10, D20, D30이라는 점을 제외하면, 이제 MODEL 절의 결과셋이 인라인 뷰와 동일하다는 것이 명확합니다. 다음 쿼리가 이를 증명합니다.

```
select deptno, count(*) d10, count(*) d20, count(*) d30
  from emp
group by deptno

DEPTNO          D10         D20         D30
------  ----------  ----------  ----------
    10           3           3           3
    20           5           5           5
    30           6           6           6
```

따라서 모든 MODEL 절은 DEPTNO 및 CNT의 값을 가져와서 배열에 넣은 다음, 각 배열이 단일 DEPTNO를 나타내는지 확인하는 것입니다. 이 시점에서 배열 D10, D20, D30은 각각 주어진 DEPTNO에 대한 CNT를 나타내는 0이 아닌 단일 값을 가집니다. 결과셋은 이미 전치되었으며, 남은 것은 집계 함수 MAX(MIN 또는 SUM을 사용할 수도 있음)를 사용하여 하나의 행만 반환하는 것입니다.

```
select max(d10) d10,
       max(d20) d20,
       max(d30) d30
  from (
select d10,d20,d30
  from ( select deptno, count(*) cnt from emp group by deptno )
 model
  dimension by(deptno d)
  measures(deptno, cnt d10, cnt d20, cnt d30)
  rules(
    d10[any] = case when deptno[cv()]=10 then d10[cv()] else 0 end,
    d20[any] = case when deptno[cv()]=20 then d20[cv()] else 0 end,
    d30[any] = case when deptno[cv()]=30 then d30[cv()] else 0 end
 )
 )

       D10        D20        D30
---------- ---------- ----------
         3          5          6
```

14.4 고정되지 않은 위치에서 문자열 요소 추출하기

문제 연속하여 이어진 로그 데이터를 포함하는 문자열이 있습니다. 문자열을 구문 분석하고 관련 정보를 추출하려고 합니다. 불행히도 관련 정보는 문자열의 고정된 위치에 있지 않습니다. 대신 필요한 정보 주변에 특정 문자가 있다는 사실을 이용하여 해당 정보를 추출해야 합니다. 예를 들어 다음 문자열을 살펴봅시다.

```
xxxxxabc[867]xxx[-]xxxx[5309]xxxxx
xxxxxtime:[11271978]favnum:[4]id:[Joe]xxxxx
call:[F_GET_ROWS()]b1:[ROSEWOOD..SIR]b2:[44400002]77.90xxxxx
film:[non_marked]qq:[unit]tailpipe:[withabanana?]80sxxxxx
```

이때 대괄호 사이의 값을 추출하여 다음과 같은 결과셋을 반환하려고 합니다.

```
FIRST_VAL        SECOND_VAL          LAST_VAL
---------------  ------------------  ---------------
867              -                   5309
11271978         4                   Joe
F_GET_ROWS()     ROSEWOOD...SIR 44400002
non_marked       unit                withabanana?
```

해법 문자열 내에서 우리가 알고자 하는 값의 정확한 위치를 알지는 못하지만, 대괄호 [ ] 사이에 있으며 세 개임을 알고 있습니다. Oracle의 내장 함수 **INSTR**을 사용하여 대괄호 위치를 찾습니다. 내장 함수 **SUBSTR**을 사용하여 문자열에서 값을 추출합니다. 뷰 **V**는 구문 분석할 문자열을 포함하며 다음과 같이 정의됩니다(가독성을 위한 용도입니다).

```
create view V
as
select 'xxxxxabc[867]xxx[-]xxxx[5309]xxxxx' msg
   from dual
  union all
 select 'xxxxxtime:[11271978]favnum:[4]id:[Joe]xxxxx' msg
   from dual
  union all
 select 'call:[F_GET_ROWS()]b1:[ROSEWOOD..SIR]b2:[44400002]77.90xxxxx' msg
   from dual
  union all
 select 'film:[non_marked]qq:[unit]tailpipe:[withabanana?]80sxxxxx' msg
   from dual

1 select substr(msg,
2          instr(msg,'[',1,1)+1,
3          instr(msg,']',1,1)-instr(msg,'[',1,1)-1) first_val,
4        substr(msg,
5          instr(msg,'[',1,2)+1,
6          instr(msg,']',1,2)-instr(msg,'[',1,2)-1) second_val,
```

```
7        substr(msg,
8          instr(msg,'[',-1,1)+1,
9          instr(msg,']',-1,1)-instr(msg,'[',-1,1)-1) last_val
10    from V
```

설명 Oracle의 내장 함수 INSTR을 사용하면 이 문제를 매우 간단하게 해결할 수 있습니다.
원하는 값이 []로 묶여 있고 세 세트의 []가 있다는 것을 알고 있으므로, 이 해법의 첫 번째 단
계는 INSTR을 사용하여 각 문자열에서 []의 숫자 위치를 찾는 것입니다. 다음 예제는 각 행에
서 여는 괄호와 닫는 괄호의 숫자 위치를 반환합니다.

```
select instr(msg,'[',1,1) "1st_[",
              instr(msg,']',1,1) "]_1st",
              instr(msg,'[',1,2) "2nd_[",
              instr(msg,']',1,2) "]_2nd",
              instr(msg,'[',-1,1) "3rd_[",
              instr(msg,']',-1,1) "]_3rd"
         from V

1st_[ ]_1st    2nd_[ ]_2nd    3rd_[ ]_3rd
------ -----   ---------- -----  ---------- -----
     9    13        17    19         24    29
    11    20        28    30         34    38
     6    19        23    38         42    51
     6    17        21    26         36    49
```

이제 어려운 작업은 완료했습니다. 남은 것은 숫자 위치를 SUBSTR에 연결하여 해당 위치에서
MSG를 구문 분석하는 것입니다. 완전한 해법에는 INSTR이 반환한 값, 특히 +1과 −1에 대한
몇 가지 간단한 산술이 있음을 알 수 있습니다. 이들 산술은 여는 대괄호가 최종 결과셋에 반환
되지 않도록 하려면 필요합니다. 여기에 나열된 것은 INSTR의 반환값에서 1을 뺀 해법입니다.
각 값에 여는 대괄호가 어떻게 있는지 확인해보세요.

```
select substr(msg,
        instr(msg,'[',1,1),
        instr(msg,']',1,1)-instr(msg,'[',1,1)) first_val,
       substr(msg,
        instr(msg,'[',1,2),
        instr(msg,']',1,2)-instr(msg,'[',1,2)) second_val,
```

```
      substr(msg,
       instr(msg,'[',-1,1),
       instr(msg,']',-1,1)-instr(msg,'[',-1,1)) last_val
  from V


FIRST_VAL          SECOND_VAL            LAST_VAL
---------------    --------------------  -------
[867               [-                    [5309
[11271978          [4                    [Joe
[F_GET_ROWS()      [ROSEWOOD...SIR [44400002
[non_marked        [unit                 [withabanana?
```

이전 결과셋에서 여는 괄호가 있음을 알 수 있습니다. 이때 여러분은 'INSTR에 1을 더하면 앞
의 대괄호가 사라지는데, 1을 빼는 이유가 무엇일까?'라는 의문이 들 수 있습니다. 그 이유는
다음과 같습니다. 더하기만 넣고 빼기를 생략하면 여기에 표시된 대로 닫는 대괄호가 포함됩
니다.

```
select substr(msg,
       instr(msg,'[',1,1)+1,
       instr(msg,']',1,1)-instr(msg,'[',1,1)) first_val,
   substr(msg,
    instr(msg,'[',1,2)+1,
    instr(msg,']',1,2)-instr(msg,'[',1,2)) second_val,
    substr(msg,
    instr(msg,'[',-1,1)+1,
    instr(msg,']',-1,1)-instr(msg,'[',-1,1)) last_val
  from V


FIRST_VAL          SECOND_VAL        LAST_VAL
---------------    ---------------   --------------
867]               -]                5309]
11271978]          4]                Joe]
F_GET_ROWS()]      ROSEWOOD...SIR]   44400002]
non_marked]        unit]             withabanana?]
```

이제 명확합니다. 대괄호를 포함하지 않으려면 시작 인덱스에 하나를 더하고 마지막 인덱스에
서 하나를 빼야 합니다.

14.5 연간 일수 찾기(Oracle용 대체 해법)

문제 1년의 일수를 찾고 싶습니다.

> **TIP_** 이 레시피는 9.2절의 '연도의 날짜 수 알아내기'에 대한 대안 해법을 제공합니다. 다만 이 해법은 Oracle에만 해당합니다.

해법 TO_CHAR 함수를 사용하여 해당연도의 마지막 날짜를 3자리 숫자 형식으로 나타냅니다.

```
1 select 'Days in 2021: '||
2        to_char(add_months(trunc(sysdate,'y'),12)-1,'DDD')
3        as report
4   from dual
5 union all
6 select 'Days in 2020: '||
7        to_char(add_months(trunc(
8        to_date('01-SEP-2020'),'y'),12)-1,'DDD')
9   from dual

REPORT
-----------------
Days in 2021: 365
Days in 2020: 366
```

설명 TRUNC 함수를 사용하여 다음과 같이 주어진 날짜에 대한 연도의 첫 번째 날을 반환합니다.

```
select trunc(to_date('01-SEP-2020'),'y')
  from dual

TRUNC(TO_DA
-----------
01-JAN-2020
```

다음으로 ADD_MONTHS를 사용하여 잘린 날짜에 1년(12개월)을 추가합니다. 그런 다음 하루를 빼서 원래 날짜가 속한 연도의 마지막 날짜를 가져옵니다.

```
select add_months(
       trunc(to_date('01-SEP-2020'),'y'),
        12) before_subtraction,
     add_months(
       trunc(to_date('01-SEP-2020'),'y'),
        12)-1 after_subtraction
  from dual

BEFORE_SUBT AFTER_SUBTR
----------- -----------
01-JAN-2021 31-DEC-2020
```

작업 중인 연도의 마지막 날을 찾았으므로 TO_CHAR을 사용하여 마지막 날이 몇 번째 날(1일, 50일 등)인지 나타내는 세 자리 숫자를 반환합니다.

```
select to_char(
         add_months(
           trunc(to_date('01-SEP-2020'),'y'),
           12)-1,'DDD') num_days_in_2020
  from dual

NUM
---
366
```

14.6 영숫자 혼합 문자열 검색하기

문제 영숫자 데이터가 혼합된 열이 있습니다. 이때 알파벳과 숫자가 모두 있는 행을 반환하려고 합니다. 즉, 문자열에 숫자만 있거나 문자만 있으면 반환하지 않습니다. 반환값에는 문자와 숫자가 모두 혼합되어 있어야 합니다. 다음 데이터를 살펴봅시다.

```
STRINGS
------------
1010 switch
333
3453430278
ClassSummary
findRow 55
threes
```

최종 결과셋에는 문자와 숫자가 모두 있는 행만 포함되어야 합니다.

```
STRINGS
------------
1010 switch
findRow 55
```

해법 내장 함수 TRANSLATE를 사용하여 각 문자 또는 숫자를 특정 문자로 변환하세요. 그런 다음 둘 다 하나 이상의 문자열만 남깁니다. 해법은 Oracle 구문을 사용하지만 DB2와 PostgreSQL 모두 TRANSLATE를 지원하므로 해당 플랫폼에서 작동하도록 간단하게 해법을 수정해야 합니다.

```
with v as (
select 'ClassSummary' strings from dual union
select '3453430278'        from dual union
select 'findRow 55'        from dual union
select '1010 switch'       from dual union
select '333'               from dual union
select 'threes'            from dual
)
select strings
  from (
select strings,
translate(
strings,
'abcdefghijklmnopqrstuvwxyz0123456789',
        rpad('#',26,'#')||rpad('*',10,'*')) translated
  from v
) x
whereinstr(translated,'#') > 0
and instr(translated,'*') > 0
```

설명 TRANSLATE 함수를 사용하면 이 문제를 매우 쉽게 해결할 수 있습니다. 첫 번째 단계는 TRANSLATE를 사용하여 각각 # 및 * 문자로 모든 문자와 숫자를 식별하는 것입니다. 중간 결과 (인라인 뷰 X)는 다음과 같습니다.

```
with v as (
select 'ClassSummary' strings from dual union
select '3453430278'            from dual union
select 'findRow 55'            from dual union
select '1010 switch'           from dual union
select '333'                   from dual union
select 'threes'                from dual
)
select strings,
       translate(
         strings,
         'abcdefghijklmnopqrstuvwxyz0123456789',
         rpad('#',26,'#')||rpad('*',10,'*')) translated
  from v

STRINGS        TRANSLATED
-------------- ------------
1010 switch    **** ######
333            ***
3453430278     **********
ClassSummary   C####S######
findRow 55     ####R## **
threes         ######
```

이때 # 및 *가 각각 하나 이상 있는 행을 유지하는 것은 문제입니다. INSTR 함수를 사용하여 # 및 *가 문자열에 있는지를 판별합니다. 이 두 문자가 실제로 존재하는 경우 반환되는 값은 0보다 큽니다. 명확하게 알기 위해 반환할 최종 문자열과 변환된 값을 보겠습니다.

```
with v as (
 select 'ClassSummary' strings from dual union
 select '3453430278'           from dual union
 select 'findRow 55'           from dual union
```

```
select '1010 switch'        from dual union
select '333'                from dual union
select 'threes'             from dual
)
select strings, translated
  from (
select strings,
       translate(
         strings,
         'abcdefghijklmnopqrstuvwxyz0123456789',
         rpad('#',26,'#')||rpad('*',10,'*')) translated
  from v
      )
 where instr(translated,'#') > 0
   and instr(translated,'*') > 0


STRINGS       TRANSLATED
-----------   ------------
1010 switch   **** ######
findRow 55    ####R## **
```

14.7 Oracle에서 정수를 이진수로 변환하기

문제 Oracle에서 정수를 이진수 표현으로 변환하려고 합니다. 예를 들어 다음 결과셋의 일부로 EMP 테이블의 모든 급여를 이진수로 반환하려고 합니다.

```
ENAME       SAL SAL_BINARY
---------- ----- --------------------
SMITH        800 1100100000
ALLEN       1600 11001000000
WARD        1250 10011100010
JONES       2975 101110011111
MARTIN      1250 10011100010
BLAKE       2850 101100100010
CLARK       2450 100110010010
SCOTT       3000 101110111000
```

```
KING        5000 1001110001000
TURNER      1500 10111011100
ADAMS       1100 10001001100
JAMES        950 1110110110
FORD        3000 101110111000
MILLER      1300 10100010100
```

해법 MODEL은 행 값에 대한 배열 액세스를 반복하고 제공할 수 있으므로 이 작업을 자연스럽게 수행할 수 있습니다(여기서의 가정은 저장된 함수를 사용하는 게 더 적절하므로 SQL에서 문제를 해결해야 합니다). 이 책의 나머지 해법과 마찬가지로, 이 코드와 관련한 애플리케이션을 실제로는 찾지 못하더라도 기법에 집중합시다. MODEL 절이 SQL의 집합 기반 특성과 성능을 유지하면서 절차적 작업을 수행할 수 있다는 것을 아는 것이 유용합니다. 따라서 이 작업을 반드시 SQL로 수행하지 않아도 괜찮습니다. 꼭 해야 한다거나, 하지 말아야 한다고 강요하지 않겠습니다. 여러분이 '더 실용적인' 애플리케이션이라고 판단하는 것에 적용할 수 있도록 기법에 초점을 맞출 것입니다.

다음 해법은 스칼라 서브쿼리에서 MODEL 절을 호출하여 EMP 테이블에서 모든 ENAME 및 SAL을 반환합니다(이 방법은 단순히 EMP 테이블에서 입력 정보를 받고 처리하여 값을 반환하는 일종의 독립형 함수 역할을 합니다).

```
 1 select ename,
 2        sal,
 3        (
 4        select bin
 5          from dual
 6         model
 7        dimension by ( 0 attr )
 8        measures ( sal num,
 9                    cast(null as varchar2(30)) bin,
10                    '0123456789ABCDEF' hex
11                  )
12        rules iterate (10000) until (num[0] <= 0) (
13          bin[0] = substr(hex[cv()],mod(num[cv()],2)+1,1)||bin[cv()],
14          num[0] = trunc(num[cv()]/2)
15        )
16        ) sal_binary
17   from emp
```

설명 '해법' 절에서 이 문제는 저장된 함수로 더 잘 해결할 수 있다고 언급했습니다. 실제로 이 레시피의 아이디어는 함수에서 나왔습니다. 사실 이 레시피는 오라클의 톰 키테[Tom Kyte]가 작성한 **TO_BASE**라는 함수를 수정한 것입니다. 이 책의 다른 레시피와 마찬가지로, 여러분들이 이 레시피를 사용하지 않을 수는 있으나, 행의 반복 및 배열 액세스와 같은 **MODEL** 절의 몇몇 특징들을 잘 볼 수 있는 작업입니다.

더 쉽게 설명하고자 **MODEL** 절을 포함하는 서브쿼리의 변형에 중점을 두겠습니다. 다음 코드는 해법의 서브쿼리입니다. 단, 값 2를 이진수로 반환하도록 고정되어 있습니다.

```
select bin
  from dual
 model
 dimension by ( 0 attr )
 measures ( 2 num,
            cast(null as varchar2(30)) bin,
            '0123456789ABCDEF' hex
          )
 rules iterate (10000) until (num[0] <= 0) (
   bin[0] = substr (hex[cv()],mod(num[cv()],2)+1,1)||bin[cv()],
   num[0] = trunc(num[cv()]/2)
 )

BIN
----------
10
```

다음 쿼리는 이전 쿼리에서 정의한 **RULES**를 한 번 반복해서 반환된 값을 출력합니다.

```
select 2 start_val,
       '0123456789ABCDEF' hex,
       substr('0123456789ABCDEF',mod(2,2)+1,1) ||
       cast(null as varchar2(30)) bin,
       trunc(2/2) num
  from dual

START_VAL HEX              BIN         NUM
--------- ---------------- ---------- ---
        2 0123456789ABCDEF 0            1
```

START_VAL은 이진수로 변환하려는 숫자를 나타냅니다. 이 경우 2입니다. BIN 값은 0123456789ABCDEF(원래 해법에서 16진수)에 대한 하위 문자열 연산의 결과입니다. NUM 값은 루프를 종료할 때를 정하는 값입니다.

앞의 결과셋에서 볼 수 있듯이 첫 번째 루프에서 BIN은 0이고 NUM은 1입니다. NUM은 0보다 작거나 같지 않으므로 또다시 루프 반복이 발생합니다. 다음 SQL 문은 다음 반복의 결과를 보여줍니다.

```
select num start_val,
       substr('0123456789ABCDEF',mod(1,2)+1,1) || bin bin,
       trunc(1/2) num
  from (
select 2 start_val,
       '0123456789ABCDEF' hex,
       substr('0123456789ABCDEF',mod(2,2)+1,1) ||
       cast(null as varchar2(30)) bin,
       trunc(2/2) num
  from dual
       )


START_VAL BIN        NUM
--------- ---------- ---
        1 10           0
```

다음 루프를 통해 HEX에 대한 하위 문자열 연산 결과가 1을 반환하고 BIN의 이전 값인 0이 추가됩니다. NUM은 이제 0입니다. 따라서 이것이 마지막 반복이고, 반환값 '10'은 숫자 2의 이진수 표현입니다. 흐름에 익숙해지면 MODEL 절에서 반복을 제거하고 단계별로 한 행씩 진행할 수 있습니다. 여기에 표시된 대로 최종 결과셋에 도달하기 위해 규칙이 적용되는 방법을 따를 수 있습니다.

```
select 2 orig_val, num, bin
  from dual
 model
 dimension by ( 0 attr )
 measures ( 2 num,
            cast(null as varchar2(30)) bin,
            '0123456789ABCDEF' hex
          )
```

```
 rules (
   bin[0] = substr (hex[cv()],mod(num[cv()],2)+1,1)||bin[cv()],
   num[0] = trunc(num[cv()]/2),
   bin[1] = substr (hex[0],mod(num[0],2)+1,1)||bin[0],
   num[1] = trunc(num[0]/2)
 )

ORIG_VAL NUM BIN
-------- --- ---------
       2   1 0
       2   0 10
```

14.8 순위 결과셋 피벗하기

문제 테이블에서 값의 순위를 매긴 다음 결과셋을 세 개의 열로 피벗하고 싶습니다. 상위 3개, 다음 3개, 나머지 모두를 표시하는 것입니다. 예를 들어 **SAL**을 기준으로 **EMP** 테이블의 사원 순위를 매긴 다음, 결과를 세 개의 열로 피벗하려고 합니다. 원하는 결과셋은 다음과 같습니다.

```
TOP_3             NEXT_3            REST
---------------   ---------------   --------------
KING     (5000)   BLAKE    (2850)   TURNER (1500)
FORD     (3000)   CLARK    (2450)   MILLER (1300)
SCOTT    (3000)   ALLEN    (1600)   MARTIN (1250)
JONES    (2975)                     WARD   (1250)
                                    ADAMS  (1100)
                                    JAMES   (950)
                                    SMITH   (800)
```

해법 이 해법의 핵심은 먼저 윈도우 함수 DENSE_RANK OVER를 사용하여, 동일 값을 허용하면서 SAL별로 사원 순위를 매기는 것입니다. DENSE_RANK OVER를 사용하면 상위 3개 급여, 다음 3개 급여 및 나머지 모든 급여를 쉽게 확인할 수 있습니다.

다음으로 윈도우 함수 ROW_NUMBER OVER를 사용하여 그룹(상위 3위, 다음 3위 또는 마지막 그룹) 내에서 각 사원의 순위를 매깁니다. 이때 결과를 잘 보여주려면, 플랫폼에서 사용할 수 있는 내장 문자열 함수를 사용하면서 순서를 이동합니다. 다음 해법은 Oracle 구문을 사용합니다. 이제 모든 벤더가 윈도우 함수를 지원하므로, 다음 해법을 다른 플랫폼에서 작동하도록 변환하기란 어렵지 않습니다.

```
 1 select max(case grp when 1 then rpad(ename,6) ||
 2                        ' ('|| sal ||')' end) top_3,
 3        max(case grp when 2 then rpad(ename,6) ||
 4                        ' ('|| sal ||')' end) next_3,
 5        max(case grp when 3 then rpad(ename,6) ||
 6                        ' ('|| sal ||')' end) rest
 7   from (
 8 select ename,
 9        sal,
10        rnk,
11        case when rnk <= 3 then 1
12             when rnk <= 6 then 2
13             else                    3
14        end grp,
15        row_number()over (
16          partition by case when rnk <= 3 then 1
17                            when rnk <= 6 then 2
18                            else                    3
19                       end
20            order by sal desc, ename
21        ) grp_rnk
22   from (
23 select ename,
24        sal,
25        dense_rank()over(order by sal desc) rnk
26   from emp
27        ) x
28        ) y
29  group by grp_rnk
```

설명 이 레시피는 윈도우 함수를 활용하여 적은 노력으로 얼마나 많은 것을 달성할 수 있는지에 대한 완벽한 예입니다. 해법이 복잡해 보일 수 있지만, 처음부터 다시 세분화해서 살펴보면 매우 간단합니다. 먼저 인라인 뷰 X를 실행하겠습니다.

```
select ename,
       sal,
       dense_rank()over(order by sal desc) rnk
  from emp

ENAME       SAL    RNK
---------- ----- ----------
KING        5000      1
SCOTT       3000      2
FORD        3000      2
JONES       2975      3
BLAKE       2850      4
CLARK       2450      5
ALLEN       1600      6
TURNER      1500      7
MILLER      1300      8
WARD        1250      9
MARTIN      1250      9
ADAMS       1100     10
JAMES        950     11
SMITH        800     12
```

이전 결과셋에서 알 수 있듯이 인라인 뷰 X는 SAL별로 사원의 순위를 지정하고 동점을 허용합니다(해법이 RANK 대신 DENSE_RANK를 사용하므로, 차이가 없는 동점이 있습니다). 다음 단계는 인라인 뷰 X에서 행을 가져오고 CASE 표현식을 사용하여 DENSE_RANK에서 순위를 평가하여 그룹을 만드는 것입니다. 또한 윈도우 함수 ROW_NUMBER OVER를 사용하여 (CASE 표현식으로 생성하는) 그룹 내에서 SAL별로 사원의 순위를 매깁니다. 이 모든 것이 인라인 뷰 Y에서 발생하며 다음과 같습니다.

```
select ename,
       sal,
       rnk,
       case when rnk <= 3 then 1
            when rnk <= 6 then 2
            else              3
       end grp,
       row_number()over (
         partition by case when rnk <= 3 then 1
                           when rnk <= 6 then 2
                           else              3
```

```
                    end
             order by sal desc, ename
        ) grp_rnk
    from (
select ename,
       sal,
       dense_rank()over(order by sal desc) rnk
    from emp
        ) x
```

```
ENAME        SAL  RNK  GRP  GRP_RNK
----------  -----  ----  ----  -------
KING        5000    1    1       1
FORD        3000    2    1       2
SCOTT       3000    2    1       3
JONES       2975    3    1       4
BLAKE       2850    4    2       1
CLARK       2450    5    2       2
ALLEN       1600    6    2       3
TURNER      1500    7    3       1
MILLER      1300    8    3       2
MARTIN      1250    9    3       3
WARD        1250    9    3       4
ADAMS       1100   10    3       5
JAMES        950   11    3       6
SMITH        800   12    3       7
```

이제 쿼리가 형태를 잡기 시작합니다. 처음부터 (인라인 뷰 X에서) 이 쿼리를 따랐다면 그다지 복잡하지 않다는 것을 알 수 있습니다. 지금까지 쿼리는 각 사원의 SAL, 모든 사원의 SAL 순위를 나타내는 RNK, 각 사원이 속한 그룹을 나타내는 (SAL 기준) GRP, 마지막으로 GRP 내 (SAL 기준) 순위인 GRP_RANK를 반환합니다.

이 시점에서 Oracle 연결 연산자 ‖를 사용하여 SAL을 추가하는 동안 ENAME에 대한 전통적인 피벗을 수행합니다. RPAD 함수는 괄호 안의 숫자값이 잘 정렬되도록 합니다. 마지막으로 GRP_RNK에서 GROUP BY를 사용하여 각 사원을 결과셋에 보여줍니다. 최종 결과셋은 다음과 같습니다.

```
select max(case grp when 1 then rpad(ename,6) ‖
                    ' ('‖ sal ‖')' end) top_3,
       max(case grp when 2 then rpad(ename,6) ‖
```

```
                   ' ('|| sal ||')' end) next_3,
      max(case grp when 3 then rpad(ename,6) ||
                   ' ('|| sal ||')' end) rest
  from (
select ename,
       sal,
       rnk,
       case when rnk <= 3 then 1
            when rnk <= 6 then 2
            else              3
       end grp,
       row_number()over (
         partition by case when rnk <= 3 then 1
                           when rnk <= 6 then 2
                           else              3
                      end
           Order by sal desc, ename
       ) grp_rnk
  from (
select ename,
       sal,
       dense_rank()over(order by sal desc) rnk
  from emp
     ) x
     ) y
group by grp_rnk


TOP_3             NEXT_3           REST
--------------    --------------   -------------
KING    (5000)    BLAKE   (2850)   TURNER (1500)
FORD    (3000)    CLARK   (2450)   MILLER (1300)
SCOTT   (3000)    ALLEN   (1600)   MARTIN (1250)
JONES   (2975)                     WARD   (1250)
ADAMS   (1100)

                                   JAMES   (950)
                                   SMITH   (800)
```

모든 단계에서 쿼리를 살펴보면 EMP 테이블에 정확히 한 번만 액세스된다는 것을 알 수 있습니다. 윈도우 함수의 주목할 점 중 하나는 데이터를 한 번만 읽어서 얼마나 많은 작업을 수행할 수 있는지 여부입니다. 셀프 조인이나 임시 테이블 없이 필요한 행을 얻은 다음, 윈도우 함수가 나머지를 수행합니다. 인라인 뷰 X에서만 EMP에 액세스하고, 여기에서 원하는 방식으로 보이도록 결과셋을 다듬기만 하면 됩니다. 한 번의 테이블 액세스로 이러한 유형의 보고서를 만들 수 있을 뿐만 아니라, 이 모든 작업이 성능에 미치는 영향을 생각해본다면 아주 멋진 기능입니다.

14.9 이중 피벗 결과셋에 열 머리글 추가하기

문제 두 개의 결과셋을 겹친 다음 두 개의 열로 피벗하려고 합니다. 또한 각 열의 각 행 그룹에 대해 '헤더'를 추가하길 원합니다. 예를 들어 회사의 다른 개발 영역(예: 연구 및 애플리케이션)에서 근무하는 사원에 대한 정보가 있는 두 개의 테이블이 있습니다.

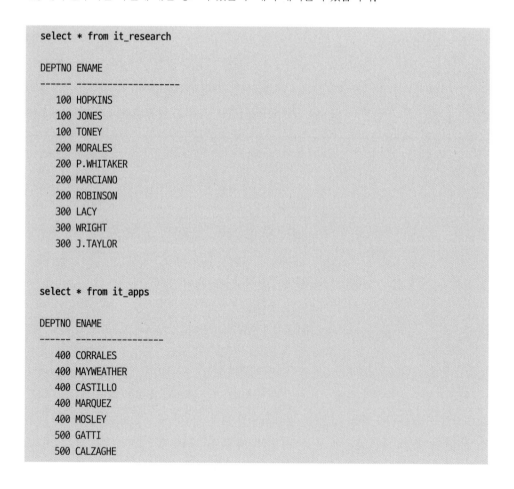

```
select * from it_research

DEPTNO ENAME
------ --------------------
   100 HOPKINS
   100 JONES
   100 TONEY
   200 MORALES
   200 P.WHITAKER
   200 MARCIANO
   200 ROBINSON
   300 LACY
   300 WRIGHT
   300 J.TAYLOR


select * from it_apps

DEPTNO ENAME
------ ----------------
   400 CORRALES
   400 MAYWEATHER
   400 CASTILLO
   400 MARQUEZ
   400 MOSLEY
   500 GATTI
   500 CALZAGHE
```

```
     600 LAMOTTA
     600 HAGLER
     600 HEARNS
     600 FRAZIER
     700 GUINN
     700 JUDAH
     700 MARGARITO
```

이때 두 개의 열에 각 테이블의 사원을 나열하는 보고서를 작성하려고 합니다. DEPTNO와 ENAME을 각각 반환하려고 하며, 궁극적으로 다음과 같은 결과셋을 반환하려고 합니다.

```
RESEARCH              APPS
-------------------   ---------------
100                   400
  JONES                 MAYWEATHER
  TONEY                 CASTILLO
  HOPKINS               MARQUEZ
200                     MOSLEY
  P.WHITAKER            CORRALES
  MARCIANO            500
  ROBINSON              CALZAGHE
  MORALES               GATTI
300                   600
  WRIGHT                HAGLER
  J.TAYLOR              HEARNS
  LACY                  FRAZIER
                        LAMOTTA
                      700
                        JUDAH
                        MARGARITO
                        GUINN
```

해법 대부분의 경우 이 해법은 단순한 스택 'n' 피벗(결합 후 피벗)만 추가하면 됩니다. DEPTNO는 반환된 각 사원의 ENAME 앞에 와야 합니다. 여기서 요령은 데카르트 곱을 사용하여 각 DEPTNO에 대한 추가 행을 생성하므로, 모든 사원을 표시하는 데 필요한 행과 DEPTNO를 위한 공간을 확보합니다. 이 해법은 Oracle 구문을 사용하지만, DB2는 이동 윈도우(프레임 절)를 계산할 수 있는 윈도우 함수를 지원하므로, 이 해법을 DB2에서 작동하도록 변환하기란 어렵지 않습니다. IT_RESEARCH 및 IT_APPS 테이블은 여기에서만 존재하므로 테이블 생성문을 이 해법과 함께 보여드리겠습니다.

```
create table IT_research (deptno number, ename varchar2(20))

insert into IT_research values (100,'HOPKINS')
insert into IT_research values (100,'JONES')
insert into IT_research values (100,'TONEY')
insert into IT_research values (200,'MORALES')
insert into IT_research values (200,'P.WHITAKER')
insert into IT_research values (200,'MARCIANO')
insert into IT_research values (200,'ROBINSON')
insert into IT_research values (300,'LACY')
insert into IT_research values (300,'WRIGHT')
insert into IT_research values (300,'J.TAYLOR')


create table IT_apps (deptno number, ename varchar2(20))

insert into IT_apps values (400,'CORRALES')
insert into IT_apps values (400,'MAYWEATHER')
insert into IT_apps values (400,'CASTILLO')
insert into IT_apps values (400,'MARQUEZ')
insert into IT_apps values (400,'MOSLEY')
insert into IT_apps values (500,'GATTI')
insert into IT_apps values (500,'CALZAGHE')
insert into IT_apps values (600,'LAMOTTA')
insert into IT_apps values (600,'HAGLER')
insert into IT_apps values (600,'HEARNS')
insert into IT_apps values (600,'FRAZIER')
insert into IT_apps values (700,'GUINN')
insert into IT_apps values (700,'JUDAH')
insert into IT_apps values (700,'MARGARITO')
```

```
 1 select max(decode(flag2,0,it_dept)) research,
 2        max(decode(flag2,1,it_dept)) apps
 3   from (
 4 select sum(flag1)over(partition by flag2
 5                                order by flag1,rownum) flag,
 6        it_dept, flag2
 7   from (
 8 select 1 flag1, 0 flag2,
 9        decode(rn,1,to_char(deptno),' '||ename) it_dept
10   from (
11 select x.*, y.id,
12        row_number()over(partition by x.deptno order by y.id) rn
13   from (
```

```
14 select deptno,
15        ename,
16        count(*)over(partition by deptno) cnt
17   from it_research
18        ) x,
19        (select level id from dual connect by level <= 2) y
20        )
21  where rn <= cnt+1
22 union all
23 select 1 flag1, 1 flag2,
24        decode(rn,1,to_char(deptno),' '||ename) it_dept
25   from (
26 select x.*, y.id,
27        row_number()over(partition by x.deptno order by y.id) rn
28   from (
29 select deptno,
30        ename,
31        count(*)over(partition by deptno) cnt
32   from it_apps
33        ) x,
34        (select level id from dual connect by level <= 2) y
35        )
36  where rn <= cnt+1
37        ) tmp1
38        ) tmp2
39  group by flag
```

설명 수많은 웨어하우징/보고서 유형 쿼리와 마찬가지로, 제시된 해법은 상당히 복잡해 보이지만 일단 나눠서 살펴보면 데카르트 곱을 활용한 스택 'n' 피벗에 불과하다는 것을 알 수 있습니다. 이 쿼리를 분석하는 방법은 UNION ALL의 각 부분을 먼저 작업한 다음 피벗을 위해 결합하는 것입니다. UNION ALL의 아랫부분부터 보겠습니다.

```
select 1 flag1, 1 flag2,
       decode(rn,1,to_char(deptno),' '||ename) it_dept
  from (
select x.*, y.id,
       row_number()over(partition by x.deptno order by y.id) rn
  from (
select deptno,
       ename,
       count(*)over(partition by deptno) cnt
```

```
   from it_apps
       ) x,
       (select level id from dual connect by level <= 2) y
       ) z
 where rn <= cnt+1

FLAG1      FLAG2 IT_DEPT
-----  ----------  ------------------------
    1          1 400
    1          1    MAYWEATHER
    1          1    CASTILLO
    1          1    MARQUEZ
    1          1    MOSLEY
    1          1    CORRALES
    1          1 500
    1          1    CALZAGHE
    1          1    GATTI
    1          1 600
    1          1    HAGLER
    1          1    HEARNS
    1          1    FRAZIER
    1          1    LAMOTTA
    1          1 700
    1          1    JUDAH
    1          1    MARGARITO
    1          1    GUINN
```

결과셋이 어떻게 결합되는지 잘 살펴봅시다. 이전 쿼리를 가장 간단한 구성 요소로 분해하면 인라인 뷰 X가 있으며, 이 뷰는 단순히 IT_APPS 테이블에서 각 ENAME 및 DEPTNO와 각 DEPTNO 의 사원 수를 반환합니다. 결과는 다음과 같습니다.

```
select deptno deptno,
       ename,
       count(*)over(partition by deptno) cnt
  from it_apps

DEPTNO ENAME                       CNT
------ --------------------  ----------
   400 CORRALES                      5
   400 MAYWEATHER                    5
   400 CASTILLO                      5
   400 MARQUEZ                       5
```

```
400 MOSLEY          5
500 GATTI           2
500 CALZAGHE        2
600 LAMOTTA         4
600 HAGLER          4
600 HEARNS          4
600 FRAZIER         4
700 GUINN           3
700 JUDAH           3
700 MARGARITO       3
```

다음 단계는 CONNECT BY를 사용하여 인라인 뷰 X에서 반환된 행과 DUAL에서 생성된 두 행 사이에 데카르트 곱을 만드는 것입니다. 이 작업의 결과는 다음과 같습니다.

```
select *
  from (
select deptno deptno,
       ename,
       count(*)over(partition by deptno) cnt
  from it_apps
       ) x,
       (select level id from dual connect by level <= 2) y
 order by 2

DEPTNO ENAME      CNT ID
------ ---------- --- ---
   500 CALZAGHE     2   1
   500 CALZAGHE     2   2
   400 CASTILLO     5   1
   400 CASTILLO     5   2
   400 CORRALES     5   1
   400 CORRALES     5   2
   600 FRAZIER      4   1
   600 FRAZIER      4   2
   500 GATTI        2   1
   500 GATTI        2   2
   700 GUINN        3   1
   700 GUINN        3   2
   600 HAGLER       4   1
   600 HAGLER       4   2
   600 HEARNS       4   1
   600 HEARNS       4   2
```

```
700 JUDAH          3   1
700 JUDAH          3   2
600 LAMOTTA        4   1
600 LAMOTTA        4   2
700 MARGARITO      3   1
700 MARGARITO      3   2
400 MARQUEZ        5   1
400 MARQUEZ        5   2
400 MAYWEATHER     5   1
400 MAYWEATHER     5   2
400 MOSLEY         5   1
400 MOSLEY         5   2
```

이 결과에서 알 수 있듯이, 인라인 뷰 Y가 있는 데카르트 곱으로 인해 인라인 뷰 X의 각 행이 두 번 반환됩니다. 데카르트 곱이 필요한 이유는 곧 명확해질 것입니다. 다음 단계는 현재 결과셋을 가져와 DEPTNO 내에서 ID별로 각 사원의 순위를 매기는 것입니다(ID는 데카르트 곱에서 반환한 1 또는 2의 값입니다). 이 순위의 결과는 다음 쿼리 출력에 나타납니다.

```
select x.*, y.id,
       row_number()over(partition by x.deptno order by y.id) rn
  from (
select deptno deptno,
       ename,
       count(*)over(partition by deptno) cnt
  from it_apps
       ) x,
       (select level id from dual connect by level <= 2) y

DEPTNO ENAME      CNT ID           RN
------ ---------- --- --- ----------
   400 CORRALES     5   1            1
   400 MAYWEATHER   5   1            2
   400 CASTILLO     5   1            3
   400 MARQUEZ      5   1            4
   400 MOSLEY       5   1            5
   400 CORRALES     5   2            6
   400 MOSLEY       5   2            7
   400 MAYWEATHER   5   2            8
   400 CASTILLO     5   2            9
   400 MARQUEZ      5   2           10
   500 GATTI        2   1            1
```

```
500 CALZAGHE    2  1        2
500 GATTI       2  2        3
500 CALZAGHE    2  2        4
600 LAMOTTA     4  1        1
600 HAGLER      4  1        2
600 HEARNS      4  1        3
600 FRAZIER     4  1        4
600 LAMOTTA     4  2        5
600 HAGLER      4  2        6
600 FRAZIER     4  2        7
600 HEARNS      4  2        8
700 GUINN       3  1        1
700 JUDAH       3  1        2
700 MARGARITO   3  1        3
700 GUINN       3  2        4
700 JUDAH       3  2        5
700 MARGARITO   3  2        6
```

각 사원이 순위가 매겨진 다음, 중복 순위가 매겨집니다. 결과셋에는 IT_APP 테이블의 모든 사원에 대한 DEPTNO 내의 순위와 중복 순위가 함께 보입니다. 이러한 추가 행을 생성해야 하는 이유는 ENAME 열에 DEPTNO를 넣으려면 결과셋에 여유 공간이 필요하기 때문입니다. 1행 테이블을 가진 IT_APPS를 데카르트 조인하면 추가 행이 없습니다(테이블의 카디널리티 × 1 = 해당 테이블의 카디널리티이기 때문입니다).

다음 단계는 지금까지 반환된 결과를 가져와서 모든 ENAME을 하나의 열로 반환하되, DEPTNO가 먼저 나오도록 결과셋을 피벗하는 것입니다. 다음 쿼리는 이것이 어떻게 발생하는지 보여줍니다.

```
select 1 flag1, 1 flag2,
       decode(rn,1,to_char(deptno),' '||ename) it_dept
  from (
select x.*, y.id,
       row_number()over(partition by x.deptno order by y.id) rn
  from (
select deptno deptno,
       ename,
       count(*)over(partition by deptno) cnt
  from it_apps
       ) x,
       (select level id from dual connect by level <= 2) y
```

```
        ) z
 where rn <= cnt+1


FLAG1      FLAG2 IT_DEPT
-----  ---------- -------------------------
    1          1 400
    1          1    MAYWEATHER
    1          1    CASTILLO
    1          1    MARQUEZ
    1          1    MOSLEY
    1          1    CORRALES
    1          1 500
    1          1    CALZAGHE
    1          1    GATTI
    1          1 600
    1          1    HAGLER
    1          1    HEARNS
    1          1    FRAZIER
    1          1    LAMOTTA
    1          1 700
    1          1    JUDAH
    1          1    MARGARITO
    1          1    GUINN
```

FLAG1 및 FLAG2는 나중에 작동하므로 잠시 뒤로 미뤄둡니다. IT_DEPT의 행을 주의 깊게 보세요. 각 DEPTNO에 대해 반환되는 행 수는 CNT * 2이지만 필요한 것은 WHERE 절의 필터인 CNT + 1 입니다. RN은 각 사원의 순위입니다. 유지되는 행은 모두 CNT + 1 이하의 순위입니다. 즉, 각 DEPTNO의 모든 사원과 한 명을 더 추가합니다(추가 사원은 DEPTNO에서 1위를 차지한 사원입니다). 이 추가 행이 DEPTNO가 삽입되는 위치입니다. DECODE(Case 표현식과 거의 동등한 이전 Oracle 함수)를 사용하여 RN 값을 평가하면 DEPTNO 값을 결과셋에 삽입할 수 있습니다. 1번 위치에 있던 사원(RN 값 기준)은 여전히 결과셋에 표시되지만, 이제 각 DEPTNO에서 제일 마지막에 있습니다(순서가 무관하므로 문제가 되지 않습니다). 여기까지 해서 UNION ALL의 아랫부분을 거의 다루었습니다.

UNION ALL의 윗부분은 아랫부분과 같은 방식으로 처리되므로, 어떻게 작동하는지 설명할 필요가 없습니다. 대신 쿼리를 덧붙일 때 반환되는 결과셋을 살펴보겠습니다.

```
select 1 flag1, 0 flag2,
       decode(rn,1,to_char(deptno),' '||ename) it_dept
  from (
select x.*, y.id,
       row_number()over(partition by x.deptno order by y.id) rn
  from (
select deptno,
       ename,
       count(*)over(partition by deptno) cnt
  from it_research
       ) x,
       (select level id from dual connect by level <= 2) y
       )
 where rn <= cnt+1
union all
select 1 flag1, 1 flag2,
       decode(rn,1,to_char(deptno),' '||ename) it_dept
  from (
select x.*, y.id,
       row_number()over(partition by x.deptno order by y.id) rn
  from (
select deptno deptno,
       ename,
       count(*)over(partition by deptno) cnt
  from it_apps
       ) x,
       (select level id from dual connect by level <= 2) y
       )
 where rn <= cnt+1


FLAG1     FLAG2 IT_DEPT
----- ---------- ----------------------
    1          0 100
    1          0   JONES
    1          0   TONEY
    1          0   HOPKINS
    1          0 200
    1          0   P.WHITAKER
    1          0   MARCIANO
    1          0   ROBINSON
    1          0   MORALES
    1          0 300
    1          0   WRIGHT
    1          0   J.TAYLOR
```

```
1      0   LACY
1      1 400
1      1   MAYWEATHER
1      1   CASTILLO
1      1   MARQUEZ
1      1   MOSLEY
1      1   CORRALES
1      1 500
1      1   CALZAGHE
1      1   GATTI
1      1 600
1      1   HAGLER
1      1   HEARNS
1      1   FRAZIER
1      ·1   LAMOTTA
1      1 700
1      1   JUDAH
1      1   MARGARITO
1      1   GUINN
```

이 시점에서 FLAG1의 용도가 무엇인지는 명확하지 않지만, FLAG2는 UNION ALL의 어느 부분에서 오는 행인지 구분하는 것을 알 수 있습니다(상부 0, 하단 1).

다음 단계는 누적된 결과셋을 인라인 뷰로 래핑하고 각 스택의 각 행에 대한 순위 역할을 하는 FLAG1(드디어 목적이 밝혀집니다!)에 누적 합계를 만드는 것입니다. 순위 결과(누계)가 여기에 표시됩니다.

```
select sum(flag1)over(partition by flag2
                      order by flag1,rownum) flag,
       it_dept, flag2
  from (
select 1 flag1, 0 flag2,
       decode(rn,1,to_char(deptno),' '||ename) it_dept
  from (
select x.*, y.id,
       row_number()over(partition by x.deptno order by y.id) rn
  from (
select deptno,
       ename,
       count(*)over(partition by deptno) cnt
  from it_research
```

```
       ) x,
       (select level id from dual connect by level <= 2) y
       )
 where rn <= cnt+1
union all
select 1 flag1, 1 flag2,
       decode(rn,1,to_char(deptno),' '||ename) it_dept
   from (
select x.*, y.id,
       row_number()over(partition by x.deptno order by y.id) rn
  from (
select deptno deptno,
       ename,
       count(*)over(partition by deptno) cnt
  from it_apps
       ) x,
       (select level id from dual connect by level <= 2) y
       )
 where rn <= cnt+1
       ) tmp1
```

FLAG	IT_DEPT	FLAG2
1	100	0
2	JONES	0
3	TONEY	0
4	HOPKINS	0
5	200	0
6	P.WHITAKER	0
7	MARCIANO	0
8	ROBINSON	0
9	MORALES	0
10	300	0
11	WRIGHT	0
12	J.TAYLOR	0
13	LACY	0
1	400	1
2	MAYWEATHER	1
3	CASTILLO	1
4	MARQUEZ	1
5	MOSLEY	1
6	CORRALES	1
7	500	1
8	CALZAGHEe	1

9	GATTI	1
10	600	1
11	HAGLER	1
12	HEARNS	1
13	FRAZIER	1
14	LAMOTTA	1
15	700	1
16	JUDAH	1
17	MARGARITO	1
18	GUINN	1

마지막 단계는 FLAG(TMP1에서 생성된 누계)별로 그룹화하는 동안 FLAG2에서 TMP1이 반환한 값을 피벗하는 것입니다. TMP1의 결과는 인라인 뷰로 래핑되고 피벗됩니다(TMP2라는 최종 인라인 뷰로 래핑됩니다). 최종 해법과 결과셋은 다음과 같습니다.

```
select max(decode(flag2,0,it_dept)) research,
       max(decode(flag2,1,it_dept)) apps
  from (
select sum(flag1)over(partition by flag2
                            order by flag1,rownum) flag,
       it_dept, flag2
  from (
select 1 flag1, 0 flag2,
       decode(rn,1,to_char(deptno),' '||ename) it_dept
  from (
select x.*, y.id,
       row_number()over(partition by x.deptno order by y.id) rn
  from (
select deptno,
       ename,
       count(*)over(partition by deptno) cnt
  from it_research
      ) x,
      (select level id from dual connect by level <= 2) y
      )
 where rn <= cnt+1
union all
select 1 flag1, 1 flag2,
       decode(rn,1,to_char(deptno),' '||ename) it_dept
  from (
select x.*, y.id,
       row_number()over(partition by x.deptno order by y.id) rn
```

```
    from (
select deptno deptno,
      ename,
      count(*)over(partition by deptno) cnt
  from it_apps
      ) x,
      (select level id from dual connect by level <= 2) y
      )
  where rn <= cnt+1
      ) tmp1
      ) tmp2
  group by flag

RESEARCH              APPS
-------------------- ----------------
100                  400
  JONES                MAYWEATHER
  TONEY                CASTILLO
  HOPKINS              MARQUEZ
200                  MOSLEY
  P.WHITAKER           CORRALES
  MARCIANO           500
  ROBINSON             CALZAGHE
  MORALES              GATTI
300                  600
  WRIGHT               HAGLER
  J.TAYLOR             HEARNS
  LACY                 FRAZIER
                       LAMOTTA
                     700
                       JUDAH
                       MARGARITO
                       GUINN
```

14.10 Oracle에서 스칼라 서브쿼리를 복합 서브쿼리로 변환하기

문제 스칼라 서브쿼리에서 딱 하나의 값만 반환하는 제약을 무시하려고 합니다. 가령 다음 쿼리를 실행하려고 합니다.

```
select e.deptno,
       e.ename,
       e.sal,
       (select d.dname,d.loc,sysdate today
          from dept d
         where e.deptno=d.deptno)
  from emp e
```

그러나 SELECT 목록의 서브쿼리는 단일 값만 반환할 수 있으므로 오류가 발생합니다.

해법 EMP와 DEPT의 간단한 조인으로 DEPT에서 원하는 만큼의 값을 반환할 수 있으므로, 이 문제는 매우 비현실적입니다. 그런데도 중요한 것은 기술에 초점을 맞추고, 적합하다고 판단되는 시나리오에 적용하는 방법을 이해하는 것입니다. SELECT(스칼라 서브쿼리) 내에 SELECT를 배치할 때 단일값을 반환해야 하는 요구 사항을 우회하는 핵심은 Oracle의 객체 유형을 활용하는 것입니다. 여러 속성을 갖도록 객체를 정의하고, 그 객체를 단일 엔티티로 사용하거나 각 요소를 개별 참조할 수 있습니다. 실제로 규칙을 전혀 무시하지 않고 여러 속성을 포함하는 하나의 값 객체 [.keep-together]#object-# 로 반환하면 됩니다.

여기 해법에서는 다음과 같은 객체 유형을 사용합니다.

```
create type generic_obj
    as object (
    val1 varchar2(10),
    val2 varchar2(10),
    val3 date
 );
```

이 유형을 사용하면 다음 쿼리를 실행할 수 있습니다.

```
1 select x.deptno,
2       x.ename,
3       x.multival.val1 dname,
4       x.multival.val2 loc,
5       x.multival.val3 today
6  from (
7select e.deptno,
8       e.ename,
9       e.sal,
10      (select generic_obj(d.dname,d.loc,sysdate+1)
11        from dept d
12       where e.deptno=d.deptno) multival
13  from emp e
14      ) x
```

DEPTNO	ENAME	DNAME	LOC	TODAY
20	SMITH	RESEARCH	DALLAS	12-SEP-2020
30	ALLEN	SALES	CHICAGO	12-SEP-2020
30	WARD	SALES	CHICAGO	12-SEP-2020
20	JONES	RESEARCH	DALLAS	12-SEP-2020
30	MARTIN	SALES	CHICAGO	12-SEP-2020
30	BLAKE	SALES	CHICAGO	12-SEP-2020
10	CLARK	ACCOUNTING	NEW YORK	12-SEP-2020
20	SCOTT	RESEARCH	DALLAS	12-SEP-2020
10	KING	ACCOUNTING	NEW YORK	12-SEP-2020
30	TURNER	SALES	CHICAGO	12-SEP-2020
20	ADAMS	RESEARCH	DALLAS	12-SEP-2020
30	JAMES	SALES	CHICAGO	12-SEP-2020
20	FORD	RESEARCH	DALLAS	12-SEP-2020
10	MILLER	ACCOUNTING	NEW YORK	12-SEP-2020

설명 해법의 핵심은 객체의 생성자 함수를 사용하는 것입니다(기본적으로 생성자 함수는 객체와 이름이 같습니다). 다음에서 볼 수 있듯이 객체 자체는 단일 스칼라값이므로 스칼라 서브쿼리 규칙을 위반하지 않습니다.

```
select e.deptno,
       e.ename,
       e.sal,
       (select generic_obj(d.dname,d.loc,sysdate-1)
          from dept d
```

```
      where e.deptno=d.deptno) multival
 from emp e

DEPTNO ENAME  SAL   MULTIVAL(VAL1, VAL2, VAL3)
------ ------ ----- --------------------------------------------------------
    20 SMITH    800 GENERIC_OBJ('RESEARCH', 'DALLAS', '12-SEP-2020')
    30 ALLEN   1600 GENERIC_OBJ('SALES', 'CHICAGO', '12-SEP-2020')
    30 WARD    1250 GENERIC_OBJ('SALES', 'CHICAGO', '12-SEP-2020')
    20 JONES   2975 GENERIC_OBJ('RESEARCH', 'DALLAS', '12-SEP-2020')
    30 MARTIN  1250 GENERIC_OBJ('SALES', 'CHICAGO', '12-SEP-2020')
    30 BLAKE   2850 GENERIC_OBJ('SALES', 'CHICAGO', '12-SEP-2020')
    10 CLARK   2450 GENERIC_OBJ('ACCOUNTING', 'NEW YORK', '12-SEP-2020')
    20 SCOTT   3000 GENERIC_OBJ('RESEARCH', 'DALLAS', '12-SEP-2020')
    10 KING    5000 GENERIC_OBJ('ACCOUNTING', 'NEW YORK', '12-SEP-2020')
    30 TURNER  1500 GENERIC_OBJ('SALES', 'CHICAGO', '12-SEP-2020')
    20 ADAMS   1100 GENERIC_OBJ('RESEARCH', 'DALLAS', '12-SEP-2020')
    30 JAMES    950 GENERIC_OBJ('SALES', 'CHICAGO', '12-SEP-2020')
    20 FORD    3000 GENERIC_OBJ('RESEARCH', 'DALLAS', '12-SEP-2020')
    10 MILLER  1300 GENERIC_OBJ('ACCOUNTING', 'NEW YORK', '12-SEP-2020')
```

다음 단계는 단순히 쿼리를 인라인 뷰로 래핑하고 속성을 추출하는 것입니다.

> **CAUTION_** 다른 벤더와 달리 Oracle에서는 일반적으로 인라인 뷰의 이름을 지정할 필요가 없습니다. 그러나 특별히 이 경우에는 인라인 뷰의 이름을 지정해야 합니다. 그렇지 않으면 개체의 속성을 참조할 수 없습니다.

14.11 직렬화된 데이터를 행으로 구문 분석하기

문제 구문 분석하고 행으로 반환하려는 (문자열에 저장된) 데이터를 직렬화했습니다. 예를 들어 다음 데이터를 저장합니다.

```
STRINGS
-------------------------------
entry:stewiegriffin:lois:brian:
entry:moe::sizlack:
entry:petergriffin:meg:chris:
```

```
entry:willie:
entry:quagmire:mayorwest:cleveland:
entry:::flanders:
entry:robo:tchi:ken:
```

이렇게 직렬화된 문자열을 다음과 같은 결과셋으로 변환하려고 합니다.

```
VAL1              VAL2              VAL3
---------------   ---------------   ---------------
moe                                 sizlack
petergriffin      meg               chris
quagmire          mayorwest         cleveland
robo              tchi              ken
stewiegriffin     lois              brian
willie
                                    flanders
```

해법 이 예제의 직렬화된 각 문자열은 최대 3개의 값을 저장할 수 있습니다. 값은 콜론으로 구분되며, 문자열에는 세 개의 항목이 모두 있을 수도 있고 없을 수도 있습니다. 문자열에 세 항목이 모두 없는 경우에는 결과셋의 올바른 열에 사용 가능한 항목을 배치해야 합니다. 예를 들어 다음 행을 봅시다.

```
entry:::flanders:
```

이 행은 처음 두 값이 누락되고 세 번째 값만 사용할 수 있습니다. 따라서 '문제' 절에서 대상 결과셋을 검사하면 FLANDERS가 있는 행에 대해 VAL1과 VAL2가 모두 null임을 알 수 있습니다.

단순한 피벗 다음에 문자열 구문 분석을 통한 문자열 이동에 불과하다는 것이 이 해법의 핵심입니다. 여기서는 다음과 같이 정의된 뷰 V의 행을 사용합니다. 이 예제는 Oracle 구문을 사용했지만, 문자열 구문 분석 함수만 필요하므로 다른 플랫폼으로 간단하게 바꿀 수 있습니다.

```
create view V
    as
select 'entry:stewiegriffin:lois:brian:' strings
  from dual
 union all
select 'entry:moe::sizlack:'
```

```
   from dual
 union all
select 'entry:petergriffin:meg:chris:'
   from dual
 union all
select 'entry:willie:'
   from dual
 union all
select 'entry:quagmire:mayorwest:cleveland:'
   from dual
 union all
select 'entry:::flanders:'
   from dual
 union all
select 'entry:robo:tchi:ken:'
   from dual
```

다음은 구문 분석할 예제 데이터에 대해 뷰 V를 사용한 해법입니다.

```
 1  with cartesian as (
 2  select level id
 3    from dual
 4   connect by level <= 100
 5  )
 6  select max(decode(id,1,substr(strings,p1+1,p2-1))) val1,
 7         max(decode(id,2,substr(strings,p1+1,p2-1))) val2,
 8         max(decode(id,3,substr(strings,p1+1,p2-1))) val3
 9    from (
10  select v.strings,
11         c.id,
12         instr(v.strings,':',1,c.id) p1,
13         instr(v.strings,':',1,c.id+1)-instr(v.strings,':',1,c.id) p2
14    from v, cartesian c
15   where c.id <= (length(v.strings)-length(replace(v.strings,':')))-1
16         )
17  group by strings
18  order by 1
```

설명 첫 번째 단계는 직렬화된 문자열을 살펴보는 것입니다.

```
with cartesian as (
select level id
  from dual
 connect by level <= 100
)
select v.strings,
     c.id
  from v,cartesian c
 where c.id <= (length(v.strings)-length(replace(v.strings,':')))-1

STRINGS                             ID
----------------------------------- ---
entry:::flanders:                    1
entry:::flanders:                    2
entry:::flanders:                    3
entry:moe::sizlack:                  1
entry:moe::sizlack:                  2
entry:moe::sizlack:                  3
entry:petergriffin:meg:chris:        1
entry:petergriffin:meg:chris:        3
entry:petergriffin:meg:chris:        2
entry:quagmire:mayorwest:cleveland:  1
entry:quagmire:mayorwest:cleveland:  3
entry:quagmire:mayorwest:cleveland:  2
entry:robo:tchi:ken:                 1
entry:robo:tchi:ken:                 2
entry:robo:tchi:ken:                 3
entry:stewiegriffin:lois:brian:      1
entry:stewiegriffin:lois:brian:      3
entry:stewiegriffin:lois:brian:      2
entry:willie:                        1
```

다음 단계는 INSTR 함수를 사용하여 각 문자열에서 각 콜론의 위치 숫자값을 찾는 것입니다. 추출해야 하는 각 값은 두 개의 콜론으로 묶여 있으므로 숫자값은 '위치 1'과 '위치 2'에 대해 P1, P2 별칭으로 지정됩니다.

```
with cartesian as (
select level id
  from dual
  connect by level <= 100
)
```

```
select v.strings,
       c.id,
       instr(v.strings,':',1,c.id) p1,
       instr(v.strings,':',1,c.id+1)-instr(v.strings,':',1,c.id) p2
       from v,cartesian c
      where c.id <= (length(v.strings)-length(replace(v.strings,':')))-1
      order by 1

STRINGS                                   ID       P1         P2
---------------------------------------   ---  ----------  ----------
entry:::flanders:                          1        6           1
entry:::flanders:                          2        7           1
entry:::flanders:                          3        8           9
entry:moe::sizlack:                        1        6           4
entry:moe::sizlack:                        2       10           1
entry:moe::sizlack:                        3       11           8
entry:petergriffin:meg:chris:              1        6          13
entry:petergriffin:meg:chris:              3       23           6
entry:petergriffin:meg:chris:              2       19           4
entry:quagmire:mayorwest:cleveland:        1        6           9
entry:quagmire:mayorwest:cleveland:        3       25          10
entry:quagmire:mayorwest:cleveland:        2       15          10
entry:robo:tchi:ken:                       1        6           5
entry:robo:tchi:ken:                       2       11           5
entry:robo:tchi:ken:                       3       16           4
entry:stewiegriffin:lois:brian:            1        6          14
entry:stewiegriffin:lois:brian:            3       25           6
entry:stewiegriffin:lois:brian:            2       20           5
entry:willie:                              1        6           7
```

이제 각 문자열의 각 콜론 쌍에 대한 위치를 알았으므로, SUBSTR 함수에 정보를 전달하여 값을 추출하면 됩니다. 세 개의 열이 있는 결과셋을 만들려면 DECODE를 사용하여 데카르트 곱의 ID 를 평가합니다.

```
with cartesian as (
  select level id
    from dual
  connect by level <= 100
 )
 select decode(id,1,substr(strings,p1+1,p2-1)) val1,
        decode(id,2,substr(strings,p1+1,p2-1)) val2,
```

```
                decode(id,3,substr(strings,p1+1,p2-1)) val3
     from (
  select v.strings,
         c.id,
         instr(v.strings,':',1,c.id) p1,
         instr(v.strings,':',1,c.id+1)-instr(v.strings,':',1,c.id) p2
     from v,cartesian c
   where c.id <= (length(v.strings)-length(replace(v.strings,':')))-1
         )
   order by 1


VAL1             VAL2             VAL3
---------------  ---------------  ---------------
moe
petergriffin
quagmire
robo
stewiegriffin
willie
                 lois

                 meg
                 mayorwest

                 tchi
                                  brian
                                  sizlack
                                  chris
                                  cleveland
                                  flanders
                                  ken
```

마지막 단계는 ID별로 그룹화하는 동안 SUBSTR에서 반환된 값에 집계 함수를 적용하여 읽기 좋은 결과셋을 만드는 것입니다.

```
with cartesian as (
select level id
  from dual
 connect by level <= 100
)
select max(decode(id,1,substr(strings,p1+1,p2-1))) val1,
       max(decode(id,2,substr(strings,p1+1,p2-1))) val2,
```

```
          max(decode(id,3,substr(strings,p1+1,p2-1))) val3
   from (
select v.strings,
       c.id,
       instr(v.strings,':',1,c.id) p1,
       instr(v.strings,':',1,c.id+1)-instr(v.strings,':',1,c.id) p2
  from v,cartesian c
 where c.id <= (length(v.strings)-length(replace(v.strings,':')))-1
       )
 group by strings
 order by 1


VAL1                VAL2              VAL3
---------------     ---------------   -----------
moe                                   sizlack
petergriffin        meg               chris
quagmire            mayorwest         cleveland
robo                tchi              ken
stewiegriffin       lois              brian
willie

                                      flanders
```

14.12 합계에 대한 백분율 계산하기

문제 숫자값들을 모아서 보고서를 만들고, 각 값을 전체의 백분율로 표시하고 싶습니다. 예를 들어 Oracle 시스템을 사용 중인 회사에서 가장 큰 비용을 지출하는 JOB 직급을 알 수 있도록 JOB별 급여 명세를 보여주는 결과셋을 반환하려고 합니다. 이때 JOB별 사원 수를 포함하여 결과가 오해를 일으키지 않도록 하려고 합니다. 즉, 다음과 같은 보고서를 생성할 것입니다.

```
JOB         NUM_EMPS PCT_OF_ALL_SALARIES
---------   --------- -------------------
CLERK             4                    14
ANALYST           2                    20
MANAGER           3                    28
SALESMAN          4                    19
PRESIDENT         1                    17
```

보다시피 보고서에 사원 수가 포함되지 않으면, 사장 직책이 전체 급여에서 차지하는 비중이 미미한 듯 보입니다. 사장이 한 명뿐이라는 사실은 17%가 의미하는 바를 이해하는 데 도움이 됩니다.

해법 오직 Oracle만이 내장 함수 RATIO_TO_REPORT를 사용하여 이 문제에 대한 적절한 해법을 제공합니다. 다른 데이터베이스에서 전체 비율을 계산하려면 7.11절에 표시된 대로 분할을 사용합니다.

```
1  select job,num_emps,sum(round(pct)) pct_of_all_salaries
2    from (
3  select job,
4         count(*)over(partition by job) num_emps,
5         ratio_to_report(sal)over()*100 pct
6    from emp
7         )
8    group by job,num_emps
```

설명 첫 번째 단계는 윈도우 함수 COUNT OVER를 사용하여 JOB당 사원 수를 반환하는 것입니다. 그런 다음 RATIO_TO_REPORT를 사용하여 전체 급여에 대한 각 급여의 백분율을 반환합니다(값은 십진수로 반환됩니다).

```
select job,
       count(*)over(partition by job) num_emps,
       ratio_to_report(sal)over()*100 pct
  from emp

JOB         NUM_EMPS        PCT
---------  ----------  ----------
ANALYST             2  10.3359173
ANALYST             2  10.3359173
CLERK               4  2.75624462
CLERK               4  3.78983635
CLERK               4   4.4788975
CLERK               4  3.27304048
MANAGER             3  10.2497847
MANAGER             3  8.44099914
MANAGER             3  9.81912145
PRESIDENT           1  17.2265289
```

```
SALESMAN        4 5.51248923
SALESMAN        4 4.30663221
SALESMAN        4 5.16795866
SALESMAN        4 4.30663221
```

마지막 단계는 집계 함수 SUM을 사용하여 RATIO_TO_REPORT에서 반환된 값을 합산하는 것입니다. JOB 및 NUM_EMPS별로 그룹화합니다. 100을 곱하여 백분율을 나타내는 정수를 반환합니다(예를 들면 25%에 대해 0.25가 아닌 25를 반환합니다).

```
select job,num_emps,sum(round(pct)) pct_of_all_salaries
  from (
select job,
       count(*)over(partition by job) num_emps,
       ratio_to_report(sal)over()*100 pct
  from emp
       )
 group by job,num_emps


JOB        NUM_EMPS PCT_OF_ALL_SALARIES
--------- ---------- -------------------
CLERK           4                14
ANALYST         2                20
MANAGER         3                28
SALESMAN        4                19
PRESIDENT       1                17
```

14.13 그룹 내 값의 존재 여부 테스트하기

문제 그룹의 행에 특정 값이 포함되는지 여부에 따라 행에 대한 불리언 플래그를 생성하려고 합니다. 일정 기간 동안 일정 수의 시험을 치른 학생의 예를 생각해봅시다. 한 학생이 3개월에 걸쳐 세 번의 시험을 치를 것입니다. 학생이 이러한 시험 중 하나를 통과하면 요구 사항이 충족되며, 그 사실을 표시하고자 플래그를 반환합니다. 학생이 3개월 동안 세 번의 시험 중 하나도 통과하지 못하면, 해당 사실을 표시하기 위해 추가 플래그를 반환합니다. 다음 예제를 살펴봅시다(Oracle 구문을 사용하여 이 예제의 행을 구성합니다. 윈도우 함수를 사용하는 다른 벤더의 경우 약간의 수정이 필요합니다).

```
create view V
as
select 1 student_id,
       1 test_id,
       2 grade_id,
       1 period_id,
       to_date('02/01/2020','MM/DD/YYYY') test_date,
       0 pass_fail
  from dual union all
select 1, 2, 2, 1, to_date('03/01/2020','MM/DD/YYYY'), 1 from dual union all
select 1, 3, 2, 1, to_date('04/01/2020','MM/DD/YYYY'), 0 from dual union all
select 1, 4, 2, 2, to_date('05/01/2020','MM/DD/YYYY'), 0 from dual union all
select 1, 5, 2, 2, to_date('06/01/2020','MM/DD/YYYY'), 0 from dual union all
select 1, 6, 2, 2, to_date('07/01/2020','MM/DD/YYYY'), 0 from dual


select *
  from V


STUDENT_ID TEST_ID GRADE_ID PERIOD_ID TEST_DATE   PASS_FAIL
---------- ------- -------- --------- ----------- ---------
         1       1        2         1 01-FEB-2020         0
         1       2        2         1 01-MAR-2020         1
         1       3        2         1 01-APR-2020         0
         1       4        2         2 01-MAY-2020         0
         1       5        2         2 01-JUN-2020         0
         1       6        2         2 01-JUL-2020         0
```

이전 결과셋을 살펴보면 학생이 3개월씩 두 번에 걸쳐 총 6회의 시험을 치른 것을 알 수 있습니다. 학생은 그중 하나의 시험을 통과했습니다(1은 '합격'을 의미하고 0은 '실패'를 의미합니다). 따라서 전체 첫 번째 기간의 요구사항이 충족되었습니다. 두 번째 기간(다음 3개월)에는 어떤 시험도 통과하지 못했으므로 PASS_FAIL 값은 세 시험 모두 0입니다. 이때 학생이 주어진 기간 동안 시험에 합격했는지 여부를 강조하는 결과셋을 반환하려고 합니다. 즉, 궁극적으로 다음 결과셋을 반환합니다.

```
STUDENT_ID TEST_ID GRADE_ID PERIOD_ID TEST_DATE   METREQ IN_PROGRESS
---------- ------- -------- --------- ----------- ------ -----------
         1       1        2         1 01-FEB-2020      +            0
         1       2        2         1 01-MAR-2020      +            0
         1       3        2         1 01-APR-2020      +            0
         1       4        2         2 01-MAY-2020      -            0
         1       5        2         2 01-JUN-2020      -            0
         1       6        2         2 01-JUL-2020      -            1
```

METREQ 값은 + 및 −입니다. 이는 학생이 한 기간(3개월) 동안 최소 한 번의 시험을 통과해야 하는 요건을 각각 충족했거나 충족하지 않았음을 나타냅니다. 학생이 주어진 기간에 이미 시험에 합격한 경우에는 IN_PROGRESS 값이 0이어야 합니다. 학생이 주어진 기간 동안 시험을 통과하지 못한 경우, 해당 학생의 최신 시험 날짜가 있는 행의 값은 IN_PROGRESS가 1입니다.

해법 그룹의 행을 개별 행이 아닌 그룹으로 처리해야 하므로 이 문제는 까다로워 보입니다. '문제' 절에서 PASS_FAIL의 값을 살펴봅시다. 행별로 평가하면 TEST_ID 2를 제외한 각 행의 METREQ 값은 −로 표시되지만, 지금은 행을 그룹으로 평가해야 합니다. 윈도우 함수 MAX OVER를 사용하면 학생이 특정 기간 적어도 한 번의 시험을 통과했는지 쉽게 확인할 수 있습니다. 그 여부를 알고 나면 불리언 값은 CASE 표현식을 사용하여 간단히 해결됩니다.

```
 1  select student_id,
 2         test_id,
 3         grade_id,
 4         period_id,
 5         test_date,
 6         decode( grp_p_f,1,lpad('+',6),lpad('-',6) ) metreq,
 7         decode( grp_p_f,1,0,
 8                    decode( test_date,last_test,1,0 ) ) in_progress
 9    from (
10  select V.*,
11         max(pass_fail)over(partition by
12                       student_id,grade_id,period_id) grp_p_f,
13         max(test_date)over(partition by
14                       student_id,grade_id,period_id) last_test
15    from V
16         ) x
```

설명 해법의 핵심은 윈도우 함수 MAX OVER를 사용하여 각 그룹에 대해 가장 큰 PASS_FAIL 값을 반환하는 것입니다. PASS_FAIL의 값은 1 또는 0이므로, 학생이 하나 이상의 시험을 통과하면 MAX OVER는 전체 그룹에 대해 1을 반환합니다. 작동 원리는 다음과 같습니다.

```
select V.*,
       max(pass_fail)over(partition by
                   student_id,grade_id,period_id) grp_pass_fail
  from V

STUDENT_ID TEST_ID GRADE_ID PERIOD_ID TEST_DATE   PASS_FAIL GRP_PASS_FAIL
---------- ------- -------- --------- ----------- --------- -------------
         1       1        2         1 01-FEB-2020         0             1
         1       2        2         1 01-MAR-2020         1             1
         1       3        2         1 01-APR-2020         0             1
         1       4        2         2 01-MAY-2020         0             0
         1       5        2         2 01-JUN-2020         0             0
         1       6        2         2 01-JUL-2020         0             0
```

이전 결과셋은 학생이 첫 번째 기간 동안 적어도 한 번의 시험을 통과했음을 보여줍니다. 따라서 전체 그룹의 값은 1 또는 '통과'입니다. 다음 요구 사항은 학생이 일정 기간 동안 시험을 통과하지 못한 경우, 해당 그룹의 최신 시험 날짜에 대한 IN_PROGRESS 플래그에 1을 반환하는 것입니다. 윈도우 함수 MAX OVER를 사용하여 이 작업을 수행할 수도 있습니다.

```
select V.*,
       max(pass_fail)over(partition by
                   student_id,grade_id,period_id) grp_p_f,
       max(test_date)over(partition by
                   student_id,grade_id,period_id) last_test
  from V

STUDENT_ID TEST_ID GRADE_ID PERIOD_ID TEST_DATE   PASS_FAIL GRP_P_F LAST_TEST
---------- ------- -------- --------- ----------- --------- ------- -----------
         1       1        2         1 01-FEB-2020         0       1 01-APR-2020
         1       2        2         1 01-MAR-2020         1       1 01-APR-2020
         1       3        2         1 01-APR-2020         0       1 01-APR-2020
         1       4        2         2 01-MAY-2020         0       0 01-JUL-2020
         1       5        2         2 01-JUN-2020         0       0 01-JUL-2020
         1       6        2         2 01-JUL-2020         0       0 01-JUL-2020
```

이제 학생이 시험을 통과한 기간과 각 기간의 최신 시험 날짜를 결정했으므로, 마지막 단계는 결과셋을 멋지게 보이도록 형식을 지정하는 것입니다. 궁극적인 해법은 Oracle의 (CASE 신봉자는 좀 아쉽겠지만) DECODE 함수를 사용하여 METREQ, IN_PROGRESS 열을 생성합니다. LPAD 함수를 사용하여 METREQ의 값을 오른쪽 정렬합니다.

```
select student_id,
       test_id,
       grade_id,
       period_id,
       test_date,
       decode( grp_p_f,1,lpad('+',6),lpad('-',6) ) metreq,
       decode( grp_p_f,1,0,
               decode( test_date,last_test,1,0 ) ) in_progress
  from (
select V.*,
       max(pass_fail)over(partition by
                    student_id,grade_id,period_id) grp_p_f,
       max(test_date)over(partition by
                    student_id,grade_id,period_id) last_test
  from V
     ) x


STUDENT_ID TEST_ID GRADE_ID PERIOD_ID TEST_DATE   METREQ IN_PROGRESS
---------- ------- -------- --------- ----------- ------ -----------
         1       1        2         1 01-FEB-2020      +           0
         1       2        2         1 01-MAR-2020      +           0
         1       3        2         1 01-APR-2020      +           0
         1       4        2         2 01-MAY-2020      -           0
         1       5        2         2 01-JUN-2020      -           0
         1       6        2         2 01-JUL-2020      -           1
```

14.14 마치며

이번 장에서 특이한 사례를 직접 살펴보았고, 표준화된 함수와 벤더별 함수를 사용하여 SQL을 활용할 수 있는 방법을 알아보았습니다.

이 책을 통해 필자는 여러분이 아는 것보다 더 많은 애플리케이션을 접하기를 바랍니다.

윈도우 함수 살펴보기

이 책의 레시피는 2003년 ISO SQL 표준에 추가된 윈도우 함수뿐만 아니라 벤더별 윈도우 함수를 최대한 활용합니다. 이 부록은 윈도우 함수의 작동 방식을 간략하게 설명합니다. 윈도우 함수는 일반적으로 (표준 SQL을 사용하여 해결하기 어려운) 많은 작업을 매우 쉽게 만듭니다. 사용 가능한 전체 윈도우 함수 목록, 전체 구문 및 작동 방식에 대한 자세한 내용은 벤더의 설명서를 참조하세요.

A.1 그룹화

윈도우 함수로 이동하기 전에 SQL에서 그룹화가 작동하는 방식을 이해하는 것이 중요합니다. SQL에서 결과를 그룹화하는 개념을 제대로 알기 어려울 수 있습니다. 문제는 GROUP BY 절의 작동 방식과 GROUP BY를 사용할 때 특정 쿼리가 특정 결과를 반환하는 이유를 완전히 이해하지 못하는 데서 발생합니다.

간단히 말해서, 그룹화는 행과 같은 요소들을 함께 구성하는 방법입니다. 쿼리에서 GROUP BY를 사용하는 경우, 결과셋의 각 행은 그룹이며 지정한 하나 이상의 열에 같은 값을 가진 하나 이상의 행을 나타냅니다. 이게 핵심입니다.

특정 열의 값이 똑같은 하나 이상의 행을 나타내는 것이 그룹이라면, EMP 테이블에서 그룹에

관한 예를 들어보자면 부서 10의 모든 사원(이 경우 그룹에 속할 수 있는 사원은 DEPTNO 10)
또는 모든 말단 사원(이들 사원의 공통값은 JOB = CLERK) 등이 있습니다.

다음 쿼리를 살펴봅시다. 첫 번째는 부서 10의 모든 사원을 보여줍니다. 두 번째 쿼리는 부서
10의 사원을 그룹화하고, 그룹의 행 (구성원) 수, 최고 급여 및 최저 급여를 반환합니다.

```
select deptno,ename
  from emp
 where deptno=10

DEPTNO ENAME
------ ----------
    10 CLARK
    10 KING
    10 MILLER


select deptno,
       count(*) as cnt,
       max(sal) as hi_sal,
       min(sal) as lo_sal
  from emp
 where deptno=10
 group by deptno


DEPTNO        CNT     HI_SAL     LO_SAL
------ ---------- ---------- ----------
    10          3       5000       1300
```

부서 10의 사원을 그룹화할 수 없는 경우, 두 번째 쿼리의 정보를 얻으려면 해당 부서의 행을
수동으로 검사해야 합니다(행이 3개뿐이라면 문제가 되지 않지만, 3백만 개라면 어떻게 될까
요?). 그렇다면 왜 그룹화를 하려 할까요? 그 이유는 다양합니다. 얼마나 많은 다른 그룹이 존
재하는지, 또는 각 그룹에 얼마나 많은 구성원 (행)이 있는지 알고 싶을 것입니다. 이 간단한
예에서 볼 수 있듯이 그룹화를 사용하면 하나씩 검사하지 않고도 테이블의 여러 행에 대한 정
보를 얻을 수 있습니다.

A.1.1 SQL 그룹의 정의

수학에서 그룹은 대부분 (G, ·, e)로 정의됩니다. 여기서 G는 집합, ·는 G의 이진 연산, e는 G의 구성원입니다. 이 정의를 SQL 그룹의 기초로 사용합니다. SQL 그룹은 (G, e)로 정의합니다. 여기서 G는 GROUP BY를 사용하는 단일 또는 자체 포함 쿼리^{self-contained query}의 결과 셋이고, e는 G의 구성원이며 다음 공리가 충족됩니다.

- G의 각 e에 대해, e는 구별 가능한 하나 이상의 인스턴스를 나타냅니다.
- G의 각 e에 대해, 집계 함수 COUNT는 0보다 큰 값을 반환합니다.

> **TIP_** SQL 그룹 정의에 결과셋을 포함시켜 생각하면 그룹의 정의에 도움이 됩니다. 기술적으로 결과셋의 행들이 그룹이므로, 각 공리의 e를 행으로 바꾸는 것이 정확합니다.

이러한 속성은 우리가 그룹으로 간주하는 것의 기본이 되므로 사실임을 증명하는 것이 중요합니다(그리고 몇몇 예제 SQL 쿼리를 사용하여 진행할 것입니다).

그룹은 비어 있지 않습니다

정의에 따르면, 그룹에는 최소한 하나의 구성원(여기서는 행)이 있어야 합니다. 이 정의를 대입하면 빈 테이블로는 그룹을 만들 수 없다고 할 수 있습니다. 그 명제가 사실임을 증명하려면, 단순히 거짓이라고 증명해보면 됩니다. 다음 예제에서는 빈 테이블을 만든 다음 해당 테이블에 대해 세 가지 다른 쿼리로 그룹을 만들려고 합니다.

```
create table fruits (name varchar(10))

select name
  from fruits
 group by name

(no rows selected)

select count(*) as cnt
  from fruits
 group by name

(no rows selected)
```

```
select name, count(*) as cnt
  from fruits
 group by name

(no rows selected)
```

이 쿼리에서 볼 수 있듯이, 빈 테이블에서 SQL이 생각하는 그룹을 생성하기란 불가능합니다.

그룹은 구별됩니다

이제 GROUP BY 절이 있는 쿼리를 통해, 생성된 그룹은 구별된다는 것을 증명해보겠습니다. 다음 예에서는 FRUITS 테이블에 5개의 행을 삽입한 다음 그룹을 만듭니다.

```
insert into fruits values ('Oranges')
insert into fruits values ('Oranges')
insert into fruits values ('Oranges')
insert into fruits values ('Apple')
insert into fruits values ('Peach')

select *
  from fruits

NAME
--------
Oranges
Oranges
Oranges
Apple
Peach

select name
  from fruits
 group by name

NAME
-------
Apple
Oranges
Peach

select name, count(*) as cnt
  from fruits
```

```
 group by name

 NAME       CNT

 ------- --------
 Apple        1
 Oranges      3
 Peach        1
```

첫 번째 쿼리에 따르면 'Oranges'가 FRUITS 테이블에서 세 번 발생합니다. 그러나 (GROUP BY 를 사용하는) 두 번째 및 세 번째 쿼리는 'Oranges'의 인스턴스 하나만 반환합니다. 종합하면 이러한 쿼리는 결과셋의 행(예: 정의에서 언급한 G)이 서로 다르며, NAME의 각 값은 FRUITS 테이블에서 하나 이상의 인스턴스를 나타냄을 증명합니다.

일반적으로 쿼리에서 GROUP BY를 사용할 때는 SELECT 목록에서 DISTINCT 키워드를 사용하지 않아도 그룹이 구별된다는 것을 알아야 합니다.

> **TIP_** GROUP BY와 DISTINCT는 완전히 다른 두 가지 개념이므로 혼동하지 마세요. GROUP BY 절에 나열된 항목은 결과셋에서 구별되므로 DISTINCT와 GROUP BY를 사용하는 것은 중복입니다.

프레게의 공리와 러셀의 역설

프레게의 추상화 공리Frege's Axiom는 무한하거나 셀 수 없는 집합에 대한 집합 구성원을 정의하는 칸토어Cantor의 이론을 기반으로, 특정 식별 속성이 주어졌을 때 해당 속성을 가진 항목만 속한 집합이 존재한다고 말합니다. 로버트 스톨Robert Stoll이 말했듯이 문제의 근원은 '추상 원리를 제한 없이 사용하는 것'입니다. 버트런드 러셀Bertrand Russell은 고틀로프 프레게Gottlob Frege에게 구성원이 정해져 있고, 그들 자신의 구성원이 아닌 정의 속성을 가진 가진 집합을 고려하도록 요청했습니다.

러셀이 지적했듯이, 추상화의 공리는 단순히 집합 구성원을 정의하기 위해 조건이나 속성을 지정하므로 지나치게 많은 자유를 줍니다. 따라서 모순이 발견될 수 있습니다. 모순이 발견되는 방법을 더 잘 설명하고자 그는 '이발사 퍼즐'을 고안했습니다. 이발사 퍼즐은 다음과 같습니다.

어떤 마을에는 모든 남성을 면도하는 남성 이발사가 있고, 스스로 면도하지 않는 남성만 있습니다. 이것이 사실이라면, 누가 이발사를 면도할까요?

더 구체적인 예를 들어, 다음과 같이 설명할 수 있는 집합을 생각해봅시다.

특정 조건 (P)을 충족하는 y의 모든 구성원 x

이 설명에 대한 수학적 표기법은 다음과 같습니다.

```
{ x e y | P(x) }
```

이전 집합은 조건(P)를 만족하는 y의 x만 고려하므로, x가 조건(P)을 만족하는 경우에만 x가 y의 멤버라고 설명하는 편이 더 직관적일 수 있습니다. 이때 x가 x의 구성원이 아니므로 이 조건 P(x)를 정의하겠습니다.

```
( x e x )
```

집합은 이제 x가 x의 구성원이 아닌 경우에만 x가 y의 구성원으로 정의됩니다.

```
{ x e y | ( x e x ) }
```

러셀의 역설Russell's Paradox이 여러분에게 아직 명확하지 않을 수 있지만, 스스로 물어보세요. 이전 집합이 그 자체의 구성원이 될 수 있습니까? x = y라고 가정하고 집합을 다시 살펴보겠습니다. 다음 집합은 y가 y의 구성원이 아닌 경우에만 y가 y의 구성원으로 정의될 수 있습니다.

```
{ y e y | ( y e y ) }
```

간단히 말해서 러셀의 역설은 우리가 자신의 구성원이 아닌 동시에 자신의 구성원인 집합을 가질 수 있는 위치에 놓이도록 합니다. 이는 모순입니다. 직관적인 사고는 이것이 전혀 문제가 아니라고 믿게 할 것입니다. 실제로 집합이 어떻게 그 자신의 구성원이 될 수 있습니까? 결국 모든 책의 집합은 책이 아닙니다. 그렇다면 이 역설이 존재하는 이유는 무엇이며 어떻게 문제가 될 수 있을까요? 집합 이론의 추상적인 응용을 고려할 때 문제가 됩니다. 예를 들어, 모든 집합의 집합을 고려하여 러셀의 역설을 '실용적인' 애플리케이션으로 입증할 수 있습니다. 그러한 개념이 존재하도록 허용한다면, 정의에 따라 그것은 그 자체의 구성원이어야 합니다(결국 모든 집합의 집합입니다). 모든 집합에 이전 P(x)를 적용하면 어떻게 될까요? 간단히 말해서 러셀의 역설은 모든 집합의 집합이 자신의 구성원이 아닌 경우에만 자신의 구성원이라고 말할 것이며, 이것은 분명히 모순입니다.

관심이 있는 분들을 위해 덧붙이자면, 에른스트 체르멜로Ernst Zermelo는 공리 집합 이론에서 러셀의 역설을 우아하게 회피하고자 분리 공리 스키마(부분 집합의 스키마 공리 또는 분류의 공리라고도 함)를 개발했습니다.

COUNT는 0이 아닙니다

이전 섹션의 쿼리 및 결과는 비어 있지 않은 테이블에서 GROUP BY를 사용하는 쿼리에서 쓰는 집계함수 COUNT가 0을 반환하지 않는다는 최종 공리를 증명합니다. 그룹에 대해 0의 값을 반환할 수 없다는 것은 놀라운 일이 아닙니다. 우리는 이미 빈 테이블에서 그룹을 만들 수 없다는 사실을 증명했습니다. 따라서 그룹에는 1 이상의 행이 있어야 합니다. 행이 1 이상 있으면 집 곗값은 항상 1 이상입니다.

> TIP_ COUNT 자체에 대해 논하는 것이 아니라 GROUP BY와 함께 COUNT를 사용하는 것에 관해 논의하고 있음을 유념하세요. 빈 테이블에서 GROUP BY 없이 COUNT를 사용하는 쿼리는 당연히 0을 반환합니다.

A.1.2 역설

다음 인용문은 집합 이론에서 프레게의 추상화 공리의 모순을 지적한 버트런드 러셀의 발견에 대한 고틀로프 프레게의 인용문입니다.

> 과학 저술가에게 있어 모든 작업이 끝난 후, 그 체계의 기반 중 하나가 흔들리는 것보다 더 불행한 일은 없습니다. 이것이 바로 제 책의 인쇄가 거의 끝나가고 있을 때, 버트런드 러셀 씨의 편지 때문에 제가 맞닥뜨린 상황이었습니다.

역설은 확립된 이론 혹은 아이디어와 모순되는 것처럼 보이는 시나리오를 여러 번 제공합니다. 이러한 모순은 대부분 국지적으로 해결할 수 있거나, 무시해도 되는 소소한 테스트 사례에 적용할 수 있습니다.

이쯤이면 짐작되겠지만, 역설에 대한 이러한 논의들을 언급한 요점은 SQL 그룹의 정의와 관련하여 역설이 존재하며, 그 역설은 반드시 다뤄져야 한다는 것입니다. 지금은 그룹에 초점을 맞추고 있지만, 궁극적으로는 SQL 쿼리에 관해 논의하고 있습니다. GROUP BY 절에서 쿼리는 상수, 식 또는 테이블의 열과 같은 광범위한 값을 가질 수 있습니다. null은 SQL에서 유효한 '값' 이므로 이러한 유연성에 대한 대가를 지불합니다. null은 집계 함수에서 사실상 무시되므로 문제가 발생합니다. 즉, 테이블이 단일 행으로 구성되고 해당 값이 null일 때 GROUP BY 쿼리에 사용되면 집계 함수 COUNT가 무엇을 반환할까요? 정의에 따라 GROUP BY 및 집계 함수 COUNT를 사용할 때 1과 같거나 큰 값이 반환되어야 합니다. 그렇다면 COUNT와 같은 함수에 의해 무시되는 값의 경우 어떤 일이 발생하며, 이것이 GROUP에 대한 정의에 어떤 의미가 있을까요? null 그룹 역설을 보여주는 다음 예를 살펴봅시다(가독성을 위해 필요한 경우 COALESCE 함수를 사용합니다).

```
select *
  from fruits

NAME
-------
Oranges
Oranges
Oranges
Apple
Peach


insert into fruits values (null)
insert into fruits values (null)
insert into fruits values (null)
insert into fruits values (null)
insert into fruits values (null)


select coalesce(name,'NULL') as name
  from fruits

NAME
--------
Oranges
Oranges
Oranges
Apple
Peach
NULL
NULL
NULL
NULL
NULL


select coalesce(name,'NULL') as name,
       count(name) as cnt
```

```
  from fruits
 group by name


NAME         CNT

-------- ----------
Apple          1
NULL           0
Oranges        3
Peach          1
```

테이블에 null 값이 있으면 SQL 그룹 정의에 모순 또는 역설이 발생하는 듯 보입니다. 다행히도 이 모순은 우려할 만한 실제적 원인이 아닙니다. 우리의 정의보다는 집계 함수의 구현과 더 많은 관련이 있기 때문입니다. 이전 집합의 최종 쿼리를 생각해봅시다. 해당 쿼리에 대한 일반적인 문제 설명은 다음과 같습니다.

FRUITS 테이블에서 각 이름이 발생하는 횟수를 계산하거나 각 그룹의 구성원 수를 계산하세요.

이전 INSERT 문을 살펴보면 null 값이 있는 행이 5개임을 알 수 있습니다. 이는 멤버가 5개인 null 그룹이 존재한다는 의미입니다.

TIP_ NULL은 다른 값과 구별되는 속성을 가지지만, 값이므로 사실상 그룹이 될 수 있습니다.

그렇다면 어떻게 쿼리를 작성해서 0이 아닌 5를 반환하고, 우리가 원하는 정보를 그룹 정의에 맞게 반환할 수 있을까요? 다음 예에서는 null 그룹 역설을 처리하는 방법을 보여줍니다.

```
select coalesce(name,'NULL') as name,
       count(*) as cnt
  from fruits
 group by name


NAME         CNT

-------- --------
Apple          1
Oranges        3
Peach          1
NULL           5
```

해결 방법은 null 그룹 역설을 피하고자 COUNT(NAME) 대신 COUNT(*)를 사용하는 것입니다. 집계 함수는 열에 null 값이 전달되면 null 값을 무시합니다. 따라서 COUNT를 사용할 때 0을 피하려면 열 이름을 전달하지 말고 *로 전달하세요. *는 COUNT 함수가 실제 열 값이 아닌 행을 세도록 하므로 실젯값이 null인지 여부와는 무관합니다.

또 하나의 역설은 결과셋의 각 그룹이 (G의 각 e에 대해) 구별된다는 공리와 관련이 있습니다. SQL 결과셋 및 테이블의 특성으로 인해(중복 행이 허용되므로) 단순한 집합이 아니라 엄밀하게 정의하면 다중 집합이므로, 중복 그룹이 있는 결과셋을 반환할 수 있습니다. 다음 쿼리를 살펴봅시다.

```
select coalesce(name,'NULL') as name,
       count(*) as cnt
  from fruits
 group by name
 union all
select coalesce(name,'NULL') as name,
       count(*) as cnt
  from fruits
 group by name


NAME       CNT
---------- ---------
Apple            1
Oranges          3
Peach            1
NULL             5
Apple            1
Oranges          3
Peach            1
NULL             5


select x.*
  from (
select coalesce(name,'NULL') as name,
       count(*) as cnt
  from fruits
 group by name
      ) x,
      (select deptno from dept) y
```

```
NAME        CNT
---------- ----------
Apple          1
Apple          1
Apple          1
Apple          1
Oranges        3
Oranges        3
Oranges        3
Oranges        3
Peach          1
Peach          1
Peach          1
Peach          1
NULL           5
NULL           5
NULL           5
NULL           5
```

이러한 쿼리에서 볼 수 있듯이, 그룹은 실제로 최종 결과에서 반복됩니다. 다행스럽게도 이것은 부분적인 역설만을 나타내므로 크게 걱정할 일은 아닙니다. 그룹의 첫 번째 속성은 (G, e)에 대해 G가 GROUP BY를 사용하는 단일 또는 자체 포함 쿼리의 결과셋이라고 말합니다. 간단히 말해서 GROUP BY 쿼리의 결과셋은 그룹의 정의를 따릅니다. 두 GROUP BY 쿼리의 결과셋을 결합하여 그룹이 반복할 수 있는 다중 집합을 만드는 경우에만 사용할 수 있습니다. 앞의 예에서 첫 번째 쿼리는 UNION ALL을 사용합니다. UNION ALL은 set 연산이 아니라 multiset 연산이며 GROUP BY를 두 번 호출하여 두 개의 쿼리를 효과적으로 실행합니다.

TIP_ Set 연산인 UNION을 사용하면 반복 그룹이 표시되지 않습니다.

이전 집합의 두 번째 쿼리는 먼저 그룹을 구체화한 다음에 수행할 때만 작동하는 데카르트 곱을 사용합니다. 따라서 GROUP BY 쿼리는 자체 포함일 때 우리의 정의를 따릅니다. 두 가지 예 모두 SQL 그룹의 정의에서 벗어나지 않습니다. 완전한 상태로 표시되며, SQL에서 거의 모든 것이 가능하다는 것을 알 수 있습니다.

A.1.3 SELECT와 GROUP BY의 관계

그룹의 개념이 정의되고 입증되었으므로, 이제 GROUP BY를 사용하는 쿼리에 관해 더 실질적인 문제로 이동할 때입니다. SQL에서 그룹화할 때 SELECT 절과 GROUP BY 절 사이의 관계를 이해하는 것이 중요합니다. COUNT와 같은 집계 함수를 사용할 때는 집계 함수에 대한 인수로 사용되지 않는 SELECT 목록의 모든 항목이 그룹의 일부여야 한다는 점을 명심해야 합니다. 예를 들어 다음과 같은 SELECT 절을 작성해봅시다.

```
select deptno, count(*) as cnt
  from emp
```

그런 다음 GROUP BY 절에 DEPTNO를 나열합니다.

```
select deptno, count(*) as cnt
  from emp
 group by deptno


DEPTNO  CNT
------- ----
     10    3
     20    5
     30    6
```

상수, 사용자 정의 함수에 의해 반환되는 스칼라값, 윈도우 함수 및 상관관계가 없는 스칼라 서브쿼리는 이 규칙에 대해 예외입니다. SELECT 절은 GROUP BY 절 이후에 평가되므로, 이러한 구문은 SELECT 목록에서 허용하며 GROUP BY 절에 지정할 필요가 없습니다. 경우에 따라서는 지정할 수 없기도 합니다. 예를 들면 다음과 같습니다.

```
select 'hello' as msg,
       1 as num,
       deptno,
       (select count(*) from emp) as total,
       count(*) as cnt
  from emp
 group by deptno
```

```
MSG    NUM DEPTNO TOTAL CNT
-----  --- ------ ----- ---
hello  1      10     14  3
hello  1      20     14  5
hello  1      30     14  6
```

이 쿼리를 혼동하지 마세요. GROUP BY 절에 나열되지 않은 SELECT 목록의 항목은 각 DEPTNO 의 CNT 값을 변경하지 않으며 DEPTNO의 값도 변경하지 않습니다. 이전 쿼리의 결과를 기반으로 집계를 좀 더 정확하게 사용할 때 SELECT 목록 및 GROUP BY 절의 일치 항목에 대한 규칙을 정의할 수 있습니다.

잠재적으로 그룹을 변경하거나 집계 함수에 의해 반환되는 값을 변경할 수 있는 SELECT 목록의 항목은 GROUP BY 절에 포함되어야 합니다.

이전 SELECT 목록의 추가 항목은 그룹(각 DEPTNO)에 대한 CNT 값을 변경하지 않았으며, 그룹 자체도 변경하지 않았습니다.

이제 SELECT 목록의 정확히 어떤 항목이 그룹 또는 집계 함수에 의해 반환되는 값을 변경할 수 있는지 알아볼 수 있습니다. 답은 간단합니다. 선택하려는 테이블의 다른 열입니다. 지금까지 살펴본 쿼리에 JOB 열을 추가할 가능성을 고려해봅시다.

```
select deptno, job, count(*) as cnt
  from emp
 group by deptno, job

DEPTNO JOB           CNT
------ ----------    ----
    10 CLERK            1
    10 MANAGER          1
    10 PRESIDENT        1
    20 CLERK            2
    20 ANALYST          2
    20 MANAGER          1
    30 CLERK            1
    30 MANAGER          1
    30 SALESMAN         4
```

EMP 테이블에서 JOB이라는 다른 열을 나열하여 그룹을 변경하고 결과셋을 변경합니다. 따라서 이제 DEPTNO와 함께 GROUP BY 절에 JOB을 포함해야 합니다. 그렇지 않으면 쿼리가 실패합니다. SELECT/GROUP BY 절에 JOB이 포함되면 쿼리는 '부서별로 몇 명의 사원이 있습니까?'에서 '각 부서에는 어떤 직급의 사원이 몇 명 있습니까?'로 바뀝니다. 그룹이 서로 다르다는 점에 다시 한번 주목하세요. DEPTNO 및 JOB의 값은 개별적으로 구별되지 않지만, 두 값의 조합(GROUP BY 및 SELECT 목록, 즉 그룹에 있는 값)은 구별됩니다(예를 들어 10과 CLERK는 한 번만 나타납니다).

집계 함수 이외의 항목을 SELECT 목록에 넣지 않도록 선택하면 GROUP BY 절에 원하는 열을 나열할 수 있습니다. 이 사실을 보여주는 다음 두 가지 쿼리를 살펴봅시다.

```
select count(*)
  from emp
 group by deptno

 COUNT(*)
---------
        3
        5
        6


select count(*)
  from emp
 group by deptno,job

 COUNT(*)
----------
        1
        1
        1
        2
        2
        1
        1
        1
        4
```

SELECT 목록에 집계 함수 이외의 항목을 포함하는 것이 필수는 아니지만, 종종 결과의 가독성과 유용성이 향상합니다.

A.2 윈도 설정

SQL에서 그룹화 및 집계를 사용하는 개념을 이해하면 윈도우 함수를 쉽게 이해할 수 있습니다. 윈도우 함수는 집계 함수와 마찬가지로 정의된 행 집합(그룹)에서 집계를 수행하지만, 그룹당 하나의 값을 반환하지 않고 각 그룹에 대해 여러 값을 반환할 수 있습니다. 집계를 수행할 행 그룹이 윈도우입니다. DB2는 이러한 함수를 OLAP$^{Online\ Analytics\ Processing}$ 함수라고 부르고 Oracle은 이를 분석 함수라고 부르지만, ISO SQL 표준은 이를 윈도우 함수라고 부릅니다. 따라서 이 책에서 사용되는 용어 역시 윈도우 함수입니다.

A.2.1 간단한 예제

모든 부서의 총 사원 수를 센다고 가정해보겠습니다. 이를 수행하는 전통적인 방법은 전체 EMP 테이블에 대해 COUNT(*) 쿼리를 실행하는 것입니다.

```
select count(*) as cnt
  from emp

  CNT
-----
  14
```

이 작업은 간단하지만, 집계를 나타내지 않거나 다른 집계를 나타내는 행에서 이러한 집계 데이터에 액세스하려는 경우가 있습니다. 윈도우 함수는 이러한 문제를 가볍게 처리합니다. 예를 들어 다음 쿼리는 윈도우 함수를 사용하여 세부 정보 행(사원당 하나씩)에서 집계 데이터(총 사원 수)에 액세스하는 방법을 보여줍니다.

```
select ename,
       deptno,
       count(*) over() as cnt
  from emp
 order by 2

ENAME        DEPTNO   CNT
----------   ------  ------
CLARK            10    14
KING             10    14
MILLER           10    14
SMITH            20    14
ADAMS            20    14
FORD             20    14
SCOTT            20    14
JONES            20    14
ALLEN            30    14
BLAKE            30    14
MARTIN           30    14
JAMES            30    14
TURNER           30    14
WARD             30    14
```

이 예제에서 윈도우 함수 호출은 COUNT(*) OVER()입니다. OVER 키워드가 있으면 COUNT 호출이 집계 함수가 아닌 윈도우 함수로 처리됨을 나타냅니다. 일반적으로 SQL 표준은 모든 집계 함수가 윈도우 함수가 되도록 허용하며, OVER 키워드는 이러한 용도를 구분하는 방법입니다.

그렇다면 윈도우 함수 COUNT(*) OVER()는 정확히 무엇을 했을까요? 쿼리에서 반환되는 모든 행에 대해 테이블의 모든 행의 개수를 반환했습니다. 빈 괄호에서 알 수 있듯이 OVER 키워드는 추가 절을 허용하여 주어진 윈도우 함수가 고려하는 행 범위에 영향을 미칩니다. 이러한 절이 없으면 윈도우 함수는 결과셋의 모든 행을 확인하므로, 출력 결과의 각 행에서 14가 반복됩니다.

여러 단계의 집계를 한 행으로 수행할 수 있는 윈도우 함수의 큰 효용성을 깨닫기 시작하셨기를 바랍니다. 이 부록을 계속 읽다 보면, 그 기능이 얼마나 놀랍고 유용할 수 있는지 더 잘 알 수 있을 것입니다.

A.2.2 평가의 순서

OVER 절에 대해 더 깊이 파고들기 전에, 윈도우 함수가 ORDER BY 절 이전에 SQL 처리의 마지막 단계로 수행된다는 점에 유의해야 합니다. 윈도우 함수가 마지막으로 처리되는 방법의 예로서, 앞 절의 쿼리를 가져와서 WHERE 절을 사용하여 DEPTNO 20 및 30의 사원을 필터링해보겠습니다.

```
select ename,
       deptno,
       count(*) over() as cnt
  from emp
 where deptno = 10
 order by 2


ENAME      DEPTNO    CNT
---------- ------   ------
CLARK          10       3
KING           10       3
MILLER         10       3
```

각 행의 CNT 값은 14가 아니라 3입니다. 여기에서 결과셋을 세 행으로 제한하는 것은 WHERE 절입니다. 따라서 윈도우 함수는 3개의 행만 계산합니다(시간순으로 처리가 쿼리의 SELECT 부분에 도달할 때, 윈도우 함수에 사용할 수 있는 행은 3개뿐입니다). 이 예제에서 WHERE 및 GROUP BY와 같은 절이 평가된 후 윈도우 함수가 계산을 수행하는 것을 볼 수 있습니다.

A.2.3 파티션

PARTITION BY 절을 사용하여 집계 작업을 수행할 파티션 또는 행 그룹을 정의합니다. 이미 살펴보았듯이 빈 괄호를 사용할 경우 전체 결과셋은 윈도우 함수 집계를 계산할 파티션입니다.

기존 GROUP BY와 달리 PARTITION BY에 의해 생성된 그룹은 결과셋에서 구별이 되지 않으므로 PARTITION BY 절을 '이동형 GROUP BY'로 생각할 수 있습니다. PARTITION BY를 사용하여 정의한 행 그룹(새 그룹이 발견되면 재설정됨)에 대한 집계를 계산하고, 하나의 그룹이 테이블에서 해당 값의 모든 인스턴스를 나타내는 대신 각각의 값(각 그룹의 각 멤버)을 반환합니다. 다음 쿼리를 살펴봅시다.

```
select ename,
       deptno,
       count(*) over(partition by deptno) as cnt
  from emp
 order by 2

ENAME        DEPTNO    CNT
----------   -------   ------
CLARK          10        3
KING           10        3
MILLER         10        3
SMITH          20        5
ADAMS          20        5
FORD           20        5
SCOTT          20        5
JONES          20        5
ALLEN          30        6
BLAKE          30        6
MARTIN         30        6
JAMES          30        6
TURNER         30        6
WARD           30        6
```

이 쿼리는 여전히 14개의 행을 반환하지만, 이제는 PARTITION BY DEPTNO 절의 결과로 각 부서에 대해 COUNT가 수행됩니다. 새 부서를 만날 때까지 집계가 재설정(재계산)되지 않으므로, (같은 파티션에 있는) 같은 부서의 각 사원은 CNT에 대해 같은 값을 가집니다. 또한 각 그룹의 구성원과 함께 각 그룹에 대한 정보를 반환합니다. 앞에서 보았던 쿼리의 더 효율적인 버전으로 생각할 수 있습니다.

```
select e.ename,
       e.deptno,
       (select count(*) from emp d
```

```
        where e.deptno=d.deptno) as cnt
  from emp e
 order by 2


ENAME      DEPTNO        CNT
---------- ------ ------
CLARK          10      3
KING           10      3
MILLER         10      3
SMITH          20      5
ADAMS          20      5
FORD           20      5
SCOTT          20      5
JONES          20      5
ALLEN          30      6
BLAKE          30      6
MARTIN         30      6
JAMES          30      6
TURNER         30      6
WARD           30      6
```

또한 PARTITION BY 절의 장점은 같은 SELECT 문에서 다른 열로 분할하여, 다른 윈도우 함수와 독립적으로 계산을 수행한다는 점입니다. 각 사원, 부서, 해당 부서의 사원 수, 직급 및 같은 직급을 가진 사원 수를 반환하는 다음 쿼리를 살펴봅시다.

```
select ename,
       deptno,
       count(*) over(partition by deptno) as dept_cnt,
       job,
       count(*) over(partition by job) as job_cnt
  from emp
 order by 2


ENAME      DEPTNO DEPT_CNT JOB       JOB_CNT
---------- ------ -------- --------- -------
MILLER         10        3 CLERK           4
CLARK          10        3 MANAGER         3
KING           10        3 PRESIDENT       1
SCOTT          20        5 ANALYST         2
FORD           20        5 ANALYST         2
SMITH          20        5 CLERK           4
```

JONES	20	5 MANAGER	3
ADAMS	20	5 CLERK	4
JAMES	30	6 CLERK	4
MARTIN	30	6 SALESMAN	4
TURNER	30	6 SALESMAN	4
WARD	30	6 SALESMAN	4
ALLEN	30	6 SALESMAN	4
BLAKE	30	6 MANAGER	3

이 결과셋에서 같은 부서의 사원이 DEPT_CNT에 대해 같은 값을 가지며 같은 직급을 가진 사원이 같은 JOB_CNT 값을 갖는 것을 볼 수 있습니다.

지금쯤이면 PARTITION BY 절이 GROUP BY 절처럼 작동하지만, SELECT 절의 다른 항목에 영향을 받지 않고 GROUP BY 절을 작성할 필요 없이 작동한다는 것을 명백하게 이해할 것입니다.

A.2.4 NULL의 영향

GROUP BY 절과 마찬가지로 PARTITION BY 절은 모든 null을 하나의 그룹 또는 파티션으로 묶습니다. 따라서 PARTITION BY를 사용할 때 null이 미치는 영향은 GROUP BY를 사용할 때와 유사합니다. 다음 쿼리는 윈도우 함수를 사용하여 커미션이 있는 사원 수를 계산합니다(가독성을 위해 null 대신 −1을 반환합니다).

```
select coalesce(comm,-1) as comm,
       count(*)over(partition by comm) as cnt
  from emp

   COMM       CNT
 ------ ----------
      0         1
    300         1
    500         1
   1400         1
     -1        10
     -1        10
     -1        10
     -1        10
     -1        10
     -1        10
```

```
   -1          10
   -1          10
   -1          10
   -1          10
```

COUNT (*)가 사용되므로 이 함수는 행 수를 계산합니다. 10명의 사원이 null 커미션을 가지고 있음을 알 수 있습니다. 그러나 * 대신 COMM을 사용하면 매우 다른 결과가 나옵니다.

```
select coalesce(comm,-1) as comm,
       count(comm)over(partition by comm) as cnt
  from emp

COMM       CNT
----  ----------
    0          1
  300          1
  500          1
 1400          1
   -1          0
   -1          0
   -1          0
   -1          0
   -1          0
   -1          0
   -1          0
   -1          0
   -1          0
   -1          0
```

이 쿼리는 COUNT(COMM)을 사용합니다. 즉, COMM 열의 null이 아닌 값만 계산합니다. 커미션이 0인 사원 1명, 커미션이 300인 사원 1명 등이 있습니다. 그러나 null 커미션을 가진 사람들의 수를 주목합시다. 그 수는 0입니다. 왜 그럴까요? 집계 함수는 null 값을 무시하거나, 더 정확하게 말하자면 null이 아닌 값만 계산하기 때문입니다.

> **TIP_** COUNT를 사용할 때 null을 포함할지 여부를 고려해야 합니다. null 계산을 방지하려면 COUNT(열)를 사용합니다. null을 포함하려면 COUNT(*)를 사용하세요(실제 열 값을 더 계산하지 않으므로 행 수를 계산합니다).

A.2.5 정렬이 중요한 경우

경우에 따라 윈도우 함수에서 행이 처리되는 순서는 쿼리로부터 얻으려는 결과에 매우 중요합니다. 이러한 이유로 윈도우 함수 구문에는 OVER 절 내에 넣을 수 있는 ORDER BY 하위 절이 포함됩니다. ORDER BY 절을 사용하여 행이 파티션으로 정렬되는 방식을 지정합니다(PARTION BY 절이 없는 경우 'PARTION'은 전체 결과셋을 의미합니다).

> **CAUTION**_ 일부 윈도우 함수에서는 영향을 받는 행의 파티션에 순서를 적용해야 합니다. 따라서 일부 윈도우 함수의 경우 ORDER BY 절이 필수입니다. 이 글을 쓰는 시점 기준 SQL Server는 집계 윈도우 함수와 함께 사용할 때 OVER 절에서 ORDER BY를 허용하지 않습니다. SQL Server는 윈도 순위 함수와 함께 사용할 때 OVER 절에서 ORDER BY를 허용합니다.

윈도우 함수의 OVER 절에서 ORDER BY 절을 사용할 때는 다음 두 가지 사항을 지정합니다.

- 파티션의 행 정렬 순서
- 계산에 포함되는 행

DEPTNO 10의 사원에 대한 총급여를 합산하고 계산하는 다음 쿼리를 살펴봅시다.

```
select deptno,
       ename,
       hiredate,
       sal,
       sum(sal)over(partition by deptno) as total1,
       sum(sal)over() as total2,
       sum(sal)over(order by hiredate) as running_total
  from emp
 where deptno=10

DEPTNO ENAME  HIREDATE     SAL TOTAL1 TOTAL2 RUNNING_TOTAL
------ ------ ----------- ----- ------ ------ -------------
    10 CLARK  09-JUN-1981 2450   8750   8750          2450
    10 KING   17-NOV-1981 5000   8750   8750          7450
    10 MILLER 23-JAN-1982 1300   8750   8750          8750
```

CAUTION_ 긴장을 늦추지 않게 하고자 필자는 빈 괄호로 합계를 포함했습니다. **TOTAL1**과 **TOTAL2**의 값이 같은지를 확인하세요. 이유는 무엇일까요? 재차 말하자면, 윈도우 함수를 평가하는 순서가 질문에 대한 답입니다. **WHERE** 절은 **DEPTNO** 10의 급여만 합산하도록 결과셋을 필터링합니다. 전체 결과셋은 **DEPTNO** 10의 급여로만 구성된 파티션 하나뿐입니다. 따라서 **TOTAL1**, **TOTAL2**는 같습니다.

SAL 열에서 반환한 값을 보면 RUNNING_TOTAL 값의 출처를 쉽게 확인할 수 있습니다. 값을 확인하고 직접 추가하여 총계를 계산할 수 있습니다. 그러나 더 중요한 것은 OVER 절에 ORDER BY를 포함하여 처음부터 누계를 생성한 이유입니다. 그 이유는 OVER 절에서 ORDER BY를 사용할 때는 보이지 않더라도 파티션 내에서 기본 '이동' 또는 '슬라이딩' 윈도우를 지정하기 때문입니다. ORDER BY HIREDATE 절은 현재 행의 HIREDATE에서 합산을 종료합니다.

다음 쿼리는 이전 쿼리와 동일하지만 RANGE BETWEEN 절(나중에 자세히 알아보겠습니다)을 사용하여 ORDER BY HIREDATE에서 발생하는 기본 작동을 명시적으로 지정합니다.

```
select deptno,
       ename,
       hiredate,
       sal,
       sum(sal)over(partition by deptno) as total1,
       sum(sal)over() as total2,
       sum(sal)over(order by hiredate
                    range between unbounded preceding
                    and current row) as running_total
  from emp
 where deptno=10

DEPTNO ENAME  HIREDATE     SAL TOTAL1 TOTAL2 RUNNING_TOTAL
------ ------ ----------- ---- ------ ------ -------------
    10 CLARK  09-JUN-1981 2450   8750   8750          2450
    10 KING   17-NOV-1981 5000   8750   8750          7450
    10 MILLER 23-JAN-1982 1300   8750   8750          8750
```

이 쿼리에서 볼 수 있는 RANGE BETWEEN 절은 ANSI에서 프레임 절이라고 하며 여기서는 이 용어를 사용합니다. 이제 OVER 절에 ORDER BY를 지정하면 총계가 생성되는 이유를 쉽게 알 수 있습니다. (기본적으로) 현재 행에서 시작하는 모든 행을 더하고 이전 행을 모두 포함하도록 쿼리에 지정했습니다(ORDER BY에 정의된 '이전'이며, 이때 HIREDATE를 기준으로 행을 정렬합니다).

A.2.6 프레임 절

처음 고용된 사원 클라크(CLARK)부터 시작하여 이전 쿼리의 프레임 절을 결과셋에 적용해보겠습니다.

1. 클라크의 급여 2,450를 시작으로 클라크 이전에 고용된 모든 사원을 포함한 합계를 계산합니다. 클라크는 DEPTNO 10에서 처음으로 고용된 사원이므로, RUNNING_TOTAL에서 반환된 첫 번째 합계 값은 단순히 클라크의 급여인 2,450입니다.

2. HIREDATE를 기준으로 다음 사원인 킹(KING)으로 이동하고 다시 한번 프레임 절을 적용합니다. 현재 행인 5,000(킹의 급여)으로 시작하는 SAL의 합계를 계산하고, 모든 이전 행(킹 이전에 고용된 모든 사원)을 포함합니다. 클라크는 킹 이전에 고용된 유일한 사원이므로 합계는 5,000 + 2,450으로, RUNNING_TOTAL에서 반환하는 두 번째 값은 7,450입니다.

3. HIREDATE를 기준으로 파티션의 마지막 사원인 밀러(MILLER)로 이동하여 한 번 더 프레임 절을 적용해 보겠습니다. 현재 행인 1,300(밀러의 급여)으로 시작하는 SAL의 합계를 계산하고, 모든 이전 행(밀러 이전에 고용된 모든 사원)을 포함합니다. 클라크와 킹은 모두 밀러보다 먼저 고용되었으므로 그들의 급여는 밀러의 RUNNING_TOTAL에 포함됩니다. 밀러의 RUNNING_TOTAL 값은 2,450 + 5,000 + 1,300인 8,750입니다.

보다시피 누계를 생성하는 것은 실제로 프레임 절입니다. ORDER BY는 평가 순서를 정의하며, 기본 프레임을 의미하기도 합니다.

일반적으로 프레임 절을 사용하면 계산에 포함할 데이터의 다른 '하위 윈도'를 정의할 수 있습니다. 이러한 하위 윈도를 지정하는 방법에는 여러 가지가 있습니다. 다음 쿼리를 살펴봅시다.

```
select deptno,
       ename,
       sal,
       sum(sal)over(order by hiredate
                      range between unbounded preceding
                         and current row) as run_total1,
       sum(sal)over(order by hiredate
                      rows between 1 preceding
                       and current row) as run_total2,
       sum(sal)over(order by hiredate
                      range between current row
                      and unbounded following) as run_total3,
       sum(sal)over(order by hiredate
                      rows between current row
                      and 1 following) as run_total4
  from emp
```

```
where deptno=10

DEPTNO ENAME    SAL RUN_TOTAL1 RUN_TOTAL2 RUN_TOTAL3 RUN_TOTAL4
------ ------ ----- ---------- ---------- ---------- ----------
    10 CLARK   2450       2450       2450       8750       7450
    10 KING    5000       7450       7450       6300       6300
    10 MILLER  1300       8750       6300       1300       1300
```

여기서 겁먹지 마세요. 이 쿼리는 보는 것만큼 끔찍하지 않습니다. 이미 RUN_TOTAL1과 프레임 절 UNBOUNDED PRECEDING AND CURRENT ROW의 효과를 살펴보았습니다. 다음은 다른 예에서 일어나는 일에 대한 간단한 설명입니다.

- **RUN_TOTAL2**
  RANGE 키워드 대신, 이 프레임 절은 ROWS를 지정하는데, 이는 프레임 또는 윈도가 일정 수의 행을 세어 구성됨을 의미합니다. 1 PRECEDING은 프레임이 현재 행 바로 앞의 행으로 시작됨을 의미합니다. 이 범위는 CURREENT ROW를 통해 계속됩니다. 따라서 RUN_TOTAL2에서 얻는 것은 HIREDATE를 기준으로 현재 사원의 급여와 이전 사원의 급여를 합한 결과입니다.

> **TIP_** 따라서 **RUN_TOTAL1**과 **RUN_TOTAL2**는 클라크와 킹에 대해 같습니다. 이유가 무엇일까요? 두 윈도우 함수에 대해 해당 사원 각각의 어떤 값이 합산되는지 잘 생각해보세요. 그러면 답을 얻을 수 있습니다.

- **RUN_TOTAL3**
  RUN_TOTAL3의 윈도우 함수는 RUN_TOTAL1의 윈도우 함수와 정반대로 작동합니다. 현재 행에서 시작하여 모든 이전 행을 합계에 포함하는 대신, 합계는 현재 행으로 시작하고 이후의 모든 행을 합계에 포함합니다.

- **RUN_TOTAL4**
  이것은 RUN_TOTAL2의 반대입니다. 현재 행에서 시작하여 합계에 이전 행 하나를 포함하는 대신, 현재 행에서 시작하여 합계에 하나의 후속 행을 포함합니다.

> **TIP_** 지금까지 설명한 내용을 이해할 수 있다면, 이 책의 어떤 레시피에도 문제가 없을 것입니다. 그래도 이해가 잘 되지 않는다면 자신만의 예제와 데이터로 연습해보세요. 일반적으로 새로운 기능에 대해 읽기만 하는 것보다는 실제로 코딩하며 익히는 편이 더 쉽습니다.

A.2.7 프레임 총정리

프레임 절이 쿼리 출력 결과에 미치는 영향에 대한 마지막 예제로서, 다음 쿼리를 살펴봅시다.

```
select ename,
       sal,
       min(sal)over(order by sal) min1,
       max(sal)over(order by sal) max1,
       min(sal)over(order by sal
                    range between unbounded preceding
                      and unbounded following) min2,
       max(sal)over(order by sal
                    range between unbounded preceding
                      and unbounded following) max2,
       min(sal)over(order by sal
                    range between current row
                      and current row) min3,
       max(sal)over(order by sal
                    range between current row
                      and current row) max3,
       max(sal)over(order by sal
                    rows between 3 preceding
                      and 3 following) max4
  from emp
```

ENAME	SAL	MIN1	MAX1	MIN2	MAX2	MIN3	MAX3	MAX4
SMITH	800	800	800	800	5000	800	800	1250
JAMES	950	800	950	800	5000	950	950	1250
ADAMS	1100	800	1100	800	5000	1100	1100	1300
WARD	1250	800	1250	800	5000	1250	1250	1500
MARTIN	1250	800	1250	800	5000	1250	1250	1600
MILLER	1300	800	1300	800	5000	1300	1300	2450
TURNER	1500	800	1500	800	5000	1500	1500	2850
ALLEN	1600	800	1600	800	5000	1600	1600	2975
CLARK	2450	800	2450	800	5000	2450	2450	3000
BLAKE	2850	800	2850	800	5000	2850	2850	3000
JONES	2975	800	2975	800	5000	2975	2975	5000
SCOTT	3000	800	3000	800	5000	3000	3000	5000
FORD	3000	800	3000	800	5000	3000	3000	5000
KING	5000	800	5000	800	5000	5000	5000	5000

자, 이 쿼리를 분석해봅시다.

- **MIN1**

  이 열을 생성하는 윈도우 함수는 프레임 절을 지정하지 않으므로, UNBOUNDED PRECEDING AND CURRENT ROW의 기본 프레임 절이 시작됩니다. 모든 행에 대해 MIN1이 800인 이유는 무엇일까요? 최저 연봉이 먼저 나오고(ORDER BY SAL) 그 후에도 최저 연봉이 계속 유지되기 때문입니다.

- **MAX1**

MAX1의 값은 MIN1의 값과 매우 다릅니다. 왜 그럴까요? 답은 UNBOUNDED PRECEDING AND CURRENT ROW의 기본 프레임 절입니다. ORDER BY SAL과 함께 이 프레임 절은 최대 급여가 현재 행의 급여와 일치하도록 합니다.

스미스(SMITH)의 첫 번째 행을 봅시다. 스미스의 급여와 모든 이전 급여를 평가할 때, 이전 급여가 없으므로 스미스의 MAX1은 스미스의 급여입니다. 다음 행인 제임스(JAMES)로 이동하여 제임스의 모든 급여를 이전 급여와 비교하는 경우, 스미스의 급여와 비교하면 제임스의 급여가 둘 중 더 높으므로 최댓값입니다. 이 논리를 모든 행에 적용하면 각 행의 MAX1 값이 현재 사원의 급여임을 알 수 있습니다.

- **MIN2 와 MAX2**

이들에 대해 주어진 프레임 절은 UNBOUNDED PRECEDING 및 UNBOUNDED FOLLOWING이며, 이는 빈 괄호를 지정하는 것과 같습니다. 따라서 MIN 및 MAX를 계산할 때 결과셋의 모든 행을 고려합니다. 예상대로 전체 결과셋의 MIN 및 MAX 값은 일정하므로 이러한 열의 값도 일정합니다.

- **MIN3 와 MAX3**

이들에 대한 프레임 절은 CURRENT ROW AND CURRENT ROW이며, 이는 단순히 MIN 및 MAX 급여를 찾을 때 현재 사원의 급여만 사용함을 의미합니다. 따라서 MIN3 및 MAX3은 각 행의 SAL과 같습니다. 별로 어렵지 않죠?

- **MAX4**

MAX4에 대해 정의된 프레임 절은 3 PRECEDING AND 3 FOLLOWING입니다. 즉, 모든 행에 대해 현재 행뿐만 아니라 현재 행 이전의 3개 행과 현재 행 다음의 3개 행을 고려합니다. 이 MAX(SAL)를 호출하면 해당 행에서 가장 높은 급여값을 반환합니다.

사원 마틴(MARTIN)의 MAX4 값을 보면 프레임 절이 어떻게 적용되는지 알 수 있습니다. 마틴의 급여는 1,250이고, 마틴 이전의 세 사원 급여는 워드(1,250), 애덤스(1,100) 및 제임스(950)입니다. 마틴 이후의 세 사원 급여는 밀러(1,300), 터너(1,500) 및 앨런(1,600)입니다. 마틴을 포함한 모든 급여 중에서 가장 높은 것은 앨런의 급여이므로 마틴의 MAX4 값은 1,600입니다.

A.2.8 가독성 + 성능 = 역량

보다시피 윈도우 함수는 상세 정보와 집계 정보를 모두 포함하는 쿼리를 작성할 수 있으므로 매우 강력합니다. 윈도우 함수를 사용하면 여러 셀프 조인 및/또는 스칼라 서브쿼리를 사용할 때보다 더 간단하고 효율적인 쿼리를 작성할 수 있습니다. 다음 질문에 쉽게 답할 수 있는 다음 쿼리를 생각해봅시다. "각 부서의 사원 수는 몇 명입니까? 각 부서에는 몇 가지의 직급이 있습니까(예: 부서 10에는 몇 명의 사원이 있습니까)? EMP 테이블에는 총 몇 명의 사원이 있습니까?"

```
select deptno,
       job,
       count(*) over (partition by deptno) as emp_cnt,
       count(job) over (partition by deptno,job) as job_cnt,
       count(*) over () as total
  from emp

DEPTNO JOB        EMP_CNT    JOB_CNT     TOTAL
------ --------- ---------- ---------- ----------
    10 CLERK          3          1         14
    10 MANAGER        3          1         14
    10 PRESIDENT      3          1         14
    20 ANALYST        5          2         14
    20 ANALYST        5          2         14
    20 CLERK          5          2         14
    20 CLERK          5          2         14
    20 MANAGER        5          1         14
    30 CLERK          6          1         14
    30 MANAGER        6          1         14
    30 SALESMAN       6          4         14
    30 SALESMAN       6          4         14
    30 SALESMAN       6          4         14
    30 SALESMAN       6          4         14
```

윈도우 함수를 사용하지 않고 같은 결과셋을 반환하려면 더 많은 작업이 필요합니다.

```
select a.deptno, a.job,
       (select count(*) from emp b
         where b.deptno = a.deptno) as emp_cnt,
       (select count(*) from emp b
         where b.deptno = a.deptno and b.job = a.job) as job_cnt,
       (select count(*) from emp) as total
  from emp a
 order by 1,2

DEPTNO JOB        EMP_CNT    JOB_CNT     TOTAL
------ --------- ---------- ---------- ----------
    10 CLERK          3          1         14
    10 MANAGER        3          1         14
    10 PRESIDENT      3          1         14
    20 ANALYST        5          2         14
    20 ANALYST        5          2         14
```

20	CLERK	5	2	14
20	CLERK	5	2	14
20	MANAGER	5	1	14
30	CLERK	6	1	14
30	MANAGER	6	1	14
30	SALESMAN	6	4	14
30	SALESMAN	6	4	14
30	SALESMAN	6	4	14
30	SALESMAN	6	4	14

비 윈도 해법을 작성하기는 분명 어렵지 않지만, 확연하게 깔끔하거나 효율적이지는 않습니다. 14행 테이블에서는 성능 차이를 볼 수 없지만 1,000행 또는 10,000행 테이블에서 이러한 쿼리를 시도해보세요. 그러면 여러 셀프 조인 및 스칼라 서브쿼리보다 윈도우 함수를 사용할 때의 장점을 알 수 있습니다.

A.2.9 기반 자료 피벗하기

가독성과 성능 외에도 윈도우 함수는 더 복잡한 '보고서 형태' 쿼리에 대한 '기반'을 제공하는 데 유용합니다. 예를 들어 인라인 뷰에서 윈도우 함수를 사용한 다음, 결과를 외부 쿼리로 집계하는 다음과 같은 보고서 형태의 쿼리를 생각해봅시다. 윈도우 함수를 사용하면 보고서에 유용한 상세 데이터와 집계 데이터를 반환할 수 있습니다. 다음 쿼리는 윈도우 함수를 사용하여 다른 파티션을 사용하여 개수를 찾습니다. 집계가 여러 행에 적용되므로 인라인 뷰는 EMP의 모든 행을 반환하며, 외부 CASE 표현식은 서식이 지정된 보고서를 전치하고 생성하는 데 사용할 수 있습니다.

```
select deptno,
       emp_cnt as dept_total,
       total,
       max(case when job = 'CLERK'
               then job_cnt else 0 end) as clerks,
       max(case when job = 'MANAGER'
               then job_cnt else 0 end) as mgrs,
       max(case when job = 'PRESIDENT'
               then job_cnt else 0 end) as prez,
       max(case when job = 'ANALYST'
               then job_cnt else 0 end) as anals,
```

```
            max(case when job = 'SALESMAN'
                    then job_cnt else 0 end) as smen
      from (
   select deptno,
          job,
          count(*) over (partition by deptno) as emp_cnt,
          count(job) over (partition by deptno,job) as job_cnt,
          count(*) over () as total
      from emp
          ) x
    group by deptno, emp_cnt, total

 DEPTNO DEPT_TOTAL TOTAL CLERKS MGRS PREZ ANALS SMEN
 ------ ---------- ----- ------ ---- ---- ----- ----
     10          3    14      1    1    1     0    0
     20          5    14      2    1    0     2    0
     30          6    14      1    1    0     0    4
```

이전 쿼리는 각 부서, 각 부서의 총 사원 수, EMP 테이블의 총 사원 수 및 각 부서의 다양한 직급 유형에 대한 분석을 반환합니다. 이 모든 작업은 추가 조인이나 임시 테이블 없이 하나의 쿼리로 수행됩니다!

윈도우 함수를 사용하여 여러 질문에 얼마나 쉽게 답할 수 있는지에 대한 마지막 예로서 다음 쿼리를 살펴봅시다.

```
select ename as name,
       sal,
       max(sal)over(partition by deptno) as hiDpt,
       min(sal)over(partition by deptno) as loDpt,
       max(sal)over(partition by job) as hiJob,
       min(sal)over(partition by job) as loJob,
       max(sal)over() as hi,
       min(sal)over() as lo,
       sum(sal)over(partition by deptno
                        order by sal,empno) as dptRT,
       sum(sal)over(partition by deptno) as dptSum,
       sum(sal)over() as ttl
  from emp
 order by deptno,dptRT
```

NAME	SAL	HIDPT	LODPT	HIJOB	LOJOB	HI	LO	DPTRT	DPTSUM	TTL
MILLER	1300	5000	1300	1300	800	5000	800	1300	8750	29025
CLARK	2450	5000	1300	2975	2450	5000	800	3750	8750	29025
KING	5000	5000	1300	5000	5000	5000	800	8750	8750	29025
SMITH	800	3000	800	1300	800	5000	800	800	10875	29025
ADAMS	1100	3000	800	1300	800	5000	800	1900	10875	29025
JONES	2975	3000	800	2975	2450	5000	800	4875	10875	29025
SCOTT	3000	3000	800	3000	3000	5000	800	7875	10875	29025
FORD	3000	3000	800	3000	3000	5000	800	10875	10875	29025
JAMES	950	2850	950	1300	800	5000	800	950	9400	29025
WARD	1250	2850	950	1600	1250	5000	800	2200	9400	29025
MARTIN	1250	2850	950	1600	1250	5000	800	3450	9400	29025
TURNER	1500	2850	950	1600	1250	5000	800	4950	9400	29025
ALLEN	1600	2850	950	1600	1250	5000	800	6550	9400	29025
BLAKE	2850	2850	950	2975	2450	5000	800	9400	9400	29025

이 쿼리는 다음 질문에 쉽고 효율적이며 가독성 높게 답변합니다(EMP에 대한 추가 조인 없이 말이죠!). 이때 사원과 급여를 결과셋의 다른 행과 일치시켜 결정합니다.

- 전 사원 중 가장 높은 급여를 받는 사람은 누구입니까? (HI)
- 전 사원 중 가장 낮은 급여를 받는 사람은 누구입니까? (LO)
- 부서에서 가장 높은 급여를 받는 사람은 누구입니까? (HIDPT)
- 부서에서 가장 낮은 급여를 받는 사람은 누구입니까? (LODPT)
- 같은 직급에서 가장 높은 급여를 받는 사람은 누구입니까? (HIJOB)
- 같은 직급에서 가장 낮은 급여를 받는 사람은 누구입니까? (LOJOB)
- 모든 급여의 합계는 얼마입니까? (TTL)
- 부서당 급여 합계는 얼마입니까? (DPTSUM)
- 부서별 모든 급여의 누계는 얼마입니까? (DPTRT)

공통 테이블 식

이 쿡북에 제시된 많은 쿼리는 특히 집계 함수 및 윈도우 함수와 관련하여, 데이터베이스에서 일반적으로 사용하는 테이블에서 할 수 있는 것 이상의 내용을 다룹니다. 따라서 일부 쿼리의 경우 서브쿼리 또는 공통 테이블 식(CTE)과 같은 파생 테이블을 만들어야 합니다.

B.1 서브쿼리

윈도우 함수 또는 집계 함수에 대한 쿼리를 실행할 수 있는 가상 테이블을 만드는 가장 간단한 방법은 서브쿼리입니다. 이때 필요한 것은 괄호 안에 필요한 쿼리를 작성한 다음 이를 사용하는 두 번째 쿼리를 작성하는 것입니다. 다음 테이블은 간단한 이중 집계와 함께 서브쿼리를 사용합니다. 직급별 사원 수뿐만 아니라 가장 많은 인원의 직급을 찾고자 하지만, 표준 쿼리에서 직접 집계 함수를 중첩할 수는 없습니다.

한 가지 함정은 일부 벤더는 서브쿼리 테이블과 별칭을 제공해야 하지만, 그렇지 않은 벤더도 있다는 점입니다. 다음 예는 별칭이 필요한 MySQL로 작성했습니다. 여기서 별칭은 닫는 괄호 뒤의 HEAD_COUNT_TAB입니다.

별칭이 필요한 또 다른 벤더는 PostgreSQL 및 SQL Server이며, Oracle은 별칭이 필요하지 않습니다.

```
select max(HeadCount) as HighestJobHeadCount from
(select job,count(empno) as HeadCount
from emp
group by job) head_count_tab
```

B.2 공통 테이블 표현식

CTE는 서브쿼리의 일부 한계를 극복하기 위한 것이며, SQL 내에서 재귀 쿼리를 사용할 수 있도록 허용하는 것으로 가장 잘 알려져 있습니다. 실제로 SQL 내에서 재귀를 활성화하는 것이 CTE의 주요 동기였습니다.

이 예제는 앞에서 본 서브쿼리와 같은 결과를 얻습니다. 즉, 이중 집계를 찾습니다.

```
with head_count_tab (job,HeadCount) as

(select job,count(empno)
from emp
group by job)

select max(HeadCount) as HighestJobHeadCount
from head_count_tab
```

이 쿼리는 간단한 문제를 해결하지만, CTE의 본질적인 기능을 보여줍니다. WITH 절을 사용하여 파생 테이블을 소개하고, 괄호 안에 열 머리글을 지정하고, 파생 테이블의 쿼리 자체를 괄호로 묶습니다. 더 많은 파생 테이블을 추가하려면 각 테이블을 쉼표로 구분하고, 쿼리 앞에 이름을 제공하면 더 추가할 수 있습니다(일반적으로 SQL에서 별칭을 사용하는 방식과 반대입니다).

내부 쿼리는 외부 쿼리보다 먼저 표시되므로 대부분의 경우 더 읽기 쉬운 것으로 간주될 수 있습니다. 따라서 논리적 흐름을 이해하려면 쿼리의 각 논리적 요소를 개별적으로 보는 편이 더 쉽습니다. 물론 모든 코딩과 마찬가지로 경우에 따라 달라질 수 있으며, 때로는 서브쿼리가 더 읽기 쉬울 수 있습니다. 재귀가 CTE의 주요 존재 이유라는 점을 떠올린다면, 이러한 기능을 입증하기에 재귀 쿼리를 사용하는 것이 가장 좋은 방법입니다.

다음 쿼리는 재귀 CTE를 사용하여 피보나치 수열의 처음 20개 숫자를 계산합니다. 앵커 쿼리
의 첫 부분에서 가상 테이블의 첫 번째 행의 값을 초기화 할 수 있습니다.

```
with recursive workingTable ( fibNum, NextNumber, index1)
as
(select 0,1,1
union all
select fibNum+nextNumber,fibNUm,index1+1
from anchor
where index1<20)

select fibNum from workingTable as fib
```

피보나치 수열은 현재 숫자와 이전 숫자를 더하여 다음 숫자를 찾습니다. LAG를 사용하여
이 결과를 얻을 수도 있습니다. 그러나 이 경우에는 현재 숫자와 이전 숫자를 설명하고자 두
개의 열을 사용하여 유사 LAG를 만들었습니다. RECURSIVE 키워드는 MySQL, Oracle 및
PostgreSQL에서는 필수이지만, SQL Server나 DB2에서는 필요하지 않습니다. 이 쿼리에서
index1 열은 피보나치 연산에 사용되지 않으므로 중복됩니다. 대신 WHERE 절을 통해 반환되는
행 수를 더 쉽게 설정하는 용도로 이를 포함했습니다. 재귀 CTE에서 WHERE 절이 없으면 쿼리
가 종료되지 않으므로 이 절이 중요합니다(그러나 이러한 경우에도, 삭제하려 할 때 숫자가 데
이터 유형보다 지나치게 커지면 데이터베이스에서 오버플로 오류가 발생할 수 있습니다).

이 범위에서 간단히 마무리하자면, 유용성 측면에서 서브쿼리와 CTE 간에는 큰 차이가 없습니
다. 둘 다 다른 파생 테이블을 참조하는 더 복잡한 쿼리를 중첩하거나 작성할 수 있습니다. 그
러나 여러 서브쿼리를 중첩하기 시작하면, 각기 다른 변수의 의미가 연속적인 쿼리 계층에서
가려지므로 가독성이 떨어집니다. 반대로 CTE는 각 요소를 수직 배열하므로 각 요소의 의미를
더 쉽게 이해할 수 있습니다.

B.3 마치며

파생 테이블을 사용하면 SQL 사용 범위가 크게 확장됩니다. 서브쿼리와 CTE는 책 전반에 걸쳐 여러 차례 다루고 있으며, 특히 여러분이 숙지해야 하는 특정 구문들에서 사용하고 있으므로, 성공을 보장하려면 그 작동 방식을 이해하는 것이 중요합니다. 현재 이 책에 거론하는 벤더에서 제공하는 재귀 CTE는 SQL의 매우 큰 확장 기능 중 하나이며 수많은 추가적인 가능성을 제공합니다.

INDEX

INDEX

INDEX